Jörg Brüggemann

Tasmanien

Australiens Wanderparadies

60 ausgewählte Touren

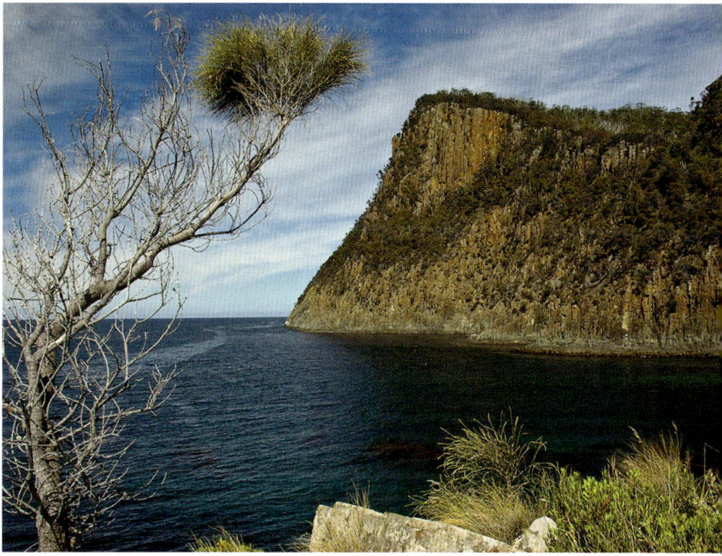

ROTHER
BERGVERLAG

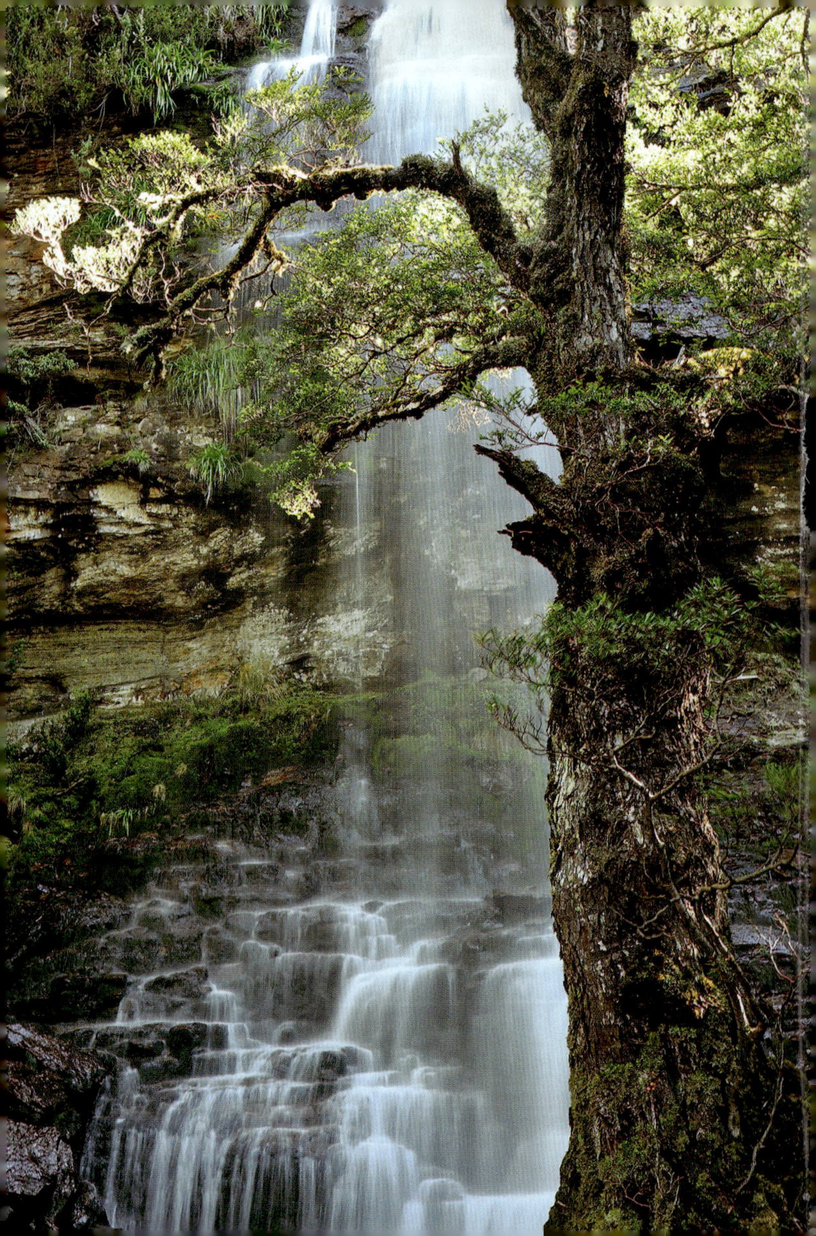

VORWORT

Wer über die 240 km breite Bass Strait vom Südosten des australischen Festlandes nach Tasmanien kommt, betritt ein anderes Australien, ein grünes, frisches und feuchteres Land. Durch seine vielen endemischen Pflanzen- und Tierarten sowie durch die für den Rest Australiens untypischen Landschaftselemente wirkt die Insel fast wie ein kleiner Minikontinent. Vielleicht ist es kein Zufall, dass Tasmaniens Umriss auf einer Landkarte dem Betrachter wie ein Herz erscheint, lässt es doch durch seine in vielen Teilen noch unberührte Wildnis mit Regenwäldern, riesigen Eukalypten, schroffen Bergwelten, alpinen Moor- und Heidelandschaften, unzähligen Flüssen und Seen, aus denen man bedenkenlos trinken kann, sowie den vielgestaltigen Küstenbereichen mit feinen Sandstränden bis zu gewaltigen Steilküsten den Puls von Naturliebhabern aus aller Welt höher schlagen.
Fast überall auf Tasmanien liegen Naturschönheiten kurz vor der Haustür; doch während einige Gebiete gut erschlossen und touristisch rege vermarktet werden, sind andere Winkel oft wenig bekannt und werden daher häufig unbeachtet passiert. Auch wenn manch ein Traumziel nur durch eine mehrtägige Wanderung erreichbar ist, gibt es doch viele paradiesische Flecken, seien es versteckte Wasserfälle, idyllische Gewässer oder aussichtsreiche Gipfel, die innerhalb einer bequemen Tagestour zugänglich sind.
Leider sind auch heute noch Urwälder durch Abholzung oder Bergbau bedroht und in den Schubladen mancher Firma schlummern Pläne für Luxusresorts mitten in der Wildnis. So sind die Verantwortlichen in der tasmanischen und australischen Politik wie auch wir als Besucher gefordert, der Natur mit mehr Respekt zu begegnen, so wie es die australischen Ureinwohner jahrtausendelang praktiziert haben, und zu zeigen, dass sanfter Tourismus das beste Mittel zum Erhalt der einmaligen Naturlandschaft Tasmaniens ist und langfristig ein weit bedeutenderer ökonomischer Faktor als ein Raubbau an ihr.
Die Städte und Kulturlandschaften Tasmaniens verbreiten – wenig überraschend, bedenkt man die Kolonialgeschichte – einen sehr »britischen« Charme. Die Tasmanier selbst, welche ihre Insel meist kurz als »Tassie« bezeichnen, bevorzugen einen entspannten Lebensstil und sind gegenüber Touristen sehr freundlich und hilfsbereit.
Wie überall auf der Welt gilt auch für Tasmanien: Nichts ist unveränderlich. Der Verlag und ich als Autor sind für Korrekturhinweise daher jederzeit dankbar! Und sollte einmal eine Wanderung nicht durchführbar sein, nehmen Sie es leicht; an Alternativtouren gibt es keinen Mangel und es ist die beste Einstellung, »Under Down Under« zu genießen!

Rückertsbronn, im Herbst 2022 Jörg Brüggemann

Die Pelion Creek Falls im Cradle Mountain – Lake St Clair National Park (Tour 10).

INHALTSVERZEICHNIS

Der Süden

Der Osten

Flinders Island

TOP-TOUREN

Walls of Jerusalem
Große Festtagstour für Naturpilger. Gepriesen sei die Schöpfung für so viel Schönheit im Kleinen wie im Großen entlang der Wanderstrecke *(Tour 6, 2 Tage).*

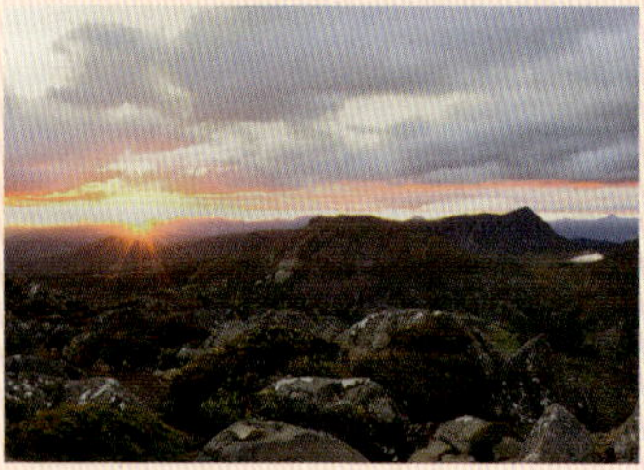

Cradle Mountain
Tasmaniens bekanntester Berg und zugleich einer seiner unwiderstehlichsten. Hinauf zur Spitze ist man zwar selten allein, doch geteilte Freude ist bekanntlich die schönste Freude *(Tour 9, 2 Tage).*

Overland Track
Auch international einer der ganz großen Namen. Manche Besucher kommen nach Tasmanien nur für diese eine Wanderung. Ist sie das wert? Ja, jeden Meter *(Tour 10, 7 Tage)!*

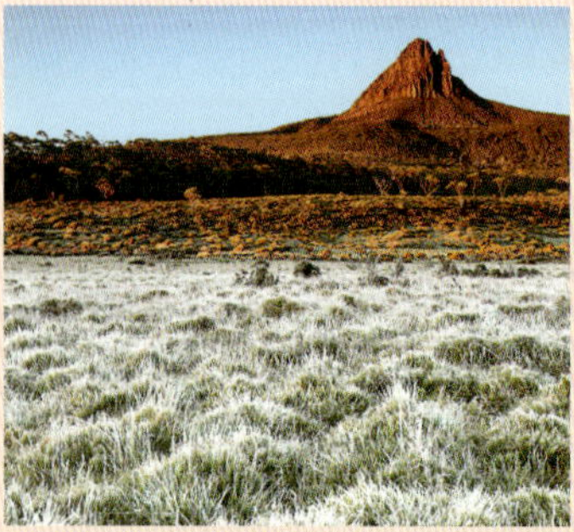

Mount Murchison
Nur wenig Zeit für den rauen Westen des Inselstaates? Darf es wenigstens ein Gipfel sein? Mount Murchison, wir haben ein Rendezvous! *(Tour 21, 3.30 h).*

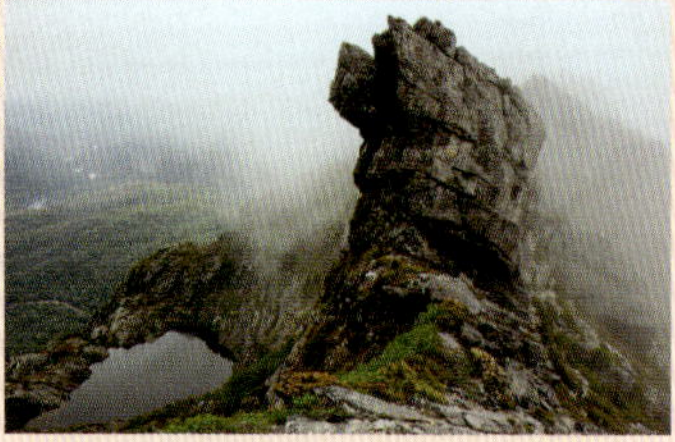

Frenchmans Cap
Eines der ganz großen Gipfelhäupter der Insel. Dramatisch, wild, atemberaubend. Eine Wanderung zum Kulminationspunkt bedeutet vier Tage Abenteuerurlaub *(Tour 23, 4 Tage).*

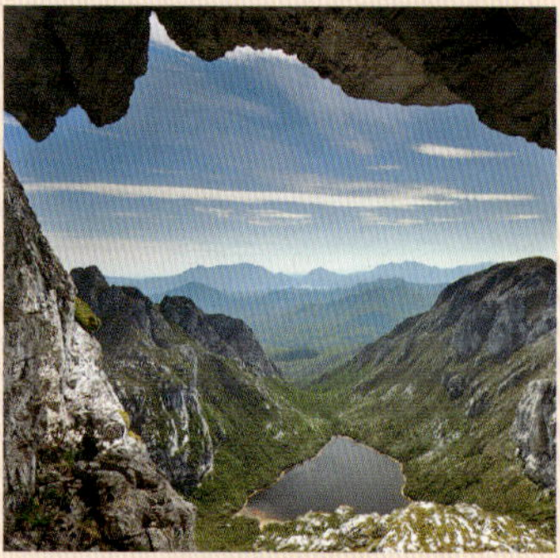

Western Arthur Range
Kann die Überschreitung eines Gebirges noch eindrucksvoller sein? Kaum vorstellbar. Allerdings, körperliche Strapazen gehören dazu. Doch der Preis dafür: unbezahlbar! *(Tour 31, 6 Tage).*

Federation Peak
Auch auf Tasmanien gibt es das: die ultimative Herausforderung. Dieser Berg verlangt alles. Aber einmal auf seiner Spitze und die Zeit scheint still zu stehen und die Welt liegt uns zu Füßen *(Tour 32, 6 Tage).*

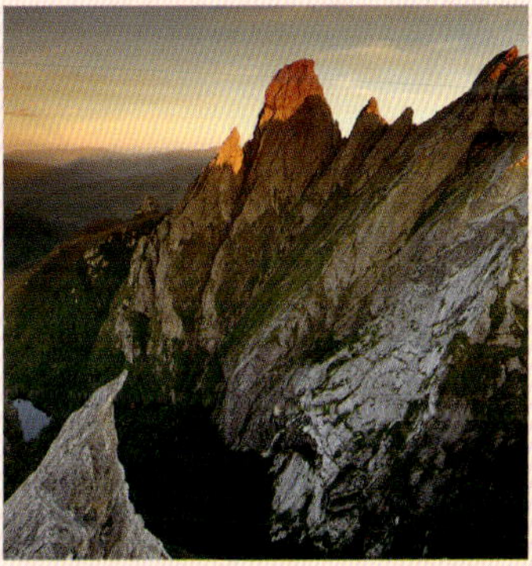

South Coast Track
Welch ein Glück, hier unterwegs zu sein! Unvergessliche Tage, die nie enden sollten am schönsten Ende Australiens *(Tour 36, 7 Tage).*

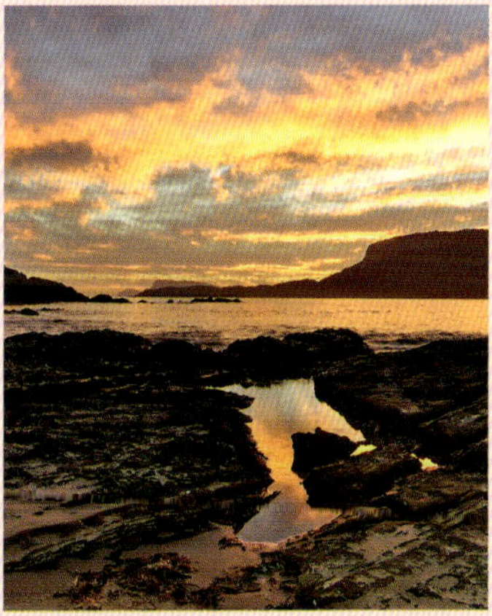

Freycinet Peninsula
Genüsslich wandern an Tasmaniens Sonnenseite. Mediterranes Klima, Traumstrände und Granitberge bescheren prickelnde Hochgefühle *(Tour 48, 3 Tage).*

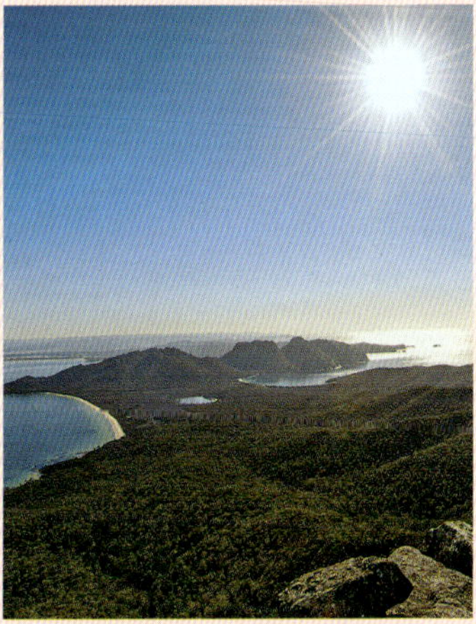

Stacks Bluff
Eine grandiose Doleritkulisse und einer der höchsten Gipfel Tasmaniens – willkommen zu einer von Touristen weitestgehend übersehenen Bergregion! *(Tour 50, 5.30 h).*

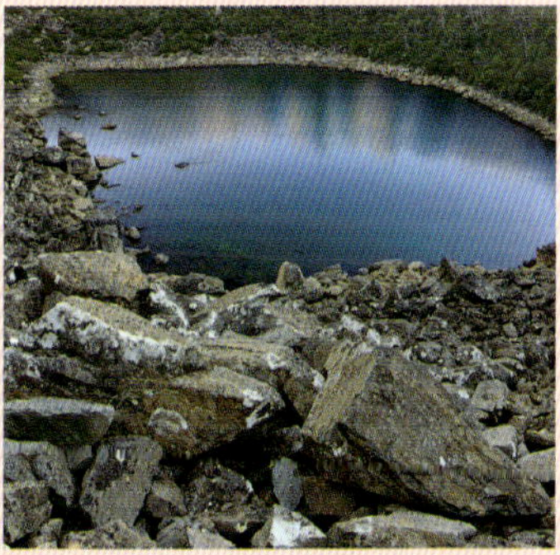

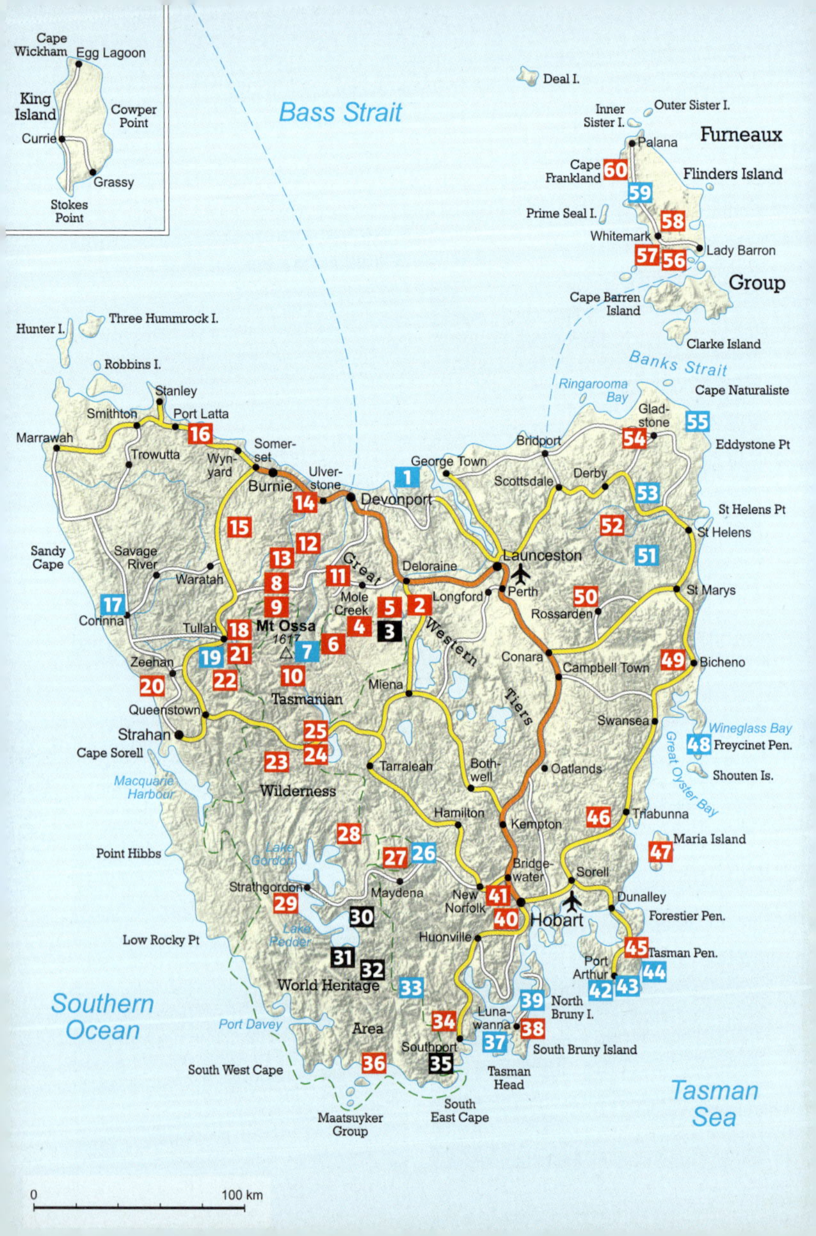
Cape Wickham
Egg Lagoon
King Island
Cowper Point
Currie
Grassy
Stokes Point
Bass Strait
Deal I.
Inner Sister I.
Outer Sister I.
Palana
Furneaux
Cape Frankland
Flinders Island
Prime Seal I.
Whitemark
Lady Barron
Group
Cape Barren Island
Clarke Island
Banks Strait
Ringarooma Bay
Cape Naturaliste
Hunter I.
Three Hummrock I.
Robbins I.
Stanley
Smithton
Port Latta
Marrawah
Trowutta
Wynyard
Somerset
Burnie
Ulverstone
Devonport
George Town
Bridport
Gladstone
Eddystone Pt
Scottsdale
Derby
St Helens Pt
St Helens
Sandy Cape
Savage River
Waratah
Great
Deloraine
Launceston
Perth
Longford
Mole Creek
St Marys
Corinna
Tullah
Mt Ossa
1617
Western
Rossarden
Zeehan
Conara
Campbell Town
Bicheno
Tiers
Miena
Queenstown
Tasmanian
Swansea
Strahan
Wineglass Bay
Cape Sorell
Freycinet Pen.
Great Oyster Bay
Tarraleah
Bothwell
Oatlands
Macquarie Harbour
Shouten Is.
Wilderness
Hamilton
Kempton
Triabunna
Maria Island
Point Hibbs
Lake Gordon
Bridgewater
Sorell
Strathgordon
Maydena
New Norfolk
Dunalley
Hobart
Forestier Pen.
Lake Pedder
Huonville
Low Rocky Pt
Tasman Pen.
Port Arthur
World Heritage
North Bruny I.
Southern Ocean
Port Davey
Lunawanna
Area
Southport
South Bruny Island
South West Cape
Tasman Head
Tasman Sea
Maatsuyker Group
South East Cape
1 2 3 4 5 6 7 8 9 10 11 12 13 14 15 16 17 18 19 20 21 22 23 24 25 26 27 28 29 30 31 32 33 34 35 36 37 38 39 40 41 42 43 44 45 46 47 48 49 50 51 52 53 54 55 56 57 58 59 60
0
100 km

WICHTIGE HINWEISE FÜR UNTERWEGS

Anforderungen

Aufgrund der deutlich unterhalb der 2000-m-Marke bleibenden Gipfelhöhen finden wir auf Tasmanien keinerlei hochalpines Gelände. Trotzdem verblüfft die Insel mit einer erstaunlich schroffen Bergwelt, die nicht unterschätzt werden darf. Die Gipfelbereiche oberhalb der 1000-m-Marke sind zumeist nackte Felslandschaften, und Wanderwege hier oft nur spärlich markierte Routen oder völlig fehlend. Die Übergangsbereiche zur Waldzone, ebenso tiefer gelegene Regenwälder, weisen zum Teil einen so dichten Bewuchs auf, dass man sich hier ohne Wanderpfade schnell verlaufen würde. Auch die vermeintlich leichteren Küstenwanderungen konfrontieren uns zum Teil mit rauem Terrain. Gute Vorbereitung und richtige Einschätzung der eigenen Fähigkeiten sind daher ein Schlüssel zum Erfolg. Um die Anforderungen einer Tour besser einordnen zu können, sind sämtliche Tourennummern farblich gekennzeichnet. Alle drei angegebenen Schwierigkeitsgrade (blau, rot, schwarz) haben dabei eine gewisse Schwankungsbreite, daher ist bei gleicher Farbe nicht automatisch von identischen Bedingungen auszugehen und es sollten die individuellen Anforderungen der jeweiligen Wanderung genau gelesen werden. Alle Angaben beziehen sich zudem auf optimale Bedingungen während der Sommermonate Tasmaniens; die Ansprüche und Gefahren können sich durch Schlechtwetterperioden jederzeit schnell erhöhen. Selbiges gilt für die oft ungünstigen Witterungsbedingungen in den Wintermonaten.

»Steinfamilie« nahe Cape Frankland auf Flinders Island (Tour 60).

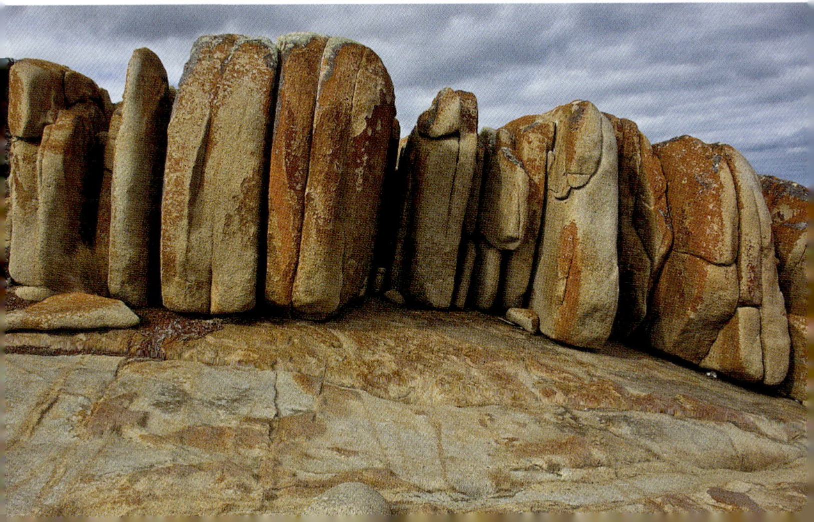

SCHWIERIGKEITSKATEGORIEN

■ = Leicht

Die Wege dieser Touren sind meist klar definiert, bieten moderate Auf- und Abstiege und sind abseits alpiner Regionen auch bei Schlechtwetter recht problemlos begehbar. In dieser Gruppe finden Sie auch die geeignetsten Touren für Familien mit Kindern oder wenig geübte Wanderer.

■ = Mittel

Diese Kategorie umfasst den größten Teil der Tourenvorschläge. Auf diesen Wanderungen können Sie neben leichten Wegstücken mit schlammigen Abschnitten, kräftigen Auf- und Abstiegen, oft Ausdauer fordernden Tourenlängen, weglosem Gelände, Überquerung von Blockfeldern und einfachen Kletterstellen konfrontiert werden. Bergerfahrung, Trittsicherheit, Orientierungssinn, eine zumindest durchschnittliche Kondition und körperliche Gewandtheit werden angeraten. Einige Bergtouren und Steilküstenwanderungen verlangen zudem Schwindelfreiheit.

■ = Schwierig

Sehr anspruchsvolle Touren, auf denen mit langen Schlammpassagen, oft steilen Auf- und Abstiegen, teils weglosem und rauem Gelände, etlichen Kletterstellen oder strapaziösen Tourenlängen gerechnet werden muss. Neben Bergerfahrung, Trittsicherheit und Schwindelfreiheit werden eine überdurchschnittliche Kondition, ein sehr gut ausgeprägter Orientierungssinn und hohe körperliche Geschicklichkeit verlangt. Diese Touren sind bei ungünstigen Witterungsbedingungen besonders schwierig; eine entsprechend wetterfeste Ausrüstung sowie psychische Belastbarkeit werden empfohlen.

Gefahren

Die größte Gefahr für Wanderungen auf Tasmanien birgt das Wetter, und Wetterberichte sollten, soweit möglich, regelmäßig verfolgt werden. Besonders der Westteil der Insel ist für sein unbeständiges Wetter berüchtigt. An weit über der Hälfte der Tage im Jahr fällt dort Niederschlag. Auch im Sommer kann es regelmäßig zu Temperaturstürzen mit tagelangem Regen und Schneefall in den Bergen kommen. Flüsse können anschwellen und unpassierbar werden oder Wege unter Schnee nicht mehr zu erkennen sein. Leichtsinn, mangelnde Erfahrung und schlechte Ausrüstung haben in der Vergangenheit leider einige Leben gekostet. Bei drohender Wetterverschlechterung sollten insbesondere Touren oberhalb der Waldgrenze abgebrochen werden, bei Mehrtageswanderungen ist ein geschützter Lagerplatz zu suchen. An stark angeschwollenen Wasserläufen sollte ausgeharrt werden, bis der Pegel wieder auf einen sicheren Stand gefallen ist (meist ein bis zwei Tage nach Ende der Niederschläge). Als Faustregel gilt, dass schnell fließende Flüsse nur bis maximal Knietiefe sicher gefurtet werden können.

Wohl jeder, der wandert, hat sich schon einmal verlaufen. In den Wildnisgebieten Tasmaniens kann dies verhängnisvoll sein. Gerade auf schlecht markierten Pfaden oder in weglosem Gelände sollte aufmerksam auf markante Weg- und Landschaftsmerkmale geachtet werden; hilfreich ist es auch, sich von Zeit zu Zeit umzudrehen, da die Perspektive in die entgegengesetzte Richtung meist grundverschieden ist. Sollte man an einem bestimmten Punkt nicht mehr weiter wissen, erhält man sich damit die Sicherheitsoption, auf demselben Weg zurückkehren zu können.

Auch in Tasmanien ist der weltweite Klimawandel in Form steigender Temperaturen messbar. Die Wasserverdunstung nimmt dadurch zu, das Land trocknet schneller aus und das Risiko von Bränden erhöht sich. So hat die Häufigkeit von Feuern, oft durch Trockengewitter ausgelöst, in den letzten Jahren deutlich zugenommen. Besonders in den Sommermonaten sollten Wanderer sich auf der Homepage des Tasmania Fire Service (www.fire.tas.gov.au) über aktuelle Brände und die gegenwärtige Feuergefahr informieren. An Tagen mit umfassendem Feuerverbot (Total Fire Ban Day) ist es weise, auf Wanderungen zu verzichten oder in weniger gefährdete Gebiete auszuweichen; auch die Nutzung aller Arten von Campingkochern ist an solchen Tagen untersagt. Zigarettenkippen sollten niemals achtlos weggeworfen, und auf offenes Feuer sollte prinzipiell verzichtet werden; in den meisten Nationalparks sind ohnehin nur Kocher erlaubt. Sollten Sie unglücklicherweise in einen Wald- oder Buschbrand geraten, handeln Sie nicht überstürzt und nehmen Sie sich einen Moment Zeit, Ihre Situation zu überdenken. Vermeiden Sie, an den Hängen aufwärtszulaufen, da sich Feuer hier oft besonders gut ausbreiten. Die sonnenreichen und meist trockeneren Nordhänge sind am stärksten gefährdet. Achten Sie auch darauf, in welche Richtung der Wind das Feuer vorzugsweise treibt. Gibt es keinen Ausweg, suchen Sie Zuflucht an oder in Seen und Flüssen oder auf größeren Freiflächen; dort mit dem Gesicht nach unten auf den Boden legen und, wenn möglich, mit einer feuchten Decke oder Kleidung (keine Kunstfasern!) abdecken.

Ausbruch eines Buschfeuers nach Blitzeinschlag im Southwest National Park.

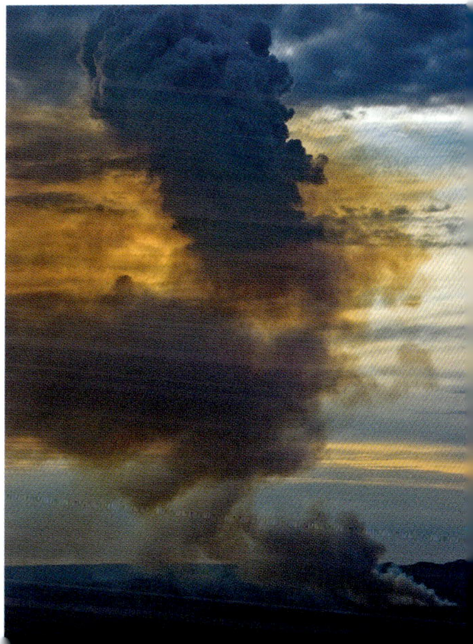

Vorsicht gilt auch der Sonne; aufgrund der dünneren Ozonschicht ist die UV-Strahlung um ein Vielfaches höher als in Europa. Unterschätzen Sie nicht die Folgen von Sonnenbrand; Australien hat eine der höchsten Hautkrebsraten der Welt! Besonders an sonnigen Tagen (geschlossene Wolkendecken halten jedoch auch nur einen Teil der UV-Strahlung ab) und oberhalb der Waldgrenze sollten Sie sich mit breitkrempigem Hut, langer Hose und langen Ärmeln, Sonnenbrille und mit einer Ihrer Sonnenempfindlichkeit entsprechenden Sonnencreme an Gesicht und Händen schützen.
Eine andere Gefahr sind Schlangen; alle drei einheimischen Arten sind giftig, doch sollte hier keine übertriebene Panik gemacht werden. Meistens nehmen die Schlangen unsere Bewegungen frühzeitig wahr und verschwinden ungesehen. Lassen Sie bei Begegnungen der Schlange ausreichend Raum und provozieren Sie das Tier nicht. Sollte es doch zum extrem seltenen Fall eines Bisses kommen, stellen Sie die Person ruhig, da Bewegung die schnellere Ausbreitung des Giftes im Körper fördert, und machen Sie einen breiten Druckverband um das betroffene Körperteil. Zur Demobilisierung kann auch eine provisorische Schiene angebracht werden. Holen Sie Hilfe, ein Gegenmittel (es enthält Stoffe gegen das Gift aller drei Schlangenarten) ist bei Ärzten und Krankenhäusern erhältlich. Sind Sie Tagesmärsche von der Zivilisation entfernt, können Sie von einem nahen Gipfel die Empfangsbereitschaft Ihres Mobiltelefons für einen Notruf testen. Doch zur Sicherheit ist bei ausgedehnten Wildniswanderungen die Mitnahme eines PLB für Notsignale (siehe Ausrüstung) empfehlenswerter. Steht keines dieser technischen Geräte zur Verfügung, werden auch in einem Muster von drei Einheiten gegebene Zeichen als Notsignal verstanden, z. B. drei innerhalb einer Minute wiederholte Schreie, Pfiffe oder Reflexionen mit einem Spiegel; auch drei aus der Luft sichtbare Zeichen am Boden (z. B. im Schnee) sind eine Möglichkeit. Vorteilhaft kann in Notsituationen auch das Tragen von Kleidung in auffälligen Farben sein.

SYMBOLE

Symbole im Tourenkopf

- Startpunkt mit Bus erreichbar
- Einkehrmöglichkeit unterwegs
- für Kinder geeignet

Symbole im Höhenprofil

- Ort mit Einkehrmöglichkeit
- Einkehrmöglichkeit
- unbewirtschaftete Hütte
- P Parkplatz
- † Gipfel
-)(Joch, Passübergang
- Aussichtsplatz
- Picknickplatz
- Höhle
- Camping-/Zeltplatz
- markanter Baum
- Wasserfall
- Bootsanlegeplatz

Selbstregistrierung

Auf den meisten Wanderwegen gibt es am Beginn oder ein kurzes Wegstück nach dem Start die Möglichkeit, in bereitgelegten Büchern (in Boxen oder an Unterständen) das entsprechende Wandervorhaben mit Ziel der Tour, Route, Startzeit, voraussichtlicher Rückkehrzeit, Gruppenstärke, Namen sowie Kontakttelefonnummer zu hinterlassen. Diese Eintragungen sind keine Pflicht, doch können sie im Notfall lebensrettend sein. Da die Bücher nur unregelmäßig von Rangern kontrolliert werden, machen Eintragungen nur dann richtig Sinn (andernfalls »füttert« man nur die Statistik), wenn es eine Kontaktperson gibt (diese kann im Heimatland sein), die man vor jeder Wanderung über die Vorhaben und voraussichtliche Rückkehr informiert. Hat man sich bis zum vereinbarten Zeitpunkt nicht zurückgemeldet, kann die Kontaktperson mit den zuständigen tasmanischen Behörden in Verbindung treten. Ranger können dann anhand der Bucheintragungen erkennen, wo sich die vermissten Personen in etwa befinden müssen, was eine eventuell eingeleitete Suche erheblich erleichtert.

Nach erfolgreicher Beendigung der Wanderung sollte nie das Austragen im entsprechenden Buch vergessen werden; sind Ausgangs- und Endpunkt verschieden, erfolgt im ersten Buch die Eintragung und im zweiten die Austragung.

Schlammige Pfade sind auf etlichen Touren eine unangenehme Realität.

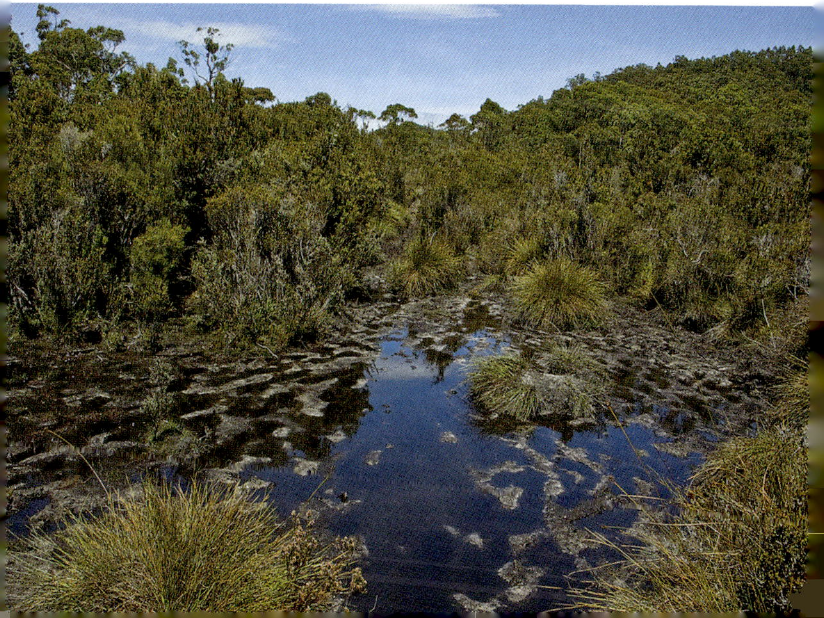

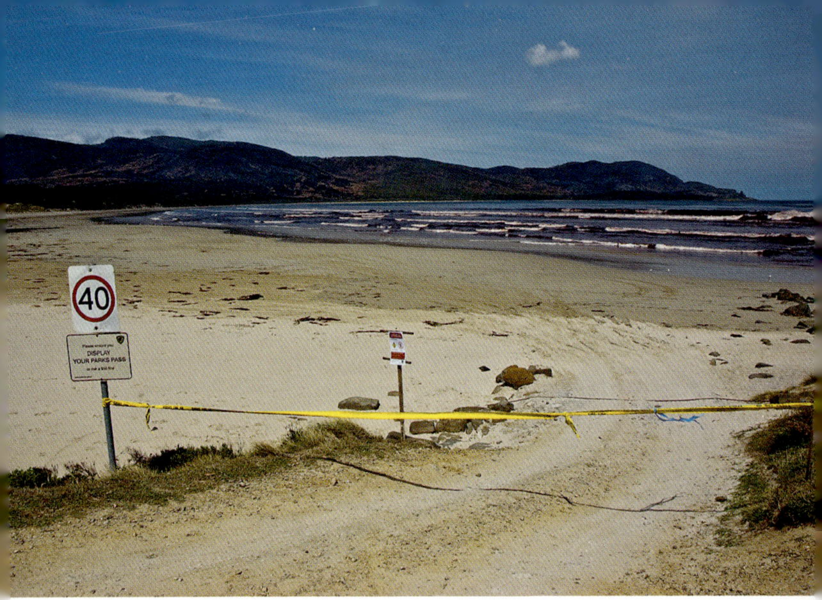

Sperrung von Zufahrt und Wanderweg nach Waldbrand auf Bruny Island.

Gehzeiten

Alle Zeitangaben beziehen sich auf die reine Gehzeit einer durchschnittlich fitten Person ohne jegliche Pausen während günstiger Wetterbedingungen. Jahreszeitlich, witterungsabhängig und entsprechend des persönlichen Wanderstils oder der körperlichen Verfassung können sich schnell weitere Zeiten addieren. Berücksichtigen Sie dies immer bei Ihrer Vorbereitung!

Wanderwege und Markierungen

Die gängige Bezeichnung für Wandern ist in Tasmanien wie auch im Rest Australiens »Bushwalking« (oder nur »Walking«); eine einzelne Wanderung ist demnach ein (Bush-)Walk. Nur für wenige Wanderwege gibt es etablierte Eigennamen (z. B. Overland Track oder South Coast Track). Wegstrecken in bekannten und viel besuchten Gebieten sind zur Schonung der sensiblen Pflanzendecke, und um dem vielschichtigen Besucherstrom gerecht zu werden, bewusst besser instand gehalten. Hier finden wir häufig mit Holzstegen oder Bohlen befestigte Wege, und Brücken leiten uns sicher über Wasserläufe hinweg. In seltener frequentierten Wandergegenden wird insbesondere aus finanziellen Gründen weniger in die Infrastruktur investiert. Die Wege sind hier oft schmale Pfade mit matschigen Teilstücken, rauem Untergrund wie Wurzeln und Felsen, führen teilweise durch dichtes Gestrüpp, und so mancher Fluss muss direkt durch das Wasser gefurtet

werden; besonders erfahrene Wanderer findet solche Touren oft spannender und herausfordernder als »normale« Wege.
Ähnlich verhält es sich mit der Kennzeichnung der Wanderwege. Es gibt in Tasmanien kein einheitliches Markierungssystem. Beliebte Wanderreviere und bekannte Touren wurden in den letzten Jahren fast durchweg mit orangefarbenen Dreiecken markiert; zusätzlich helfen hier oft auch Wegweiser. Daneben existieren aber auch viele ältere Wegzeichen. Die vorzugsweise von Einheimischen aufgesuchten Wanderstrecken sind dagegen meist in Eigenregie mit verschiedenfarbigen Bändern und/oder Steinhaufen markiert. Im Vergleich zu den besonders aus dem Alpenraum bekannten Gipfelkreuzen zieren viele tasmanische Gipfel vierbeinige trigonometrische Kreuze, die unter Einheimischen meist nur als »Trig« bezeichnet werden (siehe Bild auf S. 134).
Es lohnt ein regelmäßiger Blick auf die Homepage des Parks & Wildlife Service (www.parks.tas.gov.au), um über geschlossene Schutzgebiete und Wanderwege, die unter dessen Verwaltung stehen (betrifft den allergrößten Teil der Touren im Buch), informiert zu sein.

Ausrüstung

Auf den meisten der vorgestellten Touren sollte festes Schuhwerk mit griffigen Sohlen getragen werden (laufen Sie neue Schuhe vor der Reise ein!); für Strandwanderungen oder Waldspaziergänge genügen jedoch auch leichte Schuhe. Insbesondere auf Bergtouren und Mehrtagesmärschen ist wetterfeste, schnell trocknende und warme Kleidung ein Muss. Fortschrittliche Wanderbekleidung bietet heutzutage hohe UV-Schutzwerte und ist in Kombination mit Hut, Sonnenbrille und Sonnencreme die mitzuführende Ausrüstung für sonnige Tage. Arm- und beinlange Sachen verringern zusätzlich den Wasserverlust und lassen das »Kühlsystem« des Körpers besser arbeiten, ebenso bieten sie besseren Schutz vor Insektenstichen. Gamaschen sind auf feuchten und schlammigen Wegen sehr nützlich und schützen zudem recht gut vor Schlangenbissen. Ebenfalls hilfreich können Trekkingstöcke auf matschigen Pfaden und bei Flussdurchquerungen sein. Um auch gegen kalte Nächte gewappnet zu sein, ist auf Mehrtagestouren ein gut wärmender Schlafsack mitzunehmen; für die tasmanischen Sommermonate empfehlen wir einen Komfortbereich bis mindestens 0 °C. Daunenfüllungen sind des Gewichtsvorteiles wegen zu bevorzugen, trocknen jedoch langsamer als die synthetische Konkurrenz. Wer mehrtägige Wanderungen einplant, sollte des Weiteren über einen gut sitzenden Rucksack, ein robustes Zelt und einen Kocher mit entsprechendem Zubehör verfügen. Da bei lang anhaltendem Regenwetter auch in die beste Ausrüstung Feuchtigkeit einzieht, sollten Schlafsack und trockene Ersatzkleidung möglichst wasserdicht verpackt werden. Während solcher mehrtägiger Touren gibt es keine Möglichkeit zur Einkehr oder zum Einkauf von Lebensmitteln; der Proviant muss somit komplett mitgeführt werden.

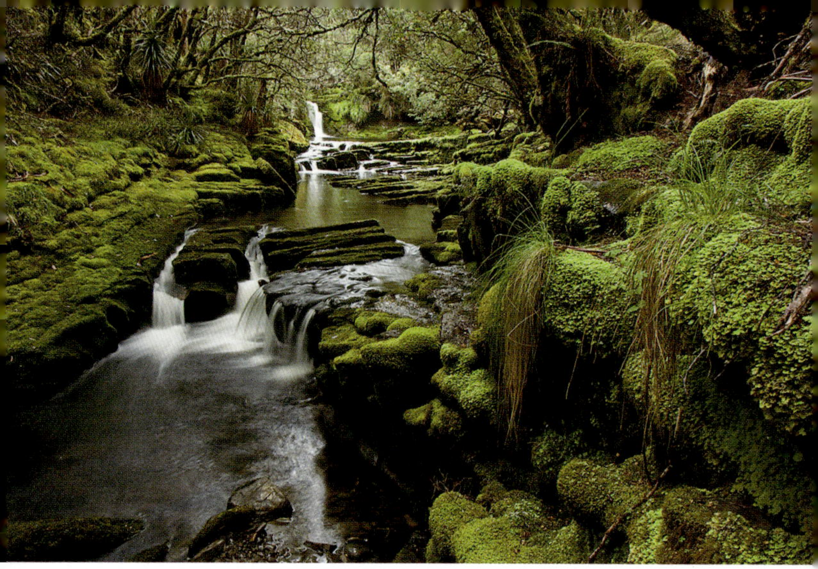

Bezaubernde Flusslandschaft am Douglas Creek (Tour 10, Overland Track).

Nahrungsmittel mit geringem Wassergehalt, hohem Energiegehalt, lang anhaltender Sättigung sowie kurzer Kochzeit sind zu bevorzugen. Rechnen Sie immer Notreserven für Unvorhergesehenes ein, doch übertreiben Sie nicht; ein zu schwerer Rucksack wird Sie schnell ermüden und Ihnen die Freude an der Wanderung nehmen.

Wer ausgedehnte Touren in Tasmaniens Wildnis plant oder als Solowanderer unterwegs ist, sollte sich den Kauf oder das Mieten eines PLB – Personal Locator Beacon (mietbar in Service Tasmania Shops in Hobart, Launceston, Burnie und Devonport) überlegen. PLBs sind Geräte, mit denen im Notfall ein Positionssignal gesendet werden kann.

Nicht zu vergessen ist die Mitnahme eines Erste-Hilfe-Päckchens. Ebenfalls nützlich ist eine Stirnlampe sowie ein (für die Südhalbkugel geeigneter) Kompass als praktische Orientierungshilfe und insbesondere bei Planung von weglosen Touren auch ein GPS-Gerät. Schlussendlich raten wir zum Mitführen einer kleinen Schaufel (gibt es in jedem Outdoor-Geschäft Tasmaniens), um gegebenenfalls seine Notdurft zu vergraben – zum einen aus ästhetischen Gründen, aber besonders, um die unnötige Verbreitung von Keimen durch Fliegen z. B. auf Lebensmittel und in Wasserläufe zu verhindern (Hauptursache für die Zunahme von Gastroenteritis, einer Magen-Darm-Grippe, einhergehend mit Brechen und Durchfall). Dies ist unter vielen australischen Wanderern eine gängige Praxis und zur Nachahmung empfohlen.

Trinkwasser

Neben der sauberen Luft kann sich Tasmanien auch glücklich schätzen, eines der am wenigsten verschmutzten Süßwassersysteme der Welt zu haben. Die meisten Wanderer trinken Wasser aus Bächen, Flüssen oder Bergseen ohne jegliche Beschwerden. Doch hat es in den letzten Jahren vermehrt Fälle von Gastroenteritis gegeben, insbesondere wenn Wasser nahe stark frequentierten Punkten, wie z. B. Campingplätzen, getrunken wurde. An solchen Stellen empfiehlt es sich, das Wasser nur flussaufwärts zu entnehmen; wer ganz sichergehen möchte, sollte das kostbare Nass hier mindestens drei Minuten abkochen bzw. mit entsprechenden Filtern, UV-Licht oder Chemikalien behandeln. Empfindliche Personen und denen, die kein Risiko eingehen möchten, ist diese Vorgehensweise auf der ganzen Reise anzuraten. Sobald Flussläufe landwirtschaftliches und besiedeltes Gebiet erreichen, ist mit Nährstoffeintrag und damit Entwicklung von Keimen zu rechnen, solches Wasser sollte daher nicht mehr zum Trinken genutzt werden. Vorsicht gilt auch in alten Bergbaugebieten, da das Wasser hier noch häufig mit Giftstoffen belastet ist.

Auf einigen Wanderungen, insbesondere an den Küsten, gibt es keinen Zugang zu Trinkwasser. Hier sollte der Tagesbedarf mitgenommen werden. Auch auf etlichen Gipfeltouren können Wasserquellen rar sein, hier sind die Vorräte vor Beginn der Wanderung oder an Wasserläufen während der Aufstiege aufzufüllen. Wo es Hütten gibt, sind zumeist Wassertanks installiert. Dies ist auf einigen Wanderstrecken der einzige Zugang zu Trinkwasser und sollte daher mit Rücksicht auf nachfolgende Wanderer maßvoll genutzt werden. Ist die Wasserversorgung auf Mehrtageswanderungen problematisch, ist dies in den entsprechenden Tourenvorschlägen mit Hinweisen versehen.

Einkehr und Verpflegung

Die Möglichkeiten zur Einkehr und zum Einkauf von Lebensmitteln entlang den Wanderstrecken sind in Tasmanien sehr begrenzt und beschränken sich fast ausschließlich auf Ortschaften und Touristenzentren an Start- und Endpunkten von Touren. Soweit vorhanden, werden diese in den jeweiligen Kurzinfos der Tourenvorschläge erwähnt.

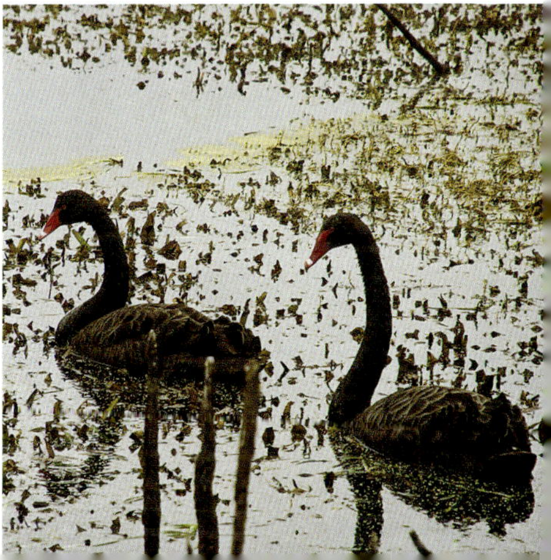

Schwarze Schwäne auf der Springlawn Lagoon (Tour 1).

Ausnahmen sind organisierte Mehrtageswanderungen, auf denen der Veranstalter für die Verpflegung während einer Tour sorgt. Bei Interesse sollten Sie sich in Touristeninformationen nach Angeboten für solche »Luxus-Wanderungen« erkundigen.
Aufgrund der dünnen Besiedlung empfiehlt es sich, den Grundproviant für die Reise und alle Wanderungen in größeren Städten einzukaufen und gegebenenfalls in kleineren Ortschaften zu ergänzen.

Camping und Hütten

Tasmanien verfügt über kein ausgebautes Netz von Wanderhütten; in vielen Regionen fehlen sie völlig. Viele der vorhandenen Hütten dienten ursprünglich Pelztierjägern als winterliche Unterkunft, einige dürfen zudem heute wegen ihres historischen Wertes nicht mehr zur Übernachtung genutzt werden. Für Wanderer hergerichtete Gebäude bieten meist einfachsten Schlafkomfort und einen Ofen (insbesondere am Overland Track). Öfen sollten zur Schonung des Brennstoffvorrates aber nur bei Temperaturen unter 10 °C in Betrieb genommen werden. Andere Hütten mit oft rustikalem Charme bieten nicht mehr als eine Pritsche und ein Dach über dem Kopf. Hütten und Campingstellen an Wanderwegen sind prinzipiell kostenfrei (sieht man einmal von Gebühren für Nationalparks sowie für den Overland Track und den Three Capes Track ab). Da die Hütten, ausgenommen am Three Capes Track, belegt sein können (es gilt: Wer zuerst kommt, wählt zuerst), empfehlen wir, auf jeder Mehrtagestour Zelte mitzuführen. Auf diesen Strecken gibt es meist etablierte Zeltlager, die geschützt liegen und Zugang zu Wasser bieten. Diese sollten bevorzugt genutzt werden. Es ist jedoch erlaubt, auch eigene Plätze zu wählen; hier wird jedoch an die Ethik der Wanderer appelliert, keine Spuren zu hinterlassen und zur Schonung empfindlicher Pflanzen möglichst feste und unbewachsene Stellen zu nutzen.

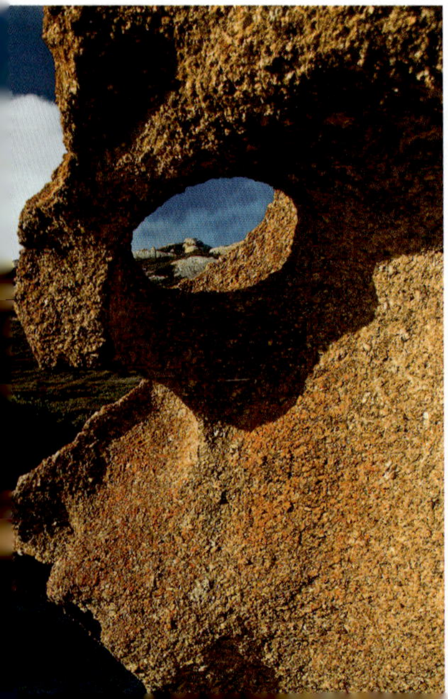

Unterkunft

Über die gesamte Insel verteilt, auch in einigen Nationalparks, gibt es mit dem Fahrzeug zugängliche

»Nadelöhr« im Granit (Flinders Island).

Camping- oder Picknickplätze, auf denen kostenfrei übernachtet werden kann; außer einer Toilette findet man hier jedoch keinerlei Service. Preiswerte Alternativen sind ausgebaute Campingplätze oder Caravan Parks mit kompletter sanitärer Ausstattung und Küche; die Nutzung von Waschmaschinen ist jedoch extra zu zahlen. Besonders bei jungen Leuten ohne Fahrzeug sind Jugendherbergen (YHA Hostels) oder andere Hostels ein beliebtes Übernachtungsziel. Mit einem internationalen Jugendherbergsausweis erhält man neben Ermäßigungen für Nächtigungen unzählige weitere Rabatte z. B. für Eintritts- und Fahrpreise oder Mietfahrzeuge.

■ www.yha.com.au

Als beliebtes Urlaubsziel gibt es in Tasmanien natürlich auch jede Menge privat angebotener Unterkünfte, oft in der klassischen, aus Großbritannien bekannten Form des Bed & Breakfast (B&B). Höherpreisige Hotels findet man zumeist nur in den größeren Städten.

Auskunft

In allen größeren oder touristisch bedeutsamen Orten findet man eine mit einem blauen »i« gekennzeichnete und zumeist durch Wegweiser leicht zu findende Touristeninformation. Hier kann man zu allen touristisch relevanten Fragen Antworten bekommen; alternativ kann man auch im Internet suchen.

■ www.discovertasmania.com.au

Daneben unterhält der Parks & Wildlife Service, zuständig für die Verwaltung der Nationalparks und anderer Schutzgebiete, in den am meisten besuchten Nationalparks Besucherzentren sowie in einigen Ortschaften kleinere Büros. Die Ranger können in der Regel kompetente Informationen zu Wanderwegen und zu den aktuellsten regionalen Wetterprognosen geben.

■ www.parks.tas.gov.au

Karten und GPS

Die in diesem Wanderführer zu jeder Tour abgebildeten Kartenausschnitte reichen in der Regel zur Orientierung aus. Bei einigen Wanderungen mit etwas problematischerer Orientierung ist zusätzliches Kartenmaterial angegeben, welches zur Sicherheit mitgeführt werden kann. Prinzipiell gilt: Topografische Karten bieten eine gute Orientierungshilfe, und mit Unterstützung eines Kompasses lassen sich oft markante Landschaftsmerkmale der Umgebung identifizieren. Am empfehlenswertesten sind die Karten der neuen 1:50.000-Serie von TASMAP (GPO Box 44, Hobart TAS 7001, www.tasmap.tas.gov.au); alternativ können diese wie auch die der älteren 1:25.000- und 1:100.000-Serie in digitaler Version erworben werden. Ebenfalls zu empfehlen sind die speziell für etliche Nationalparks oder bekannte Touren angebotenen Karten mit einer Fülle von interessanten Informationen auf den Rückseiten. Unter maps.thelist.tas.gov.au kann zudem online auf die 1:25.000-Serie zugegriffen und Kartenausschnitte ausgedruckt werden.

Besonders auf weglosen Strecken kann die zusätzliche Mitnahme eines GPS-Gerätes (einschließlich Ersatzbatterien) hilfreich sein. Doch auch auf Wanderwegen können die Geräte bei der Orientierung helfen, kann man mit ihrer Hilfe doch den genauen Standort bestimmen. Trotzdem sollte nie blind auf diese Helfer vertraut werden, besonders nicht in schwierigem Gelände. So können beispielsweise hohe Felswände zu Empfangsproblemen führen und auf dem Display stark schwankende Koordinaten und Höhenangaben erscheinen.

GPS-TRACKS UND KOORDINATEN DER AUSGANGSPUNKTE

Zu diesem Wanderführer stehen auf www.rother.de GPS-Tracks und Koordinaten der Ausgangspunkte zum kostenlosen Download bereit.
3. Auflage, Passwort: **436803apb**
Sämtliche GPS-Daten wurden vom Autor im Gelände erfasst. Verlag und Autor haben die Tracks und Wegpunkte nach bestem Wissen und Gewissen überprüft. Dennoch können wir Fehler oder Abweichungen nicht ausschließen, außerdem können sich die Gegebenheiten vor Ort zwischenzeitlich verändert haben. GPS-Daten sind zwar eine hervorragende Planungs- und Navigationshilfe, erfordern aber nach wie vor sorgfältige Vorbereitung, eigene Orientierungsfähigkeit sowie Sachverstand in der Beurteilung der jeweiligen (Gelände-)Situation. Man sollte sich für die Orientierung auch niemals ausschließlich auf GPS-Gerät und -Daten verlassen.

Nationalparkpässe und Buchungen für Wanderwege

Wer Tasmaniens Nationalparks besuchen möchte, muss ein Eintrittsgeld bezahlen. Dieses Geld dient insbesondere der Erhaltung und weiteren Verbesserung der touristischen Infrastruktur in den Parks. Es gibt einen 24-Stunden-Pass, einen zweimonatigen Holiday-Pass und Pässe für ein oder zwei Jahre jeweils gültig für ein Fahrzeug mit bis zu acht Personen; Reisende mit Motorrad, Fahrrad oder ohne Fahrzeug zahlen eine geringere Gebühr. Die aktuellen Preise findet man auf der Internetseite des Parks & Wildlife Service (www.parks.tas.gov.au). Die Pässe können online, in Touristeninformationen, Nationalparkbüros, Service Tasmania Shops, aber auch auf der Fähre nach Tasmanien gekauft werden. Achtung, die Pässe decken nicht die eventuellen Übernachtungsgebühren für die mit dem Fahrzeug zugänglichen Campingplätze am Rand oder innerhalb der Nationalparks. (Zelten und Hüttenübernachtung entlang von Wanderwegen sind allerdings kostenfrei.)
Da mehrtägige Trekkingtouren in Tasmanien immer beliebter werden und eine zu starke Belastung für Wege und Natur droht, wurde für einige Tracks eine maximale Zahl an Wanderern festgelegt, die pro Tag starten dürfen. Bei den im Buch betroffenen Wanderungen finden sich im Tourenteil jeweils Hinweise dazu. Buchungen können ab sechs Monaten im Voraus

(Three Capes Track ab einem Jahr vorher, Overland Track ab 1. Juli für die darauf folgende Buchungssaison) durchgeführt werden. Wird eine gebuchte Tour doch nicht durchgeführt, ist diese zeitnah zu stornieren, um anderen Wanderern die Möglichkeit einer Buchung zu ermöglichen. Gebühren für die Buchungen sind derzeit nur für den Overland Track und den Three Capes Track im Tasman National Park zu zahlen.

Erreichbarkeit der Wanderungen

Es gibt nur wenige Wanderungen, die mit öffentlichen Busverbindungen zu erreichen sind. Soweit ein Anschluss an das Busnetz besteht, ist es in den jeweiligen Touren vermerkt. Besonders zu Ausgangspunkten von beliebten Mehrtagestouren bieten alternativ private Busunternehmen Transfers nach Vereinbarung an. Die Anbieter lassen sich meist im Internet finden oder man kontaktiert für Auskünfte den Parks & Wildlife Service (www.parks.tas.gov.au).

Wie für das australische Festland gilt daher auch für Tasmanien: Wer mit dem Auto reist, ist im Vorteil. Alle Startpunkte der im Buch vorgestellten Touren sind, obwohl teils über unasphaltierte und gelegentlich raue Straßen führend, unter normalen Wetterbedingungen mit Pkws ohne Allradantrieb zu erreichen. Zur allgemeinen Orientierung auf der Insel reicht dabei eine Straßenkarte vollkommen aus; der Belag der angezeigten Straßen lässt sich hiermit ebenfalls ablesen. Es können aber genauso Navigationsgeräte oder Smartphone-Apps mit entsprechendem Kartenmaterial genutzt werden.

Per Fahrrad wäre eine weitere Option, zu den Ausgangspunkten der Wanderungen zu gelangen, zumal sich Tasmanien aufgrund seiner überschau-

Am Cape Pillar im Tasman National Park.

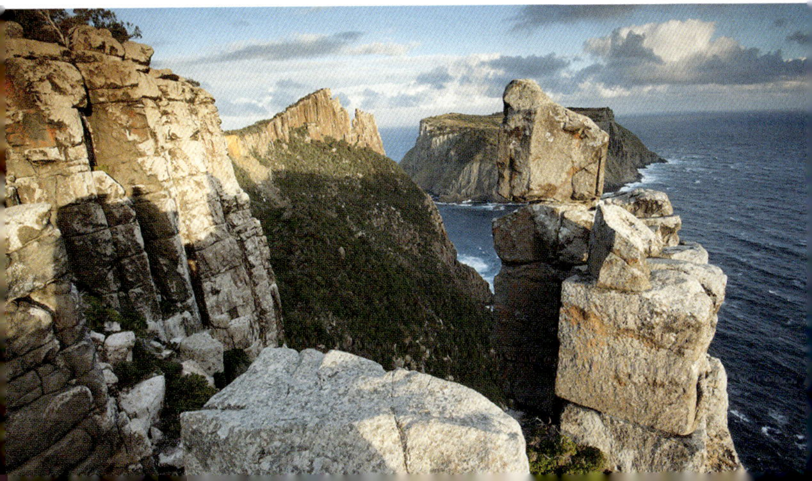

baren Größe und des geringen Verkehrsaufkommens für Radtouren (insbesondere auf der wetterfreundlichen Ostseite) geradezu anbietet.
Eine letzte Option ist Trampen. Wer sich der üblichen Gefahren bewusst ist, kann auf Tasmanien, besonders als Solist, sehr gute Erfahrungen sammeln und dazu reichlich Kontakte zu den Einheimischen knüpfen.

Anreise

Es gibt keine direkten Flugverbindungen aus Europa nach Tasmanien. Wer mit dem Flugzeug nach Tasmanien reist, wählt zumeist eine Verbindung über Sydney oder Melbourne nach Hobart oder Launceston; alle Flüge können von der Heimat aus über Reisebüros oder das Internet gebucht werden.
Eine längere Alternative, um vom australischen Festland nach Tasmanien zu gelangen, ist die Fährfahrt mit der »Spirit of Tasmania« von Geelong (ca. 1 Std. südwestlich von Melbourne) nach Devonport. Besonders für all diejenigen, die neben Tasmanien auch Australien mit einem Fahrzeug erkunden, ist die Autofähre die einzige Wahl. Die Fähren verkehren je nach Saison ein- bis zweimal täglich in beide Richtungen. Die Überfahrt dauert etwa 10 Stunden; Preise variieren je nach Saison, Art der Unterkunft und des Fahrzeuges. Besonders in der australischen Sommerferienzeit (Weihnachten bis Ende Januar) sind die Fähren schnell gefüllt und es sollte immer einige Wochen im Voraus per Telefon oder Internet gebucht werden.
■ www.spiritoftasmania.com.au
Flinders Island wird regelmäßig von Launceston und dem australischen Festland angeflogen.
■ www.sharpairlines.com.au, Tel. 13 00 55 66 94
Länger (8–12 Std.), aber günstiger ist die rustikale Reise mit einer Fähre vom tasmanischen Bridport. Passagiere werden aber nur jeweils Dienstag befördert und die Abfahrtszeit ist abhängig von den Gezeiten. Eigene Fahrzeuge (teuer) können ebenfalls befördert werden. Insbesondere bei Mitnahme eines Pkw sollte mehrere Wochen im Voraus gebucht werden.
■ www.bassstraitfreight.com.au, Tel. +61 3 63 56 17 53
Mietwagen werden u. a. von Flinders Island Car Rentals verliehen.
■ www.ficr.com.au

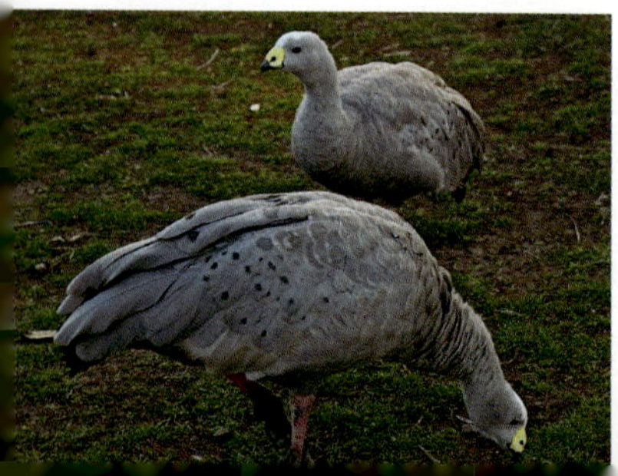

Busnetz

Busgesellschaften bieten zumeist nur Strecken zwischen Städten und größeren Ortschaften an, zum Erreichen von Wanderungen sind sie nur selten nützlich. Soweit ein Anschluss an das öffentliche Busnetz

Cape-Barren-Gänse.

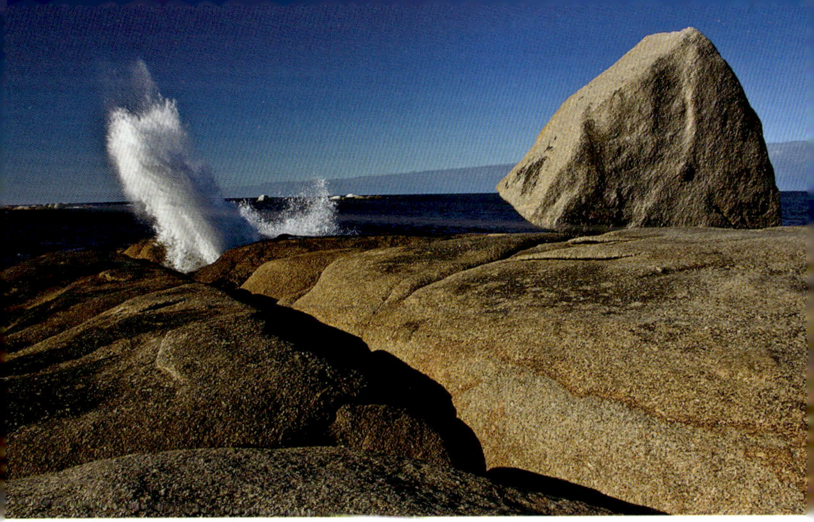

Blowhole in Bicheno.

besteht, ist es in den jeweiligen Tourenvorschlägen aufgeführt. Fahrten sollten auf allen Fernstrecken im Voraus gebucht werden.

Fahrzeugkauf und -verkauf

All diejenigen, die einen mehrmonatigen Tasmanien-/Australienaufenthalt planen, sollten die Anschaffung eines eigenen Fahrzeuges in Betracht ziehen. Allgemein gilt: Je länger die Reise ist, desto günstiger ist ein eigener Pkw im Vergleich zum Mietfahrzeug. Zudem erlaubt dies eine maximale Freiheit ohne eventuelle Beschränkungen der Mietwagenfirmen. Da die Anforderungen und benötigten Unterlagen zur Anmeldung und zum Betrieb eines Fahrzeuges in jedem Bundesstaat etwas anders sind, empfiehlt es sich, vor dem Kauf eines Pkw eine Zulassungsstelle vor Ort für Auskünfte zu kontaktieren.

Der Kauf eines Gebrauchtwagens birgt immer Risiken. Daher sollte der Verkäufer ein von einer zugelassenen Werkstatt ausgestelltes Sicherheitszertifikat (Roadworthy Certificate) vorweisen können; dieses muss in einigen Bundesstaaten auch bei der Zulassung gezeigt werden. Gebrauchtwagen- oder Markenhändler sind meist teurer, doch besonders Letztere haben einen Ruf zu verlieren und versprechen etwas mehr Sicherheit; ein 3-tägiges Rückgaberecht (die sogenannte »Cooling-off period«) sollte hier auch Standard sein. Fahrzeuge sollten im Bundesstaat des Kfz-Kennzeichens angemeldet werden; Ummeldungen von Pkw aus anderen Bundesstaaten sind oft deutlich teurer. Nach Erwerb ist das Fahrzeug innerhalb von zwei Wochen gegen Zahlung von Zulassungsgebühren einschließlich

einer Haftpflichtversicherung für Personenschäden bei einer Zulassungsstelle anzumelden. Bringen Sie Führerschein (am besten mit beglaubigter Übersetzung oder einen Internationalen Führerschein), Transfer form (Überschreibung), Reisepass sowie Geld mit. Weiterhin benötigt man eine Postadresse in dem Bundesstaat, wo das Fahrzeug angemeldet wird; dies kann z. B. die Adresse von Bekannten/Freunden oder einer Unterkunft sein. Zusätzlich ist der private Abschluss einer Kfz-Haftpflichtversicherung gegen Sachschäden dringend angeraten, während eine Kaskoversicherung abhängig vom Fahrzeugwert und eigenem Ermessen überlegenswert ist.
Starten Sie den Verkauf ihres Fahrzeuges mindestens eine (besser zwei) Wochen vor Abreise. Wichtige Preisfaktoren beim Kauf/Verkauf sind neben technischen Daten, Laufleistung und äußerer Erscheinung die Restzeit bis zur nächsten jährlichen Zulassungsperiode, das Vorweisen regelmäßiger Wartungen (empfehlenswert alle 10.000 km), die Jahreszeit (Haupt- oder Nebensaison) und der Benzinverbrauch. Beachten Sie auch, dass sich ein Fahrzeug am besten in dem Bundesstaat des Kfz-Kennzeichens verkauft. Vergessen Sie nach erfolgreichem Verkauf nicht, eine Zulassungsstelle zu informieren (dies ist gebührenfrei); andernfalls könnten Sie für vom Käufer verursachte Schäden haftbar gemacht werden.
Wer ohne den üblichen Aufwand für Kauf/Verkauf und Zulassung auskommen möchte, kann sich z. B. an die Firma Travellers Autobarn (www.travellers-autobarn.com.au) wenden, welche neben einem Mietwagenverleih auch technisch geprüfte und gewartete Gebrauchtfahrzeuge verkauft, bei deren Zulassung behilflich ist und die Pkw am Reiseende zurückkauft.

Mietfahrzeuge

Praktisch alle Anbieter bieten ihre Fahrzeugpalette im Internet an und können bereits von zu Hause gebucht werden. Neben etablierten Firmen wie Avis, Budget, Europcar, Hertz und Thrifty kann die Suche nach kleineren und oft günstigeren Anbietern lohnen.
Dasselbe gilt bei Interesse für ein Wohnmobil (Campervan). Etablierte Anbieter sind hier Britz, Apollo oder Maui, doch lassen sich ebenso eine Reihe von anderen Vermietern finden. Das Mindestalter zum Mieten eines Fahrzeuges beträgt zumeist 21 Jahre. Es sollte ein Internationaler Führerschein oder eine beglaubigte Übersetzung des Länderführerscheins vorgewiesen werden können. Ist die Reise auch in andere Teile von Australien geplant, ist zu beachten, dass viele Anbieter ein Übersetzen nach Tasmanien bzw. umgekehrt nicht erlauben oder eine Genehmigung dafür eingeholt werden muss.
Da die Ausgangspunkte etlicher Wanderungen nur durch ungeteerte Straßen erschlossen sind, ist ein wichtiges Kriterium, ob die Fahrzeuge auf solchen Straßen gefahren würden dürfen. Manche Anbieter erlauben dies, andere nur mit Zuschlag und einige verbieten es ausdrücklich bzw. genehmigen es nur, wenn ein Geländefahrzeug (für Tasmanien nicht notwendig)

gemietet wird. Die online zugänglichen Vertragsbedingungen (Terms & Conditions) sollten daher genau studiert oder bei den Vermietern nachgefragt werden.
Neben den o. g. Kriterien und dem Preis sollte u. a. auf Kilometerbegrenzungen (Freikilometer pro Tag, Kosten für darüber hinaus gefahrene Kilometer), Rabatte bei längerer Mietzeit oder Umfang des Versicherungsschutzes (z. B. Selbstbehalt im Schadensfall) geachtet werden.

Pannendienst

Bei der Anmietung von Fahrzeugen sind Pannendienst-Leistungen i. d. R. Bestandteil des Leistungsumfanges. Wer längere Touren mit einem eigenen Fahrzeug plant, sollte die Mitgliedschaft in einem Automobilclub erwägen. In der Internetseite des Australischen Dachverbandes AAA findet man Links zu den acht Clubs der Bundesstaaten.
■ www.aaa.asn.au
In Tasmanien hilft der tasmanische Automobilclub (RACT) bei liegen gebliebenen Fahrzeugen.
■ www.ract.com.au, Tel. 13 27 22

Verkehrshinweise

Auf Tasmanien besteht wie in Australien Linksverkehr. An unmarkierten Kreuzungen gilt jedoch rechts vor links. Die Höchstgeschwindigkeit innerhalb von Ortschaften beträgt 50 km/h, außerhalb 100 km/h; nur auf wenigen Highways sind 110 km/h erlaubt.

Anfahrt zum St Valentines Peak (Tour 15).

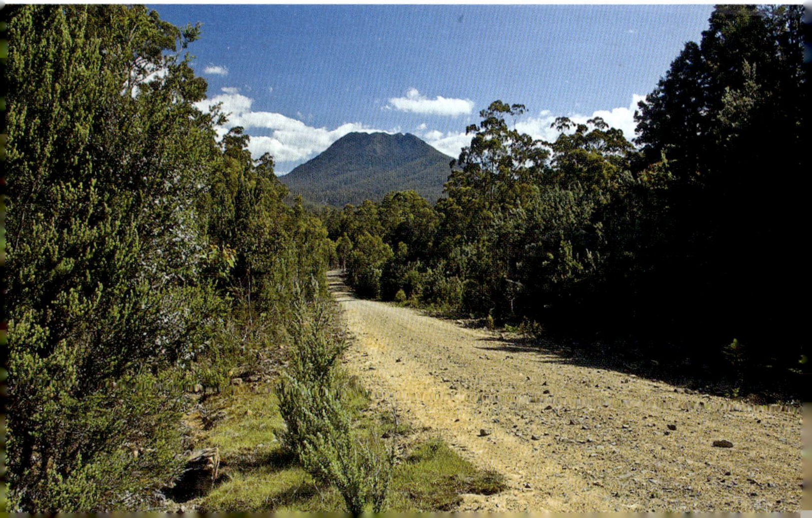

Da viele Tiere nacht- und dämmerungsaktiv sind, sollte wenn möglich zu diesen Zeiten auf Fahrten außerhalb von Orten verzichtet werden; tote Tiere am Straßenrand zeigen, dass es leider immer wieder zu Kollisionen kommt. Der erlaubte Alkoholwert im Blut beträgt 0,5 Promille.

Aboriginalkultur

Für diejenigen, die mehr über Tasmaniens Ureinwohner erfahren möchten, empfiehlt sich ein Besuch der »ningina tunapri gallery« im Tasmanian Museum and Art Gallery in Hobart oder der direkte Kontakt zu Aborigines durch Aufsuchung eines der Kulturzentren in den vier größten Städten der Insel.

Freizeitaktivitäten

Tasmanien ist vor allem als Traumziel für Wanderer bekannt. Doch daneben bietet es ein ideales Terrain für viele weitere sportliche Aktivitäten, angefangen vom Radfahren über Caving (Höhlenwandern), Canyoning oder Klettern (unzählige Felswände und Meeresklippen warten noch auf ihre Erstbesteigung) zu Wasseraktivitäten, wie Kanu- und Seekajaktouren, Rafting, Tauchen oder Surfen. Spezialisierte Veranstalter bieten die richtige Ausrüstung und auch für Anfänger geeignete Exkursionen an. Die unzähligen idyllischen Strände oder verführerischen Bergseen locken an warmen Tagen zum Baden, doch seien Sie gewarnt, tasmanische Gewässer sind eine kalte Herausforderung!

Grail Falls (Walls of Jerusalem National Park).

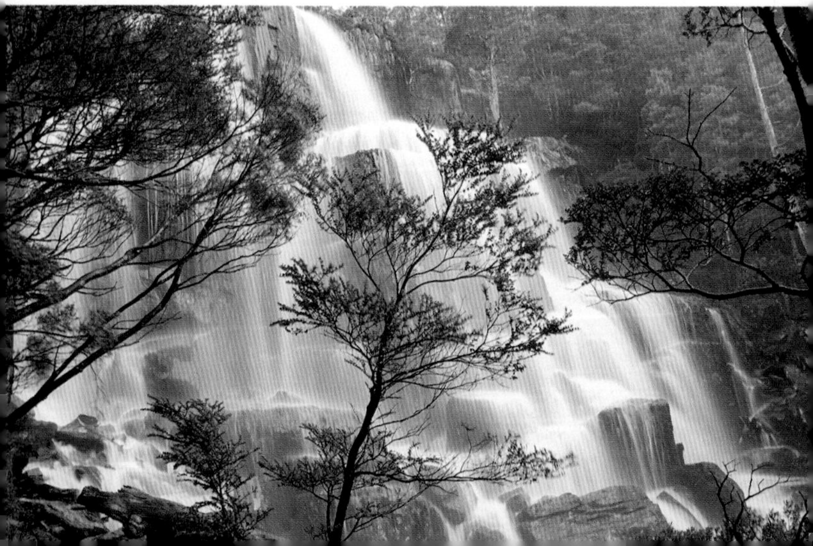

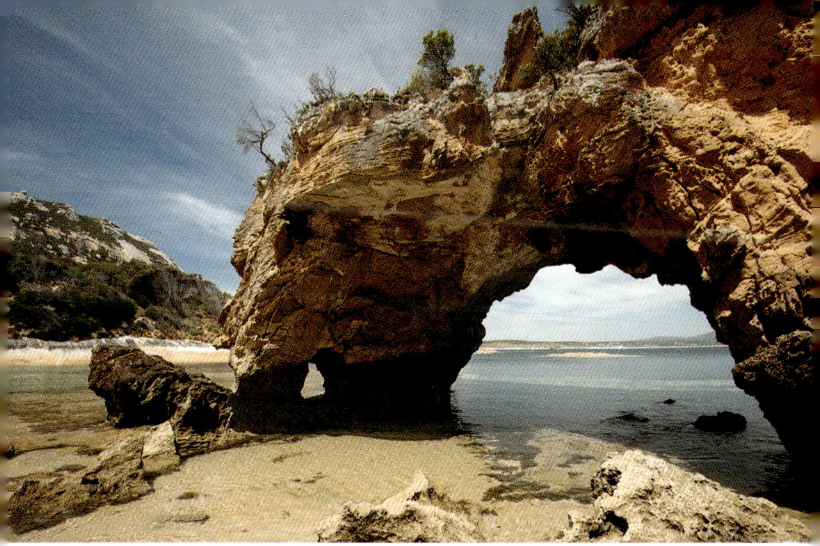

Felsbogen am nördlichen Ende der Killiecrankie Bay (Flinders Island).

Für Hobby-Mineralogen gibt es auf Tasmanien mehrere ausgewiesene Gebiete, auf denen nach formschönen oder raren Mineralien oder Versteinerungen gesucht werden kann.
Wer es ruhiger mag, findet in Tasmanien sein Angelparadies vom Hochseefischen bis zur Forellenjagd im Inland; wer Tiere lieber nur beobachtet, wird über den ganzen Inselstaat verteilt viele spannende Momente erleben. Der landschaftlichen Schönheit wegen ist Tasmanien selbstredend auch ein Paradies für Naturfotografen. Für alle, die es ganz gemütlich mögen, bieten sich Rundflüge über die Insel (www.paravion.com.au), Bus- und Bootstouren, Fahrten auf historischen Bahnstrecken, Höhlenbesichtigungen, nächtliche »Safaris« oder der Besuch eines der vielen kleinen Tierparks (mit einheimischer Fauna) an.
Auch die Verkostung von regionalen Spezialitäten wie Wein, Käse, Honig, Fisch oder Meeresfrüchten, auf Märkten oder direkt beim Erzeuger, stehen bei vielen Besuchern hoch im Kurs.

- Touristeninformationen helfen bei Interesse mit Broschüren, Telefonnummern und Kontaktadressen weiter.

Beste Reisezeit

Prinzipiell kann man Tasmanien das ganze Jahr über bereisen. Der tasmanische Winter kann jedoch recht ungemütlich sein, doch viele Wald- und Küstenwanderungen, insbesondere entlang der Ostküste, sind auch zu dieser Jahreszeit recht unproblematisch, und zu keiner anderen Zeit kann man die Natur so für sich alleine haben. Auch das zeitige Frühjahr und der Spätherbst sind recht ruhige Zeiten. Wer jedoch Bergtouren unter annehmbaren Bedingungen machen möchte, muss auf die Zeit zwischen spätem Frühling und Frühherbst (Nov.–April) setzen, gleichzeitig die Hauptreisezeit für Touristen nach Tasmanien. Meiden sollte man, wenn möglich, den Zeitraum von Weihnachten bis Ende Januar (Hauptferienzeit), da hier besonders viele »Festland«-Australier auf Tasmanien unterwegs sind; Wanderwege können stark frequentiert, Preise hoch und viele Unterkünfte ausgebucht sein.

Wetterbericht

Neben Wetterauskünften in Besucherzentren oder in Büros des Parks & Wildlife Service kann man sich auch selbst über die Wetterlage informieren. Auf der selben Internetseite findet sich auch ein Link zu den aktuellen Ebbe-/Flutzeiten.

■ www.bom.gov.au bzw. www.bom.gov.au/australia/tides

Elektrische Geräte

Wer in Tasmanien heimische Geräte benutzen möchte, braucht einen speziellen Steckdosenadapter für australische Steckdosen. Diese sind vor Ort beispielsweise in gut sortierten Elektrogeschäften zu erhalten.

Geld

Offizielles Zahlungsmittel ist in Tasmanien der Australische Dollar (A$). Da an den meisten Bankautomaten problemlos mit heimischen EC-Karten Geld abgehoben werden kann, ist die Mitnahme größerer Bargeldsummen nicht zwingend notwendig. Beachten Sie aber, dass es in kleinen Ortschaften häufig keine Bankautomaten gibt. Einige europäische Banken bieten bei ihren Geldkarten kostenlose Auslandsabhebungen an, andernfalls ist pro Geldabhebung eine Gebühr zu entrichten. Für jegliche Art von Buchungen per Telefon oder Internet sowie für das Anmieten eines Fahrzeuges ist i. d. R. eine Kreditkarte notwendig.

Das Preisniveau ist mit jenem in westeuropäischen Ländern vergleichbar, doch können z. B. Lebensmittel nach mehrjährigen Dürreperioden in Australien deutlich teurer sein, während Benzin generell günstiger ist.

Internet

Die besten Anlaufstellen für einen öffentlichen Internetzugang sind i. d. R. Bibliotheken, die es in allen größeren Ortschaften gibt; für die Nutzung fallen teilweise Gebühren an. Hier gibt es häufig auch Hotspots für selbst mitgebrachte Geräte. Entgeltfrei nutzbare Rechner stehen zudem in den meisten der über 25 Service Tasmania Shops. Über weitere frei zugängliche Hotspots sollte sich am besten in Touristeninformationen vor Ort erkundigt werden. In Unterkünften zur Übernachtung ist normalerweise eine

Möglichkeit zur Internetnutzung vorhanden. Wer unterwegs seinen eigenen Internetzugang haben möchte, sollte sich bereits von zu Hause über die verschiedenen Möglichkeiten informieren.

Geschäftszeiten

Supermärkte in den größeren Städten haben an allen Tagen in der Woche meist bis 21.00 oder 22.00 Uhr oder länger geöffnet. Auch Lebensmittelgeschäfte in den kleineren Ortschaften sind oft während der ganzen Woche geöffnet, schließen jedoch oft früher (teils schon vor 18.00 Uhr). Andere Ladengeschäfte in den Ortszentren sind sonntags normalerweise geschlossen und am Samstag nur bis zum Mittag oder Nachmittag geöffnet.
Wie in hoch entwickelten Staaten üblich, sind die Preise in kleineren Orten mit entsprechend kleineren Geschäften allgemein höher. Obst und Gemüse sind oft an Straßenständen regionaler Anbieter oder in spezialisierten Obst- und Gemüsemärkten am günstigsten.

Zeitunterschied

In Tasmanien werden die Uhren – entgegengesetzt zur Sommerzeit auf der Nordhalbkugel – am jeweils ersten Sonntag im Oktober um 1 Stunde vorgestellt und am ersten Sonntag im April wieder um 1 Stunde zurückgesetzt. Sind die Uhren in Mitteleuropa auf Winterzeit eingestellt, ist die Tageszeit in Tasmanien um 10 Stunden der unsrigen voraus. Ist die Konstellation umgekehrt, beträgt der Zeitunterschied nur 8 Stunden.

Ein Tasmanian Pademelon im Narawntapu National Park.

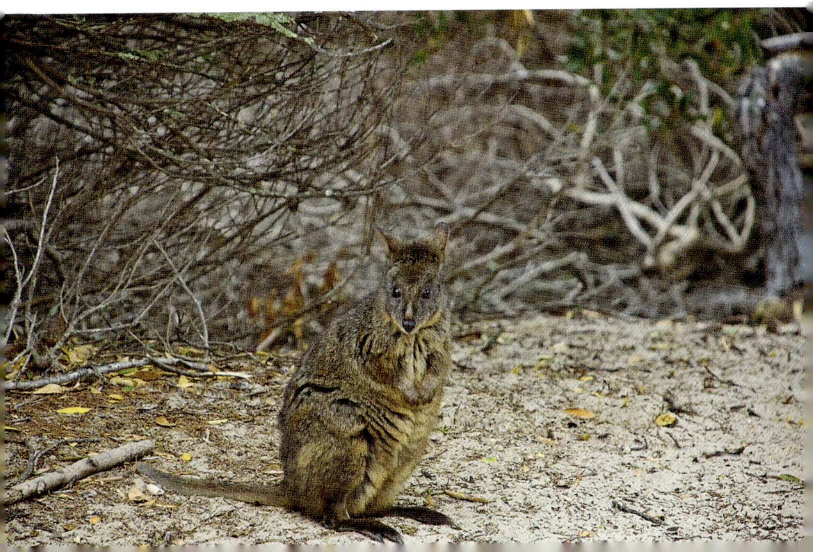

Kriminalität

Tasmanien ist ein sehr sicheres Reiseland. Vorsicht gilt jedoch für auf abseitigen Wanderparkplätzen abgestellte Fahrzeuge. Hier kam es in der Vergangenheit zu einigen Einbrüchen. Um keine böse Überraschung zu erleben, sollten im Auto keine Anreize geboten und alle Wertgegenstände mitgenommen werden. Auch Reisegepäck auf Flugplätzen, Fähren oder in Unterkünften sollte nie unbeaufsichtigt gelassen werden.

Auf allen Mehrtagestouren gibt es Möglichkeiten für kurze oder längere Abstecher von der Hauptroute. Zur Erleichterung empfehlen wir, diese Exkursionen ohne große Rucksäcke in Angriff zu nehmen. Es sei jedoch darauf hingewiesen, dass, auch wenn bisher kein Fall bekannt ist, ein minimales Diebstahlrisiko besteht. Zur Sicherheit sollte man essenzielle Wertgegenstände immer mitnehmen. Wer noch sicherer gehen möchte, kann sein Gepäck zusätzlich abseits der Wege verstecken.

Notruf

Für alle Notfälle und Gefahrensituationen kann die kostenlose Notrufnummer angerufen werden. Je nach Art des Vorfalles wird man zu Polizei, Ambulanz oder Feuerwehr weiterverbunden.

■ Tel. 000

Telefon

Telefonieren in die Heimat ist heutzutage am einfachsten über das Internet. Das Handy mit der SIM-Karte des heimischen Netzanbieters für Telefonate zu nutzen, empfiehlt sich wegen der oft hohen Roaming-Gebühren allerdings nicht, zudem funktionieren australische SIM-Karten in neueren Telefonen meist problemlos. Achten Sie jedoch darauf, dass Ihr Handy keinen SIM-Lock hat. In der Regel genügt es in Australien, eine Prepaid-Karte zu haben, wer jedoch einen langen Aufenthalt im Land plant, könnte auch einen Vertrag in Betracht ziehen.

Die beste Netzabdeckung, auch für das Internet, bietet Telstra. In unbesiedelten Regionen wie z. B. Nationalparks (insbesondere im Südwesten Tasmaniens) gibt es nur einen schlechten oder gar keinen Empfang.

Visa

Für einen Aufenthalt in Australien von bis zu drei Monaten kann ein kostenloses elektronisches Visum (subclass 651) online erstellt werden. Für längere Aufenthalte von bis zu 12 Monaten kann gegen Gebühr ein Besucher-Visum (subclass 600) oder alternativ für junge Menschen zwischen 18 und 30 Jahren ein Working-Holiday-Visum mit zusätzlicher Arbeitserlaubnis (subclass 417) online beantragt werden. Auf der Internetseite des australischen Innenministeriums finden sich auch die aktuellen Einreisebestimmungen bezüglich COVID 19 (Coronavirus).

■ www.immihomeaffairs.gov.au bzw. www.homeaffairs.gov.au/covid19

MINIMAL IMPACT BUSHWALKING

Hinter diesem Begriff verbirgt sich ein Verhaltenskodex für Wanderer in Tasmaniens einzigartiger Naturlandschaft. Dessen wichtigste Forderungen sind:

- Lesen und beachten Sie alle Zeichen!
- Um die weitere Verbreitung von Sporen des Pilzes *Phytophthora cinnamomi* zu minimieren, sind vor jeder Wanderung bzw. jedem Wandertag alle mit Erde verschmutzten Ausrüstungsgegenstände gründlich zu reinigen, insbesondere Schuhe, Gamaschen, Zeltheringe und -böden.
- Offene Feuer sind in den Nationalparks fast überall verboten. Verwenden Sie auch außerhalb dieser Gebiete nur die weit effizienteren und sicheren Campingkocher.
- Benutzen Sie bereitgestellte Toiletten. Gibt es keine, vergraben Sie Ihre Notdurft mindestens 100 m von Wasserläufen und Campingstellen entfernt. Graben Sie ein Loch von ca. 15 cm Tiefe und decken Sie es anschließend gründlich ab.
- Tragen Sie Ihren gesamten Müll, einschließlich Orangen- und Bananenschalen, Teebeutel, Papiertaschentücher, Zigarettenkippen etc. wieder mit zurück. Finden Sie Müll anderer Wanderer, nehmen Sie diesen bitte ebenfalls mit.
- Nutzen Sie, wo immer möglich, Hütten oder bereits vorhandene Campingplätze. Ist dies nicht möglich, wählen Sie eine vegetationsfreie, harte oder sandige Stelle; nach Abbruch des Lagers sind alle Spuren zu beseitigen.
- Existieren Wanderwege, bleiben Sie auf diesen, selbst wenn es bedeutet, durch Schlamm gehen zu müssen. Bilden Sie hier keine neuen Wegspuren; dies führt zur weiteren Beschädigung der Pflanzendecke und kann zudem nachfolgenden Wanderern die Orientierung erschweren.
- Sind Sie in weglosem Gelände unterwegs, laufen Sie nicht hintereinander und möglichst auf unbewachsenen Stellen. Besonders alpine Pflanzen sind durch Trittschäden schnell zerstört! Setzen Sie keinerlei Markierungen, um eine Wegbildung zu verhindern.
- Laufen Sie bei Strandwanderungen nahe am Wasser entlang. Einige Vogelarten legen oberhalb des Flut-Höchststandes ihre Eier in den Sand; gut getarnt sind diese schnell zertreten.
- Wenn Sie sich mit Seife reinigen möchten, entfernen Sie sich mindestens 50 m von Wasserläufen und Seen und lassen Sie das Waschwasser breit verteilt in den Boden einsickern. Möchten Sie in der Nähe von Campingstellen baden, tun Sie dies immer flussabwärts vom Lager. Kochgeschirr kann auch mit rauem Schwamm oder Sand und warmem Wasser gründlich gereinigt werden.
- Wandern Sie nicht in großen Gruppen von mehr als acht Personen! Diese haben einen größeren Einfluss auf die Umwelt als kleine Gruppen. Eine ideale Größe sind vier Personen; gibt es einen Notfall, verbleibt eine Person bei dem in Not Geratenen, während die anderen beiden Hilfe holen.
- Füttern Sie keine wild lebenden Tiere!
- Nehmen Sie Rücksicht auf andere! Partys und Lärm gehören nicht in ein Naturparadies!

ZUR REGION

Geschichte

Es wird angenommen, dass Aborigines bereits vor mehr als 35.000 Jahren Tasmanien besiedelten. Als nach der letzten Eiszeit vor etwa 10.000 bis 12.000 Jahren der Meeresspiegel stieg, geriet auch die Landbrücke zwischen Tasmanien und dem australischen Festland unter Wasser und isolierte die tasmanischen Aborigines. Zu Beginn der Besiedlung durch Europäer Anfang des 19. Jh. lebten bis zu 10.000 Aborigines meist verteilt in Gruppen von etwa 50 Personen auf der Insel. Mehrere Gruppen bildeten innerhalb eines bestimmten Territoriums einen Stamm von etwa 600 bis 700 Menschen mit gemeinsamer Sprache und Kultur. Es gab mindestens neun verschiedene Stämme und Sprachen sowie zahlreiche Dialekte. Tasmanische Aborigines führten vorwiegend ein nomadisches Leben und folgten dem saisonalen Nahrungsangebot. Wichtige Nahrungsquellen waren beispielsweise Muscheln, Fische, Seevögel, Kängurus sowie eine Reihe von Pflanzen. Abel Tasman, ein holländischer Seefahrer, segelte 1642 entlang der tasmanischen Südküste und gilt damit als der erste Europäer, der die Insel sichtete und betrat; er gab der Landmasse den Namen Van Diemen's Land. Nach jüngsten Erkenntnissen und Spurenfunden vermuten einige Historiker jedoch, dass Tasmanien bereits über 200 Jahre zuvor von chinesischen Flotten erkundet wurde. Erst ab 1770 wurde die Insel regelmäßig von britischen und französischen Schiffen aufgesucht. 1803 entschieden die Briten, eine zweite Siedlung in Australien (nach Sydney) zu gründen. Als Standort ausgewählt wurde die Risdon Cove, eine Bucht am Derwent River im Osten Tasmaniens. Dies war der Startschuss für die Gründung von Hobart, Australiens zweitältester Stadt. Bereits mit dem ersten Schiff kamen neben Siedlern und Soldaten auch die ersten Sträflinge aus britischen Gefängnissen. 1822 entstand das erste Sträflingslager auf Sarah Island im Maquarie Harbour nahe dem heutigen Strahan im rauen Westen Tasmaniens; 1825 wurde ein Lager auf Maria Island und 1830 ein drittes, heute als Port Arthur bekanntes, Gefängnislager auf der Tasman Peninsula gegründet. Bis 1853 kamen fast 75.000 Sträflinge nach Van Diemen's Land, die meisten blieben nach Verbüßung ihrer Strafe in ihrer nicht freiwillig gewählten neuen Heimat. Die Insel hatte besonders in Großbritannien einen so gefürchteten Ruf, dass sich die örtliche Politik entschied, 1856 ihr Land in Anlehnung an seinen »Entdecker« Abel Tasman in Tasmanien umzubenennen. 1877 schloss mit Port Arthur (heute eine Touristenattraktion) schließlich das letzte Sträflingslager. Für die ansässigen Aborigines brachte die europäische Besiedlung einen schnellen Niedergang ihrer Kultur und Lebensweise. Vertreibung, Mord, Zwangsarbeit, Raub und Vergewaltigung sowie eingeschleppte Krankheiten dezimierten schnell die Zahl der Ureinwohner. Unter falschen Versprechungen wurden schließlich die meisten der verbliebenen Aborigines 1835 nach Flinders Island gebracht. Desillusio-

niert verließen 1847 nur 47 Überlebende die Insel und kehrten zurück nach Tasmanien; 1876 starb mit Truganini, einer Frau vom Stamm der Nuennone, der letzte »reinrassige« tasmanische Aborigine. Dennoch leben heute über 10.000 Menschen in Tasmanien, die Ureinwohner als Vorfahren haben. Ein Teil davon kämpft bis heute für Wiedergutmachung und Rückgabe von Land. Seit 1995 wurden 13 kulturell und historisch wichtige Stätten an die Gemeinschaft der Tasmanischen Aborigines zurückgegeben.
Wichtige Wirtschaftszweige zu Beginn der europäischen Besiedlung waren neben der Landwirtschaft (vornehmlich zur Eigenversorgung) die Holzwirtschaft sowie der Schiffsbau; das begehrteste Holz lieferte dafür die Huon Pine. Für einige Jahrzehnte florierte auch der Walfang. Tran, ein dickflüssiges Öl, gewonnen aus dem Fettgewebe der Wale, war zu jener Zeit ein gefragter Rohstoff. Nach starker Dezimierung der Tiere fand dieses Geschäft aber ab Mitte des 19. Jh. ein rasches Ende. 1852 gab es erste nennenswerte Funde von Gold, 1871 folgte Zinn, später kamen Silber, Blei, Zink, Bauxit, Kupfer, Eisen und andere hinzu. Der Bergbau ist auch heute noch ein wichtiges Standbein der tasmanischen Wirtschaft.
Tasmanien wurde 1901 offiziell Bundesstaat der Australischen Föderation.

Geografie und Geologie

Tasmanien, der kleinste australische Bundesstaat, hat einschließlich der rund 1000 vorgelagerten Inseln (die größten davon sind Flinders Island in der Furneaux-Gruppe und King Island im Nordwesten) eine Fläche von 68.401 km² bei einer Gesamtküstenlinie von etwa 5400 km; daneben gehört auch die etwa 1500 km südöstlich gelegene subantarktische Macquarie Island zum tasmanischen Verwaltungsgebiet. Damit ist der Inselstaat im Vergleich 1,65 mal so groß wie die Schweiz. Umgeben ist Tasmanien im Westen und Süden vom Wasser des Indischen Ozeans, dessen an Tasmanien grenzende Teile in Australien als Southern Ocean bezeichnet werden; im Osten von der Tasmansee, einem Teil des Pa-

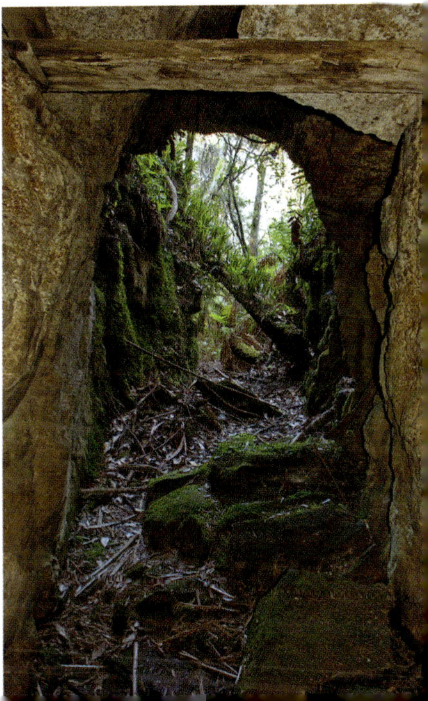

Liberator Mine im Blue Tier.

zifischen Ozeans, und im Norden trennt die Bass Strait Tasmanien vom australischen Festland.
Fast die gesamte Insel besitzt einen gebirgigen Charakter und wirkt besonders im Westen und Südwesten sehr schroff und unzugänglich, obwohl der höchste Berg, der Mount Ossa, nur eine vergleichsweise bescheidene Höhe von 1617 m erreicht.
Größere Teile Tasmaniens waren während der Eiszeiten vergletschert; typische U-förmige Täler sowie die vielen großen und kleinen Bergseen zeigen deutlich dieses Erbe. Auch Tasmaniens bekanntester See, der Lake St Clair, mit 167 m Tiefe zugleich der tiefste Australiens, hat der Eiszeit seine Entstehung zu verdanken. Der ursprünglich größte natürliche See der Insel ist der im seenreichen, einst mit einem riesigen Gletscher bedeckten Central Plateau gelegene Great Lake, welcher jedoch heute durch einen Damm künstlich vergrößert ist. Im Gegensatz zum oft unter Wassermangel leidenden australischen Festland zeigt sich Tasmanien mit seinen unzähligen Seen und immer wasserführenden Flussläufen als wasserreiches Gebiet; längster Fluss ist der South Esk River mit 245 km Länge. Wenig verwunderlich gibt es daher auch eine große Anzahl von Stauseen, die vornehmlich zur Energiegewinnung genutzt werden. Durch die Vielzahl von Gewässern trifft man in Tasmanien neben gängigen englischen Wörtern wie Creek, River und Lake auch häufig auf weniger bekannte Begriffe wie Tarn und Pond(s) (beides Bezeichnungen für kleine Seen) oder Rivulet und Brook (andere Namen für Bach/Fluss).
Tasmanien trennte sich als eine der letzten Landmassen vor ca. 45 Mio. Jahren von der Antarktis; neben fossilen Funden beweisen insbesondere der vielerorts gleiche Schichtaufbau des obersten Teils der Erdkruste die Jahrmillionen währende Landverbindung. Geologen unterteilen Tasmanien heute meist in sieben ältere Regionen (Elements) mit unterschiedlicher Entstehungsgeschichte und die weite Inselbereiche und Teile der älteren Elements überdeckenden jüngeren Schichten des Tasmania Basin. Die am häufigsten anzutreffenden Oberflächengesteine der älteren Regionen sind helle Quarzite und Dolomit im Nord- und Südwesten (z. B. Rocky Cape, Deception Range oder Arthur Range), Konglomerate (deren markantestes Merkmal sind im Fels eingeschlossene kiesel- bis faustgroße Steine) mit verstreutem Auftreten in der Westhälfte Tasmaniens (z. B. Tyndall oder Denison Range) sowie

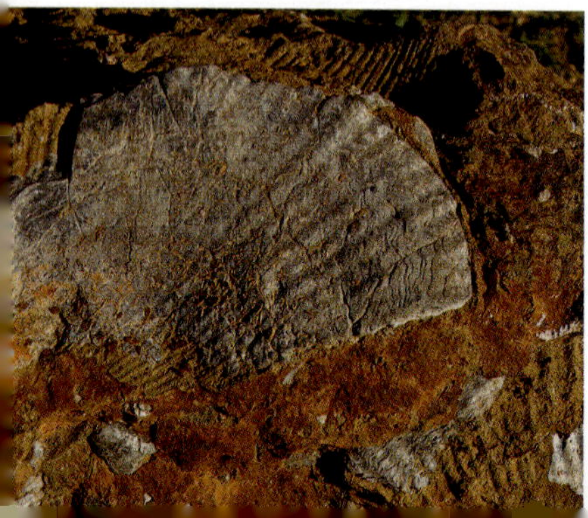

Versteinerte Muscheln an den Fossil Cliffs (Tour 47, Maria Island).

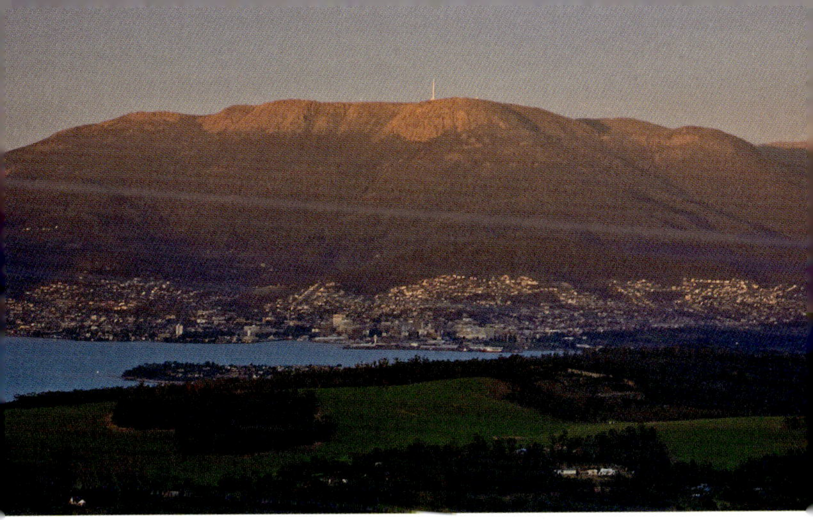

Hobart bettet sich zu Füßen des Mount Wellington.

unverkennbarer Granit im Nordosten (z. B. Freycinet Peninsula, Furneaux Group) und isolierten Vorkommen im Westen (z. B. Heemskirk Range).
Die vorwiegend flach liegenden Sedimente des Tasmania Basin bestehen zumeist aus Schluff-, Ton- und Sandsteinen. Diese wiederum sind in großen Teilen mit einer teils mehrere Hundert Meter mächtigen Schicht von Tasmaniens dominierendem Oberflächengestein, dem Dolerit, bedeckt, welches aus Magma-Eruptionen während der Trennung von der Antarktis entstand und heute das größte zusammenhängende Vorkommen weltweit darstellt. Das oft in fantastischen Säulenformationen erscheinende Gestein finden wir von der Nordküste (z. B. West Head) und dem Nordosten (Ben Lomond Plateau) über einen breiten Gürtel durch die Bergwelt Zentraltasmaniens bis hinab zu den riesigen Steilklippen im Süden und Südosten (Bruny Island, Tasman Peninsula). Fast alle der höchsten Gipfel Tasmaniens haben eine »Krone« aus Dolerit.
Verteilt über den Inselstaat gibt es etwa 4000 bekannte Höhlen, zumeist in lokalen Kalksteinvorkommen, darunter die tiefsten, nahezu alle vertikalen und einige der längsten Australiens. Nur sehr wenige sind als Schauhöhlen erschlossen (z. B. im Mole Creek Karst National Park oder an den Hastings Caves).
Tasmaniens Norden hat vor einigen Millionen Jahren eine Reihe von vulkanischen Prozessen durchlaufen und heute finden wir hier einige der fruchtbarsten Böden ganz Tasmaniens. Ebenso zeigt hier eine Reihe von interessanten Basaltformationen, insbesondere entlang der Bass Strait (z. B. »The Nut« bei Stanley), das vulkanische Erbe. Das schönste Beispiel

für Basaltstrukturen lässt sich jedoch an den leicht zu erreichenden Dip Falls bewundern, welche sich etwa 30 km südlich von Port Latta ergießen. Von Interesse sind auch die Fossil Cliffs auf Maria Island mit sehr gut erhaltenen, bis zu 290 Mio. Jahren alten Einschlüssen von Meerestieren (hauptsächlich Muscheln) und das Fossil Bluff bei Wynyard, wo neben unzähligen versteinerten Tierarten einige der ältesten Säugetierfossilien Australiens gefunden wurden.

Bevölkerung und Wirtschaft

Tasmanien hat über eine ½ Mio. Einwohner, wobei im Bereich der Bundeshauptstadt Hobart über 200.000 und im Bereich der zweitgrößten Stadt Launceston über 100.000 Menschen leben, was verdeutlicht, dass größere Teile des Inselstaates sehr dünn besiedelt sind. Über 95 % der Tasmanier haben europäische, insbesondere britische Wurzeln. Dieser Anteil ist etwas höher als in anderen australischen Bundesstaaten.

Die geringe Bevölkerungszahl sowie die Insellage geben Tasmaniens Wirtschaft allerdings einen schweren Stand. Es gibt wenig nennenswerte Industrieansiedlungen; Tasmanien zehrt vor allem von seinen Rohstoffen und deren Veredelung, vom Bergbau, der landwirtschaftlichen Produktion, Fischereiwirtschaft sowie der Holzindustrie. Die landschaftliche Attraktivität und im Weltmaßstab gesehen außerordentlich saubere Umwelt (Luft, Wasser, Böden) – etwa 45 % des Landes stehen unter Naturschutz (über 50 % davon sind als Tasmanian Wilderness World Heritage Area in die Welterbeliste der UNESCO aufgenommen) – bescherten Tasmanien vor der Corona-Pandemie stetig wachsende Touristenzahlen. Der Tourismus ist für den Inselstaat einer der zukunftsträchtigsten Wirtschaftszweige.

Klima

Tasmanien liegt auf der Südhalbkugel, daher sind die Jahreszeiten den unsrigen entgegengesetzt. Der Inselstaat erstreckt sich von 39,12° (Boundary Islet) bis 43,51° (Pedra Branca) südlicher Breite und liegt damit in der unruhigen Westwindzone. Die vorwiegend aus westlichen Richtungen dominierte Wetterlage ist für ihre Wechselhaftigkeit bekannt. Besonders ungemütlich wird es, wenn Luftmassen von der Antarktis ihren Weg nach Tasmanien finden; Temperaturstürze, starke Regenfälle und Schneefall in den Bergen können dann die Folge sein. Doch auch die benachbarte Landmasse Australien übt ihren Einfluss aus und Luftmassen aus nördlichen Richtungen bringen zumeist trockenes und warmes Wetter nach Tasmanien. Eine weitere wichtige Rolle spielt die Insellage. Als Temperaturregulator bescheren die umgebenden Meere Tasmanien ein Seeklima ohne Temperaturextreme. Im Winter, besonders entlang der Küsten, gibt es vergleichsweise milde Temperaturen; die Durchschnittswerte im kältesten Monat Juli liegen hier zwischen 5 °C und über 10 °C. Im Sommer dagegen fehlen die extremen Hitzeperioden wie auf dem australischen Festland; dies könnte

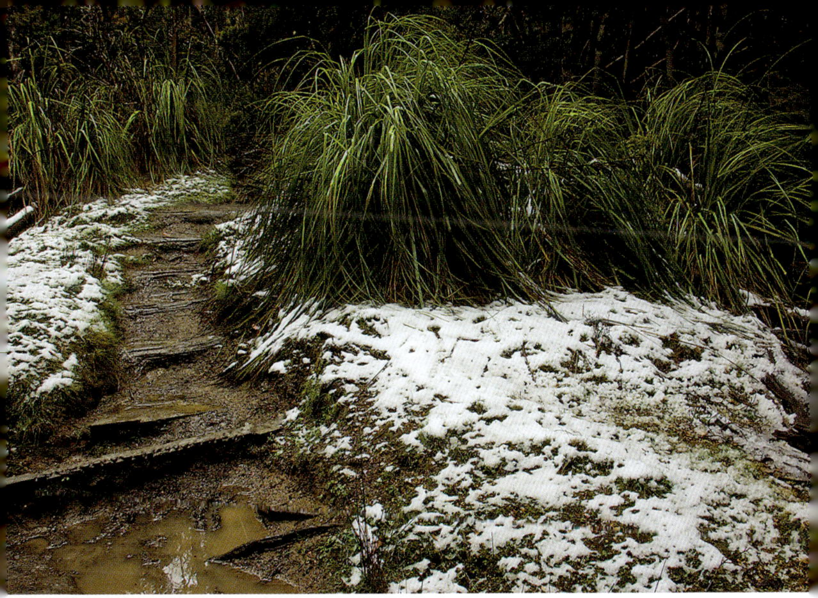

Mit Schneefall ist in Tasmaniens Bergwelt auch im Sommer zu rechnen.

sich im Zuge des Klimawandels allerdings ändern. Der Regenschwerpunkt liegt in der Westhälfte Tasmaniens in den Wintermonaten und kann besonders in der Bergwelt für sehr unangenehme Bedingungen sorgen. Die Niederschlagsmengen nehmen von West nach Ost ab (eine Ausnahme ist die Bergregion im Nordosten) und sind an der Ostküste recht gleichmäßig über das Jahr verteilt. Der Westen Tasmaniens zählt mit bis über 3000 mm Jahresniederschlag zu den niederschlagsreichsten Gegenden Australiens. Orte im Osten empfangen im Vergleich dazu nur Niederschlagsmengen von 500 bis 700 mm.

Flora

Für eine Insel wenig überraschend gibt es auf Tasmanien zahlreiche Pflanzen, die nur hier und nirgendwo anders auf der Welt vorkommen (= endemisch). Durch die Nähe zum australischen Festland ist die tasmanische Flora besonders mit der Australiens verwandt. Es gibt jedoch auch einige Querverbindungen zu anderen Landmassen der Südhalbkugel. Dies wird auf den Superkontinent Gondwana zurückgeführt, welcher diese Gebiete einst vereinte. So können wir Mitglieder etlicher, oft viele Millionen Jahre alter, Pflanzenfamilien verteilt in mehreren dieser Erdteile finden (als fossile Funde in der Antarktis). Ein Beispiel dafür ist die Nothofagus-Familie, auch als Schein- oder Südbuchen bekannt, mit Arten in Tasmanien, Australien, Neuseeland, Neuguinea, Neukaledonien, Chile und Argentinien; trotz optischer Ähnlichkeiten besteht jedoch keine nähere Verwandtschaft zu den Buchen (lateinisch: fagus) der nördlichen Hemisphäre.

Etwa 50 % der Fläche des Inselstaates ist mit Wäldern bedeckt. Bedingt durch die hohen Niederschlagsmengen ist besonders der Westteil Tasmaniens reich an **kühl-gemäßigten Regenwäldern**; deren Gesamtfläche beträgt heute etwa 600.000 ha. Im Gegensatz zu anderen Regenwaldtypen dominieren hier nur wenige Arten das Waldbild. Auf Tasmanien sind dies: Myrtle Beech *(Nothofagus cunninghamii)*, im Tourenteil meist nur Myrtle genannt; Sassafras *(Atherosperma moschatum)*, Leatherwood *(Eucryphia lucida)*, bekannt auch durch seine Fülle weißer Blüten im Sommer und der aus deren Nektar hergestellten Honigspezialität; sowie mehrere endemische, langsam wachsende Koniferenarten wie Huon Pine (*Lagarostrobos franklinii)*, die über 2000 Jahre alt werden kann, wobei es ein sich vegetativ fortpflanzendes, heute vielstämmiges Individuum am Lake Johnston in Westtasmanien gar auf 10.000 Jahre bringt (!); Celery Top Pine *(Phyllocladus aspleniifolius)*, markant durch ihre an Sellerieblätter erinnernden »Nadeln«, und die ebenfalls langlebige King Billy Pine (*Athrotaxis selaginoides*, Bild S. 143). Je nach Standort können die vorgenannten Arten mehr oder weniger häufig sein oder auch fehlen; Myrtle ist aber fast immer anzutreffen.

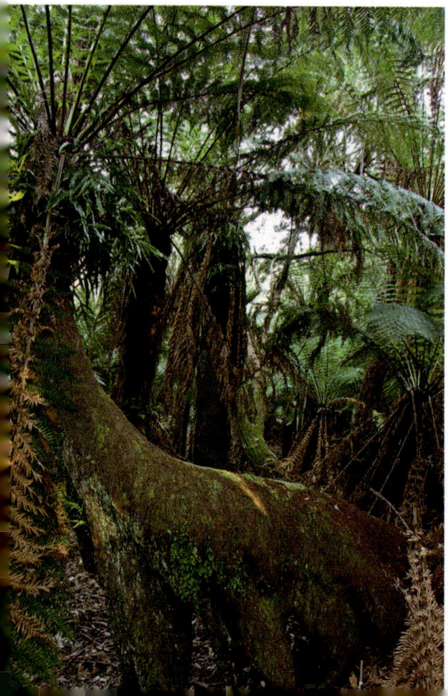

Nahe der Baumgrenze gibt es häufig einen nur wenige Meter Höhe erreichenden **Bergregenwald**, in dem sich auch die frostharte Pencil Pine *(Athrotaxis cupressoides)* sowie die oft mehrstämmige oder buschige Deciduous Beech *(Nothofagus gunnii)*, der einzige im Winter laubwechselnde Baum Tasmaniens und damit stimmungsvoller Farbtupfer im Herbst, dazugesellen können; häufige Begleitpflanzen in diesen Höhenlagen sind auch die auffällige palmenartige Pandani (*Richea pandanifolia*, Bild S. 79) mit Wuchshöhen von bis zu 12 m, die weltweit größte Heidepflanzenart, und die nahe verwandte Honey Richea (*Richea*

Ein Baumfarn »lernt laufen«.

scoparia; meist kurz Scoparia genannt), welche im Frühsommer mit orangefarbener, mancherorts auch mit verschiedenfarbiger Blütenpracht begeistert.

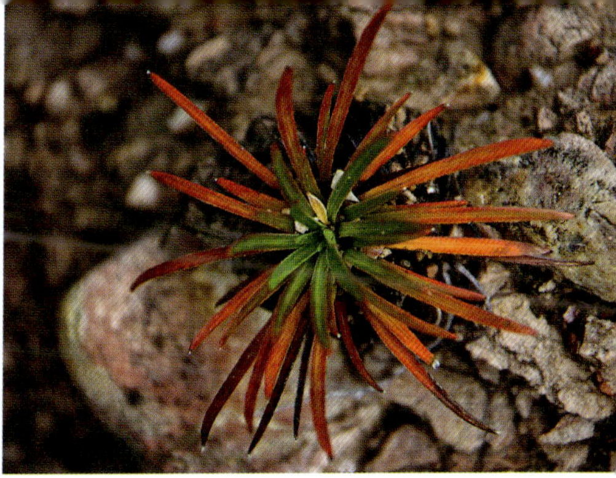

»Farbtupfer« am Fels.

An Flussläufen oder in feuchten Wäldern treten **Baumfarne** häufig in Erscheinung; die hauptsächlich vorkommenden Arten sind Tree Ferns *(Cyathea* sp.*)* und Man Fern *(Dicksonia antarctica)*. Im Südwesten gibt es einen weiteren – unter Wanderern berüchtigten – Regenwaldvertreter, den Horizontal Scrub *(Anodopetalum biglandulosum)*, dessen meist quer wachsendes Stammgewirr oft undurchdringlich ist. Weitere häufig zu sehende kleinere Bäume bzw. Büsche im Regenwald oder in Übergangsbereichen zum Eukalyptuswald sind Musk *(Olearia argophylla)*, auffällig wegen seiner großen Blätter mit fast weißer Unterseite, Native Laurel *(Anopterus glandulosus)*, Native Plum *(Cenarrenes nitida)*, dessen violette Früchte ein wenig an Pflaumen erinnern, und Waratah *(Telopea truncata)* mit markanten großen roten Blüten. Die drei zuletzt genannten Arten haben lanzenförmige Blätter, die zur Spitze breiter sind als an der Basis; Native Laurel hat dabei die größten. Nicht zu vergessen sind auch die unzähligen Moos-, Flechten- und Pilzarten – ein unverzichtbarer Bestandteil des kühl-gemäßigten Regenwaldes.

Tasmanien ist nach der Westküste Nordamerikas der Platz mit den höchsten Bäumen der Erde. Doch hier recken sich nicht Koniferen, sondern Eukalyptusbäume in die Höhe. 29 der über 700 Eukalyptusarten gedeihen auf Tasmanien, 15 davon sind endemisch. König der **Eukalypten** und damit höchster Laubbaum und Blütenpflanze der Erde ist der Swamp Gum *(Eucalyptus regnans)*, das derzeit höchste bekannte Exemplar erreicht eine Höhe von 100,5 m. Der Baum hat Potenzial für Höhen deutlich über der 100-m-Marke; alte Messungen von Riesen bis über 130 m sind jedoch stark umstritten. Auch anderen Eukalypten ist es genetisch möglich, Höhen von bis 90 m oder gar darüber zu erreichen, wie die weit verbreiteten Browntop Stringybark *(E. obliqua)*, Whitetop Stringybark *(E. delegatensis)*, White Gum *(E. viminalis)* oder Tasmaniens Florasymbol, der Tasmanian Blue Gum *(E. globulus)*. Im Gegensatz zu all diesen Riesen wird der kleinste tasmanische Eukalyptus, der Varnished Gum *(E. vernicosa)*, oft kaum höher als 30 cm und wird als solcher meistens nicht wahrgenommen; diese Art gedeiht zwischen 900 m und 1400 m in der rauen Bergwelt des Südwestens.

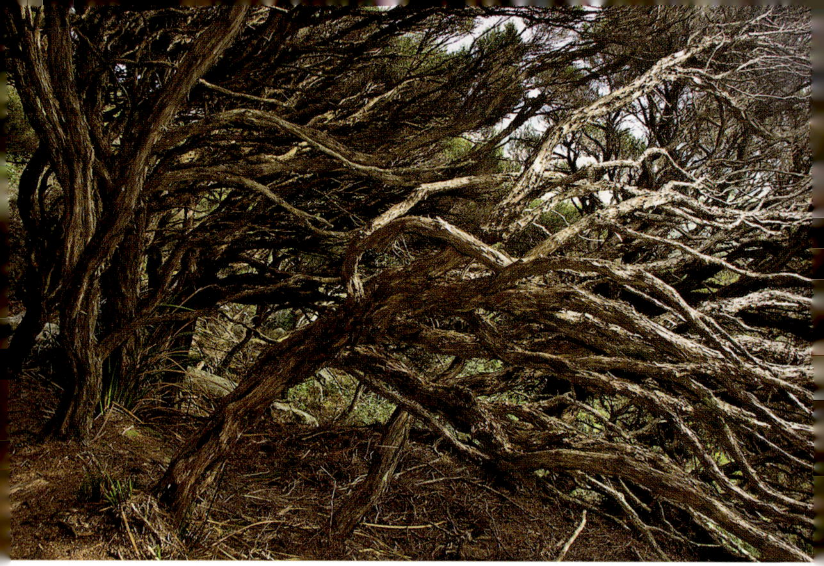

Teebäume gedeihen in verschiedensten Lebensräumen.

Ebenfalls endemisch sind die häufig die Waldgrenze formenden Tasmanian Snow Gum *(E. coccifera)*, Alpine Yellow Gum *(E. subcrenulata)* und Alpine Cider Gum *(E. archeri)*. Die beiden Ersteren kann man auf Bergtouren im Walls of Jerusalem National Park oder entlang des Overland Track antreffen, *E. archeri* im Ben Lomond National Park.

Häufige Begleitbäume der Eukalypten in **Trockenwäldern** sind Oyster Bay Pine *(Callitris rhomboidea)*, die Nadelgehölzen ähnelnden Bull Oak *(Casuarina littoralis)* und She Oak *(C. stricta)*, Native Cherry *(Exocarpus cupressiformis)*, die als Wurzelparasit andere Bäume »anzapft« und deren Absterben verursachen kann, Honeysuckle *(Banksia marginata)* mit seinen aufrecht stehenden großen gelben Blütenständen sowie die markanten, auch »Needle Bush« genannten Hakeas (größte Art mit bis zu 6 m Höhe ist *Hakea lissosperma*). Besonders im Nordosten an oder nahe der Küste finden wir den archaisch wirkenden Grass Tree *(Xanthorrhoea australis)*, zu Deutsch Grasbaum.

Eine nicht so starke Rolle wie auf dem Festland spielen die oft an trockenere Bedingungen angepassten **Akazien**; die bekanntesten Arten auf Tasmanien sind Blackwood *(Acacia melanoxylon)*, mit einer Wuchshöhe von bis zu 35 m eine der größten der gesamten Pflanzenfamilie, und die beiden mit den für viele Akazienarten so typischen gefiederten Blättern: Silver Wattle *(A. dealbata)* und Black Wattle *(A. mearnsii)*. Beide Arten gedeihen oft als Unterstand in Eukalyptuswäldern, sind jedoch auch als Erstbesiedler

auf Kahlschlägen oder Brandflächen zu lokalisieren. Weitere kleine, jedoch auffällige Baumarten an feuchteren Standorten in Eukalyptuswäldern sind Blanket Leaf (*Bedfordia salicina* und *B. linearis*) mit ihrem runzligen, oft rosettenförmigen Blattwerk mit hellen Blattunterseiten sowie der auffälligen gelben Blütenpracht im Frühsommer, Dogwood (*Pomaderris apetala* und *P. elliptica*), charakteristisch durch die sehr rauen Blätter, und Stinkwood *(Zieria arborescens)* mit seinen typischen dreilanzigen Blättern.
Tea Trees – **Teebäume** – sind mit vielen Arten vom flachen Gestrüpp bis zu kleinen Bäumen besonders in feuchten Gebieten Tasmaniens verbreitet. Es besteht keine Verwandtschaft zum echten Teebaum Asiens, doch wurden von den ersten australischen Siedlern die Blätter einiger Arten zur Zubereitung von Tee verwendet. Heute sind australische Teebäume bekannt für ihre intensiv duftenden, auch medizinisch angewandten ätherischen Öle. Der umgangssprachliche Name Tea Tree wird für etliche Pflanzen zweier Gattungen verwendet: *Leptospermum* und *Melaleuca*; beide gehören zur Familie der Myrtengewächse. Besonders markante Vertreter sind die Paperbarks *(Melaleuca* sp.*)* mit ihrer an Papier erinnernden Rinde.
Die abseits der Wälder auffälligste Pflanze ist das in starken Büscheln wachsende Button Grass (*Gymnoschoenus sphaerocephalus*; zu Deutsch Knopfgras), welches besonders auf den schlecht abfließenden Ebenen im Westen und Südwesten dominiert und »Heimat« der schlammigsten Wanderwege des Inselstaates ist. Ein anderes in Eukalyptuswäldern weit verbreitetes Gras ist das Cutting Grass *(Gahnia grandis)*, einerseits eine häufige »Stolperfalle«, kann es auf nackter Haut auch unangenehme Schnitte verursachen (Name!). In Tasmanien finden wir auch mehrere Typen von Heidelandschaft; küstennahes Heideland muss oft mit »salzbeladenen« Winden und geringeren Niederschlagsmengen auskommen, während alpine Gemeinschaften (die meisten Arten sind hier endemisch) mit Frost, reichlich Regen und Schnee zurechtkommen müssen; Hauptblütezeit ist in Meeresnähe das Frühjahr und in den Bergen der Frühsommer. Zu den interessantesten alpinen Pflanzen zählen die Cushion Plants (*Abrotanella forsterioides* und *Pterygopappus lawrencii*). Wenige Zentimeter klein, formen sie in großen Verbänden grüne Matten auf Felsen; obwohl stabil wirkend, sind sie extrem sensibel gegenüber Trittschäden.
Auch **Orchideen** sind mit knapp 200 Arten auf Tasmanien reich vertreten und werden während ihrer Blüte meist zu optischen »Leckerbissen«.
Als letzte florale Besonderheit sei die nur in einem begrenzten Areal des Südwestens vorkommende King's Lomatia *(Lomatia tasmanica)* genannt. Da alle Pflanzen der Art keinerlei genetische Unterschiede zeigen und auf ihre schätzungsweise 43.000 Jahre alte »Urmutter« zurückgehen, gilt die Art als ältester Pflanzenklon der Erde.
Die größte Gefahr für Tasmaniens Flora ist der eingeschleppte, mikroskopisch kleine Pilz **Phytophthora cinnamomi**. Dieser nistet sich in Wurzeln ein, ernährt sich von der Wirtspflanze und blockiert dabei deren Nähr-

stoff- und Wasseraufnahme. Man spricht dabei auch von der Krankheit Phytophthora root rot. Über 120 einheimische Pflanzen können sich mit dem Erreger infizieren. Die Folgen liegen je nach Art zwischen schnellem Absterben oder Anzeigen von Symptomen (z. B. gelbe Blätter) während Stressperioden wie langen Trockenzeiten. Der Pilz verbreitet sich durch Sporen oder Wurzelkontakt. Dieser Vorgang wird beschleunigt, wenn infizierte Erde durch Fahrzeuge (Reifen) oder verschmutzte Wanderausrüstung verbreitet wird.

Fauna

Wie die Pflanzenwelt ähnelt auch die Tierwelt jener des benachbarten australischen Festlandes, und wie bei den Pflanzen gibt es auch hier eine Reihe endemischer Arten. Die Familie der **Kängurus** *(Macropodidae)* ist auf Tasmanien lediglich mit drei Arten vertreten. Einzige echte Känguruart ist das Forester Kangaroo *(Macropus giganteus)*, welches fast nur im Narawntapu, Mt William und Maria Island National Park vorkommt, dort allerdings häufig. Im Gegensatz dazu ist das Bennetts Wallaby *(Macropus rufogriseus)* – Wallabys sind in der Regel deutlich kleiner als Kängurus – in weiten Teilen Tasmaniens zu sehen; diese Tiere betteln nicht selten an stark von Menschen frequentierten Orten um Essen (Bild S. 198). Eine kleinere und scheue Wallaby-Art ist das meist in dichtem Wald lebende endemische Tasmanian Pademelon (Bild S. 29).

Beide in Australien vorkommenden Monotremata – **Kloakentiere** – sind auch in Tasmaniens Natur zu Hause; sie gelten als Ursäugetiere, da sie – statt lebenden Nachwuchs zu gebären – Eier legen. Ein Vertreter ist das in Flüssen und Seen lebende Platypus (Schnabeltier), welches vielerorts be-

Wombats sind possierlich anzuschauen.

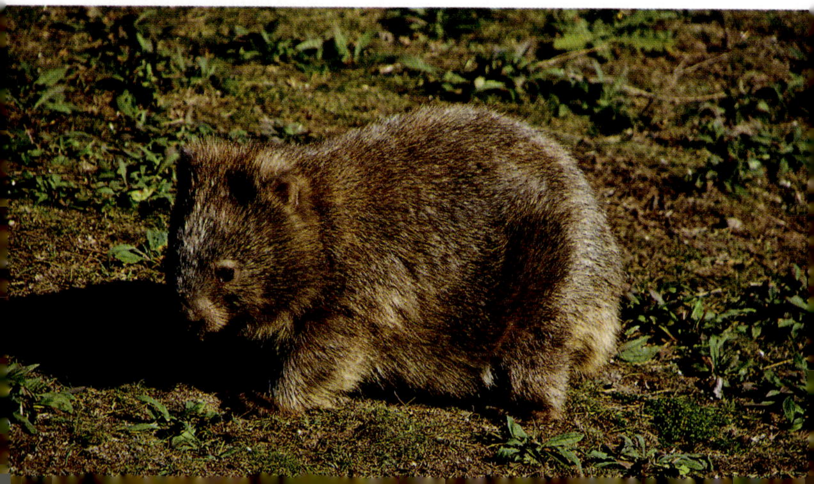

sonders in den Morgen- und Abendstunden bei der Nahrungssuche beobachtet werden kann. Leichter zu sehen ist der zweite Monotremata, der Short-beaked Echidna (Kurzschnabeligel, Bild S. 56). Obwohl äußerlich unserem Igel ähnlich, besteht hier keinerlei Verwandtschaft. Echidnas gehören zu den wenigen tasmanischen Säugetieren, die auch am Tag aktiv sind; sie ernähren sich vorwiegend von Ameisen, aber auch Termiten und anderen Insekten.

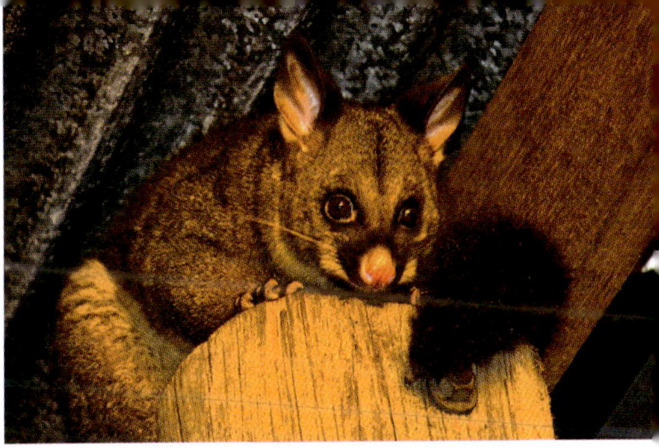

Niedlich, aber diebisch: ein Common Brushtail Possum.

Mit fünf Arten sind **Possums** (nicht zu verwechseln mit amerikanischen Opossums) in dem Inselstaat vertreten. Diese nachtaktiven Beuteltiere variieren von Maus- (Eastern und Little Pygmy Possum) bis Mardergröße (Common Brushtail Possum, deutsch Fuchskusu). Letzteres ist in den Abendstunden häufig auf Camping- und Picknickplätzen zu sehen, wo Mülltonnen nach Essbarem durchwühlt, aber auch unbeaufsichtigte Nahrungsmittel entwendet werden. Weit verbreitet sind auch die gedrungen und behäbig wirkenden Common Wombats. Diese bis zu 40 kg schweren Tiere schlafen in selbst gegrabenen Höhlen, deren große Eingänge leicht identifizierbar sind. Es gibt eine Reihe weiterer maus- bis rattengroßer Säugetiere, die jedoch selten zu sehen sind. Gleiches gilt für den Spotted-tailed Quoll und Eastern Quoll; diese fast mardergroßen Jäger sind ebenfalls nachtaktiv.

Der bekannteste Inselbewohner ist jedoch der **Tasmanian Devil** (Tasmanischer Teufel), der in freier Wildbahn am häufigsten als Aasfresser an überfahrenen Tieren gesehen oder durch sein nächtliches Geschrei wahrgenommen werden kann. Seit einigen Jahren breitet sich jedoch ein infektiöser und tödlicher Gesichtstumor aus und gefährdet das Überleben der Art. In einigen Gebieten ist der Teufel mittlerweile äußerst selten. Legenden ranken sich nach wie vor um das einst größte Raubtier der Insel, den Tasmanian Tiger (Tasmanischer Beutelwolf), der nach starker Bejagung vermutlich in den 1930er-Jahren ausgerottet wurde. Eine groß angelegte Suchaktion führte in den 1980er-Jahren zu keinem Ergebnis, doch Jahr für Jahr wird aufs Neue von Sichtungen berichtet; so bleibt der Funke Hoffnung, dass einige Tiere überlebt haben könnten.

Auf Tasmanien gibt es über 200 **Vogelarten**; einige davon sind allerdings nur zu bestimmten Jahreszeiten anzutreffen. Die Vogelwelt variiert von einigen farbenprächtigen Arten beispielsweise aus der Großfamilie der Papageien (Parrot, Cockatoo, Rosella, Lorikeet) oder Arten der vorwiegend mit ihren langen Zungen nektarfressenden Honeyeaters über Küstenbewohner wie diversen Möwen-, Kormoran- und Albatrosarten oder Pelikane zu einer Reihe von Raubvögeln. Die majestätischsten Greifvögel sind die beiden Adlerarten: der White-breasted Sea Eagle und der Wedge-tailed Eagle mit einer Flügelspannweite von bis zu 2,2 m.

Häufiger zu beobachten sind die beiden **Currawong**-Arten; diese den Raben ähnelnden Vögel erkennt man am leichtesten an der gelben Iris der Augen. Currawongs sind sehr clever; es wurde von Fällen berichtet, wo sie Reißverschlüsse an abgestellten Rucksäcken geöffnet haben. Nahrungsmittel sollten daher nie in Kopf- und Seitentaschen gepackt werden.

Eine Touristenattraktion sind die entlang der Küste sowie King Island gelegenen Brutkolonien der Little (oder Fairy) Penguins, der kleinsten **Pinguinart** der Welt. Der Bruterfolg ist bei Störungen durch Menschen jedoch gefährdet, daher sollte man sich zur Beobachtung Touren mit erfahrenen Begleitern anschließen. Ein weiterer bekannter Küstenvogel ist der Short-tailed Sherwater, besser als Muttonbird bekannt. Erwachsene Tiere füttern ihre Küken auf ein höheres Gewicht als ihr eigenes heran. Bereits für Aborigines eine wichtige Nahrungsquelle, dürfen die Jungtiere auch heute noch in bestimmtem Rahmen gesammelt und deren Fett, Fleisch und Federn verwertet werden.

Ein anderer Lebensraum sind Lagunen, wo u. a. die eleganten Schwarzen Schwäne (Bild S. 17) und diverse Entenarten anzutreffen sind. Auf offenen Wiesenflächen (oder Weideland) kann man an einigen Orten Cape Barren-Gänse (Bild S. 22) und die flugunfähigen Tasmanian Native Hens sehen.

Auf Tasmanien gibt es derzeit über 40 eingeführte wie eingeschleppte Tierarten, etwa die Hälfte davon sind Vögel. Zwei bekannte Beispiele sind der in Australien und nun auch auf Tasmanien weit verbreitete Laughing Kookaburra (»Lachender Hans«) und der meist im Regenwald lebende und nur bedingt flugfähige Superb Lyrebird (Leierschwanz), welcher aus Sorge um dessen Bestand auf dem australischen Festland (Bedrohung insbesondere durch Füchse) in Tasmanien angesiedelt wurde.

Neben den Küstenvögeln lassen sich auch andere Meeresbewohner sehen. Immer wieder begeisternd sind in Wellen oder der Nähe von Schiffen schwimmende **Delfine** (Bild S. 184) und unvergesslich Beobachtungen von jahreszeitlich vorbeiziehenden Walen. In zahlreichen Junggesellenkolonien entlang der Küste (beispielsweise auf der Tasman-Halbinsel) können Australian Fur Seals *(Arctocephalus pusillus)* beobachtet werden; Jungtiere werden normalerweise nur auf kleinen Felseninseln in der Bass Strait geboren. Andere Robben, wie Southern Elephant Seal oder Leopard Seal, sind nur gelegentliche Gäste; auf einem Eiland vor der Südküste gibt es eine kleine Kolonie von New Zealand Fur Seals *(A. forsteri)*.

Im **Süßwasser** wird man am ehesten auf die eingeführten Forellenarten stoßen. Ein überraschender Anblick auf Wanderwegen (beispielsweise in

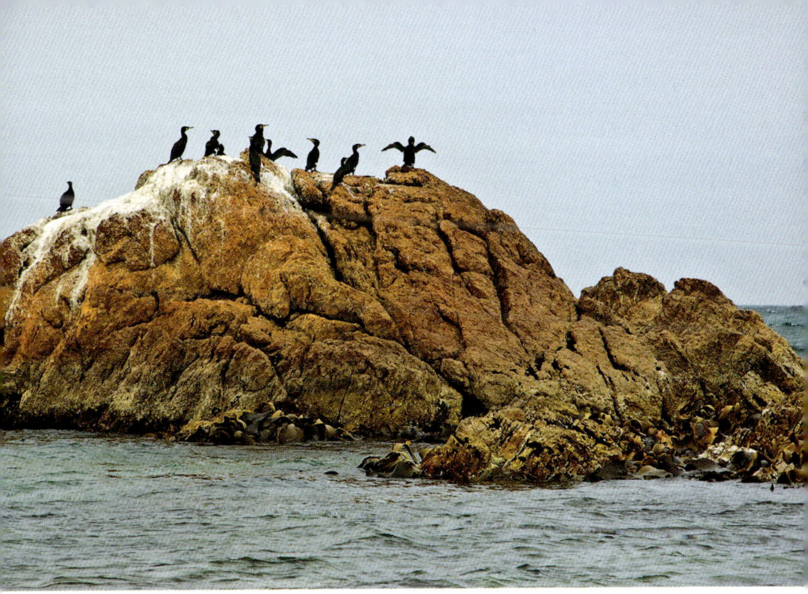

Kormorane an der Nordwestküste.

feuchten Buttongrass-Ebenen) sind die in ganz Tasmanien verbreiteten kleinen Landkrebsarten. Eine endemische Rarität ist dagegen die weltweit größte Flusskrebsart, der Tasmanian Giant Crayfish, welcher bis zu 40 Jahre alt, 80 cm lang werden und mehrere Kilogramm wiegen kann.

Im Gegensatz zu dem an **Schlangenarten** reichen Australien finden wir in Tasmanien nur drei Arten, welche jedoch alle giftig sind. Die größte und gefährlichste ist die variabel gefärbte Tiger Snake. Etwas kleiner und bei kurzer Wahrnehmung oft nicht davon zu unterscheiden ist die Copperhead. Der kleinste und scheueste Vertreter ist die White-lipped Whipsnake. An sommerlichen Tagen auf fast jeder Wanderung zu treffen sind kleine Eidechsen; die 18 heimischen Arten bevölkern fast alle Lebensräume von der Küste bis zu den Berggipfeln (Bild S. 118). Größte tasmanische Reptilienart ist der bis zu 45 cm lange Blotched Blue-tongued Lizard. Öfter zu hören als zu sehen sind die 11 Froscharten; im Gegensatz zu den häufig anzutreffenden, in feuchten Waldabschnitten auf Opfer wartenden **Landegel**. Obwohl lästig und unangenehm, sind diese ungefährlich. In betroffenen Waldbereichen einfach regelmäßig Füße und Beine kontrollieren, damit die Tiere vor Erreichen von nackter Haut entfernt werden können. Angesaugte Egel lassen sich bei Einsatz von Salz oder Feuer fallen; die Saugstellen können durch ein von den Tieren freigesetztes Antigerinnungsmittel einige Minuten nachbluten.

Ab Ende der 1990er-Jahre gab es mehrere Nachweise für das Vorhandensein von Füchsen, bis dahin galt Tasmanien als fuchsfrei. Von allen in Australien eingeführten Tierarten gilt der Fuchs als die Art, die der heimischen Fauna den größten Schaden zufügt. In Tasmanien wurde daher von 2006 bis 2014 ein Beseitigungsprogramm durchgeführt und seit 2011 konnte keine weitere Spur von Füchsen gefunden werden. Da dennoch das Überleben einer kleinen Population nicht ausgeschlossen werden kann, wird gebeten, Beobachtungen an Biosecurity Tasmania (Tel. +61 3 61 65 37 77) zu melden.

Nationalparks und andere Reservate

In Tasmanien gibt es derzeit 19 Nationalparks. Der kleinste und jüngste ist der Kent Group National Park (seit 2001), eine unbewohnte und schwer zu erreichende Inselgruppe nördlich der Furneaux Group. Auf Flinders Island ist mit dem Strzelecki National Park ein weiterer außerhalb der Hauptinsel liegender Park angesiedelt. Die restlichen 17 Nationalparks befinden sich jedoch auf Tasmanien selbst. Der im Nordosten gelegene Savage River National Park liegt abseits von Straßen und Wanderwegen und ist schwer zugänglich. Die anderen Parks sind meist gut oder zumindest in Teilen erreichbar und variieren in Ausmaß und Naturlandschaften von kleineren Küsten- und Gebirgsnationalparks, den Höhlensystemen im Mole Creek Karst National Park zu den großen Vier des Landes: dem Walls of Jerusalem, Cradle Mountain – Lake St Clair, Franklin-Gordon Wild Rivers und Southwest National Park. Diese Vierergruppe nimmt den größten Teil der mit 1,584 Mio. ha riesigen Tasmanian Wilderness World Heritage Area ein. Die beiden 1916 proklamierten Mount Field und Freycinet National Parks sind die ältesten der Insel.

Daneben gibt es andere Formen von Schutzgebieten, wie Conservation Areas oder Regional Reserves. Viele davon sind eher klein, einige aber recht ausgedehnt, wie etwa die Arthur Pieman Conservation Area im Nordwesten. Innerhalb eines bestimmten Rahmens sind hier menschliche Eingriffe wie etwa die Entnahme wertvoller Hölzer, Bergbau oder Jagd erlaubt. Waldgebiete außerhalb dieser Schutzgebiete sind zumeist Staatsland und werden von der Tasmanischen Forstwirtschaft (Sustainable Timber Tasmania) überwiegend forstwirtschaftlich genutzt.

Tasmaniens umgebende Meere beherbergen eine der artenreichsten Wasserpflanzenwelt der Erde sowie ein vielfältiges Tierleben; begrüßenswert ist daher, dass neben geschützten Landschaften auch einige als Marine Reserve geschützte Küstenzonen bestehen. Derzeit gibt es sieben dieser mit Nationalparks vergleichbaren Schutzgebiete, vier davon entlang der Ostküste, eine im Südwesten (Bathurst Harbour) und die beiden anderen umrunden die Kent Group sowie Macquarie Island. Letztere ist wegen ihres einmaligen geologischen Aufbaus, ihrer Bedeutung als Brutplatz für Seevögel sowie wegen der großen Robbenkolonien 1997 als zweite tasmanische Landschaft zum Welterbe der Menschheit erklärt worden.

Naturschutz und Umweltbewegung

Paradoxerweise sind viele der ursprünglichen Naturlandschaften, für die Tasmanien heute rege wirbt, erst nach teils erbitterten Kontroversen und Auseinandersetzungen zwischen Stromerzeugern (Bau von Wasserkraftwerken), Forstwirtschaft, Bergbauindustrie und einem Großteil der Politiker auf der einen und Umweltschützern auf der anderen Seite unter Schutz gestellt worden. In den 1960er- und 1970er-Jahren wurden immer mehr Tasmanier (ebenso »Festland«-Australier) besorgt über den Umgang mit den Naturschätzen ihrer Heimat. Ein erster negativer Höhepunkt war der trotz vieler Proteste gebaute Pedder-Stausee. Der ursprüngliche, viel kleinere und als Nationalpark geschützte Lake Pedder konnte auch durch eine kurz zuvor neu entdeckte Fischart im See (Pedder galaxias) nicht vor der Überflutung gerettet werden. Aus diesen Auseinandersetzungen resultierten die Bildung von mehreren Umweltgruppen und die Gründung der »grünen« Partei in Australien. Der Kampf um den Franklin River (dessen Lauf durch zwei Staudämme in großen Teilen überflutet werden sollte) führte schließlich zu einem Wendepunkt in der tasmanischen Naturschutzgeschichte. Nach jahrelangem Tauziehen entschieden sich Umweltschutzgruppen zur Blockade des ersten in Bau befindlichen Damms; mehr als 1000 Demonstranten wurden in der Folge verhaftet. Auf Druck der Öffentlichkeit und Klage der neu gewählten australischen Regierung wurden am 1. Juli 1983, gut sechs Monate nach Beginn der Blockade, die Entscheidungen der tasmanischen Regierung schließlich vom obersten australischen Gerichtshof überstimmt und das Projekt eingestellt.

Auch in den Folgejahren hielten die Konflikte zwischen Wirtschaft, Politik und Umweltgruppen an, ebenso ist die tasmanische Bevölkerung bis heute gespalten zwischen Argumenten wie Wirtschaftswachstum und Arbeitsplätze auf der einen und Schutz des einmaligen Naturerbes auf der anderen Seite. In den letzten Jahren kam es jedoch nach Jahrzehnten erbitterter Auseinandersetzungen zu einer Annäherung und Einigung zwischen der kriselnden Forstwirtschaft, Gewerkschaften und Umweltgruppen im sog. Tasmanian Forest Agreement von November 2012. Vereinbart ist das Ende von Rodungen in Urwäldern und das Umwandeln von über 500.000 ha besonders wertvoller Wälder in Schutzgebiete, ebenso eine nachhaltige Bewirtschaftung von Forstwäldern mit Forest-Stewardship-Council-Zertifikat (FSC).

Umstritten sind nach wie vor andere Gebiete, wie z. B. die Tarkine-Region, wo unter anderem das größte zusammenhängende mit kühl-gemäßigtem Regenwald bestandene Gebiet Australiens zu finden ist. Umweltgruppen wünschen sich hier einen großen Nationalpark und sehen es als potenzielles Welterbe-Gebiet, doch Bergbauunternehmen planen Minen, da sie Potenzial für den Abbau von Erzen geortet haben.

Weitere Hintergrundinformationen im Internet, z. B. unter www.wilderness.org.au oder www.tasconservation.org.au.

DIE WANDERGEBIETE

Die im Buch vorgestellten Wanderungen sind in die folgenden fünf Regionen unterteilt, jedes Gebiet hat dabei seine ganz eigene Charakteristik.

Der Norden

Tasmaniens Norden zeigt viele Gesichter. Wanderfreunde finden hier von rassigen Gipfelbesteigungen über beeindruckende Mehrtagestouren bis zu entspannenden Spaziergängen am Meer eine große Auswahl.
Obgleich dichter besiedelt, laden an der Küste entlang der Bass Strait viele Plätze zum längeren Verweilen ein; besonders die beiden Nationalparks Narawntapu und Rocky Cape sind dabei einen Besuch wert.
Südöstlich von Burnie schließt sich die Dial Range fast nahtlos an die Küste an. Dieser dicht bewaldete, nach Süden ragende Höhenzug durchschneidet augenfällig das umgebende Kulturland und wird von zahlreichen Wanderwegen durchzogen. Weiter nach Süden blickend beherrschen oft steil aufragende Bergketten und Gipfel den Horizont. Markante Profile zeigen hier unter anderem der frei aufragende St Valentines Peak, der imposante Mount Roland, die weit ausgestreckten, einem riesigen Wall ähnelnden Great Western Tiers oder die beiden auffälligsten Gipfel am Beginn des berühmten Overland Track, der Cradle Mountain und der Barn Bluff. Prächtige Eukalyptus- und Regenwälder wechseln sich in dieser Gebirgswelt rege ab und muntere Flussläufe mit unzähligen Wasserfällen bahnen sich durch tief eingeschnittene Täler und Schluchten ihren Weg zum Meer.
In Richtung der geografischen Mitte Tasmaniens gehen die teils zerklüfteten Bergkämme in das kühle Hochland des Central Plateau über. Besonders dessen Westteil ist mit Hunderten von Seen überzogen und erinnert an skandinavische Landschaften. Ein Teil des Central Plateau ist innerhalb des Walls of Jerusalem National Park unter Schutz gestellt und Gipfel wie der Mount Jerusalem erlauben weite Blicke in diese stimmungsvolle Wasserwelt.

Der Westen und Zentraltasmanien

Diese Region ist eine der am dünnsten besiedelten in ganz Tasmanien. Leider sind hier viele der unbewohnten und landschaftlich sehr reizvollen Küstenabschnitte für Allradfahrzeuge freigegeben, was längeren Küstenwanderungen einen unangenehmen Beigeschmack gibt.
Abenteuerlicher ist das mit nur wenigen Wanderwegen erschlossene Hinterland im Nordwesten, auch Tarkine genannt. Diese Landschaft gilt als größtes ungeschütztes Wildnisgebiet Tasmaniens. Bedingt durch hohe Niederschlagsmengen gibt es hier große Flächen an kühl-gemäßigten Regenwäldern, daneben aber auch offene, teils sumpfige, von Knopfgrasbeständen dominierte Gebiete sowie Eukalyptuswälder.
Weiter südlich treffen wir auf lebendige Bergbaugeschichte – Orte wie Tullah, Rosebery, Zeehan oder Queenstown haben ihre Entstehung lukrativen

Erzvorkommen (Gold, Silber, Kupfer, Blei, Zink u. a.) zu verdanken; und obwohl oft stillgelegt, sind viele Minen bis heute in Betrieb. Die genannten Ortschaften sind eine gute Basis für Streifzüge in die umgebenden Gebirgszüge, wie zum Beispiel in die West Coast Range oder die Heemskirk Range.
Die einzige Verbindungsader durch die Wildnis in den Osten Tasmaniens ist der Lyell Highway. Die Straße bietet Zugang zum Südende des Cradle Mountain – Lake St Clair National Park; hier am Ufer des malerischen Lake St Clair beginnt eine Reihe von Tageswanderungen.
Vom selben Highway starten auch kürzere Wanderwege in den großen Franklin-Gordon Wild Rivers National Park sowie die Mehrtagestour zu einem der spektakulärsten Gipfel Tasmaniens – dem Frenchmans Cap.
Östlich des Franklin-Gordon Wild Rivers National Park liegt eines der ältesten Schutzgebiete Tasmaniens, der Mount Field National Park, mit unzähligen Wandermöglichkeiten vom genüsslichen Waldspaziergang bis zur fordernden Gipfelbesteigung.

Der Süden

Tasmaniens Süden wird flächenmäßig vor allem vom größten Nationalpark der Insel, dem über 640.000 ha großen Southwest National Park, eingenommen. Dessen Gebirgs- und Küstenwildnis ist besonders für ausdauernde und wetterharte Wanderer ein wahres Mekka. Traumwanderungen wie der South Coast Track, die Kammwanderung über die Western Arthur Range oder die Besteigung des Federation Peak sind unvergessliche Erlebnisse. Doch es gibt auch zahlreiche Möglichkeiten für Tagestouren, insbesondere Gipfelbesteigungen.

Imposante »Felsorgeln« am Mount Oakleigh (Tour 10, Overland Track).

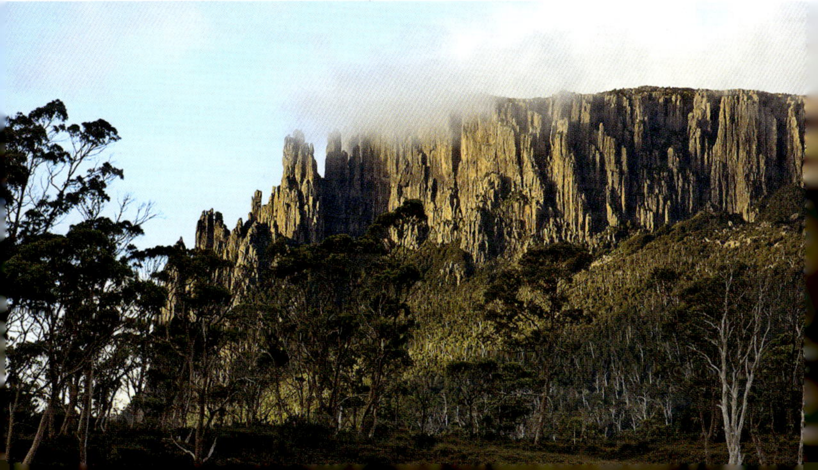

Im Südosten bindet sich der kleine Hartz Mountains National Park nahtlos an den Southwest National Park an. Seine liebreizende Szenerie und meist leicht zu begehenden Wanderwege machen ihn zu einem geeigneten Ausflugsziel für Jung und Alt.
Der Südostküste vorgelagert, liegt die lang gezogene Bruny Island. Die dünn besiedelte Insel beherbergt attraktive Wälder und vor allem eine aufregende Küstenlandschaft; ein wunderbarer Platz für kurze und lange Spaziergänge.
Das faszinierend zwischen Wasser und dem majestätisch aufragenden Mount Wellington gelegene Hobart gilt für manchen Australienkenner als die schönste Stadt des gesamten Landes und ist das pulsierende Zentrum des Inselstaates. Dessen Bewohner können sich auch glücklich schätzen, eine so attraktive und geschützte Berglandschaft wie den Wellington Park direkt vor den Außenbezirken ihrer Stadt zu finden. Das dichte Wegenetz des Parks kombiniert mit attraktiven Zielen wie Gipfeln, Felsriffen, Wäldern und Wasserfällen bietet hier reichlich Wanderstoff.

Der Osten

Die zumeist im Regenschatten liegende Ostküste wartet mit den geringsten Niederschlagsmengen und den meisten Sonnenscheinstunden des Inselstaates auf. Dies und die bezaubernde Küstenszenerie mit unzähligen Traumstränden machen die Region zu einem der beliebtesten Touristenziele Tasmaniens. Es locken mehrere vorzügliche Küstennationalparks zu gemütlichen bis sensationellen Wanderungen; Freycinet, Tasman und Maria Island sind die drei bekanntesten, doch auch der am Nordostzipfel gelegene romantische Mount William National Park mit seinen weißen Sandstränden zwischen vom Meer gerundeten Granitfelsen sollte nicht verpasst werden.
Die Tasman-Halbinsel im Süden bietet mit ihren gewaltigen Doleritklippen die spektakulärsten Anblicke der Ostküste.

Blick zu Louisa Bay und De Witt Island (Tour 36, South Coast Track).

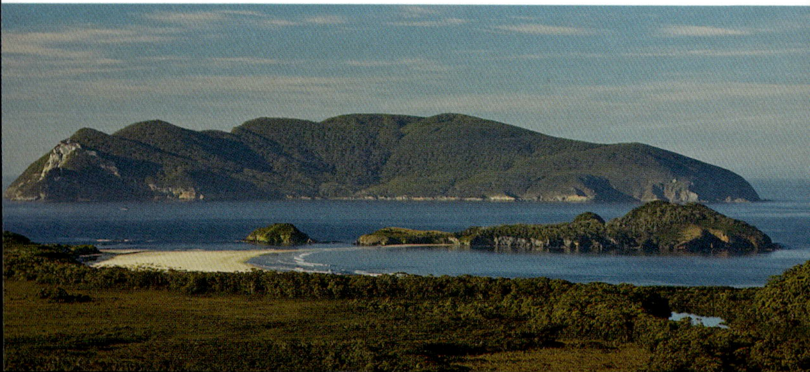

Das meist bergige Hinterland dominieren trockene Eukalyptuswälder, und nur in geschützten Lagen wird der Wald üppiger und bildet auch Regenwaldnischen. Die hier vorherrschende Vegetation können wir z. B. bei Wanderungen im Douglas-Apsley National Park aus nächster Nähe erfahren. Im Nordosten liegt eine relativ wenig besuchte Bergwelt. Besonders auf den mit wunderschöner Szenerie und weiten Ausblicken begeisternden Gipfeln treffen wir selten auf andere Wanderer. Der Region bekanntestes Bergmassiv ist das innerhalb des Ben Lomond National Park geschützte weitläufige Ben Lomond Plateau mit einem der beiden kleinen Skigebiete Tasmaniens.

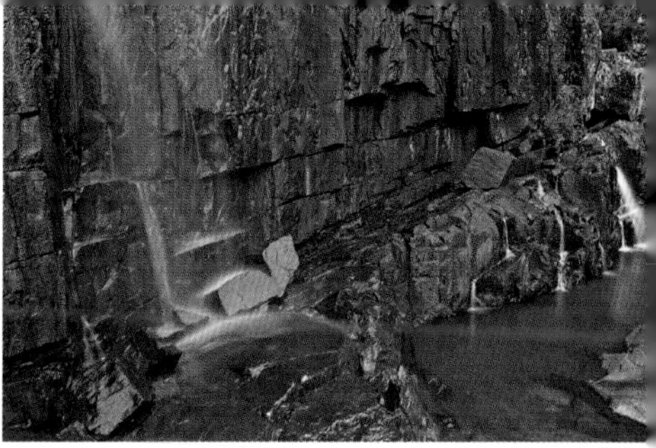

Wenig bekanntes Idyll: die Hardings Falls im Osten Tasmaniens.

Ein weiteres interessantes Wandergebiet ist das zwischen St Helens und Scottsdale gelegene Blue Tier; Bergbaugeschichte trifft hier auf eine stimmungsvolle Wald- und Gebirgslandschaft.

Flinders Island

Von Reisenden nach Tasmanien gern übersehen oder mangels Zeit ausgelassen sind die in der Bass Strait gelegenen Inseln. Viele sind nicht mehr als ein unbewohntes Felseiland, andere dagegen von nicht zu übersehender Größe. Landschaftlich am interessantesten ist die nördlich der Nordostspitze Tasmaniens gelegene, teils beeindruckend gebirgige, weitgehend aus Granit aufgebaute Inselwelt der Furneaux Group, auf deren höchsten Spitzen im Winter gelegentlich sogar Schnee fallen kann. Mit einer Fläche von 1359 km^2 die größte und in der Summe Erreichbarkeit, Szenerie und Wandermöglichkeiten lohnenswerteste Insel der Gruppe ist Flinders Island mit gut 1000 Einwohnern. Deren Landmasse präsentiert sich in unerwarteter Vielfalt – schroffe Gipfelgestalten, tiefe Täler, abwechslungsreiche Vegetation, schier endlose bis winzige Strände, unzählige Lagunen und granitübersäte Felsküsten wechseln hier ab. Obwohl ein Großteil der flachen Ebenen als Weideland für Schafe und Rinder genutzt wird, ist die Landschaft in der Gesamtheit betrachtet von außerordentlicher Schönheit und nicht wenige Besucher verfallen dem stillen Charme der Insel. Der schönste Weg, Flinders Island zu erleben, ist die Kombination aus Wanderung und Radtour; die wenigen Fahrzeuge auf der Insel lassen uns auf den einsamen Straßen unbeschwert vorankommen. Noch gemütlicher ist die Reise mit dem eigenen oder gemieteten Fahrzeug; aber egal, ob per Fahrrad oder Auto, mindestens eine Woche sollte man sich für die Erkundung der Insel Zeit nehmen.

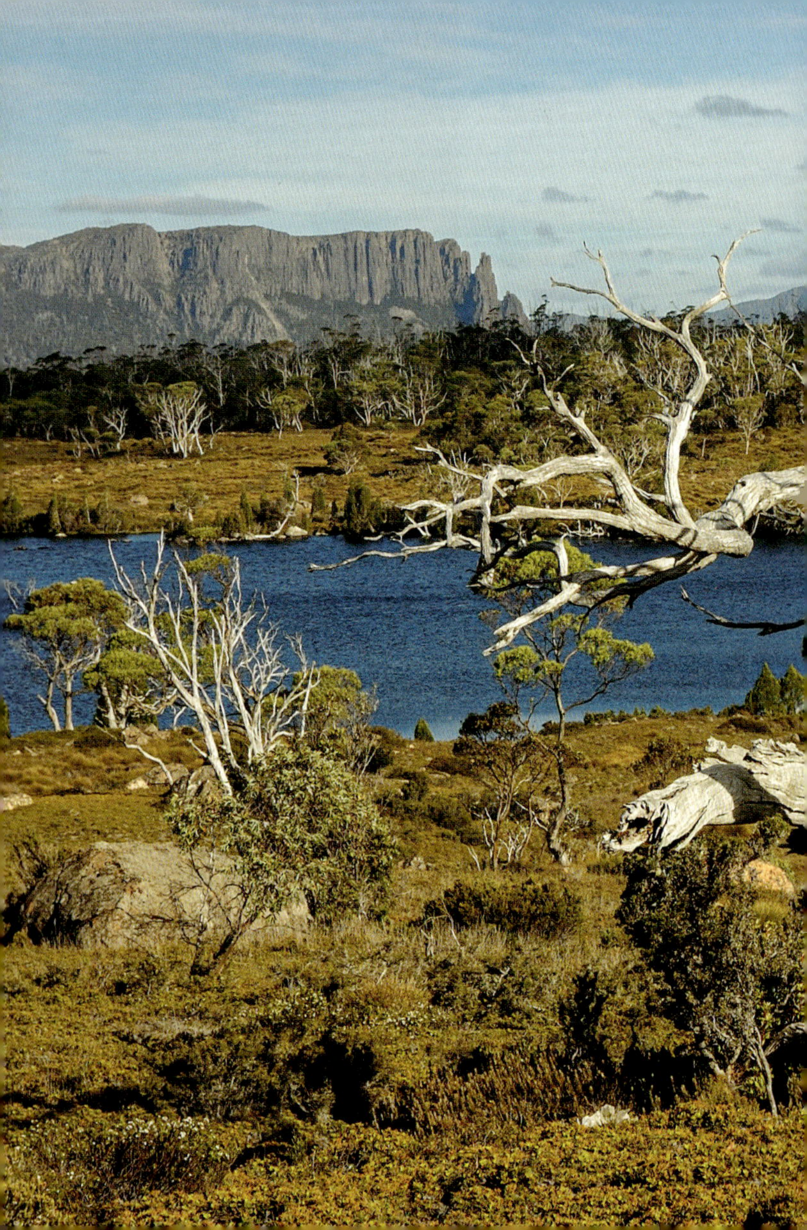

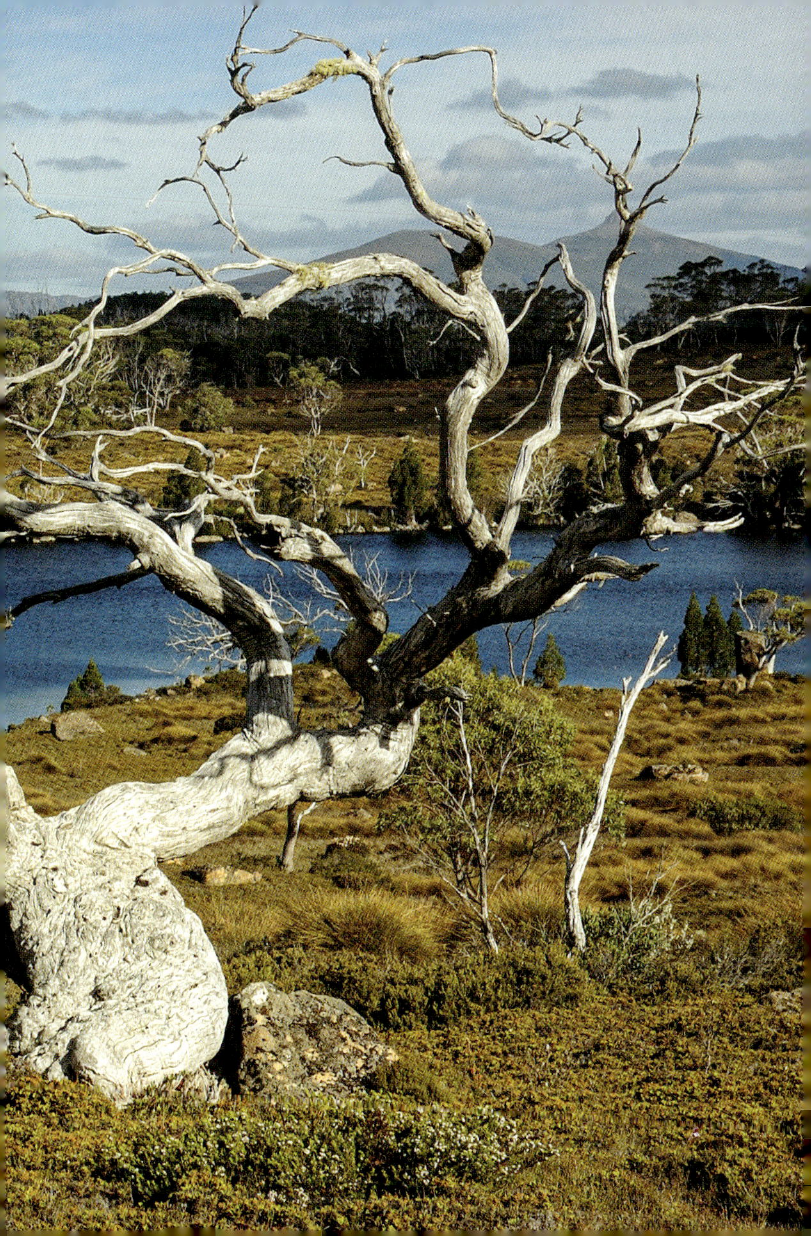

↗ 280 m | ↘ 280 m | 16.0 km

4.15 h

1 Archers Knob, 114 m – Copper Cove

Abwechslungsreicher Küstenspaziergang

Der Narawntapu National Park beschert uns einen vielfältigen Landschaftsmix – Sandstrände mit komplexen Dünensystemen wechseln sich mit felsigen Buchten und Steilküste ab; Heide- und Buschlandschaft bestimmen die küstennahen Bereiche, während im Hinterland Eukalyptuswälder die Höhen der Asbestos Range bedecken. Der Park ist zudem ein hervorragender Platz zur Wildtierbeobachtung; Forester-Kängurus, Wallabys und Wombats zeigen hier recht wenig Scheu. Mit Geduld können wir zudem aus einem eingerichteten Versteck an der Springlawn Lagoon eine Vielzahl von Vögeln beobachten.

Ausgangspunkt: Port Sorell, 5 m. Parkplatz neben dem Springlawn Visitor Centre, 2 m. Der Nationalpark ist von Devonport aus über die B71 und deren Nebenstraße C740, welche direkt in den Park führt, erreichbar.
Anforderungen: Leicht zu folgende Wege oder Strandabschnitte und moderate Aufstiege machen die Tour einfach. Auf dem weglosen Abschnitt um die Lagune ist der Orientierungssinn etwas gefordert.
Varianten: 1. Verlängerung der Wanderung von Copper Cove bis Badger Beach (+ 2.30 Std. hin und zurück).
2. Bei Ebbe kann man von der Copper Cove entlang der felsigen Küste zurück zum Bakers Beach gehen (+ 20 Min.).
3. Komplette Bewanderung der Nationalparkküste vom Pebbly Beach startend mit Übernachtung auf dem Springlawn Campingplatz und auf demselben Weg wieder zurück (2 Tage) oder bei privat organisiertem Rücktransport als lange Tageswanderung von einem zum anderen Parkende (7 Std.).

Wir starten die Wanderung am Beginn des **Nature Walk** (Schild) neben dem **Springlawn Visitor Centre** ❶ und gehen einige Meter über die Rasenfläche Richtung Campingplatz und zu den bereits zu sehenden Wegweisern. Für den Hinweg folgen wir von hier dem Nature Walk nach rechts, anfangs entlang des Point Vision Track. **Markierungen** ❷ weisen uns nach einigen Minuten von diesem Weg nach links Richtung Springlawn Lagoon. Nun folgt ein wegloser Teil des Nature Walk. Das offene Gelände, gelegentliche Markierungen sowie Informationstafeln machen die Orientierung dabei unproblematisch. Wir laufen in Sichtweite der Lagune (schwankender Wasserpegel); Ziel ist die Nordostseite des Gewässers, wo auf Eisenstangen zu achten ist, die uns wieder zum **Hauptwanderweg** ❸ leiten. Dort setzen wir nach rechts fort, bis wir einem markierten **Abzweig** ❹ nach rechts hinauf zum aussichtsreichen **Archers Knob** ❺, 114 m, folgen.

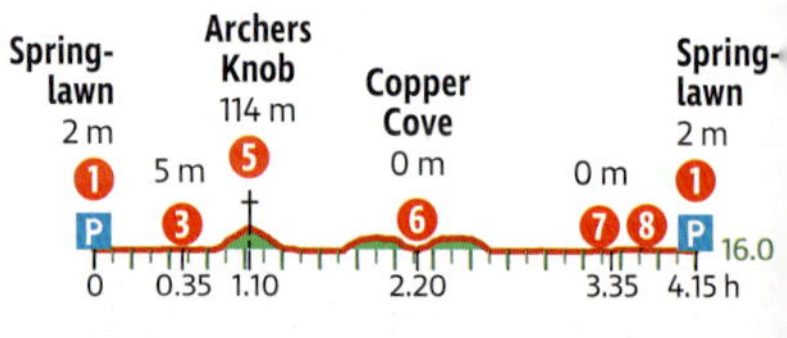

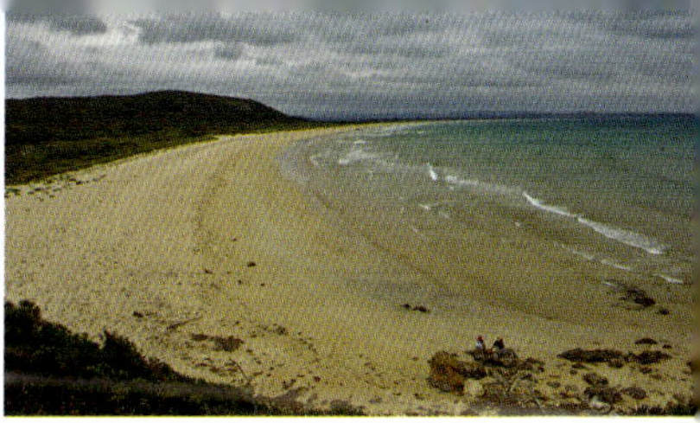

Der kilometerlange Bakers Beach.

Ein kleiner Rundweg führt uns über diese Anhöhe mit ihren prächtigen Ausblicken und wieder zurück zur beschilderten **Kreuzung** ❹, wo wir jetzt den Weg zum **Bakers Beach** einschlagen. Hier angekommen, schwenken wir nach rechts und folgen gemütlich dem gelben Sandstrand sowie dem anschließenden Pfad hinauf zum Little Badger Head, wo uns ein schöner Rückblick auf den Westteil des Nationalparks erwartet. Weiter durch jahreszeitlich blütenreiches Heideland geht es dann hinab zur **Copper Cove** ❻. Diese ist eine stille, mit bizarren Steinflächen bedeckte Bucht; ein idealer Platz zum Entspannen oder zum näheren Inspizieren der vielen Felsformationen. Nach kleiner oder großer Pause folgen wir dann unseren Schritten zurück zum Bakers Beach, ignorieren jedoch den Strandzugang des Hinweges und nutzen zur Abwechslung erst den zweiten **Ausstiegsweg vom Strand** ❼; achten Sie auf die Markierung in den Dünen! Zwischen Sandhügeln und über einen kleinen Parkplatz gelangen wir zu einer **Wegteilung am Nature Walk** ❽ und gehen hier nach rechts. Es folgt ein kurzer Nebenweg nach links zur **Springlawn Lagoon** mit getarntem Versteck zur Vogelbeobachtung (Bird Hide). Hinweistafeln erklären, welche Vögel hier gesehen werden können. Zurück am Hauptweg setzen wir nach links fort, passieren noch ein kleines Sumpfgebiet mit Paperbarks und kommen zurück zum Ausgangspunkt der Tour am **Springlawn Visitor Centre** ❶.

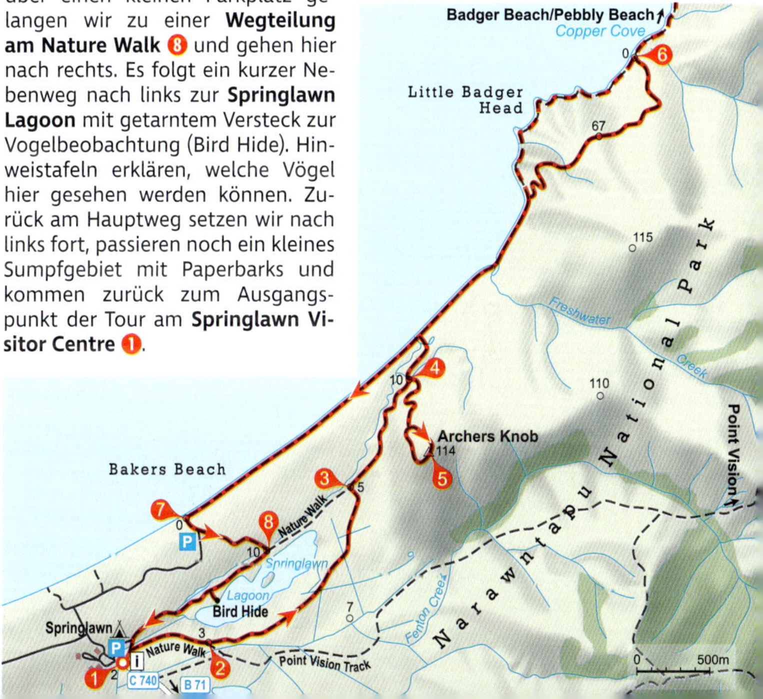

↗ 510 m | ↘ 510 m | 6.4 km

3.15 h

2 Quamby Bluff, 1228 m

Fabelhafte Ausblicke auf die Great Western Tiers

Die Great Western Tiers sind die nordöstliche Abdachung des tasmanischen Central Plateau. Majestätische Steilwände, ausgedehnte Blockfelder, aber auch bewaldete Hänge erheben sich auf einer Länge von etwa 100 km über das zumeist flache Vorland und bieten den Augen der Besucher eine eindrucksvolle Kulisse. Quamby Bluff, einst Teil der Tiers, stellt als nun vorgelagerter Berg einen idealen Aussichtspunkt dar, um die Dimensionen dieser Landschaft zumindest teilweise zu erfassen.

Ausgangspunkt: Deloraine, 250 m. Kleiner Wanderparkplatz, beschildert mit »Quamby Bluff Walking Track«, an der A5 (Highland Lakes Road), 725 m. Vom Start der A5 in Deloraine folgen wir der Straße ca. 21,5 km Richtung Bothwell und finden linker Hand den Parkplatz.
Anforderungen: Einige steile Abschnitte erfordern Kondition; daneben ist besonders auf den zwei zu überquerenden Blockfeldern Trittsicherheit nötig. Trotz der Markierungen ist Aufmerksamkeit für die Wegführung erforderlich.

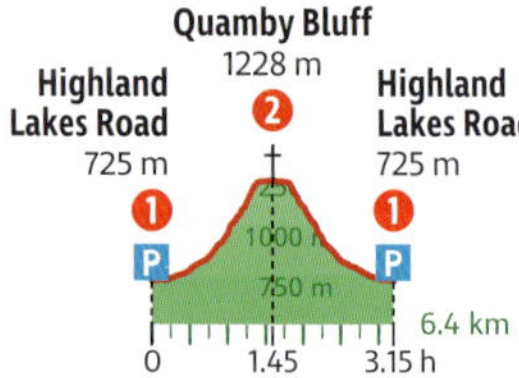

Tipp: Weiter entlang der A5 Richtung Bothwell lohnen kurze Abstecher zu den ausgeschilderten Liffey Falls und Pine Lake.

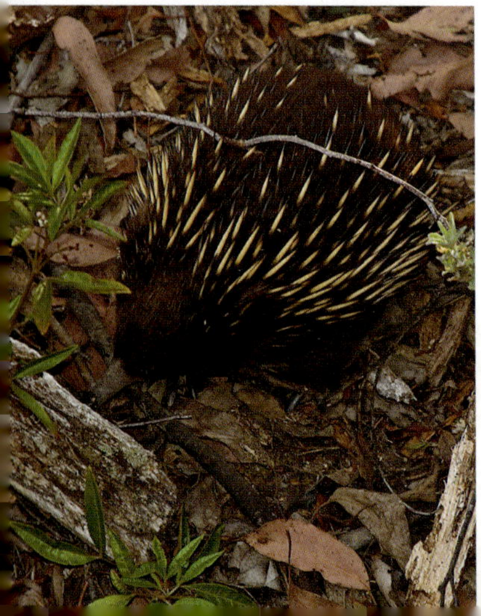

Vom Parkplatz an der **Highland Lakes Road** ❶ überqueren wir die Straße und folgen dieser ca. 50 m nach links zum Start eines Fahrweges. Diesem nachgehend passieren wir ein links des Weges liegendes Privatgrundstück, gelangen in Wald und finden den Startpunkt des Wanderweges (Fairy Glade Track). Wenige Schritte weiter passieren wir ein kleines, mit Teebäumen bestandenes Feuchtgebiet, ansonsten variiert der Wald mit Wattles, Leatherwood, Myrtle Beech und zum Teil stattlichen Eukalypten; einige Baumstümpfe zeugen jedoch auch

Meist auf Ameisensuche: ein Echidna.

von der forstwirtschaftlichen Vergangenheit.

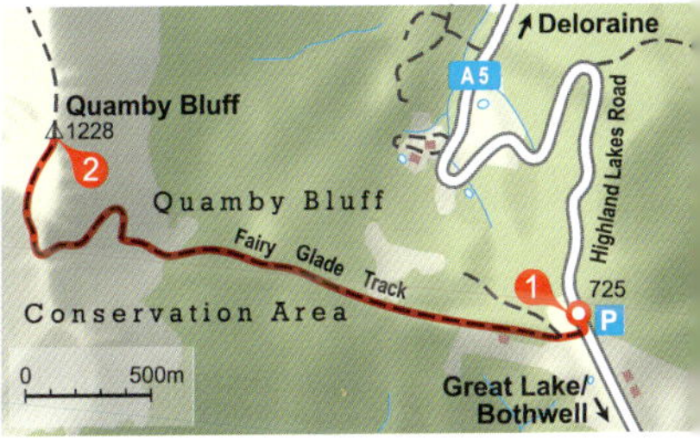

Nach etwa der Hälfte der Strecke im moderaten Anstiegswinkel erreichen wir ein Blockfeld. Ab hier wird der Weg beschwerlicher, erst über Felsen, anschließend kräftig ansteigend durch einen fast reinen Myrtlebestand. Zum Gipfel hin lichtet sich der Wald und wir erreichen einen schmalen Sattel zwischen Gipfelplateau und kleinem Nebengipfel. Nach rechts wendend geht es von hier noch einmal kurz, aber steil über Felstrümmer auf ein mit alpiner Vegetation bewachsenes Plateau. Zum Kulminationspunkt des **Quamby Bluff** ❷, 1228 m, mit trigonometrischem Kreuz sind es von hier noch etwa 400 m. Die reizvollsten Ausblicke bekommen wir jedoch an den Rändern des Gipfelplateaus.

Nach der Aussichtspause geht es auf demselben Weg zurück zum Ausgangspunkt an der **Highland Lakes Road** ❶.

Blick über das Gipfelplateau.

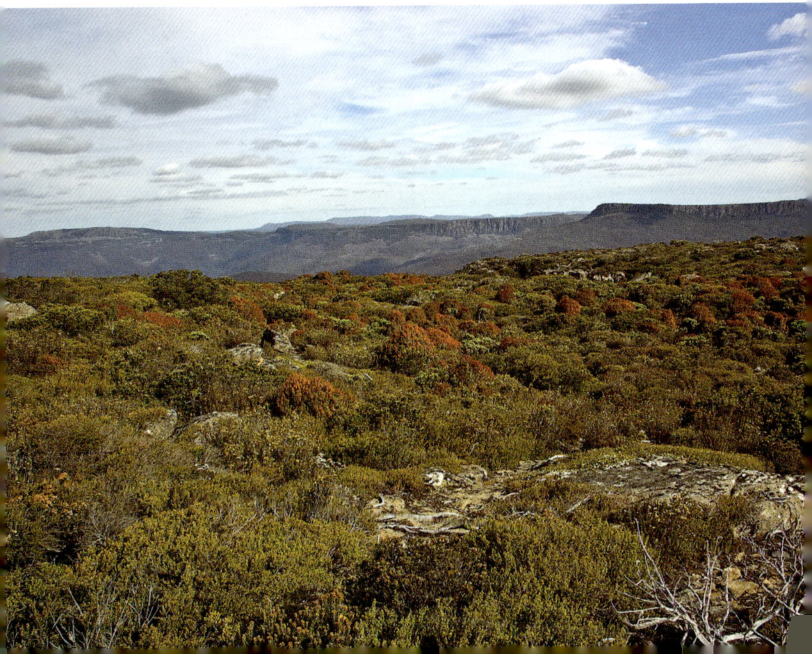

↗ 650 m | ↘ 650 m | 9.2 km

3 Meander Falls – Split Rock Falls

4.45 h

Prächtige Wasserfälle inmitten einer urtümlichen Bergwelt

Die Meander Falls zählen zu den beeindruckendsten Wasserfällen in ganz Tasmanien, sowohl in ihrer Höhe als auch Erscheinung. Besonders nach starken Regenfällen erwartet uns ein furioses Schauspiel. Eingebettet in einen Teil des tasmanischen Weltnaturerbegebietes lassen sich hier so typische Landschaftselemente wie kühl-gemäßigter Regenwald, weit in die Höhe ragende Eukalypten oder Doleritklippen aus nächster Nähe erkunden.

Ausgangspunkt: Meander, 295 m. Parkplatz am Ende der Meander Falls Road, 610 m. Vom Ort Meander an der C167 südlich von Deloraine folgen wir den Wegweisern in Richtung Meander Conservation Area und dort der beschilderten Meander Falls Road bis zu deren Ende; die letzten 8 km sind nicht asphaltiert.

Anforderungen: Wurzelwerk und steiniger Grund, aber insbesondere die Querung der Blockfelder (Vorsicht bei Nässe!) am Meander Crag erfordern ein sehr hohes Maß an Trittsicherheit und körperlicher Gewandtheit. Auch wird hier der Orientierungssinn gefordert, ebenso entlang der anderen Wegteile, wo umgestürzte Bäume die Wegfindung wie das Vorankommen erschweren.

Hinweis: Für Split Rock (Falls/Track) ist auch der Name Cleft Rock geläufig.

Tipp: 1. Wer sich die Blockfelder nicht zutraut oder mit schlechten Sichtverhältnissen konfrontiert ist, geht am besten auf demselben Weg zurück zum Ausgangspunkt. Von dort können die Shower Cave- und Split Rock Falls auf einer separaten Wanderung erkundet werden (gut 2 Std. hin und zurück inkl. Rundweg über Split Rock).
2. Etwas versteckt, einige Meter vom Parkplatz entfernt, befindet sich die Huntsman-Hideaway-Hütte, in der übernachtet werden kann.

Vom Parkplatz an der **Meander Falls Road** ❶ aufwärts haltend führt der Weg durch Mischwald mit Eukalypten und Regenwaldarten sehr nah entlang des Meander River, welcher munter über viele Kaskaden ins Tal springt. Wir passieren anfangs etliche kleine Nebenbäche, die beiden Abzweige zum Wood Maynard Loop und dazwischen eine Brücke über den

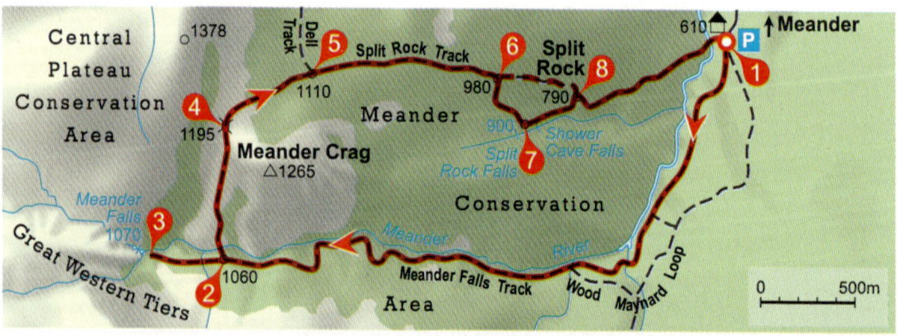

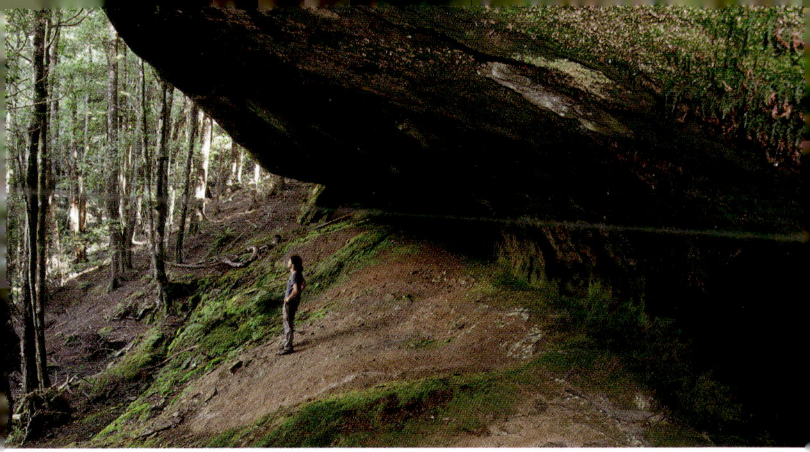

Sandsteinfelsen sorgen besonders zum Ende der Tour für Kurzweil.

Staggs Creek. Beständig ansteigend entfernt sich der Weg schließlich neben einem ansehnlichen Wasserfall vom Fluss. Der Wald lichtet sich nun zusehends und an einer Stelle bietet sich ein freier Blick zu den Meander Falls und den Felsbastionen der Great Western Tiers. Etwa 5 Minuten weiter passieren wir den **Abzweig zum Split Rock Track** ❷, den wir aber vorerst unbeachtet lassen. Weitere 400 m bringen uns zu einem fotogenen Aussichtspunkt auf den Wasserfall. Von hier führt eine markierte Spur nach links auf das Plateau, doch wir wenden uns nach rechts hinab zum von King Billy Pines umgebenen Wasserbecken am Fuß der **Meander Falls** ❸. Nach einer verdienten Pause geht es zurück zum **Abzweig Richtung Split Rock** ❷, dem wir nun abwärts zum Meander River folgen. Wir überqueren den Fluss (kritisch nach starken Regenfällen), wo uns nun ein weites Blockfeld erwartet. Entlang diesem halten wir in nördlicher Richtung aufwärts, Ziel ist der Sattel zwischen Plateau und dem vorgelagerten Meander Crag. Steinhaufen helfen hier bei der Orientierung, doch seinen Weg über die Felsbrocken muss jeder selber wählen. Lohn der Mühe sind beständige Ausblicke auf die wilde Landschaftskulisse und zurück zum Wasserfall. Die Markierungen führen uns schließlich zu einem gelben Dreieck an einem kleinen Baum. Ab jetzt durch Heidevegetation, halten wir Ausschau nach Eisenstangen mit farbigen Dreiecken und gelangen kurz darauf auf den **Sattel** ❹. Wieder absteigend wird der Weg nun deutlicher, bis wir ein nächstes, jedoch kleineres Blockfeld zu queren haben. Danach durch von

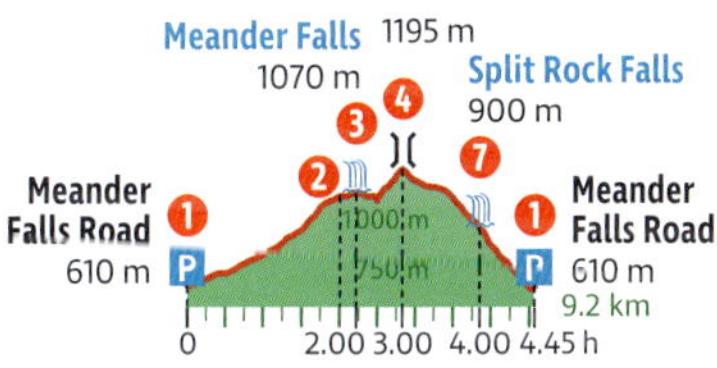

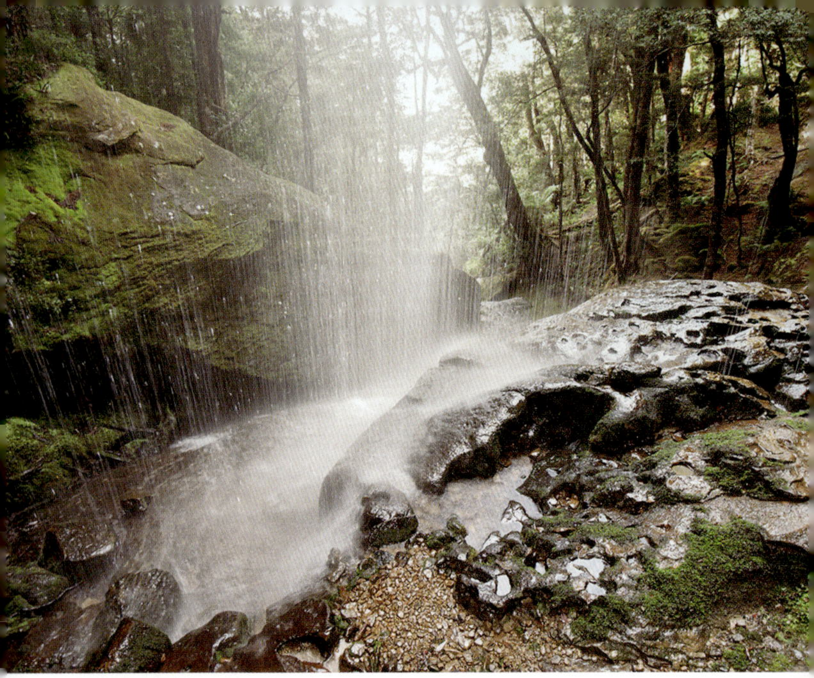

Wer möchte, kann hinter den Split Rock Falls entlanglaufen.

Eukalypten und Teebäumen dominierten Wald, erreichen wir eine beschilderte **Weggabelung** 5 und lassen den nach links führenden Dell Track unbeachtet. Nach und nach an Höhe verlierend, finden wir nach ca. 1 km die nächste **Wegteilung** 6 und gehen hier nach rechts Richtung Split Rock Falls. Kurz vor Ankunft am Wasserfall wird der Abstieg steiler und es gilt eine kurze, unangenehme Felspartie zu überwinden. Plötzlich sind wir von prächtigen Felsüberhängen umgeben und durch hoch aufragenden Regenwald gelangen wir schnell zu den etwa 20 m hohen **Split Rock Falls** 7. Flussabwärts haltend wandern wir zu den etwas kleineren, aber ebenfalls über eine große Felswand fließenden **Shower Cave Falls**. Hier verlassen wir den Wasserlauf wieder, passieren gleich einen weiteren Wasserfall an einem Nebenbach sowie große Felsblöcke und kommen zur Wegteilung am **Split Rock** 8, einem mit Wurzeln überzogenen Durchlass zwischen den Felsen. Hier wenden wir uns nach rechts. Anfangs steil bergab kommen wir bald in einen wunderschönen Waldabschnitt mit dichtem Unterwuchs aus Farnbäumen. Kurz vor Ende der Tour wird der **Meander River** nochmals mittels einer Hängebrücke überquert und wenige Schritte weiter sind wir zurück am Parkplatz an der **Meander Falls Road** 1.

↗ 400 m | ↘ 400 m | 6.8 km

3.00 h

Stone Hut – Bastion Cascades 4

Felsüberhänge, Höhlen und ein betörender Wasserfall

Meander Conservation Area hat eine Reihe exzellenter Wandermöglichkeiten, und die hier beschriebene Tour macht keine Ausnahme. Auf jeder Wanderung in diesem Gebiet lassen sich neue Naturwunder entdecken, seien es die bezaubernden Wälder, idyllische Wasserfälle oder imposante Felsformationen aus Sandstein oder Dolerit. Seiner Schönheit wegen kann man sich daher als Besucher dieses Reservat nur allzu leicht als Nationalpark vorstellen, zudem auch der Status als Weltnaturerbegebiet eine deutliche Sprache spricht.

Ausgangspunkt: Meander, 295 m. Aufgelassener Steinbruch an der Quarry Road, 580 m. Von der Ortschaft Meander folgen wir den Wegweisern Richtung Meander Conservation Area und hier weiter entlang der Meander Falls Road, bis rechter Hand die Quarry Road startet, die bis zum Steinbruch führt; viele Parkmöglichkeiten. Die letzten 6 km sind ungeteert.

Anforderungen: Einige steile Passagen testen die Fitness. Besonders Abschnitte entlang des Bastion Creek sind oft feucht und rutschig und erfordern daher Trittsicherheit. Daneben sorgen einige über den Weg gestürzte Bäume für Orientierungsprobleme; achten Sie hier besonders auf die farbigen Markierungen.

Am Nordrand des Steinbruchs an der **Quarry Road** ❶ nutzen wir einen aufwärtsführenden Jeeptrack und folgen diesem für etwa 1 km, bis wir einen Wegweiser finden, welcher rechter Hand den Start des **Stone Hut Track** ❷ anzeigt, auf dem wir nun fortsetzen. Stetig durch Wald ansteigend erreichen wir eine erste Felswand mit regensicherem Überhang, weiter an Höhe gewinnend gelangen wir schließlich zu noch größeren Felsgruppen und entdecken hier zur Überraschung eine winzige Höhle mit einem einzelnen herauswachsenden Baum. Nur wenige Schritte von dieser Stelle, neben den Wegweisern, die uns nach links zwischen den Felsen aufwärtsweisen, finden wir eine größere, spannend ausgeformte Höhle, genannt **Stone Hut** ❸. Diverse Überbleibsel deuten auf eine frühere Nutzung als Unterschlupf hin, gelegentlich dient sie wohl auch heute noch als Quartier für Wanderer.

Weiter entlang des Hauptweges stehen wir oberhalb der Felsen plötzlich in trockenem Eukalyptuswald, welcher einen Kontrast zum Rest der Wanderung mit feuchtem Mischwald und einigen ausgeprägten Regenwaldabschnitten bildet. Gleich darauf

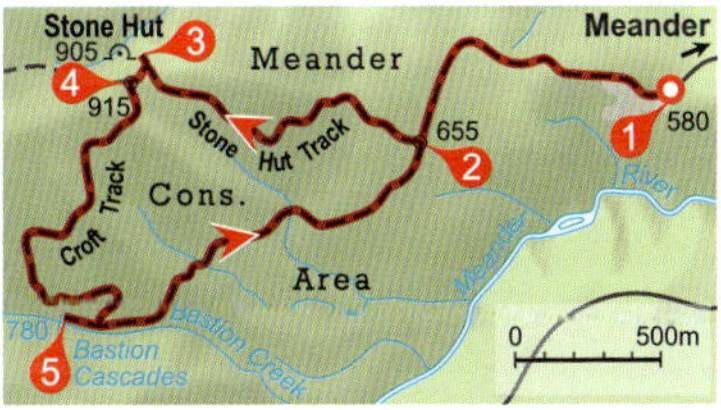

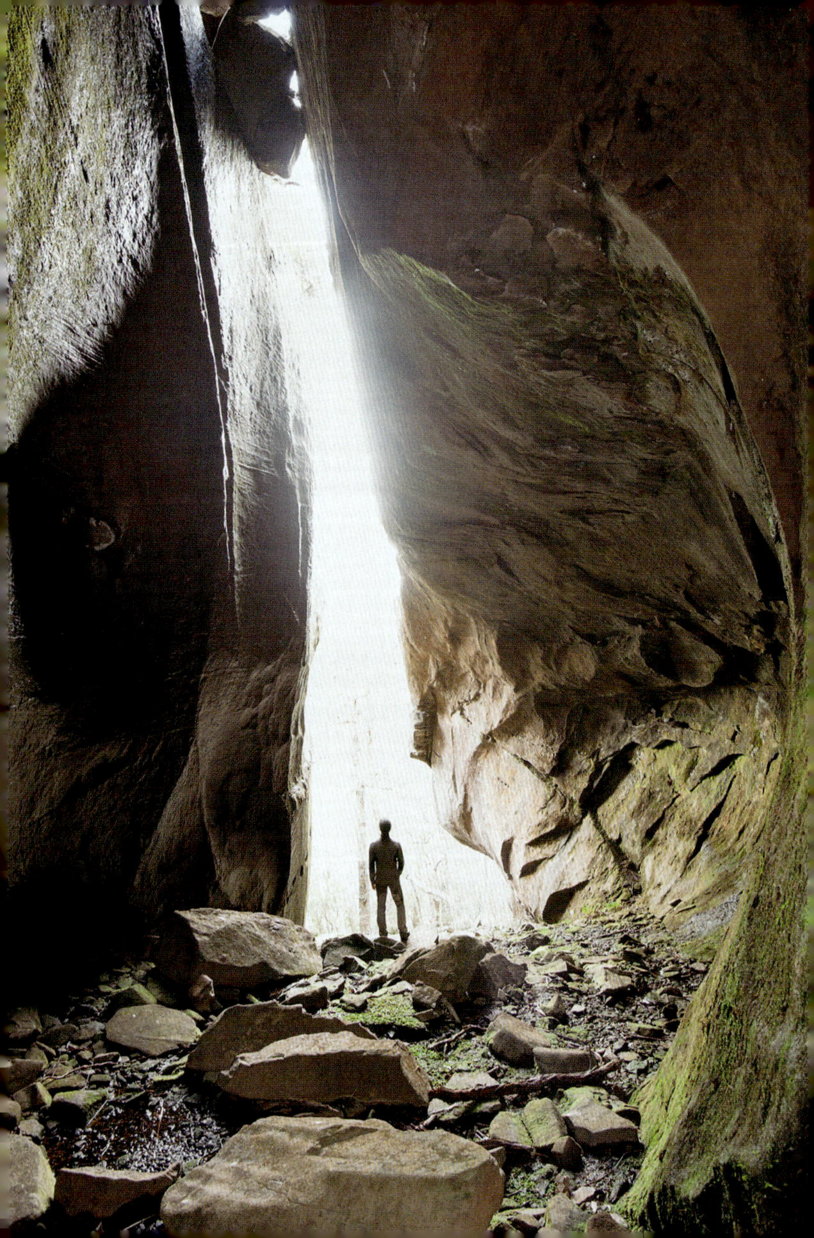

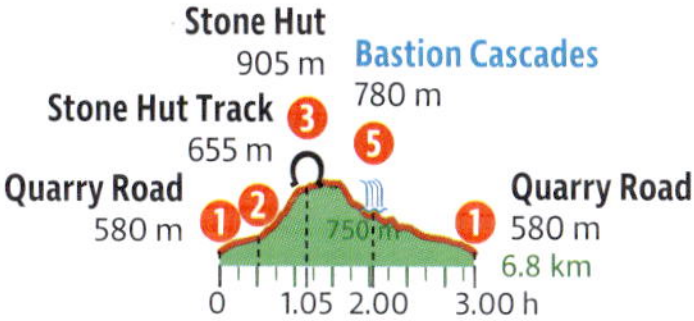

gelangen wir an eine **Wegteilung** ❹ und folgen dem Croft Track nach links. Anschließend passieren wir den Scheitelpunkt der Wanderung, bevor wir zum Fuß weiterer mächtiger Sandsteinwände gelangen, die wir nun für ein gutes Stück begleiten. Eine der größten Formationen ist dabei mit Schild als **Crowden's Croft** markiert. Danach geht es deutlich bergab und wir erreichen den **Bastion Creek** und können vom Weg aus schon den obersten Teil der Bastion Cascades erspähen. Um zum Fuß der Wasserfälle zu gelangen, bedarf es aber noch weiterer Anstrengungen, da teils senkrechte Felswälle keinen direkten Weg hinab erlauben.

Einige Minuten weiter entlang des Wanderpfades gelangen wir zu einem steilen Durchgang zwischen den Felsen. Hier gilt es, hinabzusteigen, wobei ein installiertes Seil Hilfestellung gibt. Anschließend geht es am Fuß der Felsen entlang zu weiteren beeindruckenden Sandsteinüberhängen, wo wir schließlich auf eine nächste Weggabelung treffen. Der Pfad flussaufwärts bringt uns dabei in wenigen Minuten zu den ebenso malerischen wie fotogenen **Bastion Cascades** ❺.

Am Wasserfall heißt es dann wieder umzukehren, zur letzten Wegteilung zurückzulaufen und nun dem Pfad bachabwärts zu folgen. Schließlich verlässt unser Weg den Flusslauf und führt im leichten Auf und Ab zum Ende eines Jeeptracks, den wir nach einigen Schritten, am Start des **Stone Hut Track** ❷, als Auftaktweg unserer Wanderung wiedererkennen. Von hier gehen wir auf nun bekanntem Weg zurück zur **Quarry Road** ❶.

Links: Höhlenartige Formation nahe Crowden's Croft.
Rechts: Blick durch ein »Fenster« an einer der Felswände.

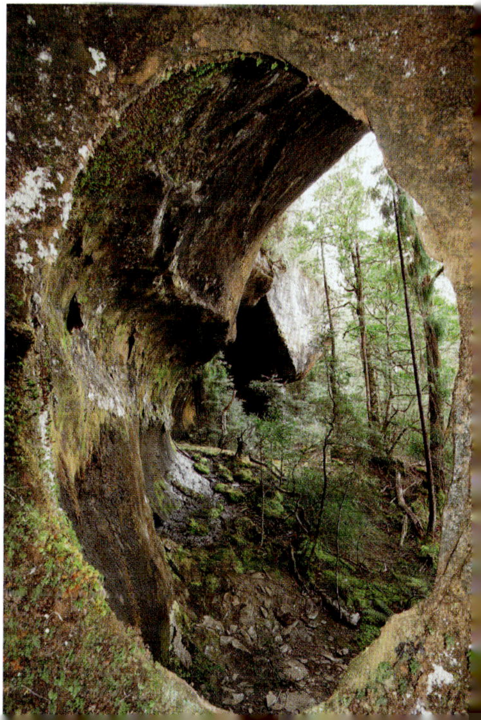

↗ 800 m | ↘ 800 m | 9.7 km

5 Chasm Falls – Cummings Head

4.30 h

Wandertraum zwischen sagenhafter Berg- und Flusskulisse

Cummings Head (vormals Mother Cummings Peak) ist Teil der Great Western Tiers und des Central Plateau, durch den Mother Cummings Rivulet jedoch teilweise von diesen separiert. Dadurch bieten sich vom Rand des Gipfelplateaus gute Ausblicke auf die Tiers und einige Bereiche des Central Plateaus. Smoko Creek mit seinen Chasm Falls bietet eine Serie von Fällen, glasklaren Wasserbecken, Felsüberhängen und Klammen. Die Kombination aus Bergbesteigung und Wasserspielen macht diese Wanderung höchst attraktiv.

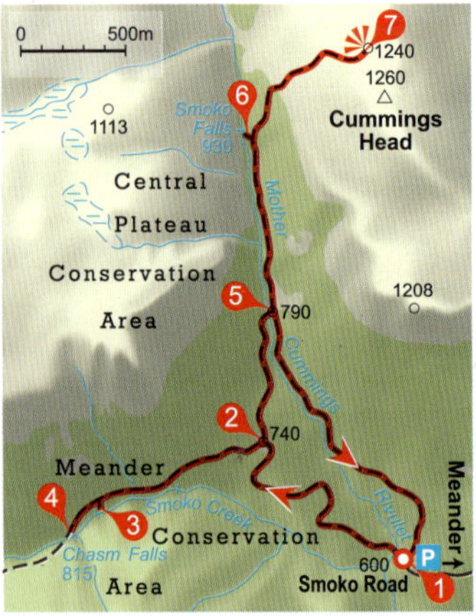

Ausgangspunkt: Meander, 295 m. Kleiner Parkplatz am Ende der Smoko Road, 600 m. Vom Ort Meander folgen wir den Wegweisern Richtung Meander Conservation Area und hier weiter entlang der Meander Falls Road, bis rechter Hand die Smoko Road startet (die letzten 7,5 km sind ungeteert).

Anforderungen: Viele steinige Abschnitte und reichlich Wurzelwerk verlangen besonders bei Nässe Trittsicherheit, Länge und Höhenunterschied dagegen körperliche Fitness. Aufmerksamkeit gilt bei der nicht immer offensichtlichen Wegführung.

Am Start der Wanderung an der **Smoko Road** ❶ finden wir einige Hinweisschilder. Diesen gegenüber führt ein Pfad hinab zum **Mother Cummings Rivulet**; es muss daher nicht der steile Weg im Bereich der ehemaligen Brücke hinabgestiegen werden! Nach Überschreitung des Flusses folgen wir der seit Jahren nicht mehr befahrenen Fortsetzung der Smoko Road, bis diese nach gut 1 km auf einer größeren **Freifläche** ❷ endet. Hier starten die Wege zum Cummings Head und nach links zu den Chasm Falls, zu denen wir als Erstes wandern. Anfangs noch durch Eukalyptuswald, dominieren rasch Myrtle-Buchen das Waldbild. Bald erreichen wir den **Smoko Creek** mit einem ersten Wasserfall. Wir halten uns nun flussaufwärts, und nach wenigen Minuten führt ein kurzer Seitenweg zu einem weiteren namenlosen, paradiesisch anmutenden **Wasserfall** ❸. Oberhalb dieses Falls deuten sich Felsüberhänge an, die sich bei Fortsetzung unserer Wanderung als weit in die Luft ragende, wie mit einem riesigen Messer sauber abgeschnittene

Sandsteinwände entpuppen. Ein weiteres Stück Flussaufwärts-Wandern führt uns schließlich zu den **Chasm Falls** ❹. Den hier einst die Klamm überbrückenden Baumstamm gibt es nicht mehr, für Blicke über die Felsen hinab zum Wasserfall gilt daher größte Vorsicht!

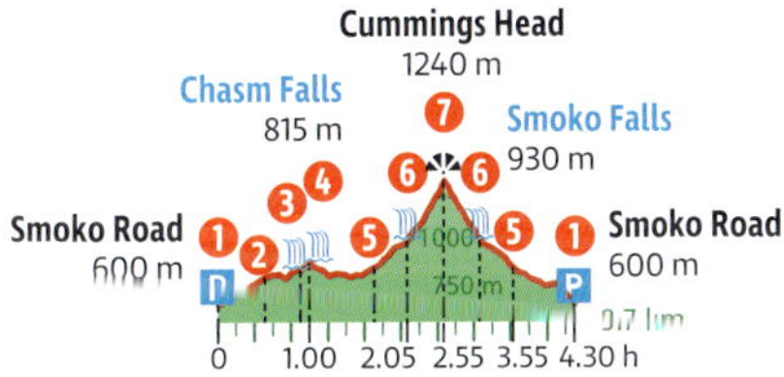

Auf demselben Weg geht es danach zurück zur **Freifläche** ❷ am Ende der alten Smoko Road, wo wir nun den Pfad Richtung Gipfel einschlagen. Schnell gelangen wir zum **Mother Cummmings Rivulet**, wo uns die Markierungen kurz darauf zum Überqueren auffordern. Auf der anderen Uferseite finden wir eine **Wegteilung** ❺, die Spur nach rechts ist unser späterer Rückweg. Wir halten jetzt jedoch flussaufwärts. Je nach vorausgegangenen Regenfällen fließt das Wasser teilweise unterirdisch und der Flusslauf kann sich abschnittsweise trocken präsentieren. Der Regenwald, mit auffällig vielen King Billy Pines, das felsige Flussbett und zum Teil riesige Felswände auf der linken Uferseite sorgen für ein stimmungsvolles Ambiente. Bei Erreichen der kleinen, doch attraktiven **Smoko Falls** ❻ verlassen wir den Flussbereich; ein Weg führt nahe des Wasserfalles steil nach rechts hinauf. Erst durch Wald, dann durch Buschvegetation, gelangen wir zum Gipfelplateau des **Cummings Head**; ein besonders großer **Steinhaufen** ❼ kennzeichnet hier das Ende bzw. den Beginn des Wanderpfades. Kleine Steinhaufen markieren Routen über das bis zu 1260 m hohe Gipfelplateau, wer dieses erkunden will, muss sich die Hauptmarkierung für den Rückweg merken.

Nach der obligatorischen Aussichtspause folgen wir unseren Schritten zurück zur **Wegteilung** ❺ an der Flussüberquerung, wo wir nun der hinwärts ignorierten Wegspur nachgehen. Diese begleitet den Fluss erst stromabwärts, dann, zumeist mit farbigen Dreiecken gekennzeichnet, geht es entlang gemütlicher Waldpfade und schließlich über einen alten Forstweg hinab zum Ausgangspunkt der Tour an der **Smoko Road** ❶.

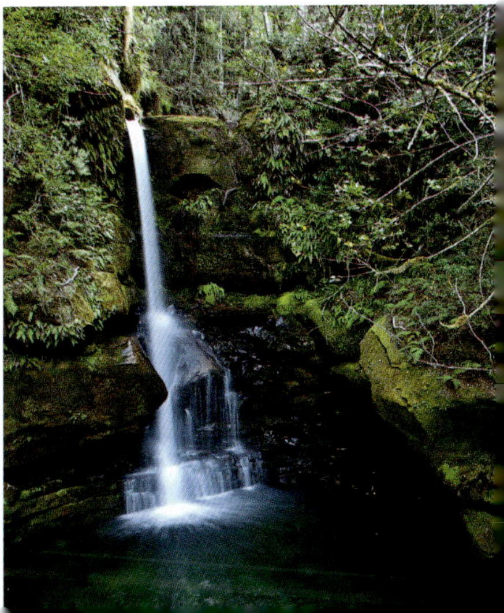

Eleganter Wasserfall am Smoko Creek.

TOP

6 Walls of Jerusalem

↗ 1560 m | ↘ 1560 m | 32.9 km

2 Tage

Gipfeltour im biblischen Teil Tasmaniens

Die Landschaft um die Walls of Jerusalem ist von betörender Schönheit und daher für Wanderer ein gesuchtes Ziel. Obwohl etwas abgelegen, hat sich das Gebiet über die Jahre vom Geheimtipp zu einem rege besuchten Wanderziel entwickelt und so die Nationalparkverwaltung veranlasst, die Besucherzahlen durch eine Kontingentierung zu begrenzen. Die Namensgebung »Walls of Jerusalem« initiierte der Entdecker James Scott im Jahre 1849, doch die meisten Ideen für Namen der Gipfel oder Seen lieferte Reg Hall, ein Mitglied des Launceston Walking Club, erst gut 100 Jahre später.

Ausgangspunkt: Parkplatz am Walls of Jerusalem Track, 700 m. Aus Richtung Sheffield oder Deloraine kommend folgen wir den Ausschilderungen Richtung Lake Rowallan und Walls of Jerusalem National Park. Die C171 (Mersey Forest Road) führt uns schließlich am Stausee vorbei und weiter zum linker Hand startenden Walls of Jerusalem Track, welchem wir bis zum ausgeschilderten Parkplatz folgen; die letzten 11 km sind ungeteert und teils rau.
Anforderungen: Die Wege am 1. Tag und zum Mt Jerusalem sind meist gut ausgebaut und leicht zu befolgen. Eine Ausnahme ist der Abstecher zum King David Peak, der wie Abschnitte am 2. Tag gelegentlich Orientierungssinn in weglosem Gelände bedingt. Insbesondere die Gipfelwege verlangen auch Trittsicherheit. Einige Passagen am 2. Tag können schlammig sein. Tourenlänge und die zahlreichen Aufstiege erfordern Kondition.
Unterkunft: Übernachtung im Zelt. Die Hütten am Weg sollten ihres historischen Wertes wegen nur im Notfall genutzt werden.
Hinweis: Für diese Tour ist eine Vorausbuchung notwendig. Der Link findet sich auf der Seite für den Walls of Jerusalem NP unter www.parks.tas.gov.au.

1. Tag: 1180 Hm Aufstieg, 620 Hm Abstieg, 6.15 Std.
Vom Parkplatz am **Walls of Jerusalem Track** ❶ nur wenige Minuten entfernt passieren wir einen Stand zur Selbstregistrierung und halten nun stetig aufwärts durch lichten Eukalyptuswald zur Trappers Hut, eine einst

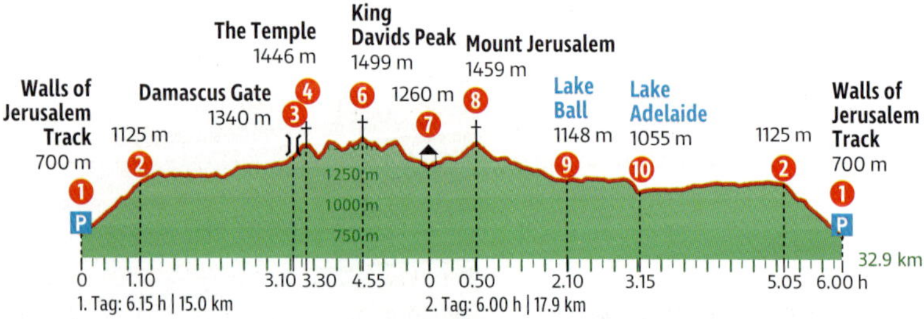

von Fallenstellern gebaute Hütte. Kurz darauf erreichen wir eine **Weggabelung** ❷; der Pfad nach rechts Richtung Lake Adelaide ist unser späterer Rückweg. Wir aber halten uns links durch eine nun offenere Landschaft mit verstreut wachsenden Snow Gums, Alpine Yellow Gums oder Pencil Pines; die dazwischenliegende Serie von verträumten Tümpeln und kleinen Seen trägt den Namen Solomons Jewels; im Hintergrund ragt bereits der King Davids Peak markant empor. Unterhalb der **Walls of Jerusalem** gibt es das mit Holzplattformen ausgebaute **Wild Dog Creek Camp** nebst Toiletten. Der Zeltplatz ist eine gute Basis, wenn keine Rundtour angestrebt wird. Von hier halten wir aufwärts und überschreiten einen Pass, genannt **Herods Gate**, nahe dem Abfluss des **Lake Salome**, welcher geschützt unterhalb des stolz aufragenden West Wall liegt. Der Weg führt uns nun durch einen weitläufigen Kessel. Hier bilden im Frühsommer die blütenreichen Scoparia-Pflanzen den Blickfang, während zwischen den Wasserlachen herausragende Steine mit den scheinbar weichen, grünen Polstern von unzähligen kleinen Cushion Plants überzogen das Auge faszinieren. Über einen kurzen Nebenweg können wir den kleinen Pool of Bethesda besuchen, bevor wir zum nächsten Pass, dem **Damascus Gate** ❸, hinaufsteigen. Von diesem Punkt starten zwei der drei Gipfelwege.

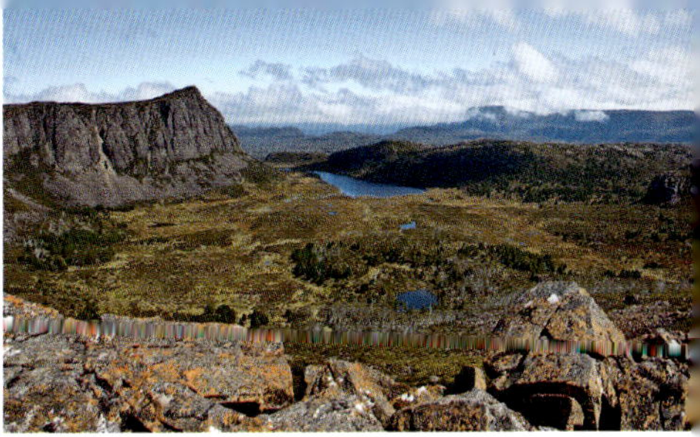

Fabelhafte Panoramablicke erwarten uns auf den Gipfeln.

Nur mit leichtem Gepäck steigen wir zuerst nach links auf **The Temple** ❹, 1446 m. Wieder zurück, folgen wir dann dem gegenüber startenden Pfad hinauf zum **Solomons Throne** ❺, 1469 m. Steht noch genügend Tageszeit zur Verfügung, lohnt ein weiteres Gipfelziel. Dafür gehen wir von hier auf Wegspuren (mit Steinhaufen markiert) sowie abschnittsweise weglos über Blockfelder in nordwestlicher Richtung entlang des West Wall zum **King Davids Peak** ❻, 1499 m, dem höchsten Berg im Nationalpark. Alle drei Gipfel bieten fabelhafte Ausblicke und sind die Aufstiege unbedingt wert. Wir folgen unseren Spuren zurück zum **Damascus Gate** ❸, von wo der Weiterweg nun abwärts durch ein Waldstück mit einem sehr alten Reinbestand von Pencil Pines führt. Wälder dieser Art sind besonders durch unkontrollierte Feuer selten geworden und stehen daher unter strengem Schutz. Wir gelangen schließlich zur winzigen **Dixons Kingdom Hut** ❼ mit guten Zeltplätzen im Umkreis, auch gibt es hier Toiletten. Wasser finden wir östlich der Hütte an einem kleinen Bach.

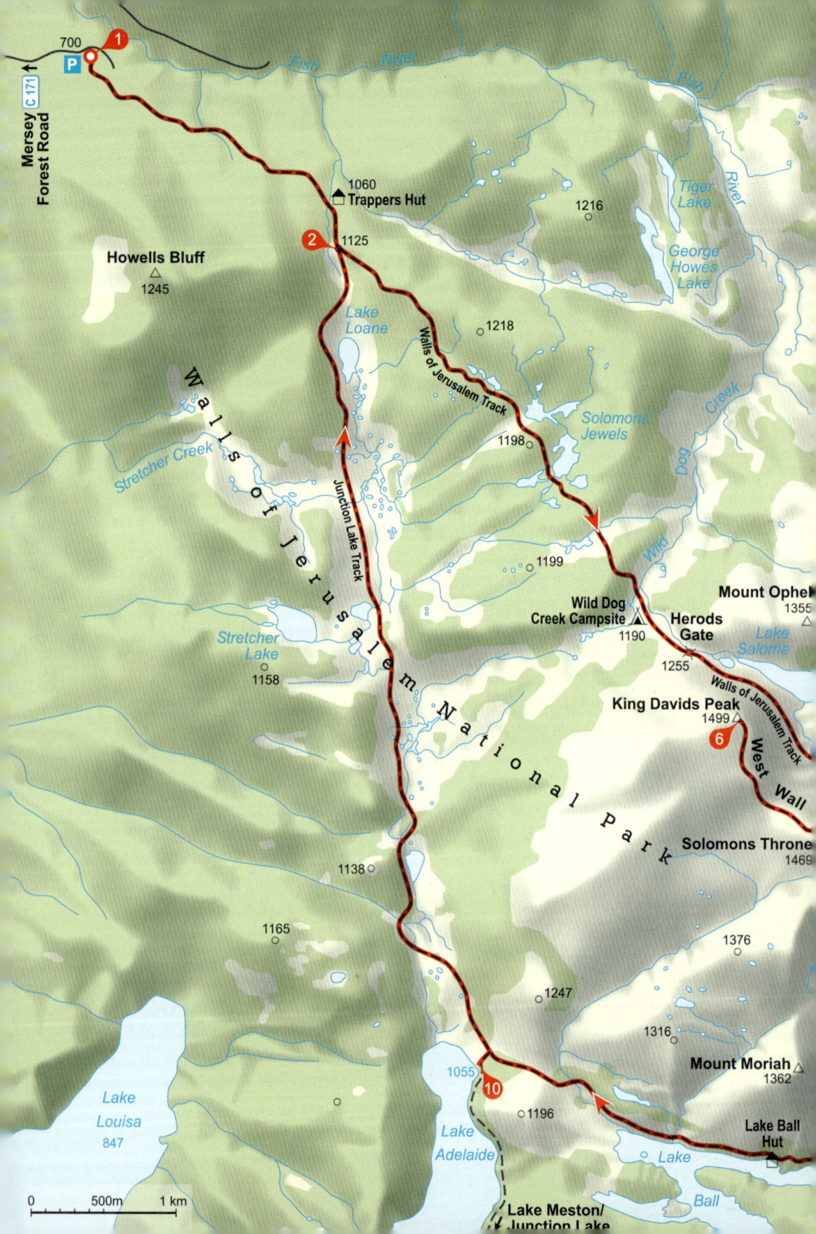

700
1
P
C 171
Mersey Forest Road
Fish River
Fish
Tiger Lake
River
1060 Trappers Hut
1216
2
1125
Howells Bluff
1245
George Howes Lake
Lake Loane
1218
Walls of Jerusalem Track
Walls of Jerusalem National Park
Solomons Jewels
1198
Creek
Dog
Stretcher Creek
Junction Lake Track
Wild
1199
Mount Ophel
1355
Wild Dog Creek Campsite
1190
Herods Gate
Lake Salome
Stretcher Lake
1158
1255
King Davids Peak
1499
Walls of Jerusalem Track
6
West Wall
Solomons Throne
1469
1138
1165
1376
1247
1316
Mount Moriah
1362
1055
10
1196
Lake Louisa
847
Lake Adelaide
Lake Ball Hut
Lake
Ball
0
500m
1 km
Lake Meston/ Junction Lake

2. Tag: 400 Hm Aufstieg, 960 Hm Abstieg, 6.00 Std.
An diesem Tag erklimmen wir auf einem gut zu folgenden Weg den Gipfel des **Mount Jerusalem** ❽, 1459 m. Hier erwartet uns erneut ein grandioser Ausblick, u. a. auf die Hunderte von winzigen bis großen Seen des Central Plateau.
Wieder zurück an der **Hütte** ❼ folgen wir für eine Rundwanderung nun einem unmarkierten Pfad (von der Nationalparkverwaltung ist hier das Anlegen eines markierten Weges in Planung) am Waldrand entlang Richtung Südwesten. Sollten wir den manchmal vagen Pfad verlieren, halten wir uns einfach am westlichen Rand der Freifläche. Schließlich blockiert ein Waldstück unsere Laufrichtung und wir nehmen einen der Pfade oder halten weglos hindurch. Der Wald endet an einer sumpfigen Freifläche mit Blick auf einen malerischen See. Hier finden wir nun einen deutlichen Pfad, der die baumlose Fläche nahe ihres westlichen Randes umgeht und uns direkt zum Ufer des **Lake Ball** ❾ führt. Überraschenderweise treffen wir hier auf Wegzeichen (Eisenstangen mit orangefarbenen Dreiecken), die einen nun leicht zu folgenden Weg nahe am See entlang Richtung Westen markieren. Auf diesem entlang durch Wald aus Pencil Pines und Südbuchen überwinden wir eine kleine Anhöhe und gelangen zur rustikalen **Lake Ball Hut**; direkt am See gibt es hier auch geeignete Plätze zum Zelten.
Weiter durch etwas felsigeres Terrain mit guten Ausblicken auf den See gelangen wir zum westlichen Ende des Lake Ball. Von dort geht es erst durch offenes Gelände, dann recht steil durch Eukalyptuswald hinab zu einer Wegteilung. Hier gehen wir kurz nach links zum nördlichen Ufer des großen **Lake Adelaide** ❿, wo es ebenfalls attraktive Stellen zum Zelten gibt.

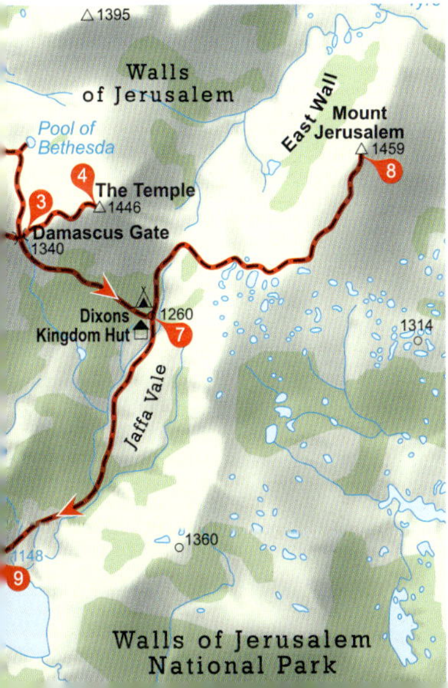

Zurück an der Wegteilung folgen wir nun dem geradeaus führenden Pfad für mehrere Kilometer Richtung Norden. Dieser idyllische, allerdings teils feuchte Weg leitet uns überwiegend durch waldfreie Täler, vorbei an etlichen kleinen Tümpeln und Wasserflächen; den Horizont dominiert dabei bald das Massiv des Culmner Bluff. Schließlich passieren wir den **Lake Loane** zu unserer Rechten, bevor wir auf die erste **Weggabelung** ❷ vom Vortag treffen. Von hier nach links, vorbei an der **Trappers Hut**, geht es auf bekannter Strecke zurück zum **Ausgangspunkt** ❶.

↗ 140 m | ↘ 140 m | 7.2 km

7 Lewis Falls – Oxley Falls

2.15 h

Kurzweilige Wanderung zu zwei mächtigen Wasserfällen

Der wasserreiche Mersey River ist mit einer Länge von 158 km der sechstlängste Fluss in Tasmanien. Dessen Wasser wird an mehreren Kraftwerken zur Stromerzeugung genutzt, und mit dem Lake Rowallan sowie Lake Parangana gibt es zwei große Stauseen im Mittellauf des Flusses. Mehrere Flussabschnitte eignen sich zum Rafting, während der Oberlauf überwiegend von Wildnis umgeben ist und mit einigen prächtigen Wasserfällen lockt. Zu zweien dieser Wasserschauspiele führt diese gemütliche Tour.

Ausgangspunkt: Parkstreifen an der Mersey Forest Road, 565 m. Aus Richtung Sheffield oder Deloraine kommend folgen wir den Ausschilderungen Richtung Lake Rowallan und Walls of Jerusalem National Park. Die C171 (Mersey Forest Road) führt uns schließlich am Stausee vorbei und weiter zum linker Hand startenden Walls of Jerusalem Track. Wir folgen der hier sehr rauen Mersey Forest Road für weitere knapp 9 km zu einem Fahrweg auf der rechten Seite mit dunkelgrüner Schranke; Parkstreifen auf der gegenüberliegenden Seite.

Anforderungen: Einfache Tour, doch besonders mit Kindern gilt Vorsicht an den Wasserfällen, da es keine gesicherten Aussichtspunkte gibt. Gelegentliche Abschnitte mit Wurzeln, Steinen und Schlamm verlangen etwas Trittsicherheit.

Tipp: Knapp 2 km weiter, am Ende der Mersey Forest Road, lohnt es, dem unbeschrifteten Weg zum Chapter Lake und den daneben herabstürzenden Grail Falls zu folgen (4 Std. hin und zurück). Eine zweitägige Rundtour via Chapter Lake, Junction Lake, Lake Meston und Lake Myrtle ist ebenfalls möglich.

Weit ausladend zeigen sich die Oxley Falls nach kräftigen Regenfällen.

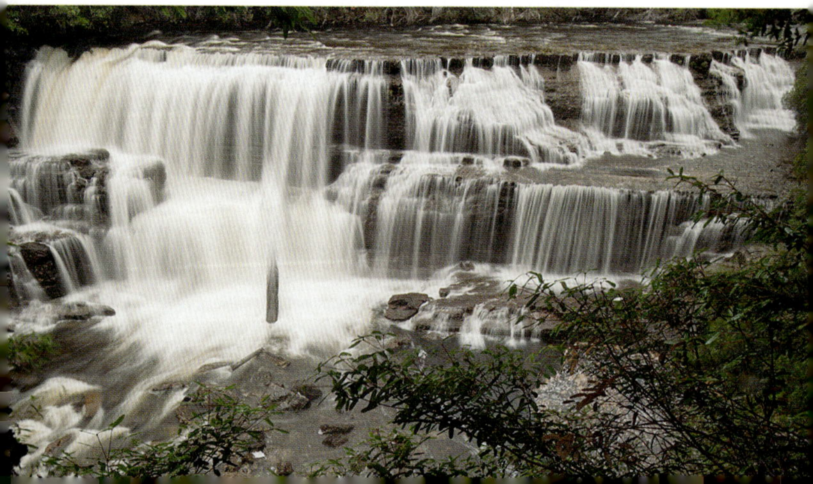

Von der **Mersey Forest Road** ❶ laufen wir entlang des beschrankten Fahrweges hinab zum **Mersey River** und überschreiten eine Hängebrücke zur anderen Flussseite. Ein Pfad bringt uns von hier nach ca. 100 m zu einem recht ausgewaschenen **Jeeptrack** ❷. Diesem folgen wir jetzt nach links, vorbei an der privaten Pine Hut und über die durch Rodung entstandene offene Pine Hut Plain. Das hier stark erodierte Flussufer zeigt, welche Folgen Entwaldung an Flussufern haben kann. Kurz bevor wir wieder von Bäumen umgeben sind, teilt sich der Weg, wir halten uns rechts. Der Wald wandelt sich nun zusehends in Regenwald und es gilt, aufmerksam auf die Markierungen (Steinhaufen, farbige Bänder) für den kurzen **Nebenweg** ❸ nach links zu den **Lewis Falls** ❹ zu achten.

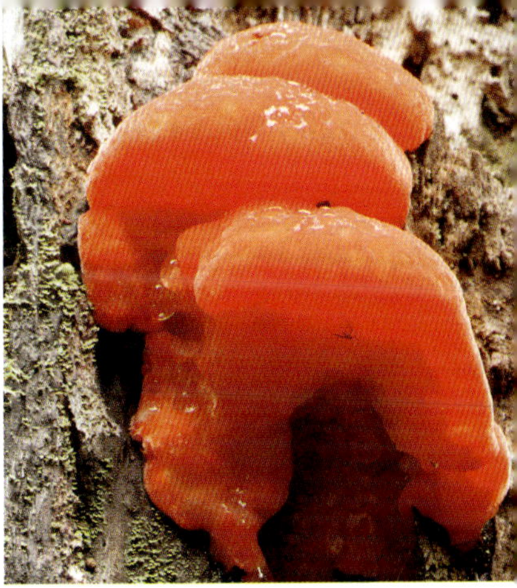

Myrtle mit Strawberry Bracket Fungus.

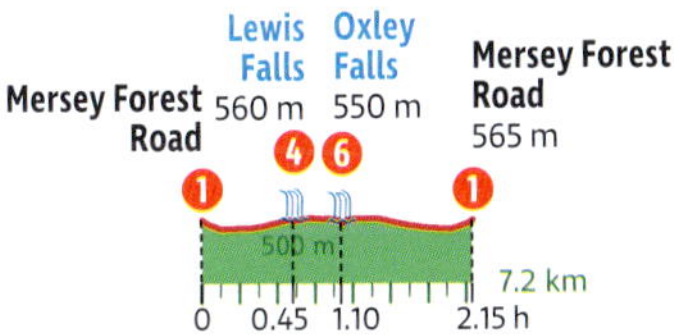

Am Hauptweg fortsetzend, passieren wir ein kleines baumfreies Areal ohne erkennbaren Weg, halten uns hier etwas Richtung Fluss und stoßen schnell wieder auf den Wanderpfad. Nun gilt es, den wenige Minuten später folgenden, ähnlich markierten **Nebenweg** ❺ zu den **Oxley Falls** ❻ nicht zu verpassen. Beide Wasserfälle sind selbst nach längeren Trockenzeiten ein eindrucksvoller Blickfang. Wer möchte, kann sich zudem von den Oxley Falls etwa 200 m weglos flussaufwärts halten, um einen weiteren kleineren Wasserfall zu sehen.

Auf selber Strecke geht es dann zurück zum Ausgangspunkt an der **Mersey Forest Road** ❶.

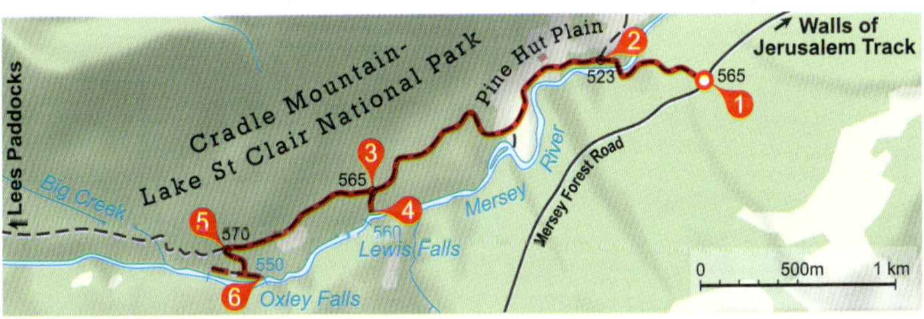

↗ 290 m | ↘ 290 m | 8.4 km

8 Pencil Pine Creek – Dove Canyon

3.00 h

Urwald, Wasserfälle und eine tiefe Schlucht

Der Cradle Mountain – Lake St Clair National Park ist einer der meistbesuchten Nationalparks Tasmaniens. Wer etwa das Bilderbuchpanorama am Lake Dove zum ersten Mal erblickt, wird das schnell verstehen. Dieser Tourenvorschlag am nördlichen Einlass des Parks verknüpft drei Kurzwanderungen um das Cradle Mountain Interpretation Centre zu einer vielseitigen Tagestour. Uralte Bäume, ein abwechslungsreicher Flusslauf und ein spektakulärer Tiefblick verheißen spannende Wanderstunden.

Ausgangspunkt: Cradle Mountain Interpretation Centre, 800 m. Der Nationalpark ist allerorts ausgeschildert, die C132 (Cradle Mountain Road) ist der finale Zugang zum Nordteil des Parks. Am Cradle Mountain Visitor Centre gibt es einen großen Parkplatz. Von dort den regelmäßigen und kostenlosen Shuttle Bus nutzen, der u. a. am 2 km südlich gelegenen Interpretation Centre hält. Bustickets erhält man im Visitor Centre nach Vorlage eines gültigen Nationalparkpasses.

Anforderungen: Enchanted Walk, King Billy Track und Dove Canyon Track bis Knyvet Falls sind mit Holzstegen ausgebaut, sehr einfach zu begehen und auch bestens für Familien mit kleineren Kindern geeignet. Der Bereich entlang des Dove River ist etwas steiler, wurzelreich oder steinig und bedingt mehr Trittsicherheit. Kurze steilere Abschnitte testen hier auch die Kondition und es können die Hände zum Einsatz kommen.
Einkehr: Tavern Bar & Bistro in der Cradle Mountain Lodge.

Vom Haltepunkt des Shuttlebusses am **Cradle Mountain Interpretation Centre** ❶ folgen wir dem Fußweg zurück zur Brücke über den Pencil Pine Creek. Von hier aus können wir einen ersten Wasserfall, die **Pencil Pine Cascades**, sehen. Auf der südlichen Flussseite startet der kurze **Enchanted Walk**, führt uns nahe am munteren Fluss entlang, überquert diesen auf einer zweiten Brücke und läuft am anderen Ufer wieder zurück, bis linker Hand der **King Billy Track** ❷ startet.
Den Hinweisschildern für diesen Weg folgen wir jetzt vorbei an mehreren Wegteilungen. Der Track führt dabei durch einen besonders schönen Myrtle-Beech-Wald und als zusätzlichen Höhepunkt gibt es einige sehr alte King Billy Pines zu bestaunen; zu einem besonders prächtigen Exemplar führt ein kurzer **Nebenweg** ❸. Vorbei am Abzweig zum Speeler Track führt uns der Rundweg schließlich zu einigen Ferienhäusern; hier gehen wir entlang des Fahrweges hinab

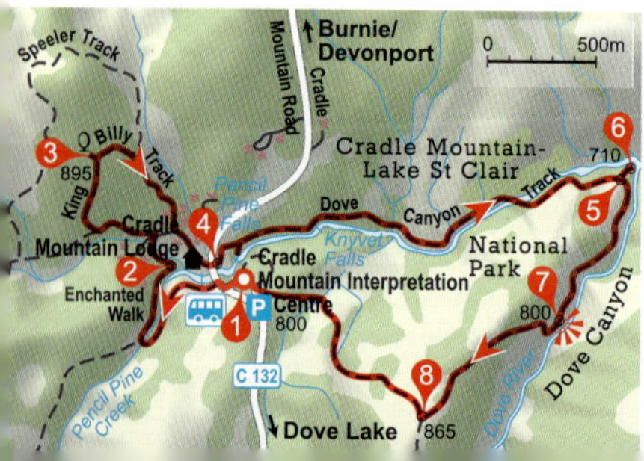

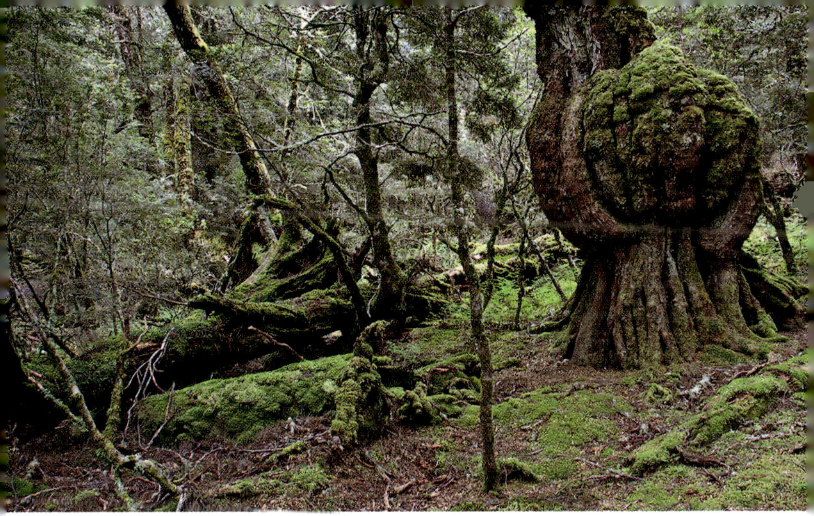

Verwunschener Wald am King Billy Track.

zur Cradle Mountain Road und finden auf der anderen Straßenseite den Start des **Dove Canyon Track** 4.

Dieser Weg führt zugleich zum Wasserbecken unterhalb der hübschen **Pencil Pine Falls** (kurzer Nebenweg) und wenige Minuten weiter zu den ähnlich hohen **Knyvet Falls**. Fortsetzend, überschreiten wir nach etwa 20 Minuten den Pencil Pine Creek ein zweites Mal und laufen nun auf unbefestigtem Pfad für knapp 600 m bis zu einer **Weggabelung** 5. Ein kurzer Seitenweg führt uns an diesem Punkt hinab zum Zusammenfluss von **Dove River** 6 und **Pencil Pine Creek**. Kleine Kaskaden fließen hier in ein tiefes, von Felsen eingerahmtes Wasserbecken, ein willkommener Picknickplatz.

Wieder zurück am Hauptweg, folgt das anstrengendste Teilstück, an dem wir uns nun nahe des Dove River stetig aufwärtshalten. Die beste Chance, den **Dove Canyon** zu sehen, bietet sich am Beginn der Drahtabsperrung. Mit Vorsicht und Schwindelfreiheit können wir hier von einer recht sicheren **Felsplattform** 7 Blicke in die Tiefe werfen. Uns von der Schlucht verabschiedend, schreiten wir etwas steiler über einige Felsen hinauf, dann durch ein kurzes Waldstück und treffen in offenem Knopfgrasbestand auf den **Cradle Valley Boardwalk** 8, auf dem wir rechts bequem zur Haltestelle des Shuttlebusses am **Cradle Mountain Interpretation Centre** 1 zurückkommen.

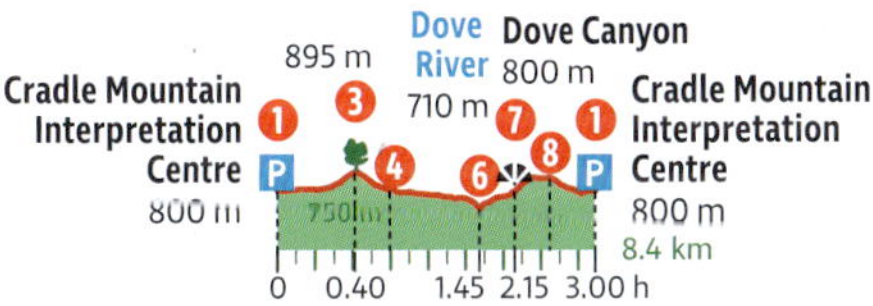

TOP

9

↗ 1230 m | ↘ 1160 m | 19.3 km

2 Tage

Cradle Mountain, 1545 m

Königsetappe auf und um Tasmaniens Vorzeigeberg

Aus der Vielzahl der Wege und Kombinationsmöglichkeiten im Cradle-Mountain-Gebiet ist die hier vorgestellte Tour mit Sicherheit der Höhepunkt. So führt uns die Wanderung nicht nur auf den Berg, sondern umrundet ihn gleichzeitig zur romantisch gelegenen Scott Kilvert Hut. Da die Hütte nicht auf dem Overland Track und gleichzeitig zu abseits für Tagesausflügler liegt, finden wir hier oft entspannende Ruhe vor. Für Wanderer, die nicht den gesamten Overland Track machen möchten, bietet sich mit dieser Tour zudem eine hervorragende kürzere Alternative an, und es kann ohne Vorausbuchung sofort gestartet werden.

Ausgangspunkt: Parkplatz am Ronny Creek, 870 m. Der Cradle Mountain – Lake St Clair National Park ist allerorten ausgeschildert und die die C132 der finale Zugang zum Nordteil des Parks. Kfz am Besucherzentrum parken und von dort den Shuttle Bus zum Startpunkt nutzen; kostenlose Tickets sind mit Parkpass im Visitor Centre erhältlich.
Endpunkt: Parkplatz am Dove Lake, 945 m. Der Cradle Shuttle bringt uns zurück zum Cradle Visitor Centre.
Anforderungen: Die steilen Anstiege zum Crater Peak und Cradle Mountain erfordern eine gute Kondition. Abschnittsweise steinige oder wurzelreiche Wege verlangen Trittsicherheit, die Blockfelder zum Gipfel des Cradle Mountain zusätzlich den gelegentlichen Einsatz der Hände und besondere Vorsicht bei Nässe.
Unterkunft: Scott Kilvert Hut. Die Hütte ist recht groß, kleine Wandergruppen finden in der Regel immer Schlafplätze. Zelten ist im Umkreis ebenfalls möglich.
Einkehr: Am Start oder Ende der Tour in der Tavern Bar & Bistro der Cradle Mountain Lodge oder dem Café am Cradle Visitor Centre.
Varianten: 1. Als Tagestour nur bis Cradle-Mountain-Gipfel mit Rückweg z. B. über Overland Track und via Crater Lake oder Dove Lake.
2. Länger über Face Track via Lake Wilks oder Hansons Peak.
3. Verlängerung der Wanderung am zweiten Tag bis Ronny Creek via Lake Lilla (+ 50 Min.).
Tipp: Eine beliebte und leichte, auch mit Kindern gut geeignete Wanderung ist die Umrundung des Dove Lake (1.30 Std.).

Wie eine Fata Morgana am Horizont: Barn Bluff.

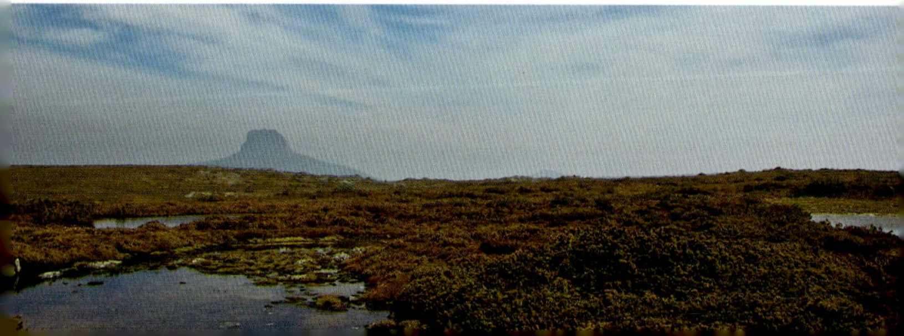

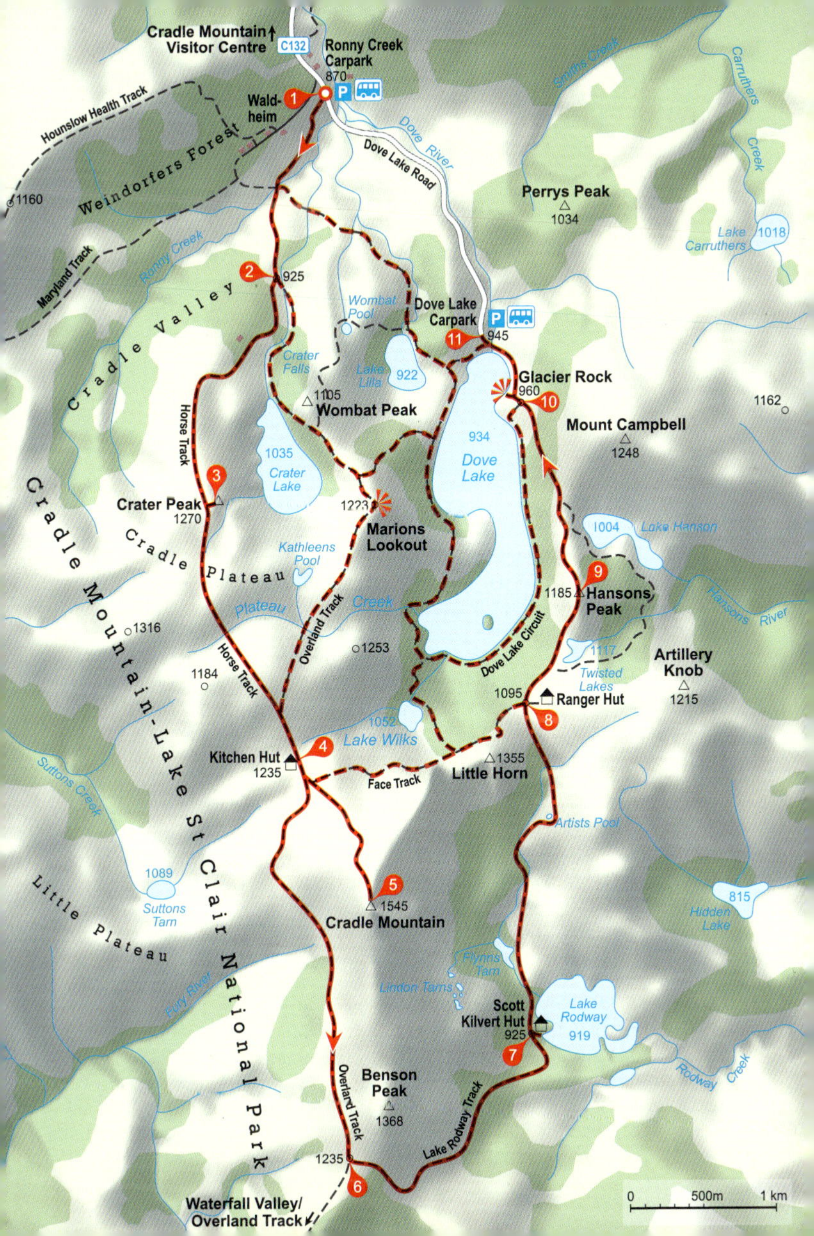
Cradle Mountain Visitor Centre
C132
Ronny Creek Carpark
870
Waldheim
Hounslow Health Track
Weindorfers Forest
Maryland Track
Ronny Creek
Cradle Valley
Dove River
Dove Lake Road
Smiths Creek
Carruthers Creek
Perrys Peak
1034
Lake Carruthers
1018
Wombat Pool
Dove Lake Carpark
945
Crater Falls
Lake Lilla
922
Glacier Rock
960
Wombat Peak
1105
Mount Campbell
1248
1162
Horse Track
1035
Crater Lake
934
Dove Lake
Crater Peak
1270
Marions Lookout
1223
Cradle Plateau
Kathleens Pool
Lake Hanson
1004
Hansons Peak
1185
Hansons River
Plateau Creek
Overland Track
1316
1253
Dove Lake Circuit
1117
Artillery Knob
1215
Twisted Lakes
Horse Track
1184
1095
Ranger Hut
1052
Lake Wilks
Kitchen Hut
1235
Face Track
Little Horn
1355
Cradle Mountain-Lake St Clair National Park
Suttons Creek
Artists Pool
1089
Suttons Tarn
1545
Cradle Mountain
815
Hidden Lake
Little Plateau
Flynns Tarn
Lindon Tarns
Fury River
Scott Kilvert Hut
925
Lake Rodway
919
Rodway Creek
Benson Peak
1368
Overland Track
Lake Rodway Track
1235
Waterfall Valley/ Overland Track
0
500m
1 km
1
2
3
4
5
6
7
8
9
10
11

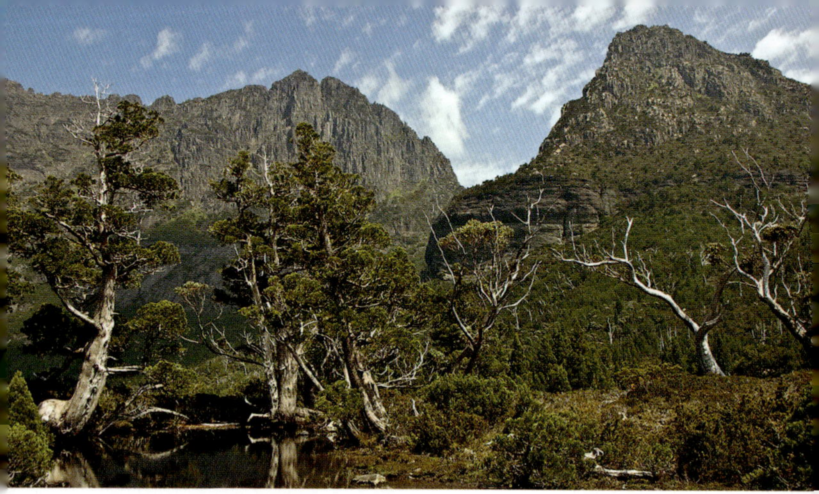

Cradle Mountain und Little Horn thronen gewaltig über dem winzigen Artists Pool.

1. Tag: 920 Hm Aufstieg, 860 Hm Abstieg, 5.45 Std.
Am **Ronny Creek** ❶ folgen wir dem auf der gegenüberliegenden Straßenseite startenden **Overland Track** durch eine Knopfgrasebene und wechseln nach diesem leichten Auftakt auf den rechts wegführenden **Horse Track** ❷ Richtung Crater Peak. Wer möchte, kann zuvor noch dem Overland Track zu den Crater Falls und zum Ufer des Crater Lake nachgehen (+ 30 Min. hin und zurück). Am Horse Track geht es nun steil bergauf, bis wir schließlich den kurzen Nebenweg zum **Crater Peak** ❸, 1270 m, erreichen. Hier begeistert besonders der Blick hinab zu dem in einen Felsenkessel eingebetteten Crater Lake.
Zurück am Hauptweg treffen wir wenig später wieder auf den Overland Track und gelangen kurz darauf zur **Kitchen Hut** ❹ (Übernachtung nur in Notfällen). In der Hütte können wir unsere Rucksäcke hinterlassen und mit leichtem Gepäck zu dem wenige Schritte weiter startenden Gipfelweg zum Cradle Mountain aufbrechen. Besonders die im Gipfelbereich zu querenden Blockfelder sind kein leichtes Terrain zum Wandern und wir müssen einige Male unsere Hände bemühen. Die faszinierenden Dolerittürme beim Aufstieg und besonders der fantastische Ausblick vom Gipfel des **Cradle Mountain** ❺, 1545 m, lassen die Mühen dann aber schnell vergessen.
Vom Berg zurück, folgen wir weiter dem Overland Track, jetzt entlang der Westseite des Cradle Mountain. Nach Westen blickend bieten sich hier Ausblicke auf die tief eingeschnittene Fury Gorge. Wenn mit dem Benson Peak die Doleritausläufer des Cradle-Mountain-Massivs enden und der Barn Bluff unsere Blicke im Süden auf sich zieht, startet linker Hand der **Lake Rodway Track** ❻, welchem wir nun folgen. Bevor sich der Weg steil ins

Tal senkt, öffnet sich aber noch ein wunderbarer Panoramablick über Lake Rodway und die umgebende Bergwelt. Nun geht es auf teils feuchten Pfaden deutlich abwärts; zum See hin wird der Weg jedoch wieder flacher und angenehmer zu laufen. Nach einem abwechslungsreichen Tag erreichen wir schließlich unser Nachtquartier, die **Scott Kilvert Hut** 6. Im Westen dominiert die massive Silhouette des Cradle Mountain den Horizont, und im Osten, nur wenige Meter von der Hütte entfernt, breitet sich der malerische **Lake Rodway** aus, bei schönem Wetter verlockend für eine kurze Schwimmpartie.

2. Tag: 310 Hm Aufstieg, 300 Hm Abstieg, 2.15 Std.
Von der Hütte führt der Weg anfangs noch ein Stück nahe am See entlang, bevor wir diesen mit schönen Rückblicken verlassen. Als nächste Höhepunkte folgen der fotogene, vor dem Hintergrund der Felskulisse des Cradle Mountain gelegene **Flynns Tarn** und weiter entlang des Tracks der winzige, von alten Pencil Pines umgebene **Artists Pool**. Weitere Pencil Pines sowie Deciduous Beeches säumen dann die Wegfortsetzung zu einem namenlosen Pass unterhalb des Little Horn, bevor wir die **Kreuzung** 8 mit dem Face Track nahe der Ranger Hut, einer Notfallunterkunft, erreichen. Hier folgen wir den Wegweisern zum Hansons Peak, ignorieren dabei den Abzweig zu den Twisted Lakes, welche wir beim Anstieg zum Berg sehen können. Vom **Hansons Peak** 9, 1185 m, erwartet uns nochmals ein wunderbarer Ausblick auf die umgebenden Seen und ein ergreifender Rückblick auf den Cradle Mountain.
Den Berg wieder verlassend, gibt es eine letzte steile Passage, an der Eisenketten zur Hilfestellung installiert sind. Mit Blick auf den Lake Hanson vereint sich unser Weg wieder mit dem Twisted Lakes Track, führt nun hinab zum großen **Dove Lake** und trifft dort auf den **Dove Lake Circuit** 10 (Variante 3). Hier nach rechts können wir wenige Schritte weiter einen kurzen Abstecher nach links zum **Glacier Rock** machen, einem großen Aussichtsfelsen direkt am See.
Jetzt ein letztes Stück am Wasser entlang, dann über den **Dove River** und kurz nach rechts und wir treffen auf den **Dove Lake Carpark** 11 nebst Haltestelle des Cradle Shuttle.

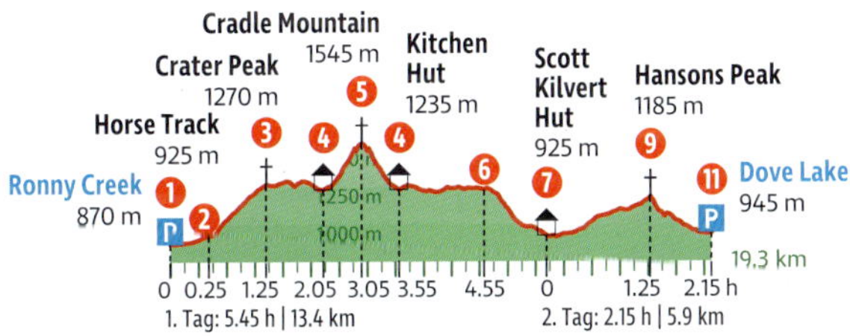

TOP 10

Overland Track mit Mount Ossa, 1617 m

↗ 3010 m | ↘ 3140 m | 93.3 km

7 Tage

Tasmaniens Wanderklassiker

Schon frühzeitig engagierten sich Naturliebhaber, insbesondere der gebürtige Österreicher Gustav Weindorfer, für die Errichtung eines Nationalparks um den heutigen Overland Track. 1922 wurden die ersten 64.000 ha unter Schutz gestellt, doch erst 1971 wurde das Gebiet bei gleichzeitiger Erweiterung zum Nationalpark erklärt und 1982 in die Welterbeliste der UNESCO aufgenommen. Mittlerweile wandern mehrere Tausend Menschen pro Jahr auf diesem Weg und sind begeistert von der Bergwelt mit ihren Gipfeln, Seen, Moor- und Heidelandschaften oder den Wäldern. Meist gut ausgebaute Wege und viele Hütten sorgen zudem für einen Komfort, der in vielen anderen tasmanischen Regionen fehlt.

Ausgangspunkt: Parkplatz am Ronny Creek, 870 m. Der Cradle Mountain – Lake St Clair National Park ist allerorten ausgeschildert und die C132 der finale Zugang zum Nordteil des Parks. Kfz am Besucherzentrum parken, dort den Shuttle Bus zum Startpunkt nutzen; kostenlose Tickets sind mit Parkpass im Visitor Centre erhältlich.

Endpunkt: Lake St Clair Visitor Centre, 745 m. Weder Ausgangs- noch Endpunkt sind durch Bus erreichbar. Private Firmen bieten jedoch einen Transport zurück oder in die großen Städte an. Eine Liste von Anbietern gibt es auf der Internetseite der Nationalparkverwaltung. Alternativ kann mit Wanderern, die zur selben Zeit den Track laufen, Kontakt gesucht

Typisches Landschaftsbild am zweiten Tag.

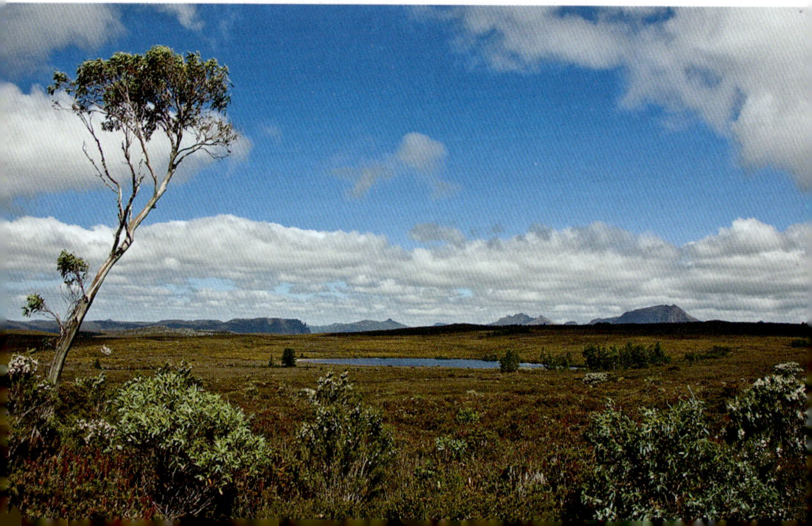

werden, um eine günstigere, individuelle Lösung zu finden.
Anforderungen: Tourenlänge in Kombination mit einem schweren Rucksack, daneben ein kräftiger Startanstieg sowie die Bergbesteigungen (auf Nebenwegen) erfordern gute körperliche Kondition. Befestigte Wege in der ersten Tourenhälfte; im weiteren Verlauf auch schlammige, wurzelreiche oder steinige Abschnitte, die Trittsicherheit erfordern. Nebenwege sind oft weniger gut ausgebaut; zu den Gipfeln gibt es zusätzlich Blockfelder und leichte Kletterstellen. Besondere Vorsicht gilt in den Gipfelbereichen bei feuchtem Gestein. Der Hauptweg bereitet mit seinen vielen Wegweisern und Markierungen wenig Orientierungsprobleme, die meist spärlicher markierten Nebenwege erfordern mehr Aufmerksamkeit.
Unterkunft: Es stehen acht zumeist einfache Hütten mit Öfen (Toiletten befinden sich außerhalb) entlang der Wanderstrecke zur Übernachtung offen. Die Schlafplätze sind in der Regel große Gemeinschaftspritschen oder 2-Personen-Liegen (alle ohne Matratzen). Trotzdem gibt es keine Garantie, freie Schlafplätze zu finden und es müssen Zelte mitgeführt werden. Gute Zeltmöglichkeiten gibt es in der Nähe aller Hütten (begrenzt an der Echo Point Hut). Um die Belastung des Bodens zu minimieren, wurden neben den meisten Gebäuden Holzplattformen errichtet; auf diesen sind selbsttragende Zeltkonstruktionen von Vorteil.
Einkehr: Café im Lake St Clair Visitor Centre.
Varianten: 1. Für die Anfangskilometer bieten sich mehrere Alternativmöglichkeiten an, z. B. über Crater Peak, Hansons Peak oder via Dove Lake und Lake Wilks.
2. Wer auf die letzten Kilometer verzichten will, kann mit der Fähre von Narcissus Bay über den Lake St Clair zum Endpunkt der Tour gelangen. Eine Vorausbuchung ist notwendig (Lake St Clair Ferry, www.lakestclairlodge.com.au,

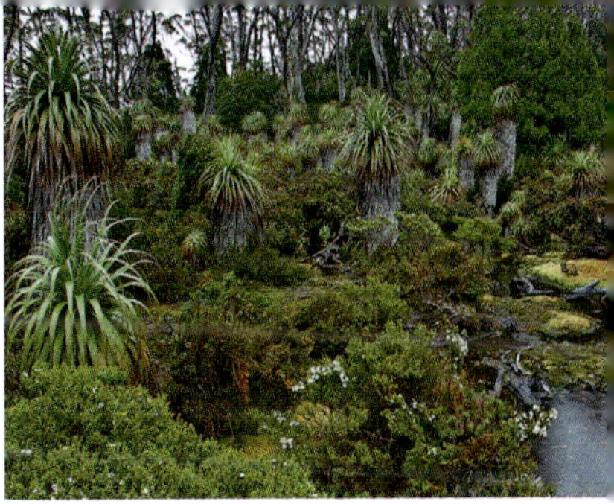

Exotisch anmutende Pandanis.

Tel. +61 3 62 89 11 37) und bei Erreichen der Narcissus Hut eine Ankunftsmeldung vom dort installierten Funkgerät zu tätigen.
3. Weitere optionale Abstecher entlang des Tracks sind im Text kurz erwähnt und auf den beiden Karten gestrichelt dargestellt.
Hinweise: 1. Vom 1. Okt. bis 31. Mai darf der Track nur von Nord nach Süd belaufen werden und die Wanderung kann in diesem Zeitraum nur nach Vorausbuchung und Zahlung eines Entgeltes erst am gewählten Tag gestartet werden. Für die Verweildauer auf dem Overland Track gibt es dann jedoch keine Begrenzung. Einen Link zur Buchung sowie weitere Infos zur Tour gibt es auf den Seiten zum Overland Track unter www.parks.tas.gov.au.
2. Wanderer müssen sich vor Wanderbeginn mit dem Buchungsbeleg im Visitor Centre registrieren lassen und erhalten einen Overland Track Pass, der auf der Tour mitzuführen ist.
3. Da die wenigsten Wanderer nur den reinen Overland Track (knapp 80 km) ohne jegliche Seitexkursionen absolvieren, sind die beliebten Nebenwege zu Cradle Mountain, Lake Will, Mt Ossa sowie Fergusson, D'Alton Falls und Hartnett Falls in die Wegbeschreibung aufgenommen; Zeitbedarf, Höhenmeter und Entfernung fließen in die Gesamtberechnung ein.

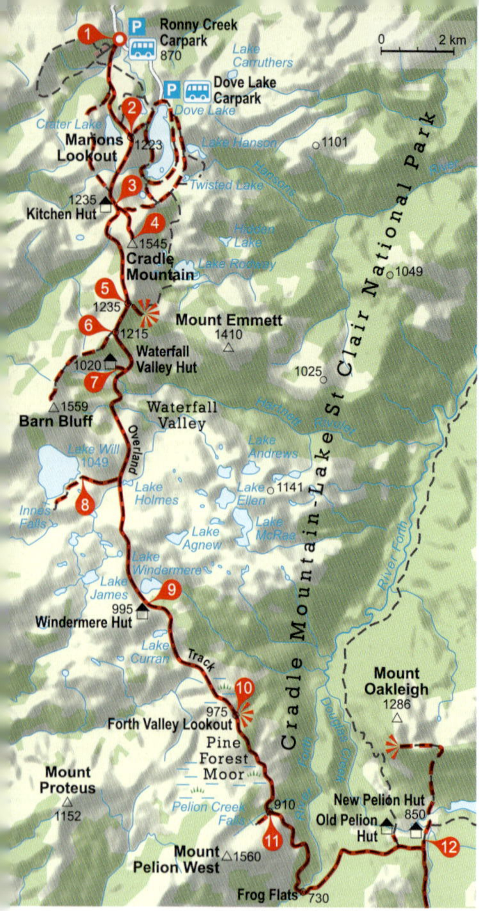

1. Tag: 890 Hm Aufstieg, 740 Hm Abstieg, 5.50 Std.

Vom Startpunkt am **Ronny Creek** ❶ des Overland Track geht es anfangs flach und recht gemütlich voran, doch die vor uns liegenden Berge sind bald erreicht und der erste große Anstieg der Tour beginnt. Stetig aufwärtshaltend bringt uns der schwere Rucksack schnell ins Schwitzen. Wir passieren diverse Nebenwege (der Overland Track ist jedoch immer deutlich ausgeschildert), die kleinen **Crater Falls**, umgeben von großen Pandanis und alten King Billy Pines, und den sehenswerten **Crater Lake**, bevor wir den ersten Hochpunkt unserer Tour, den 1223 m hohen **Marions Lookout** ❷, erklimmen. Großartige Ausblicke, wie auf den gesamten Dove Lake, sind unsere Startbelohnung. Im leichten Auf und Ab durch offenes Heideland gelangen wir als Nächstes zur **Kitchen Hut** ❸, einer Notfallunterkunft. Hier können wir die Rucksäcke hinterlegen und mit leichtem Gepäck zum wenige Schritte weiter startenden Gipfelweg zum Cradle Mountain aufbrechen. Der steile Anstieg fordert weitere Schweißperlen und die Überwindung des Felsenmeeres im Gipfelbereich geschickte Schritte und den gelegentlichen Einsatz der Hände. Vom höchsten Punkt des **Cradle Mountain** ❹, 1545 m, erwartet uns ein atemberaubender Ausblick; von hier lässt sich auch ein Teil unserer nächsten Wanderkilometer gut ausmachen.

Wieder mit vollem Gepäck am Overland Track laufen wir parallel zum Cradle-Massiv nach Süden; nach Westen bieten sich dabei Einblicke in die tiefe Fury Gorge. Es folgt der linker Hand startende **Lake Rodway Track** ❺

zur Scott Klivert Hut, den es lohnt, ein kurzes Stück für einen wunderbaren Fernblick über Lake Rodway und umgebende Bergwelt zu folgen (20 Min. hin und zurück). Nur wenig später finden wir auf der rechten Seite den Beginn des **Gipfelweges 6** zum Barn Bluff, 1559 m, dessen massiver Gipfelturm besonders an den ersten beiden Wandertagen immer wieder ein Blickfang ist. Die Besteigung des Berges ist eine gute Alternative für alle, die bereits den Cradle Mountain auf einer separaten Tour erklommen haben. Der Weg zum Barn Bluff ist ähnlich anspruchsvoll, jedoch etwas länger (2.15 Std. hin und zurück).
Weiter am Overland Track geht es nun hinab zum ersten Quartier, der **Waterfall Valley Hut 7** (kurzer Nebenweg).

2. Tag: 260 Hm Aufstieg, 290 m Abstieg, 3.00 Std.
Am nächsten Morgen führt der Weg oberhalb des Waterfall Valley entlang. Mehrere Bäche fließen in das Tal und formen dabei zahlreiche Wasserfälle. Diverse Trampelpfade führen durch die trittempfindliche Vegetation in das Tal. Von Seiten der Nationalpark-Verwaltung möchte man daher, dass Wanderer hier auf dem Overland Track bleiben. Dieser führt uns je-

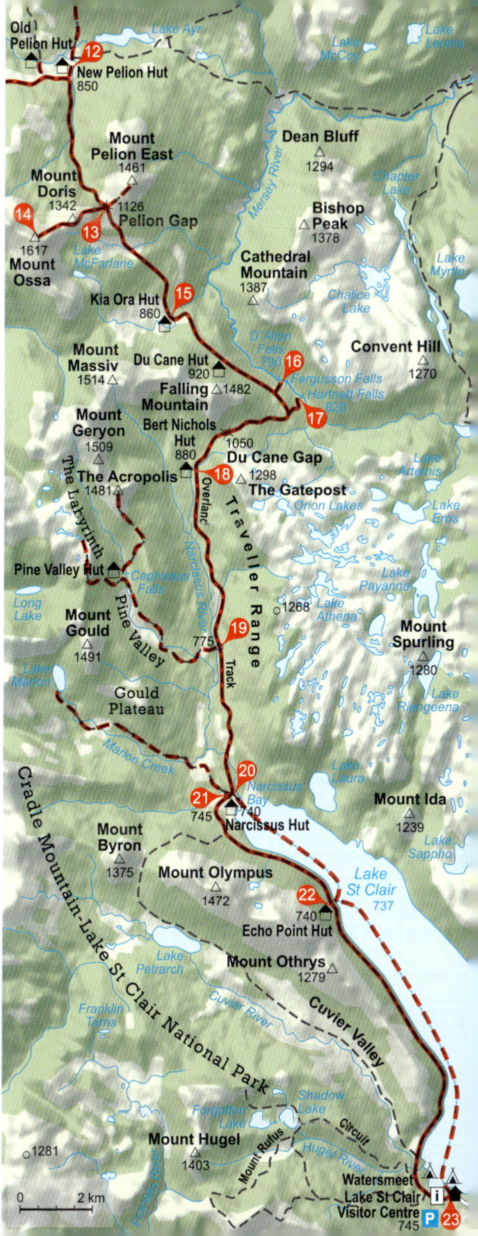

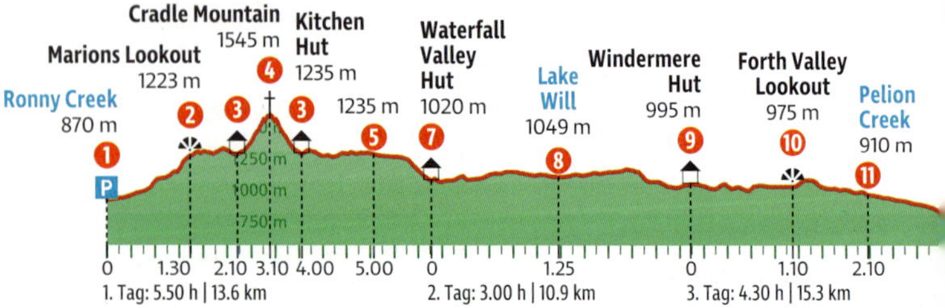

doch weiter aussichtsreich zum kleinen **Lake Holmes**, wo rechter Hand ein gut ausgebauter Nebenweg zu zwei schmalen Sandstränden am ausgedehnten **Lake Will** 8 führt. Vor dem Panorama des Barn Bluff können unerschrockene Naturen hier einen Sprung ins kalte Nass wagen. Entdecker können zudem auf sehr schlammigen Pfaden dem Ufer bis zum Abfluss des Sees mit den kräftig fließenden Innes Falls folgen (vom zweiten Strand 50 Min. hin und zurück).
Der Overland Track leitet nun weiter durch offene Moorlandschaft mit vielen Wasserlachen und Seen, bis wir einen markanten Aussichtspunkt auf **Lake Windermere** und die uns erwartenden Berge finden. Etwas absteigend führt der Weg anschließend entlang des Sees und weiter zur **Windermere Hut** 9, Ziel unseres zweiten, weniger anstrengenden Tages. Flotte Wanderer können bei frühem Start jedoch noch bis zur nächsten Hütte fortsetzen.

3. Tag: 360 Hm Aufstieg, 510 Hm Abstieg, 4.30 Std.
Anfangs geht es wenig an Höhe variierend zum **Lake Curran**, danach weiter aussichtsreich zum **Forth Valley Lookout** 10 (kurzer Nebenweg) und anschließend wird das Pine Forest Moor passiert, bevor wir abwärtshaltend zum üppig bewachsenen **Pelion Creek** 11 gelangen. Mit Lust auf Entdeckung kann hier weglos dem Bachlauf auf linker Seite flussaufwärts folgend zu den etwa 20 m hohen Pelion Creek Falls gegangen werden (35 Min. hin und zurück).
Durch Mischwald geht es nun unterhalb des Mount Pelion West zum tiefsten Punkt der Tour, den Frog Flats und dem **River Forth**, welcher von etlichen prächtigen Eukalyptusbäumen umgeben ist. Wieder leicht ansteigend, finden wir kurz vor unserem Tagesziel auf der linken Seite einen matschigen Seitenweg zur Old Pelion Hut, der ältesten Hütte im Nationalpark; Übernachtung nur im

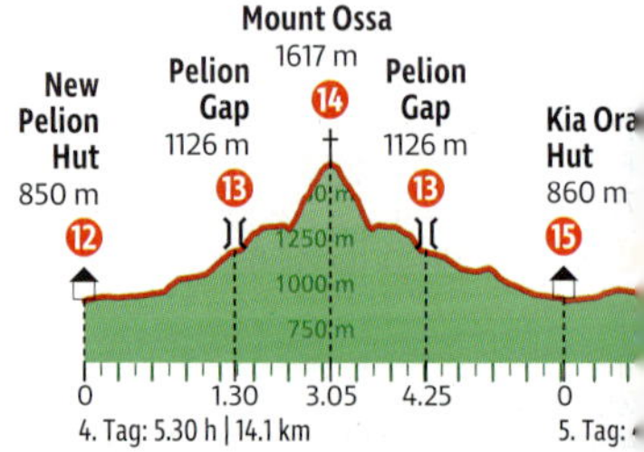

Notfall (20 Min. hin und zurück). Wenige Minuten später erreichen wir unser Nachtquartier, die moderne **New Pelion Hut** ⑫. Es lohnt hier, den unterhalb der Hütte fließenden **Douglas Creek** mit seinen von Moos bewachsenen Felsen, Kaskaden und Wasserfällen zu erkunden. Nördlich des Gebäudes startet auch der anfangs sehr schlammige Weg zu einem spektakulären Aussichtspunkt auf dem Mount Oakleigh (3.15 Std. hin und zurück).

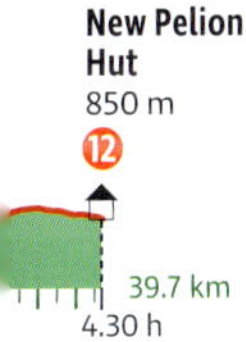

4. Tag: 840 Hm Aufstieg, 830 Hm Abstieg, 5.30 Std.
Der Tag beginnt mit einem kontinuierlichen Anstieg, vorbei an weiteren Kaskaden des Douglas Creek, zum mit alpinem Heideland bewachsenen **Pelion Gap** ⑬, 1126 m. Nach links führt hier ein Weg zum Mount Pelion East, 1461 m, mit dem wohl besten Ausblick auf den Mount Ossa (1.15 Std. hin und zurück), nach rechts geht es zum Mount Ossa selbst. Dieser Weg umgeht zuerst den Mt Doris, führt durch einen Sattel zwischen den beiden Gipfeln, bevor wir steil ansteigend einen Durchgang zwischen senkrechten Felswänden erklimmen und dann über ein Blockfeld fortsetzen. Das letzte Wegstück ist flacher und führt uns auf den mit Doleritblöcken gekrönten Kulminationspunkt Tasmaniens, den 1617 m hohen **Mount Ossa** ⑭. Bei Wetterglück erwartet uns ein überwältigendes 360°-Panorama auf Berge nah und fern, was förmlich zu einer ausgedehnten Gipfelrast einlädt. Auf demselben Weg geht es zurück zum Overland Track, der uns nach rechts hinab zur **Kia Ora Hut** ⑮ führt, unserem nächsten Nachtlager. Unterhalb des Gruppencampingplatzes lässt sich hier ein kleiner Wasserfall besuchen.

5. Tag: 440 Hm Aufstieg, 420 Hm Abstieg, 4.15 Std.
Am nächsten Tag zeigt der Overland Track seine waldreiche Seite, startend mit tasmanientypischem Regenwald und seinen prägenden Baumarten Myrtle, Sassafras, Leatherwood sowie King Billy und Celery Top Pine. Wir passieren die betagte **Du Cane Hut**, deren Nutzung nur im Notfall gestattet ist; jedoch ist es möglich, nahe der Hütte sein Zelt mit schönem Blick auf Cathedral Mountain aufzuschlagen.

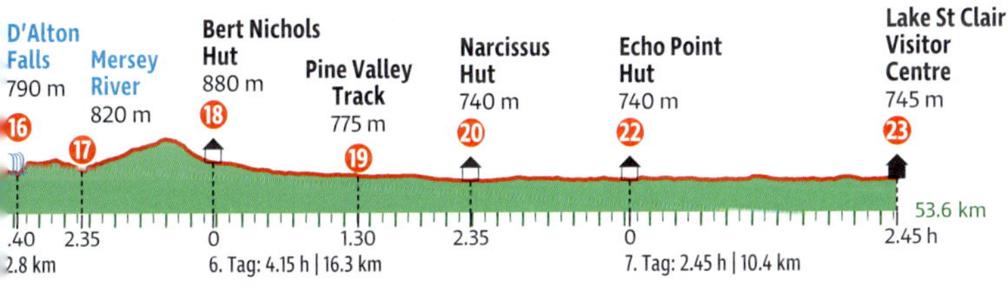

Weiter voranschreitend, finden wir kurz hintereinander Wegweiser für zwei Abstecher zu den sehenswertesten Wasserfällen am Overland Track. Der erste Nebenweg führt durch Regenwald hinab zu einer Wegteilung. Nach rechts geht es zu den **Fergusson Falls** und nach links zu den **D'Alton Falls** 16. Wieder zurück, dem Overland Track weiter folgend, gelangen wir zum nächsten Abzweig, welcher zur Spitze der **Hartnett Falls** leitet. Um diese sehen zu können, folgen wir einem unmarkierten Pfad erst oberhalb der Felswände stromabwärts, dann hinab zum **Mersey River** 17 und genießen den Blick auf die Wasserfälle. Dank der großen Wassermengen im Fluss bieten alle drei Fälle das gesamte Jahr hindurch einen spektakulären Anblick. Zurück am Hauptweg geht es nun kontinuierlich ansteigend durch besonders von Teebäumen, Alpine Yellow Gums und Snow Gums dominierten Wald zum **Du Cane Gap**, 1050 m. Anschließend wieder abwärts erreichen wir die geräumige **Bert Nichols Hut** 18, unser nächstes Übernachtungsziel.

6. Tag: 100 Hm Aufstieg, 240 Hm Abstieg, 4.15 Std.
Auch an diesem Tag leitet der Track zumeist durch Wald. In vornehmlich flachem Terrain dominieren anfangs Eukalypten, jedoch mit vielfältigem Beiwuchs, wie z. B. Teebäumen, Banksias, Paperbarks oder Hakeas. Wir gelangen schließlich zu einer Weggabelung, dabei ist der rechter Hand startende Pfad der **Pine Valley Track** 19. Bei guter Wetterlage und ausreichend Kraftreserven sollten wir den Abstecher ins Pine Valley nicht versäumen; für die komplette Erkundung sollten dann zusätzlich 1,5 Tage eingeplant werden. Von der in herrlichem Regenwald gelegenen Pine Valley Hut (Hüttenübernachtung und Zelten möglich, 3 Std. hin und zurück) starten Wege zum Labyrinth, einer Hochebene mit vielen kleinen Seen (3.15 Std. hin und zurück) und zum Acropolis-Gipfel (1481 m; 4 Std. hin und zurück).
Nachdem wir den Abzweig ins Pine Valley hinter uns gelassen haben, führt uns der Overland Track durch einige offene Button-Grass-Flächen mit gutem Blick auf Mount Olympus. Eine Hängebrücke bringt uns anschließend trockenen Fußes über den **Narcissus River**, und kurz danach gelangen wir zur **Narcissus Hut** 20. Wer eine Fährfahrt gebucht hat, findet hier das Funkgerät zur Benachrichtigung der Fährgesellschaft und nur ein kurzes Stück unterhalb der Hütte den Landesteg am **Lake St Clair**.
Für alle, die den gesamten Overland Track laufen möchten, steht nun die oft nahe am Ufer des tiefsten natürlichen Sees Tasmaniens entlangführende Schlussetappe auf dem Programm. Kurz nachdem wir die Narcissus Hut passiert haben, finden wir einen weiteren **Nebenweg** 21. Diese teils matschige Exkursion führt zu dem in einem natürlichen Amphitheater eingebetteten Lake Marion (4 Std. hin und zurück). Der vom Lake Marion Track abzweigende Pfad zum Gould Plateau ist nur für diejenigen interessant, die die weglose Fortsetzung hinauf zum Mount Gould wagen möchten. Entlang des Overland Track folgt kurz darauf eine weitere Wegteilung. Der hier

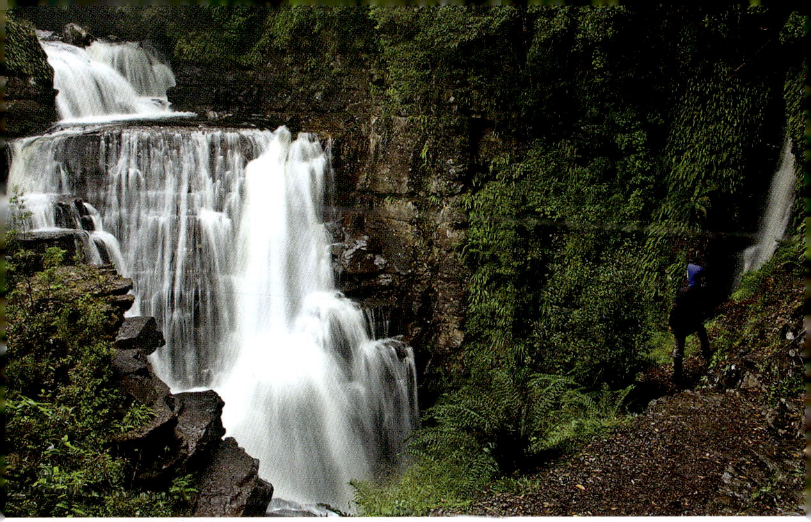

Der Mensch wird zur kleinen Randfigur: D'Alton Falls.

rechter Hand startende Cuvier Valley Track stellt eine schwerere Alternative zum verbleibenden Overland Track dar. Dieser Weg ist sehr schlammig und nur spärlich markiert und sollte nur von sehr erfahrenen Wanderern angegangen werden. Weiter am Hauptweg erwartet uns nochmals sehr attraktiver Regenwald und einige in Höhe wie Umfang riesige Eukalyptusbäume; dazu gibt es mehrfach Zugang zum Ufer des Lake St Clair. Schließlich erreichen wir die letzte Hütte der Wanderung, die idyllisch am See gelegene kleine **Echo Point Hut** 22. Bei Übernachtung in der Hütte sind alle Lebensmittel wegen nächtlicher tierischer Besucher in dafür vorgesehene Schränke einzuschließen. Wanderer mit viel Energie können noch am selben Tag bis zum Endpunkt des Overland Track wandern.

7. Tag: 120 Hm Aufstieg, 110 Hm Abstieg, 2.45 Std.
Der letzte Tag beginnt, wie der Vortag endete: mit Regenwald und Lake St Clair als Begleiter; einige eingestreute Lichtungen mit Wattles und Eukalypten sind dabei Zeugen vergangener Brände. Mit Erreichen der ersten Nebenwege befinden wir uns im Tageswandergebiet des Südteils des Nationalparks. Wir passieren die Abzweige zur Platypus Bay und zum Cuvier Valley Track/Lake Petrach und überqueren die Brücke am **Watersmeet**, wo sich Cuvier und Hugel River vereinen. Es folgen weitere Nebenwege zum Shadow Lake, Larmairremener tabelti Walk, Fergys Paddock (kostenloser Zeltplatz für Overland-Track-Wanderer, WC am Visitor Centre) und Mount Rufus, bevor wir das Ende des Overland Track, das **Lake St Clair Visitor Centre** 23, erreichen und uns im bereit gelegten Registrierungsbuch austragen.

↗ 1150 m | ↘ 1150 m | 19.3 km

6.45 h

11 Mount Roland, 1233 m

Aussichtsreiche Wanderung durch das Felsenmeer der Fossey Mountains

Nach Süden blickend erheben sich die Fossey Mountains mit ihren steilen Felswällen abrupt über das zumeist flache oder hügelige Kulturland der zentralen Nordküste und sind ein weithin sichtbares Landschaftsmerkmal. Diese abwechslungsreiche Rundtour führt uns über den plateauartigen Kamm des Höhenzuges, der vielerorts von interessanten Felsengebilden übersät ist und zudem durch das meist offene Heideland weite Ausblicke gewährt; Mount Roland ist der krönende Aussichtspunkt.

Ausgangspunkt: Gowrie Park, 290 m. Parkplatz an der O'Neills Road, 310 m. Von Gowrie Park (C136) startet die ungeteerte O'Neills Road mit Schild »Mount Roland Walking Track«; auf ihr ca. 1 km bis zum Parkplatz auf der rechten Seite fahren.

Anforderungen: Die Weglänge und besonders der steile Anstieg zu Beginn fordern gute Kondition, Abschnitte über Fels und Stein dagegen Trittsicherheit. Klettereinlagen auf den letzten Metern zu beiden Gipfeln bedingen körperliches Geschick.

Vom Parkplatz an der **O'Neills Road** ❶ gehen wir einem Jeeptrack bis zu einer **Weggabelung** ❷ nach. Hier setzen wir auf dem Mount Vandyke Track nach rechts fort. Durch Eukalyptuswald mit anfangs dichtem Unterwuchs an Farnen und mit zunehmender Höhe Sträuchern folgen wir einem alten, teils steilen Fahrweg, bis dieser sich in einen schmalen Weg wandelt. Wir erreichen eine nächste **Wegteilung** ❸, ignorieren den Pfad nach rechts und steigen zwischen Büschen und über Felsen hinauf Richtung Mount Vandyke.

Rückblick nahe O'Neills Creek.

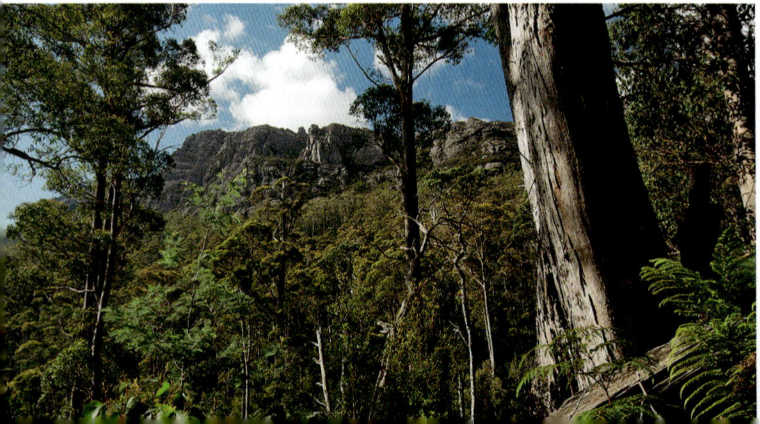

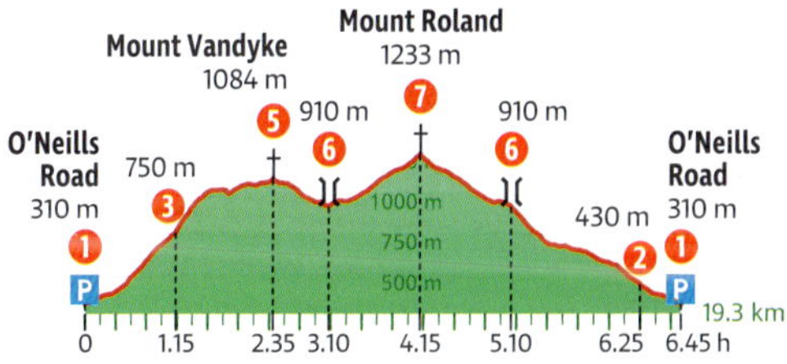

Auf dem Plateau beginnt der Wanderweg – da zumeist flach – einen angenehmeren Charakter zu bekommen. Ausblicke, die überall verstreuten Felsen aus Konglomeratgestein und eine im Frühsommer blütenreiche Heidevegetation bieten zudem viel Abwechslung. Wir passieren einen namenlosen Gipfel und gelangen schließlich zu einem **Schild** 4 auf dem unauffälligen Mount Vandyke. Der eigentliche Gipfel liegt rechts, unweit des Weges, auf einer mit großen Brocken aufgetürmten Felsburg. Einem schmalen Pfad zu den Felsen folgend, kann man dann mit einer kleinen Kletterei den höchsten Punkt des **Mount Vandyke** 5, 1084 m, in wenigen Minuten erklimmen.

Weiter am Hauptweg geht es nun etwas abwärts zu einer Kreuzung auf dem **Sattel** 6 zwischen Mount Vandyke und Mount Roland. Der Abstieg nach links ist unser späterer Rückweg, wir halten uns jetzt jedoch geradeaus. Nun leicht, aber kontinuierlich ansteigend führt der Weg über teils steinigen Grund und einige feuchte Abschnitte Richtung Mount Roland. Kurz vor dem Gipfel passieren wir einen steilen Aufstiegsweg von der Kings Road; die letzten Meter zum trigonometrischen Kreuz auf dem **Mount Roland** 7, 1233 m, sind dann weglos über einige Felsen zu erklettern. Grandiose Fernblicke über den gesamten Höhenzug hinweg zur Bergwelt im Süden sowie nach Norden zur Bass Strait belohnen alle Mühen.

Nach der Gipfelrast gehen wir zurück zum letzten **Sattel** 6 und wählen jetzt den teils steilen Abstiegsweg nach rechts. Nach Überschreitung des O'Neills Creek folgen wir dann einem flacheren Fahrweg durch attraktiven Eukalyptuswald mit abschnittsweise prächtigen Baumfarnen und gelangen wieder zur ersten **Weggabelung** 2 unserer Wanderung. Hier wandern wir einfach nach rechts auf dem bekannten Weg zurück zur **O'Neills Road** 1.

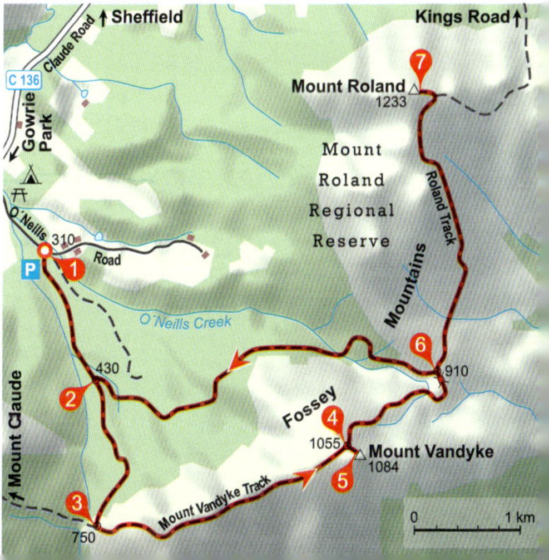

↗ 290 m | ↘ 290 m | 3.7 km

12 Leven Canyon

1.30 h

Canyon von oben und unten

Der River Leven durchbricht auf seinem Weg zum Meer auf dramatische Weise die Loongana Range in Form einer tiefen Schlucht mit unzähligen Kaskaden und Stromschnellen. Der Wandervorschlag kombiniert einen Weg mit Ausblicken hoch über dem Canyon und einer urwaldartigen Baumfarnkolonie mit einem zweiten zum River Leven in der Tiefe der Schlucht. Beide Wege lassen sich durch eine kurze Fahrt mit dem Auto leicht verbinden.

Ausgangspunkt: Nietta, 500 m. Picknickplatz im Leven Canyon Reserve, 510 m. Das Reservat ist vielerorts ausgeschildert und über die B15 von Ulverstone und dann weiter entlang der C128 ab Nietta zu erreichen.
Anforderungen: Die vom Picknickplatz startenden Wege sind sehr gut ausgebaut und problemlos zu begehen. Der Wegteil hinab zum River Leven bis zur Brücke ist ebenfalls recht einfach. Der Weiterweg von der Brücke bis in den Canyongrund ist wegen einiger ausgesetzter und ungesicherter Abschnitte für Kinder nicht geeignet (Absturzgefahr!); hinzu kommt hier eine leichte Kletterstelle, und besonders auf feuchtem Gestein ist Trittsicherheit gefordert.
Variante: Abenteurer mit viel Energie können vom Canyongrund auf die andere Seite der Schlucht hinaufsteigen (sehr steil!) und werden dafür mit neuen Blickwinkeln auf Fluss und Canyon belohnt (zusätzlich 2 Std. hin und zurück).

Vom **Picknickplatz** im **Leven Canyon Reserve** ❶ folgen wir dem leicht ansteigenden Weg zum **Cruickshanks Lookout** ❷, wo uns ein spektakulärer Aus- und Tiefblick über den Leven Canyon erwartet.

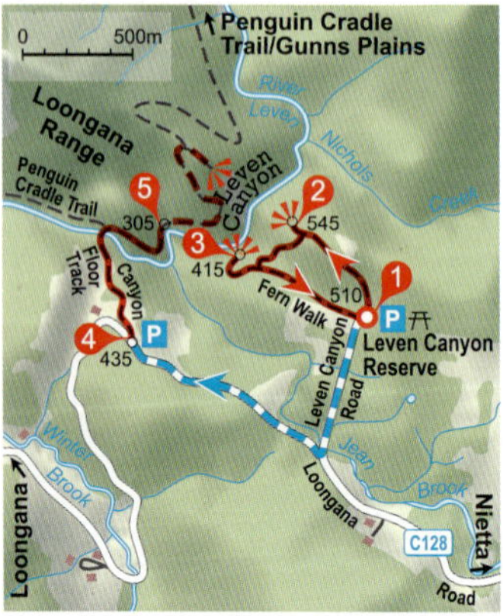

Wenige Meter zurück, setzen wir dann nach rechts über die vielen Stufen der Forest Stairs bergab fort und treffen auf den Fern Walk. Hier gehen wir erst kurz nach rechts zur Aussicht am **Edge Lookout** ❸. Anschließend wandern wir entlang des Fern Walk durch wunderbaren Baumfarnwald zurück zum **Picknickplatz** ❶.
Jetzt nutzen wir unser Fahrzeug für die kurze Fahrt zum ausgeschilderten **Canyon Floor Track** ❹. Neben einem kleinen **Parkplatz** startet der Canyon Floor Track, der zweite Teil unserer Wanderung. Zuerst führt der Weg durch Privatland hinab zu einer

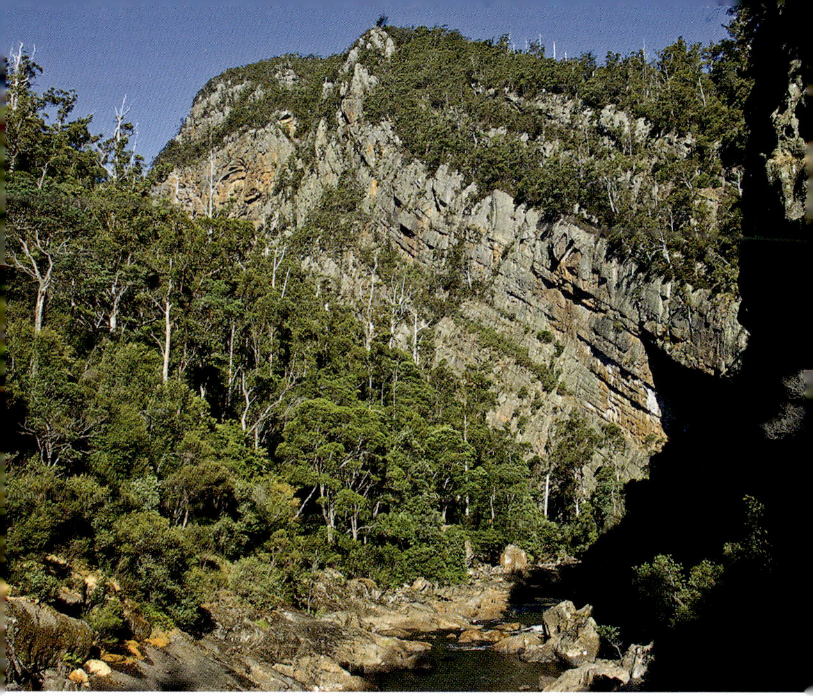

Im Leven Canyon.

Brücke über den River Leven. An dieser **The Splits** genannten Stelle rauscht der Fluss durch ein enges Flussbett und gibt bereits ein ausgezeichnetes Schauspiel ab. Für eine optische Steigerung folgen wir hinter der Brücke dem Pfad mit dem Schild »Gunns Plains« stromabwärts. Das nach starken Regenfällen urgewaltige Geräuschkonzert des Flusses begleitet uns nun durch Baumfarnbestände und an einigen Felsen vorbei. Nach einer kurzen Klettereinlage und einem mit Leiter begehbar gemachten Wegstück erreichen wir einen balkonartigen Felsen mit (be-)rauschendem Einblick in den **Leven Canyon** 5; die markante Schleife an diesem Flussabschnitt ist auch unter dem Namen **Devils Elbow** bekannt. Einige Schritte weiter laufend, können wir uns auch direkt zum Flussufer vorarbeiten. Es ist nicht schwierig, hier ein gemütliches Plätzchen für eine Pause zu finden, um die Szenerie in vollen Zügen zu genießen.

Von diesem Punkt gehen wir auf demselben Weg zurück zum Start des **Canyon Floor Track** 4.

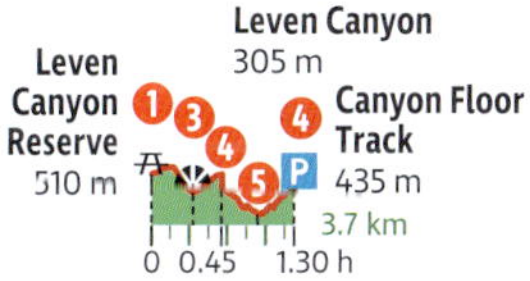

↗ 910 m | ↘ 910 m | 14.9 km

13 Winterbrook Falls – Black Bluff, 1339 m

6.00 h

Großartige Regenwald- und Gipfeltour

Höhepunkt an Höhepunkt reiht sich auf dieser Wanderung, und ausdauernde Naturen, die den gesamten Weg auf sich nehmen, werden ausgiebigst belohnt. Zauberhafter Wald mit vielen altehrwürdigen Baumgestalten, ein riesiger Wasserfall eingebettet in wilder Felskulisse sowie ein idyllischer Bergsee, überragt von einem stolzen Gipfelmassiv, lassen diese Exkursion noch lange danach in unserer Erinnerung haften.

Ausgangspunkt: Aufgelassener Steinbruch an der Smiths Plains Road, 610 m. Wir folgen der B15 von Ulverstone nach Nietta und von dort weiter der C129 Richtung South Nietta. 4,5 km nach dieser winzigen Ansiedlung verlassen wir die asphaltierte Straße auf der geradeaus führenden Smiths Plains Road. Durch ein Meer von Forststraßen folgen wir den Wegweisern »Winterbrook Falls/ Rainforest Walk« für ca. 9 km bis zum Steinbruch.
Anforderungen: Weglänge, Höhenunterschied sowie steile Passagen zum Black Bluff bedingen gute Kondition; viele Wurzeln sowie steinige Abschnitte erfordern besonders bei Nässe Trittsicherheit. Über den Weg gestürzte Bäume sowie einige Felsen können den Einsatz der Hände notwendig machen.
Variante: Leichter als Rundweg ohne Black Bluff (knapp 4 Std.).
Tipp: Die Winterbrook Falls sind am eindrucksvollsten nach starken Regenfällen, während sie nach längerer Trockenzeit zu einem zarten Schauer reduziert sind.

Am Fuße der Winterbrook Falls.

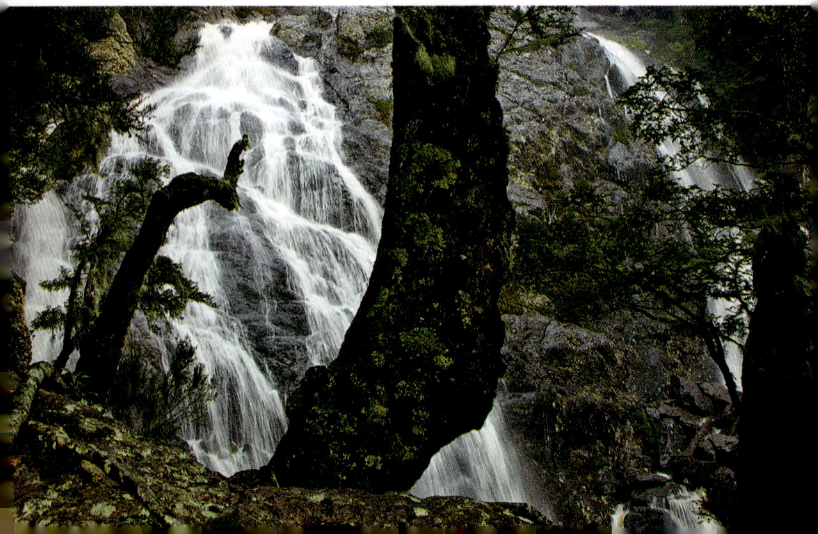

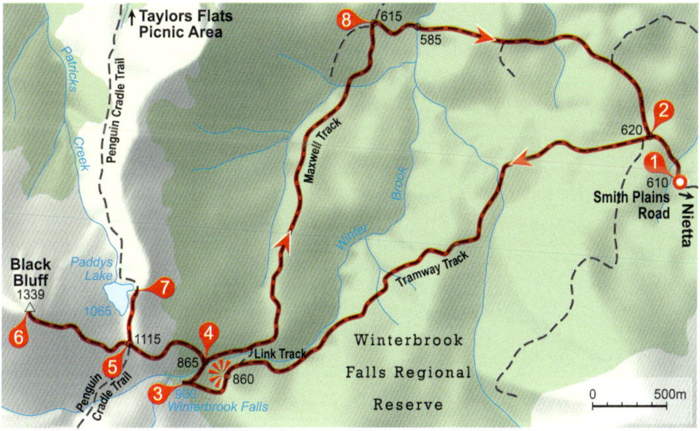

Vom Steinbruch an der **Smith Plains Road** ❶ folgen wir weiter der Straße, passieren gleich einen beschädigten Abschnitt der Fahrbahn, welcher eine Weiterfahrt verhindert, und kommen zu einer **T-Kreuzung** ❷. Hier halten wir uns geradeaus und gelangen zum Straßenende und alten Wanderparkplatz, von wo uns ein Pfad in tasmanientypischen Regenwald führt. Entlang des **Tramway Track** folgen wir dabei den Spuren eines alten Schienenweges, der einst dem Transport gefällter King Billy Pines diente. Obwohl stark dezimiert, finden wir im Wald neben zahlreichen jungen Bäumen noch einige alte Exemplare dieser Art; die ältesten von ihnen werden auf bis zu 2000 Jahre geschätzt!

Kurz nach Passieren eines gut 200 m langen Verbindungsweges (Link Track) zum Maxwell Track und nahe dem Wasserfall lichtet sich der Wald für eine kurze Weile und hier finden wir den **Falls Lookout** mit Ausblick auf Felswälle und die oberen zwei Drittel der über 150 m hohen **Winterbrook Falls**. Der Weiterweg führt nun zum **Winter Brook**, von wo wir auf der südlichen Flussseite entlang eines kurzen Nebenweges in wenigen Minuten zum Fuß der **Winterbrook Falls** ❸ hinaufsteigen können.

Wieder zurück, überqueren wir den Fluss und gelangen kurz darauf zu einer Weggabelung. Rechts ist der **Maxwell Track** ❹, unsere spätere Fortsetzung. Wir aber folgen dem Pfad nach links, der uns nun steil hinauf Richtung Black Bluff

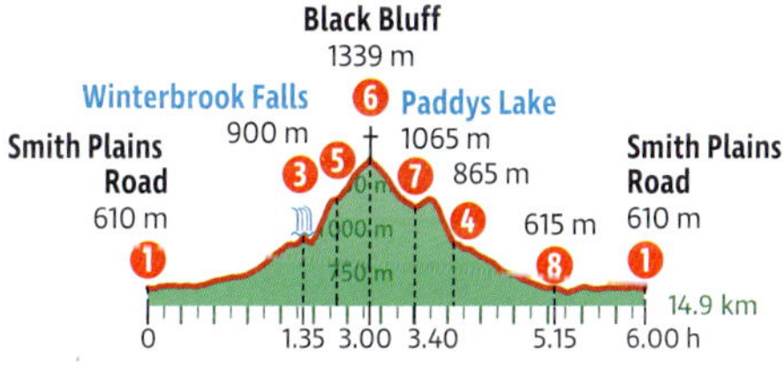

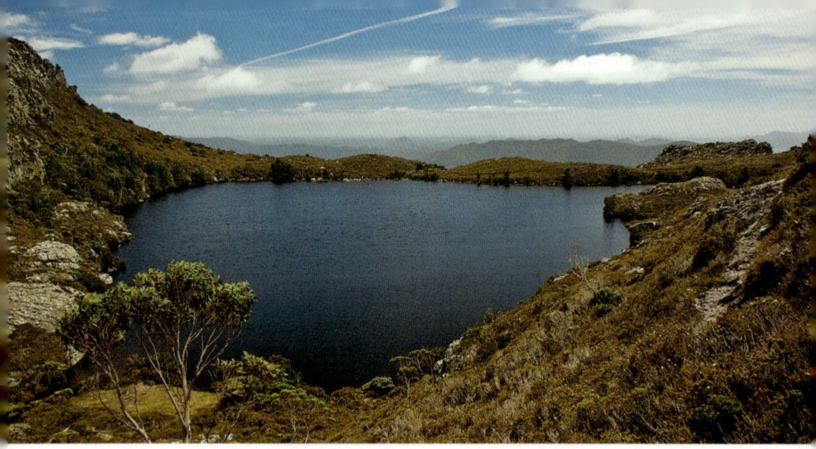

Paddys Lake ist der nördlichste durch Gletscher entstandene See in Tasmanien.

führt. Unterhalb mächtiger Felsen durchschreiten wir eine enge Spalte (»Eye of the Needle« genannt) mit Blick auf die Spitze der Winterbrook Falls und stehen wenig später auf einem Plateau mit kleinwüchsiger alpiner Vegetation. Nun auf flacherem Weg, erreichen wir eine vierarmige **Kreuzung** 5 am Penguin Cradle Trail, einem Fernwanderweg von der Küste zum Cradle Mountain Gebiet.

Wir folgen hier dem Wegweiser geradeaus Richtung Bergspitze. Der Gipfelpfad bereitet bei gutem Wetter keine Orientierungsprobleme, und auf den letzten Metern geht es über Felsen hinauf zum Trigonometrischen Kreuz auf dem höchsten Punkt des **Black Bluff** 6, 1339 m, wo uns ein des Berges würdiger Fernblick über dessen Felsenkrone hinweg empfängt.

Nach der Gipfelrast gehen wir zurück zur **Kreuzung** 5 und gehen jetzt nach links bergab, bis wir auf das Ufer des verträumten **Paddys Lake** 7 treffen, wo sich erneut eine Genusspause oder ein kühles Bad im See anbieten. Anschließend laufen wir erneut zurück zur **Kreuzung** 5 und hier nach links auf bekannter Strecke zur Wegteilung am **Maxwell Track** 4.

Nach links fortsetzend, geht es vorbei am Link Track (wer den Rückweg verkürzen will, kann diesem folgen) stetig abwärts durch Regenwald. Mit dem Erreichen eines alten Jeeptracks übernimmt Eukalyptuswald die Dominanz. Weiterlaufend wandelt sich dieser Track dann in einen deutlichen Fahrweg und trifft auf eine **Wegteilung** 8, an der wir nach rechts Richtung »Car Park« wandern. Wenig später gelangen wir zu einer Furt durch den **Winter Brook**; der Fluss kann jedoch rechter Hand über eine abenteuerliche Brücke trockenen Fußes überschritten werden. Anschließend ignorieren wir alle links und rechts wegführenden Nebenwege, erreichen die **T-Kreuzung** 2 vom Beginn der Wanderung und gehen hier nach links zurück zum **Steinbruch** 1.

↗ 760 m | ↘ 760 m | 9.5 km

4.15 h

Gnomon Lookout – Mount Duncan, 681 m

14

Waldwanderung mit doppeltem Gipfelglück

Direkt im Rücken von dem an der Bass Strait gelegenen Städtchen Penguin ragt die dicht bewaldete Dial Range wie ein Keil in das links und rechts umgebende Kulturland hinein. Trotz der Nähe zu einem der dichtest besiedelten Küstenabschnitte erwarten uns bei der hier vorgestellten Tour überraschend schöne und zum Teil urtümlich wirkende Wälder. Mit der Besteigung der beiden markantesten Gipfel des Gebirges kommen zudem noch weite Ausblicke auf Meer und Umland hinzu.

Ausgangspunkt: Penguin, 50 m. Mount-Gnomon-Parkplatz an der Hales Road, 300 m. Wir verlassen die A1 (Bass Highway) von Devonport kommend über den Abzweig »Penguin via South Road« und folgen den Ausschilderungen zum »Sports Complex«. Nach den Sportanlagen gelangen wir zur Ironcliffe Road und biegen nach links ab. Dieser Straße, welche zwischenzeitlich in die Hales Road (ca. 2 km sind ungeteert) übergeht, 7,4 km folgend, erreichen wir den ausgeschilderten Parkplatz.
Anforderungen: Kräftige Auf- und Abstiege zum Teil über steinigen Grund und rutschige Böden verlangen Kondition und Trittsicherheit. Auf dem Tall Trees Track ist wegen der nicht immer eindeutigen Wegführung aufmerksam den farbigen Markierungen zu folgen.
Varianten: 1. Vom Gnomon Lookout lohnt eine Ausdehnung der Wanderung mit einem Abstecher über den felsigen und aussichtsreichen Kamm zum Mount Dial (1 Std. hin und zurück).
2. Bei Auslassung der Gipfelwege kann die Wanderung zu einer leichteren Waldrundtour verkürzt werden (2.45 Std.).
Tipp: 4,6 km nördlich des Mount-Gnomon-Parkplatzes an der Ironcliffe Road liegt die Ferndene State Reserve, wo eine lauschige Kurzwanderung durch prächtigen Farnwald zu den alten Minenrelikten des Brownings- und Thorsbys-Tunnels lohnt.

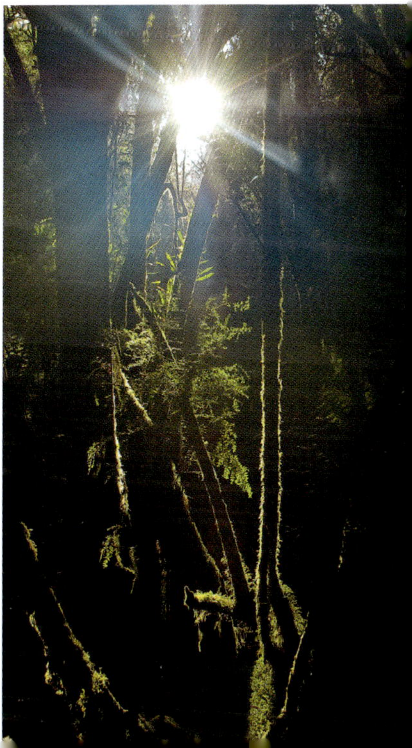

Die Strahlen der tief stehenden Sonne durchdringen das Dach des Regenwaldes.

Vom Parkplatz an der **Hales Road** ❶ folgen wir dem linken Pfad durch Wald Richtung Gnomon Lookout. Stetig aufsteigend passieren wir die Abzweige zum **Tall Trees Track** ❷ und **Mount Dial** ❸. Auf dem letzten Stück zum Aussichtspunkt müssen wir einige Felsen überwinden; der am höchsten aufragende ist dabei der Kulminationspunkt des **Mount Gnomon**. Die besten Ausblicke genießen wir jedoch einige Schritte weiter am Rand der nach Südosten gerichteten Felswände des Berges, dem **Gnomon Lookout** ❹. Von den Aussichtspunkten folgen wir weiter dem Gipfelpfad und treffen wieder auf den Hauptweg, welcher nach rechts zum Mount Dial führt (sie-

Blick zum Mount Duncan.

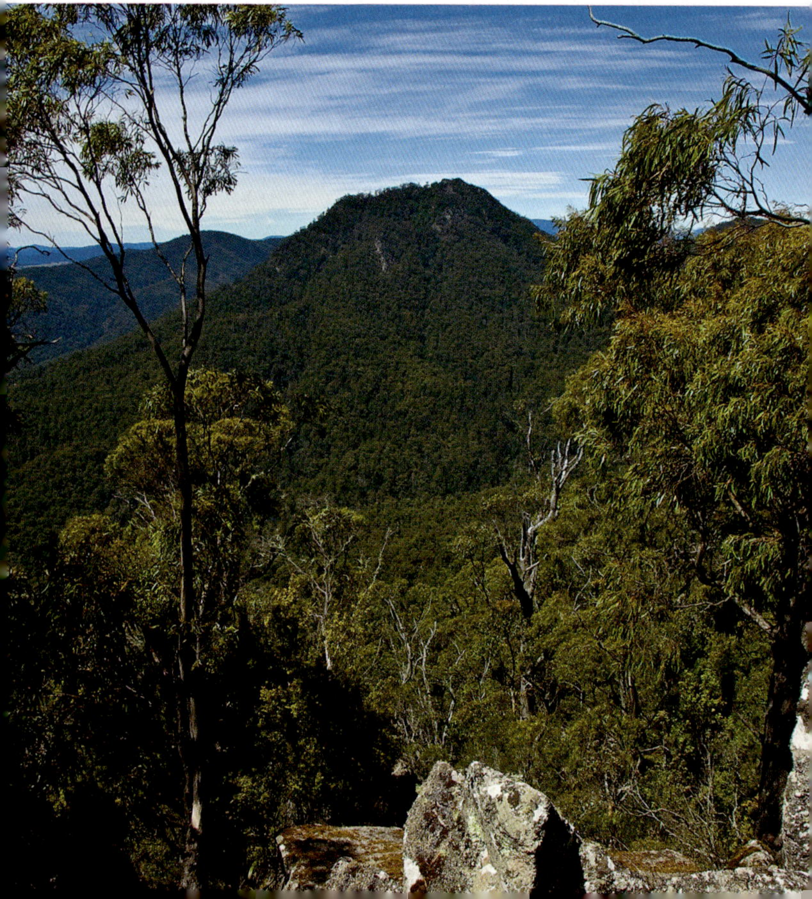

he Variante 1). Wir halten uns jedoch links, vorbei an einem Felsüberhang, passieren erneut den ersten Wegweiser zum **Mount Dial** 3 und wandern zurück zum Start des **Tall Trees Track** 2, dem wir jetzt folgen. Abwärts, entlang der Felswände des Mount Gnomon und etlicher moosüberwucherter Felsbrocken im Wald, gelangen wir zu einem Fahrweg, überschreiten diesen, gefolgt von einem der sehenswertesten Waldabschnitte der Dial Range. Anfangs begleiten uns einige stattliche Swamp Gums, bevor wir – am tiefsten Punkt der Wanderung angelangt – durch dichte Farnbaumbestände nebst vielen Myrtle- und Sassafrasbäumen entlang des **Dial Creek** aufwärtsgeleitet werden. Ein Wald zum Verweilen und Träumen, doch sollten wir nicht vergessen, auf Wegführung wie Markierungen zu achten, da einige umgestürzte Bäume hier für Verwirrung sorgen.

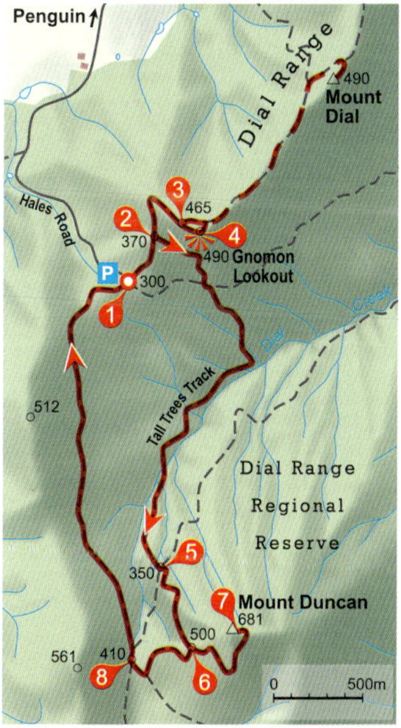

Wir erreichen schließlich einen alten Jeeptrack und queren diesen, dem **Wegweiser** 5 Richtung Mount Duncan folgend. Deutlich ansteigend passieren wir einen rechts wegführenden **Pfad** 6, unseren Weiterweg nach Rückkehr vom Gipfel. Auf der Bergspitze teilt sich der Pfad: Nach links geht es zu einer kleinen Antennenanlage und zum höchsten Punkt des **Mount Duncan** 7, 681 m, nach rechts zu Aussichtsfelsen.

Nach der Panoramapause gehen wir auf demselben Weg zurück, schlagen jetzt aber den beim Aufstieg ignorierten **Pfad** 6 nach links ein. An der folgenden T-Kreuzung müssen wir uns rechts halten, ebenso wenn wir an der **Straße** 8 angelangt sind.

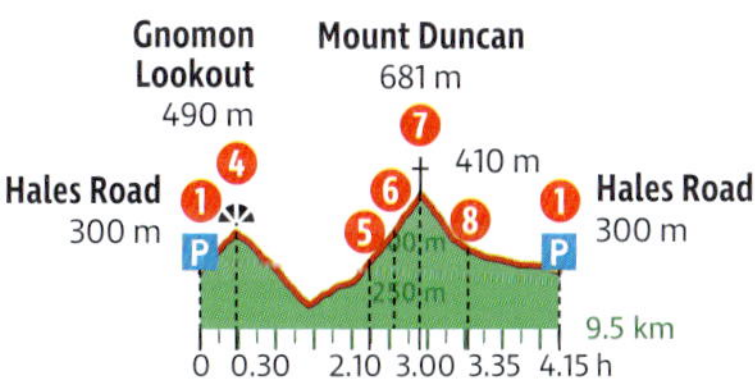

Auf der Hales Road, die wegen starker Schäden entlang dieses Abschnittes für den Verkehr gesperrt ist, gehen wir jetzt zurück zum Ausgangspunkt am **Parkplatz** 1. Dabei bieten sich zwischen den Bäumen hindurch noch mehrfach Ausblicke auf die beiden Gipfel der Tour.

↗ 670 m | ↘ 670 m | 8.8 km

15 St Valentines Peak, 1106 m

3.30 h

Einsam aufragender Bergkegel mit 360°-Aussicht

Der sich isoliert über das flache Umland erhebende St Valentines Peak bietet bereits bei der Anfahrt aus Richtung Norden einen markanten Blickfang am Horizont. Dazu trägt auch die aus der Distanz konisch wirkende Silhouette des Berges bei, welche ihn wie einen Vulkan erscheinen lässt. Bei gutem Wetter verspricht eine Wanderung zum Gipfel ausgezeichnete Fernblicke, zumal die kargen Felsflächen und die gedrungene Vegetation im Gipfelbereich ununterbrochene Aussichten gewähren.

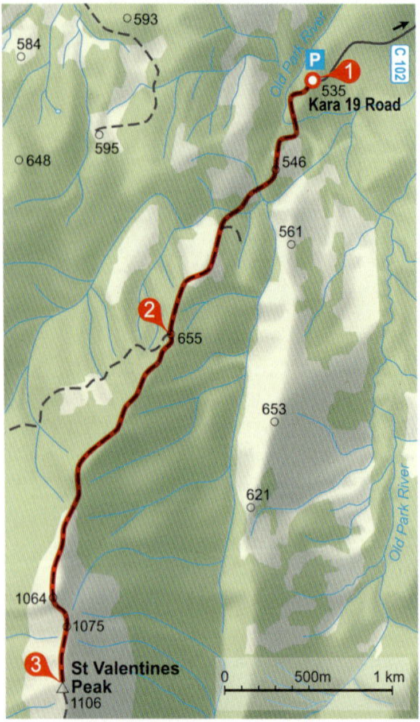

Ausgangspunkt: Highclere, 290 m. Parkplatz am Ende der Kara 19 Road, 535 m. Von der B18 folgen wir der C102 Richtung Natone für 1,6 km, bis rechts die Kara Road startet. Diese Straße befahren wir für 6,1 km bis zu einer Tordurchfahrt (Zugang zur Kara Mine). Hier folgen wir der auf der linken Seite startenden Kara 19 Road, welche uns zum Startpunkt der Wanderung bringt; die letzten 6 km sind ungeteert.

Anforderungen: Der stetige und teils steile Hauptanstieg im Mittelteil der Tour verlangt körperliche Fitness. Im felsigen und teils ausgesetzten Gipfelbereich ist Trittsicherheit gefordert. Trotz zum Teil fehlender Markierungen (nur abschnittsweise gelbe und rote Vierecke) keine nennenswerten Orientierungsprobleme.

Vom Parkplatz an der **Kara 19 Road** ❶ gelangen wir nach kurzem Wegstück durch einen Wald zum **Old Park River** und müssen diesen überqueren, Vorsicht bei Hochwasser! Die Vegetation wird nun offener, bevor wir einen von Regenwald gesäumten Bach dank einer Brücke bequem überwinden. Kurz darauf treffen wir auf einen alten Fahrweg, welchem wir für etwa 700 m nach rechts folgen, bis uns linker Hand Wegweiser zum eigentlichen **Gipfelanstieg** ❷ weisen. Nun leitet der Weg stetig aufwärts durch dichten Wald mit feuchtigkeitsliebenden Arten wie Letherwood oder Celery Top

Pines, welche oft dicht von Moosen und Flechten überzogen sind. Als Überdach ragen etliche Eukalypten empor. Der Wald endet recht abrupt und wird durch Heidevegetation abgelöst. Aussichtsreich und vorbei an vielen beschaulichen Felsformationen wandern wir jetzt über Nebengipfel und Grate zum höchsten Punkt des **St Valentines Peak** ❸, 1106 m. Vom Aussichtsreichtum des Gipfels zeugen auch eine Radioanlage sowie ein kleiner Hubschrauberlandeplatz, beides zur Überwachung von Waldbränden und für andere Notfallsituationen eingerichtet. Nach ausgiebiger Gipfelrast folgen wir unseren Schritten zurück zum Ausgangspunkt der Wanderung am **Parkplatz** an der **Kara 19 Road** ❶.

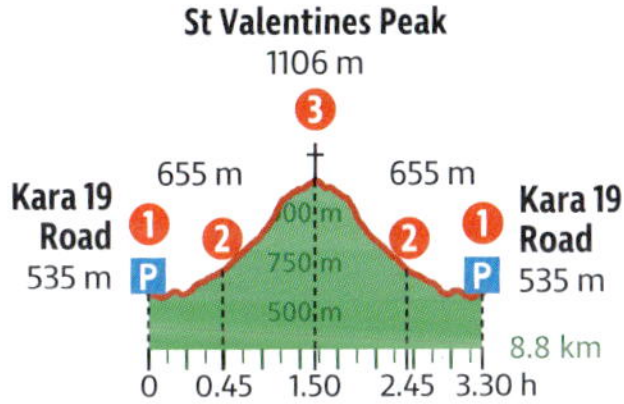

Die nördliche Gipfelkuppe im warmen Abendlicht.

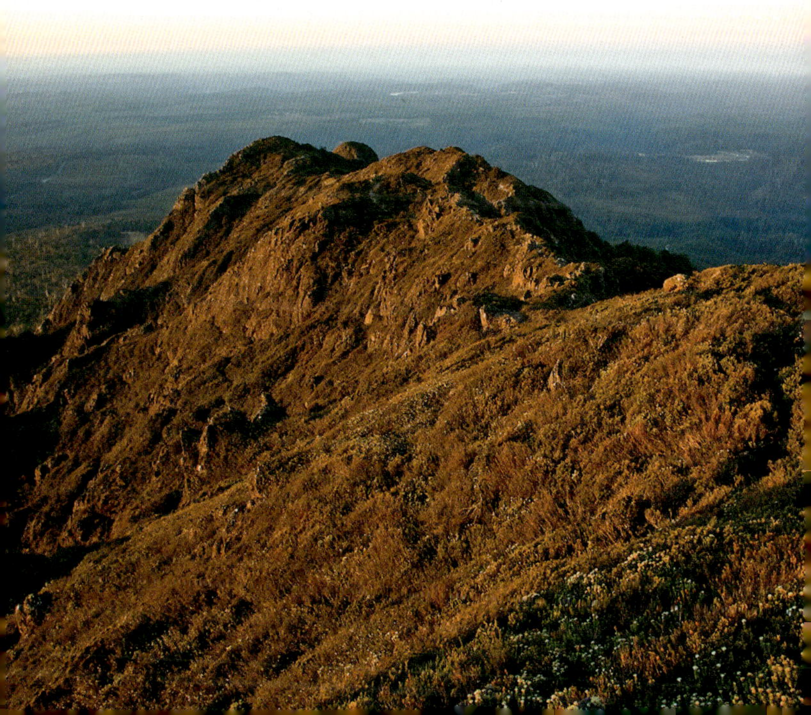

↗ 540 m | ↘ 540 m | 14.5 km

16 Sisters Hills – Anniversary Bay

4.45 h

Rundtour durch den zentralen Teil des Rocky Cape National Park

Der Nationalpark schützt einen der attraktivsten Küstenabschnitte im Nordwesten Tasmaniens sowie einige für tasmanische Aborigines wichtige kulturelle Plätze. Durch die zumeist felsige Küste und die sanften, im Frühling mit reich blühenden Heidepflanzen bewachsenen Hügel im Hinterland ist der Park vor allem ein vorzüglicher Platz zum Wandern sowie zum Natur- und Geschichtsstudium. Dieser Tourenvorschlag ermöglicht durch die Nutzung der aussichtsreichen Inlandsroute eine komplette Bewanderung der Anniversary Bay mit ihren fotogenen Felsformationen.

Ausgangspunkt: Parkplatz an der Boat Ramp in Sisters Beach, 5 m, zu erreichen über die A2 (Bass Highway) und die davon abzweigende C233 nach Sisters Beach. In der Ortschaft folgen wir den Ausschilderungen zur Boat Ramp.
Anforderungen: Die Wege im Inland sind zumeist bequem und leicht zu folgen. Die ersten 2 km entlang der Anniversary Bay führen über unebene, teils scharfkantige Gesteinspassagen, was Aufmerksamkeit wie Trittsicherheit erfordert. Die unangenehmsten Felspartien können meist umgangen werden; achten Sie auf die Holzpfosten!
Variante: Die Tour kann verkürzt werden, indem wir nach dem Broadview Hill dem Abzweig Richtung Doone Falls zur Küste folgen (insg. 2.15 Std.); der Nebenweg zu den kleinen Doone Falls kann als separater Abstecher eingeflochten werden (+ 30 Min.).
Tipps: 1. Auch im Nordteil des Parks ist ein kürzerer Rundweg möglich: Start ist an der Rocky Cape Road (nahe dem Abzweig zum Lighthouse); von hier geht es hinauf zum Tinkers Lookout und via Blandfordia Spur und Cathedral Rocks zurück (2.45 Std.).
2. Die North und South Cave sowie der Leuchtturm am Rocky Cape sind ebenfalls einen kurzen Besuch wert.

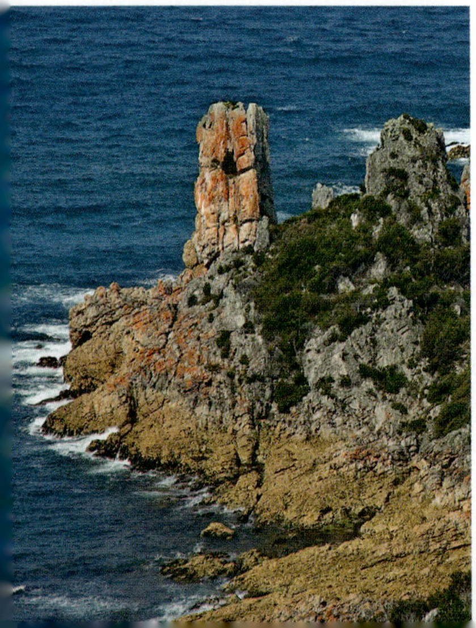

Gegenüber dem Parkplatz am Ortsrand von **Sisters Beach** ❶, neben einigen Informationstafeln, finden wir den Start des Wanderweges, welcher uns gleich mit dem kräftigsten Anstieg der gesamten Tour konfrontiert. Haben wir diesen Auftakt bewältigt, sind die weiteren Aufstiege im Hügelland der **Sisters Hills** lang

Das raue Gesicht der Nationalparkküste.

gezogen und wenig strapaziös. In der Folge passieren wir die Abzweige zum Banksia Grove und dem aussichtsreichen Broadview Hill, 235 m, der auf einem kurzen **Nebenweg** ❷ erreicht werden kann (20 Min. hin und zurück). Weiterlaufend ignorieren wir einen **Pfad** ❸ Richtung Doone Falls/Anniversary Bay (siehe Variante), schreiten durch eine Senke und halten uns nun aufwärts zum höchsten Punkt, 270 m, der Hauptroute. Von hier folgt nach wechselndem Auf und Ab eine weitere **Weggabelung** ❹. Nach links kann zum Tinkers Lookout, 291 m, einem der höchsten Punkte innerhalb des Nationalparks, gelaufen werden (25 Min. hin und zurück).

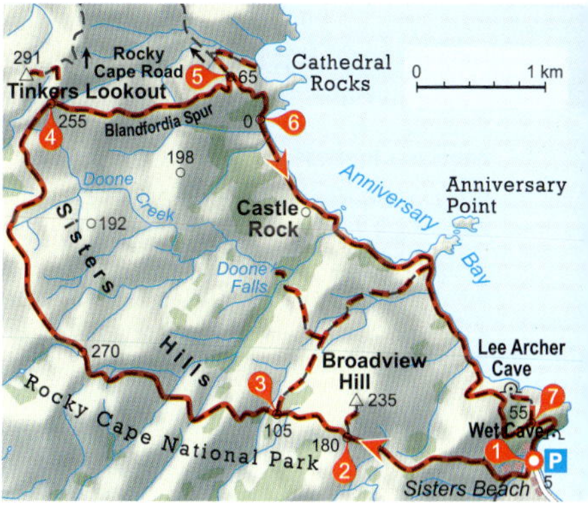

Unser Hauptweg führt uns aber nach rechts via Blandfordia Spur hinab zum Meer. Mit Blick auf die markanten Cathedral Rocks gelangen wir zu einer weiteren **Wegteilung** ❺. Wer möchte, kann hier nach links zur Bucht mit den Cathedral Rocks hinabsteigen (30 Min. hin und zurück).

Wir halten uns jedoch rechts und gelangen in wenigen Minuten zum Nordende der **Anniversary Bay** ❻. Aufgrund des rauen Untergrundes kommen wir, dem Küstenverlauf folgend, jetzt nur langsam vorwärts. Die spannenden Felsgebilde in unterschiedlichsten Farbtönen bieten dabei jedoch Appetitliches für unsere Augen. Wir erreichen schließlich die große Landzunge des **Anniversary Point**, wo uns ein Wegweiser einen kurzen Inlandsweg zum weit sandigeren und leichter zu bewandernden Südteil der Bucht zeigt. Zu deren Ende gelangt, führt uns ein Weg hinauf zur einer weiteren Wegkreuzung, begleitet von vielen Honeysuckle-Bäumen, einer Banksiaart. Wir halten uns links und stehen kurz darauf an der nächsten **Wegteilung** ❼. Der Pfad nach links führt hinab zur Lee Archer Cave (25 Min. hin und zurück); weiter nach rechts dem Hauptweg folgend, gelangen wir zur **Wet Cave**. Beide Höhlen wurden von den Ureinwohnern früher als natürlicher Unterschlupf genutzt.

Von der Wet Cave ist es dann nur noch ein kurzes Stück zurück zur Bootsrampe und dem **Parkplatz** am Ortsrand von **Sisters Beach** ❶.

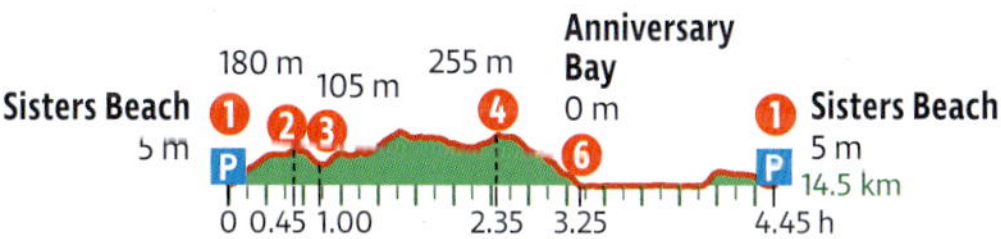

↗ 460 m | ↘ 460 m | 8.0 km

17 Mount Donaldson, 437 m

2.15 h

Kleiner, aber feiner Aussichtsgipfel

Am Rande der Tarkine gelegen, einem Gebiet, das den größten Bestand an kühl-gemäßigtem Regenwald in Australien beherbergt, liegt dieser Gipfel eingebettet zwischen drei Gebirgszügen und dem Southern Ocean. Die vorherrschende, flache Button-Grass- und Heidevegetation des Berges gewährt weite Ausblicke auf die umgebende Landschaft und hinab auf den sich zum Meer windenden Pieman River.

Ausgangspunkt: Corinna, 10 m. Parkplatz an der Brücke über den Savage River, 5 m. Aus Richtung Corinna kommend, folgen wir der C249 bis zum Savage River. Direkt nach der Überquerung der Brücke finden wir auf der rechten Seite einen kleinen Parkplatz. Die Zufahrtsstraßen sind aus allen Richtungen für etliche Kilometer nicht asphaltiert.

Anforderungen: Der gut ausgebaute und leicht zu folgende Weg bereitet keine besonderen Schwierigkeiten. Einzig der zu überwindende Höhenunterschied verlangt etwas Kondition.

Annäherung an den Mount Donaldson.

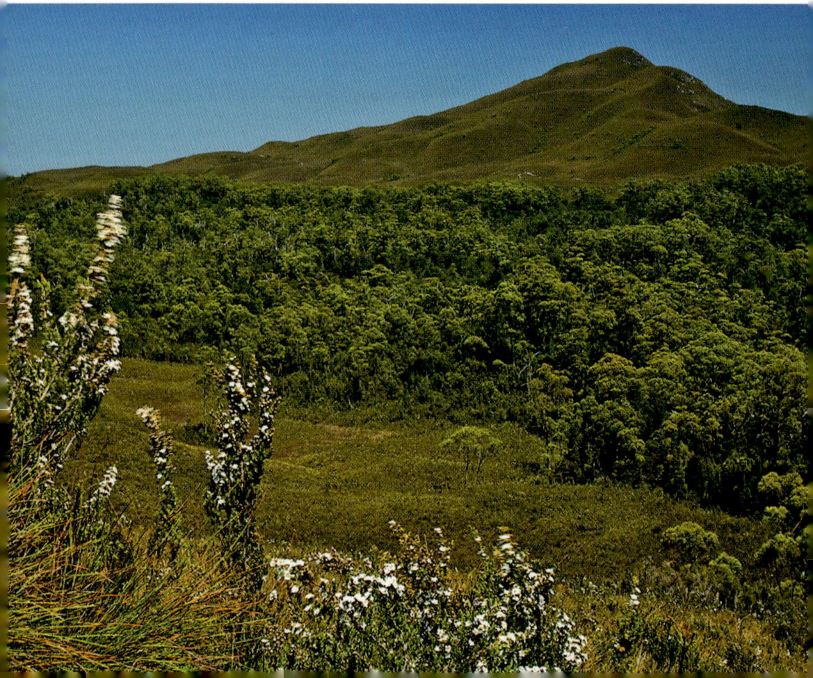

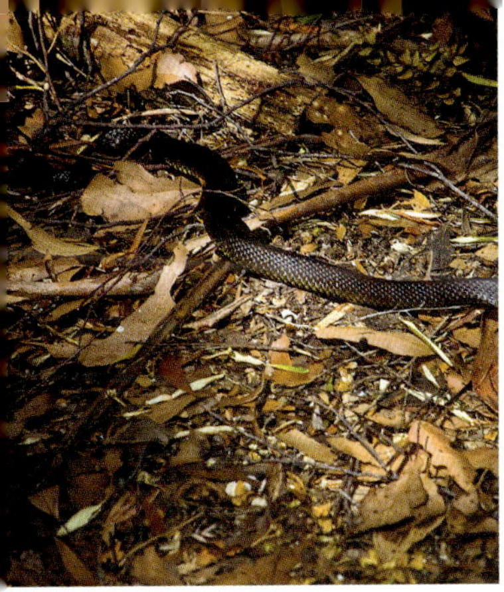

Unerwartete Begegnung.

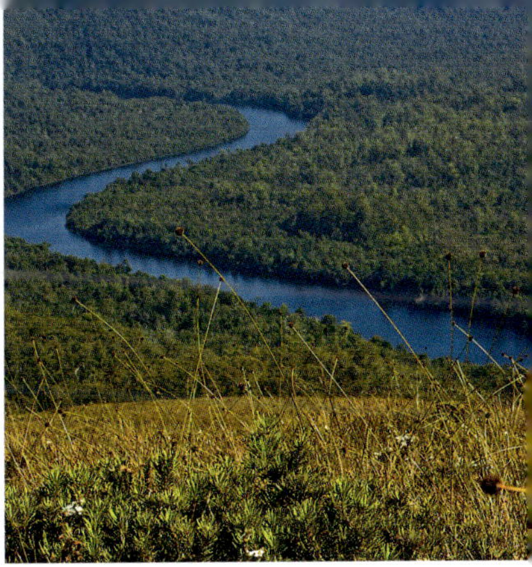

Blick auf den Pieman River.

Auf der dem **Parkplatz 1** am **Savage River** gegenüberliegenden Straßenseite finden wir Info-Tafeln sowie eine Markierung für den Wanderweg. Hinter einer kleinen Brücke führt uns dieser anfangs durch Regenwald, doch mit zunehmender Höhe lichtet sich der Wald und und wird schließlich von Button-Grass-dominiertem Heidebewuchs abgelöst. Im nun offenen Gelände passieren wir einen zuwachsenden Abzweig nach links und gelangen kurz darauf zu einer **Wegteilung 2**, wo wir dem ausgebauten Pfad nach links folgen. Mit Ausblicken auf den majestätischen Pieman River geht es nun hinauf zum trigonometrischen Gipfelkreuz des **Mount Donaldson 3**, 437 m. Norfolk Range, West Coast Range und Heemskirk Range sowie das Meer bestimmen von hier oben den Horizont.

Wir nutzen dieselbe Strecke für unseren Rückweg und sollten – zurück am Ausgangspunkt der Wanderung, dem **Parkplatz 1** – nicht versäumen, noch einen Blick auf den von Regenwald gesäumten **Savage River** zu werfen.

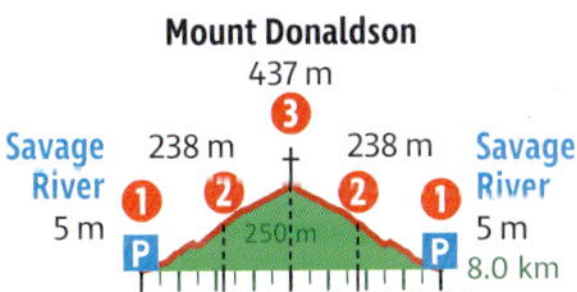

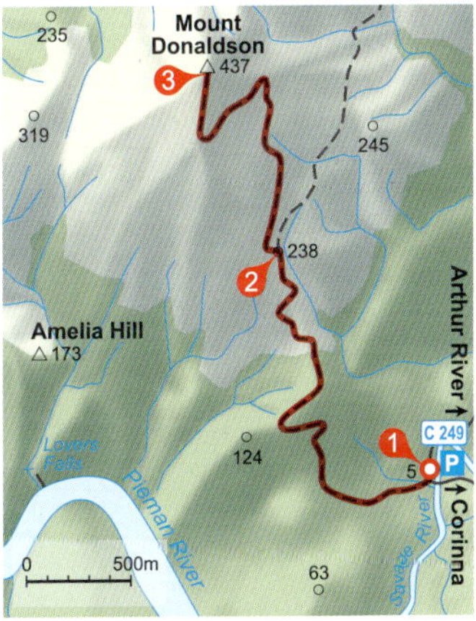

↗ 580 m | ↘ 580 m | 7.7 km

18 Mount Farrell, 711 m – Lake Herbert

3.15 h

Vom Wasser eingerahmtes Bergmassiv mit kleinem Gipfelsee

Direkt oberhalb Tullahs ragt ein schroffer Gebirgszug mit dem Mount Farrell als höchstem Punkt empor. Ein überraschend leicht zu folgender Weg führt uns in die spannende Felslandschaft hinauf mit ihrem Button-Grass-Teppich und dem im Frühsommer bunt blühenden Heidepflanzen-Mix; von dort genießen wir die weiten Ausblicke ins Umland. Der Abstecher zum idyllischen Lake Herbert ist dann das Sahnehäubchen der Wanderung.

Ausgangspunkt: Tankstelle in der Ortschaft Tullah, 180 m. Die A10 (Murchison Highway) führt direkt durch den Ort. Nahe der Tankstelle gibt es Parkplätze. Tassielink (tassielink.com.au) stoppt auf der Linie Burnie – Strahan in Tullah.
Anforderungen: Die Startanstiege verlangen Kondition. Am Gipfelweg und dem weglosen Abschnitt hinab zum See ist der Orientierungssinn etwas gefordert. Kurz vor dem Gipfel gibt es eine leichte Kletterstelle.
Einkehr: Cafés und Restaurants in Tullah.

In **Tullah** ❶ weist ein großes Schild auf den Start der Wanderung auf der gegenüberliegenden Straßenseite hin. Nach gut 250 m ignorieren wir einen Abzweig nach links und gehen vorbei an einigen Informationstafeln zu einer **Wegteilung** ❷ mit dem Schild »Mount Farrell Regional Reserve«; hier halten wir uns geradeaus. Nun stetig aufsteigend durch Eukalyptus- und Akazienwald mit dichtem Unterbewuchs, führt uns der Weg in offenes und flacheres Gelände mit Ausblick auf die Felsen des Höhenzuges. Wenig später erreichen wir die nächste **Wegteilung** ❸. Die beiden Wege nach links,

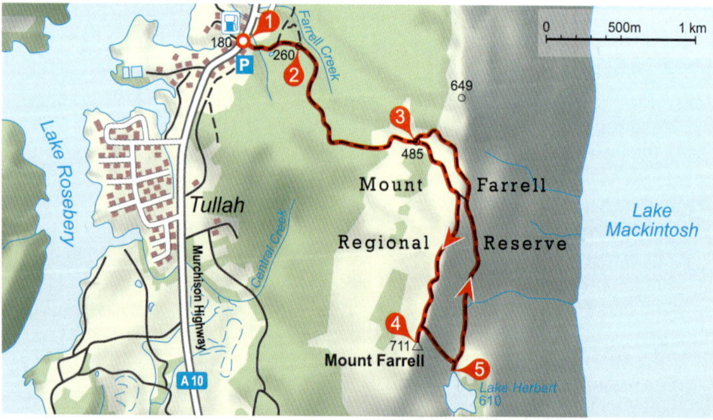

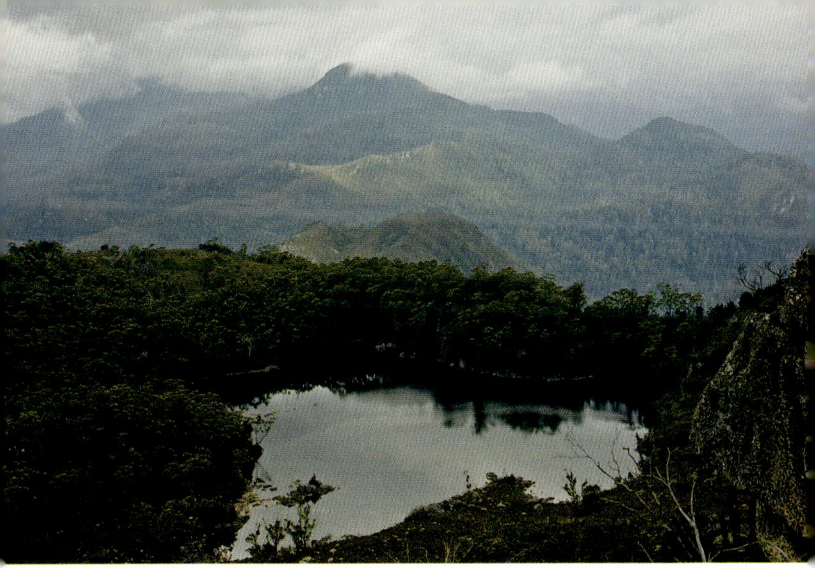

Blick nach Südosten über den Lake Herbert zum Victoria Peak.

die sich kurz darauf wieder vereinen, führen zum Lake Herbert; der Pfad nach rechts, dem wir nun folgen, ist der Gipfelweg. Wir passieren einen weiteren Nebenweg zum Lake Herbert und erreichen nach weiterem kräftigem Anstieg einen Vorgipfel. Felsen umrundend und dem Kamm immer nach Süden folgend, werden wir schließlich an einer einfachen Kletterstelle getestet, um wenige Schritte weiter neben dem trigonometrischen Kreuz auf dem höchsten Punkt des **Mount Farrell** 4, 711 m, zu stehen. Der Blick von hier kreist auf die umgebenden Lake Mackintosh und Lake Rosebery sowie dem im Süden majestätisch thronenden Mount Murchison.

Für eine attraktive Rundtour klettern wir vom Gipfel die zuletzt erklommenen Felsen wieder hinab und finden rechter Hand einen natürlichen Felsdurchgang. Wir schlüpfen hindurch und halten nun abwärts durch wegloses Gelände zum vor uns liegenden **Lake Herbert** 5. Das weitgehend von Wald umgebene idyllische Gewässer mit seinen großen Steinbrocken am Ufer bietet sich als vorzüglicher Picknickplatz an. Ein breiter Weg führt danach – mit Dauerblick auf den Lake Mackintosh – zur **Kreuzung** 3 mit Abzweig zum Mount Farrell zurück.

Der verbleibende Wegteil zum Ausgangspunkt in **Tullah** 1 ist dann vom Hinweg bekannt.

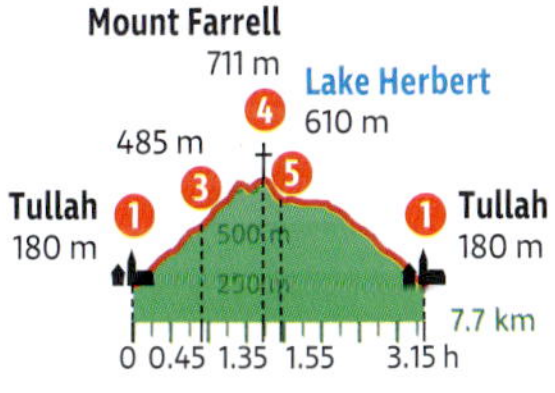

↗ 160 m | ↘ 160 m | 9.7 km

19 Montezuma Falls

2.30 h

Spektakulärer Wasserfall inmitten eines alten Bergbaugebietes

Die Wanderung folgt den Spuren einer ehemaligen, seit 1932 geschlossenen Eisenbahnstrecke, die sich einst über eine Länge von 45 km von hier – dem nicht mehr vorhandenen Ort Williamsford – nach Zeehan erstreckte; es wurden Erze und Holz transportiert sowie Passagiere befördert. Entlang des Wanderweges, aber auch schon auf der Anfahrt, lassen sich Zeugnisse der Vergangenheit wie Eisenbahnschwellen, Brückenreste, Minengänge oder schlicht offene Wunden an den Berghängen sehen.

Ausgangspunkt: Rosebery, 160 m. Parkplatz am Ende der Williamsford Road, 340 m. Von der A10 folgen wir der etwa 2 km südlich von Rosebery abbiegenden und ausgeschilderten Williamsford Road bis zum Ende. Der letzte Kilometer der Zufahrtsstraße ist ungeteert.

Anforderungen: Ein zumeist ebener Weg (jedoch mit feuchten und matschigen Stellen), der keine Orientierungsprobleme bereitet, macht die Tour zu einem sehr leichten Vorhaben.

Hinweis: Achtung, der Weg ist auch für Fahrradfahrer freigegeben!

Rechts: Pilze am Wegesrand.
Unten: Alte Eisenbahnbrücke über den Bather Creek.

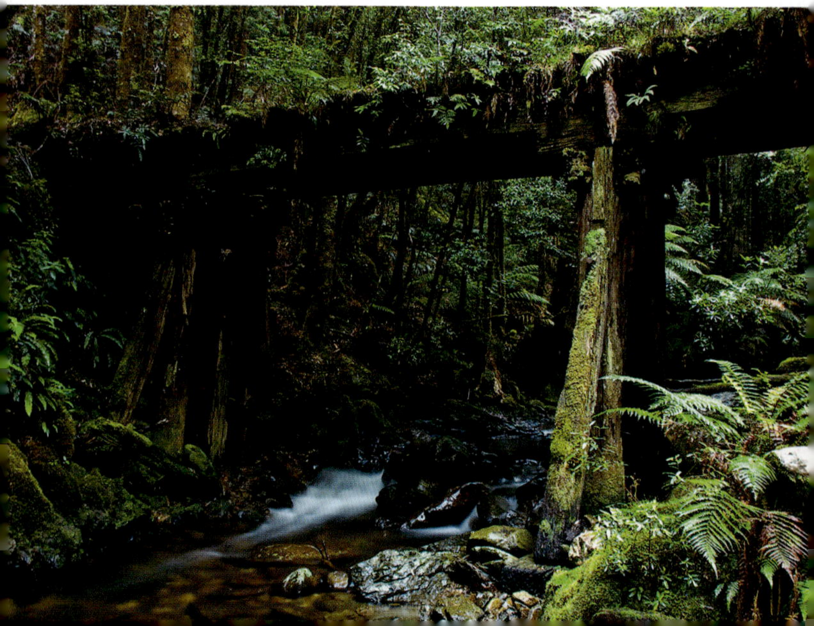

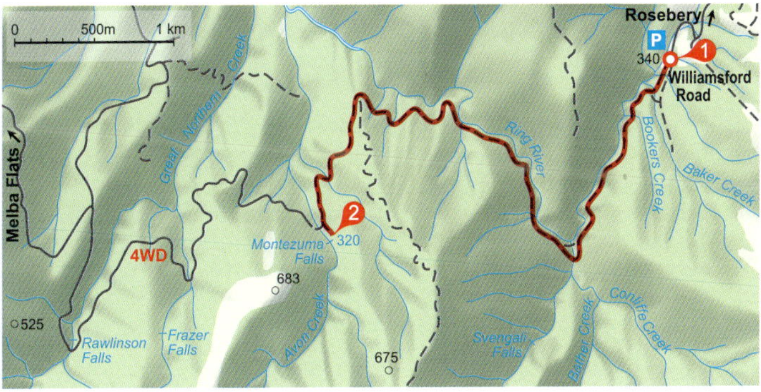

Vom Parkplatz an der **Williamsford Road** ❶ weg führt die Wanderstrecke komplett durch Regenwald, die meiste Zeit begleitet vom rauschend talwärts fließenden **Ring River**. Einige Informationstafeln entlang des Wegs liefern uns historisches Hintergrundwissen über das Gebiet sowie die Eisenbahn. Das Bemerkenswerteste ist wahrscheinlich die Erholung des Waldes, der einst entlang der Bahnstrecke fast vollständig abgeholzt wurde. Es fehlen zwar alte Bäume, aber ein schöner, schlank aufgeschossener Wald, dominiert von Myrtle, Sassafras, Leatherwood und Blackwood, streckt sich in den Himmel.

In Richtung unseres Wanderzieles passieren wir eine alte, moosüberwucherte Holzbrücke über den **Bather Creek** sowie einen ehemaligen Minentunnel, bevor wir den Fuß der 104 m hohen **Montezuma Falls** ❷ erreichen, einen der höchsten Wasserfälle Tasmaniens. An der Stelle der alten Eisenbahnbrücke überspannt unterhalb des Falls eine moderne Hängebrücke das Tal des Avon Creek und verbindet den Wanderweg mit der Fortsetzung der früheren Bahntrasse, heute ein Zugang für Geländefahrzeuge.

Auf demselben Weg geht es zurück zum Parkplatz an der **Williamsford Road** ❶.

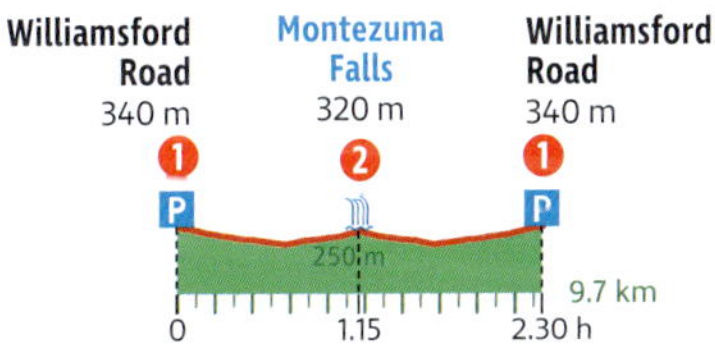

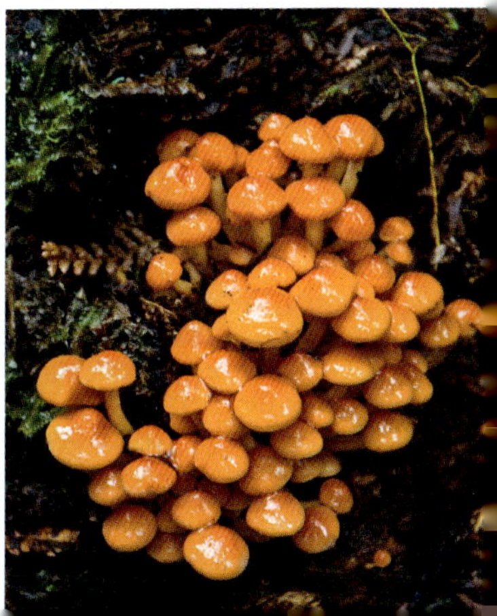

↗ 650 m | ↘ 650 m | 4.9 km

20 Mount Agnew, 846 m

3.30 h

Fordernder Gipfelweg zu einem fantastischen Küstenausblick

Mount Agnew ist eine der höchsten Erhebungen entlang der Westküste und bietet daher nicht überraschend eine der besten Aussichten auf das Meer. Der Weg zum Gipfel ist jedoch hart erarbeitet, müssen wir doch fast Meter für Meter Wurzeln, Äste, Baumstämme und Felsen überwinden oder den Weg durch dichtes Gestrüpp und unangenehmes Cutting Grass erkämpfen. Lohn der Mühe ist ein grandioser Blick über Küste, Heemskirk Range, Cumberland Lake und die Gebirge im Hinterland.

Ausgangspunkt: Zeehan, 170 m, und Trial Harbour, 15 m. Mit Steinhaufen markierter alter Jeeptrack an der C248 (Trial Harbour Road), 205 m. Von Zeehan folgen wir ein kurzes Stück der C249 Richtung Corinna, bevor wir linker Hand auf die C248 nach Trial Harbour abbiegen. Nach 9 km entlang dieser ungeteerten Straße finden wir rechts den Steinhaufen. Es gibt keinen Parkplatz, aber kleine Ausbuchtungen am Straßenrand.

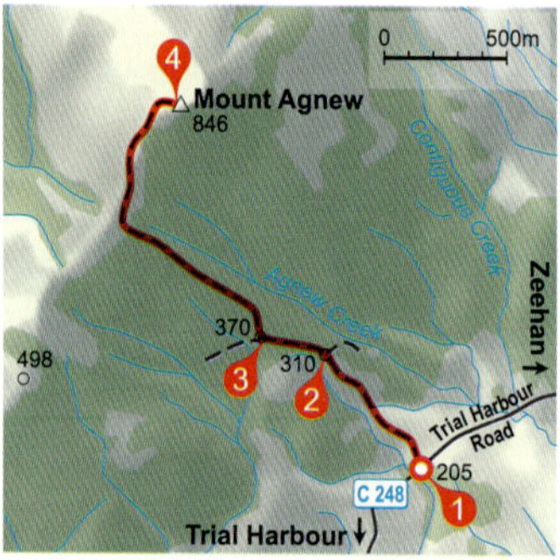

Anforderungen: Der Weg ist zumeist nur eine Route, die steil durch dichten Wald mit unzähligen Hindernissen führt und den regelmäßigen Einsatz der Hände bedingt. Trittsicherheit, sehr gute körperliche Beweglichkeit sowie guter Orientierungssinn bei der Wegfindung sind gefordert (im Gipfelbereich nur spärlich markiert, sonst überwiegend rosa Bänder).

Tipps: 1. Folgen wir vom Startpunkt der Wanderung der Straße nach Trial Harbour für weitere 6,7 km, finden wir rechter Hand einen stark ausgewaschenen und unmarkierten Jeeptrack. Diesem nachgehend gelangen wir zum Ufer des sehenswerten Cumberland Lake (wegführende Wege vereinen sich dabei in der Regel wieder, im Zweifel rechts halten); etwa 2 Std. hin und zurück.
2. Trial Harbour bietet einen schönen und kostenlosen Campingplatz direkt am Meer. Für weitere Wanderungen an der Küste oder zu alten Bergbaurelikten im Umkreis am besten im History Room in Trial Harbour nachfragen.

Von der **Trial Harbour Road** ❶ folgen wir für knapp 700 m dem alten **Jeeptrack**, bis dieser nach rechts schwenkt und uns die Markierungen nach links ❷ durch dichtes Gestrüpp leiten. Es folgen zwei weitere Wegteilungen, an der ersten halten wir uns links und an der zweiten rechts ❸. Jetzt beginnt die eigentliche »Arbeit«, weisen uns doch die Wegzeichen steil aufwärts durch dichten Regenwald. Die auffälligste Pflanze entlang des Aufstiegs ist der Horizontal Scrub, welcher seinem berüchtigten Ruf gerecht wird und uns mit seinen quer wachsenden Ästen und Stämmen vor immer neue Hindernisse stellt.

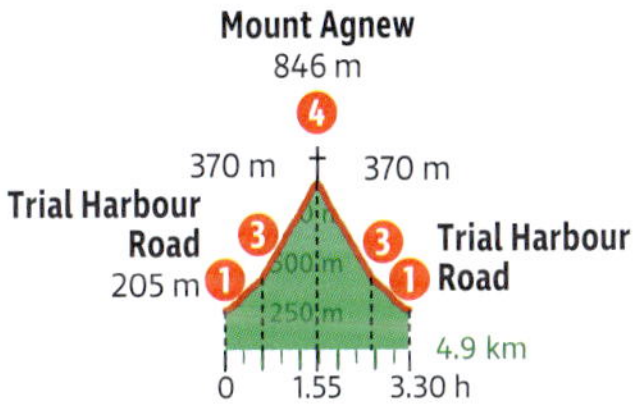

Hier heißt es, sich hinüber oder unterhalb durchzuarbeiten; daneben wissen uns aber auch Felsen und umgestürzte Bäume zu beschäftigen. Nahe dem Gipfel macht der Wald Platz für eine struppige Heidevegetation mit dazwischenliegenden Granitbrocken.

Jetzt gilt es, nochmals mit besonderer Aufmerksamkeit der hier wenig markierten Route zu folgen; kritisch bei Nebel! Vorbei an einigen Felsgruppen, mit Blick hinab zum Lake Cumberland, erreichen wir schließlich das trigonometrische Kreuz auf dem Gipfel des **Mount Agnew** 4, 846 m. Ein wunderbarer Platz zum Verweilen und Genießen der Aussicht.

Zum Ausgangspunkt an der **Trial Harbour Road** 1 folgen wir – kaum angenehmer als auf dem Hinweg – unseren Schritten zurück.

Granitfelsen auf dem Gipfel zeigen Gesicht.

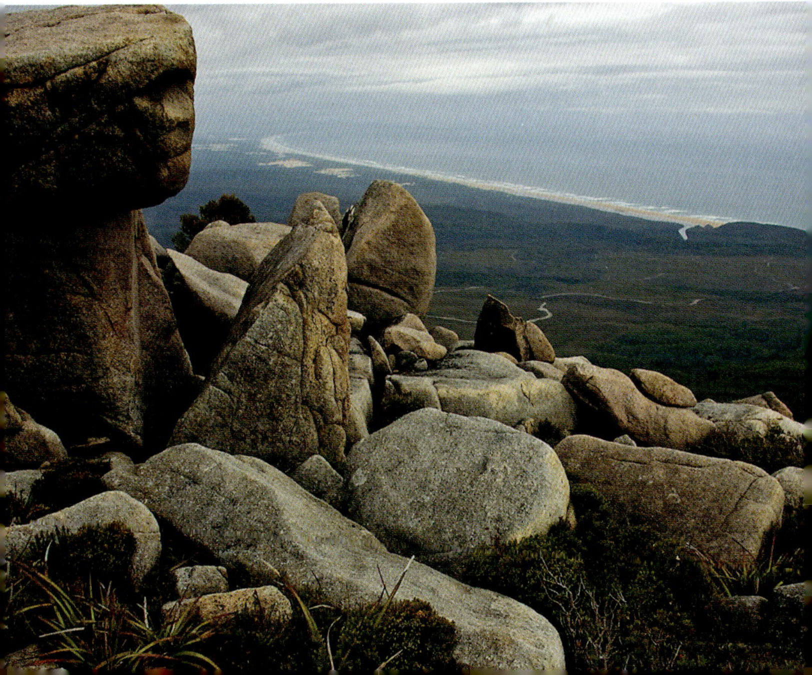

TOP

21 Mount Murchison, 1275 m

↗ 710 m | ↘ 710 m | 5.6 km

3.30 h

Exkursion in eine dramatische Felsen- und Seenlandschaft

Der stolz aufragende Mount Murchison ist ein markanter Blickfang entlang des Murchison Highway zwischen Tullah und Rosebery. Bei der Besteigung des Berges erwartet uns im Gipfelbereich eine wilde, alpine Szenerie mit nackten Felswänden, dunklen Bergseen und den rauen Bedingungen trotzender Vegetation. Auf der Bergspitze angekommen, werden unsere Augen vor allem von dem mit Seen gefüllten, steinernen Amphitheater und darüber hinaus von der West Coast Range und weiter vom Gipfelreigen des Cradle Mountain – Lake St Clair National Park in den Bann gezogen.

Ausgangspunkt: Tullah, 170 m. Parkstreifen an der B28 (Anthony Road), 565 m. Kurz hinter Tullah, der A10 (Murchison Highway) in Richtung Rosebery folgend, biegen wir auf die B28 Richtung Queenstown ab und befahren diese Straße für 9 km bis zum ausgeschilderten Start der Wanderung.
Anforderungen: Der zu überwindende Höhenunterschied verlangt Kondition, Wurzeln zu Beginn sowie die etlichen steinigen Wegpassagen besonders bei Nässe dazu Trittsicherheit. An einigen leichten Kletterstellen kommen zudem die Hände zum Einsatz. Obacht gilt auch der Wegführung und den Markierungen, da einige falsche Spuren in unwegsamem Gelände enden.

Ausblick vom Gipfel.

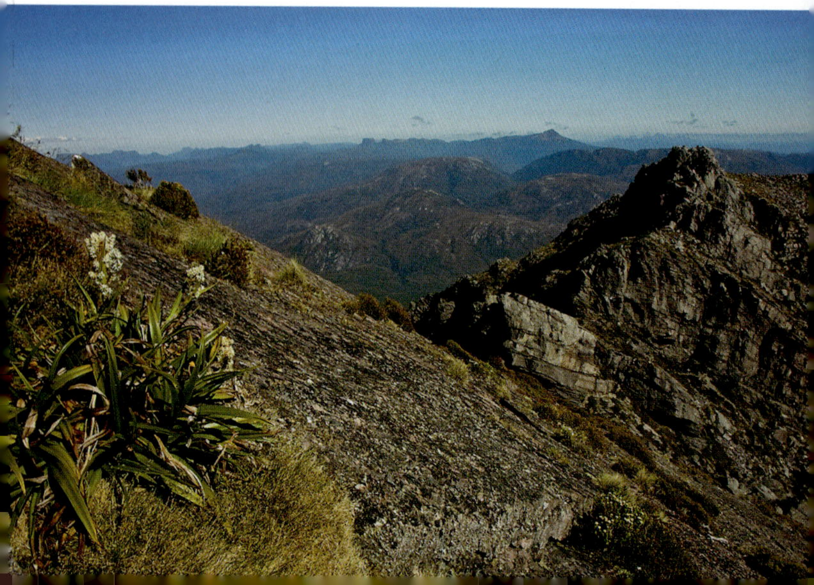

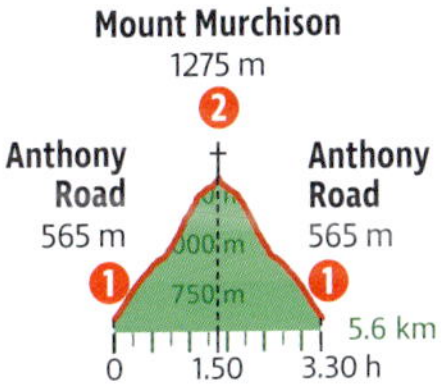

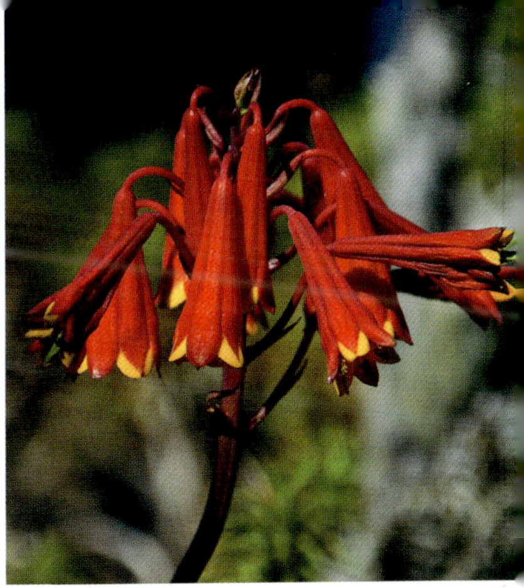

Tasmanian Christmas Bell in Blüte.

Auf der anderen Straßenseite der **Anthony Road** ❶, gegenüber dem Parkstreifen, führt uns der Weg sofort in den Wald hinein. Hier beginnen wir nun stetig aufzusteigen, und schon bald löst buschige Heidevegetation den geschlossenen Baumbestand ab. Bei nun freier Sicht über die flachwüchsige Pflanzendecke erblicken wir bald unterhalb im Tal einen ersten, von Wald umgebenen See. Bei Windstille gibt es eine schöne Spiegelung der darüber aufragenden Felswände im Wasser zu sehen. Mit Blick auf den See folgen wir dem Rücken eines Hangs noch ein Stück, bevor wir steil auf einen zweiten wechseln, welcher uns direkt bis an die vor uns auftürmenden Felswände heranführt. Ständig an Höhe gewinnend, begleiten wir die schroffen Wälle in nördlicher Richtung, dabei sorgt zwischendurch eine kleine Ebene mit winzigem Bach für eine kurze Verschnaufpause.
Wenig später lässt sich dann das trigonometrische Kreuz auf dem Gipfelziel ausmachen, während tief unterhalb ein weiterer See Augenfreuden bietet. Wir erreichen schließlich den Rand eines von hohen Wänden eingerahmten Kessels, dessen Grund drei Seen zieren. Hier gehen wir ein kurzes Stück abwärts, bevor der letzte Anstieg vorbei an massigen Felsformationen zur Spitze des **Mount Murchison** ❷, 1275 m, führt. Die traumhafte Kulisse von diesem Gipfelpunkt ruft förmlich nach einer ausgedehnten Rast.
Mit erhöhter Aufmerksamkeit, um nicht einem der in die Irre führenden Pfade hinabzufolgen, gehen wir auf demselben Weg zum Ausgangspunkt an der **Anthony Road** ❶.

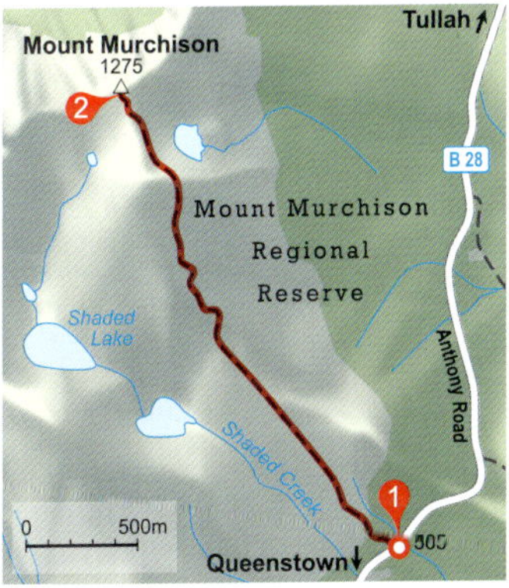

↗ 830 m | ↘ 830 m | 10.6 km

22 Mount Tyndall – Lake Tyndall

4.45 h

Bezaubernde Gebirgswelt abseits der Touristenströme

Die Tyndall Range ist ein Teil der West Coast Range; wenig bekannt, wird das Gebiet meist nur von Einheimischen bewandert. Dabei muss es sich überhaupt nicht vor viel bekannteren Bergen und Nationalparks verstecken, erwartet uns im Gipfelbereich doch eine begeisternde Felslandschaft mit einer Vielzahl kleiner und großer Seen. Die schroff abfallenden Wände an den nach Osten gerichteten Gebirgsflanken bieten zudem kühne Tiefblicke und weite Aussichten. All dies macht den Höhenzug eine Erkundung unbedingt wert.

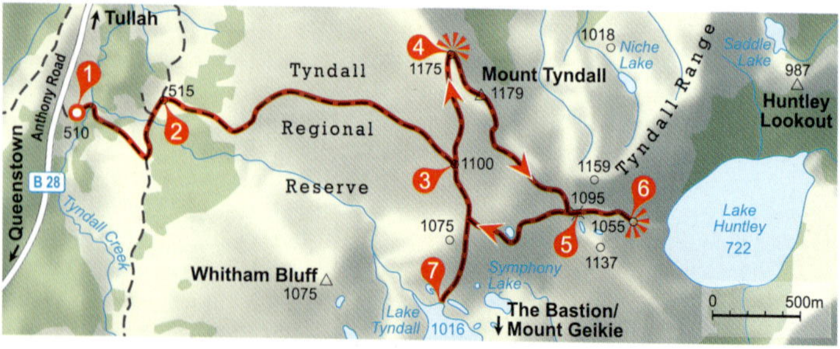

Ausgangspunkt: Queenstown, 150 m. Nebenstraße von der B28 (Anthony Road), 510 m. Von Queenstown halten wir entlang der A10 (Zeehan Highway) nach Norden, bis rechter Hand die B28 startet, welcher wir für 10,9 km bis zu einem ebenfalls auf der rechten Seite beginnenden Fahrweg folgen. Diese schmale Straße kann für ein kurzes Stück bis zu einer Schranke befahren werden, wo es einzelne Parkmöglichkeiten gibt. Wer von der B28 aus Richtung Tullah kommt, folgt dem ersten Fahrweg hinter dem Tyndall Creek nach links.
Anforderungen: Der kräftige Startanstieg fordert körperliche Fitness; am Beginn des Wanderpfades sollte im dichten Unterholz zudem aufmerksam auf die Wegführung geachtet werden. Ein gut ausgeprägter Orientierungssinn ist für die weglosen, unmarkierten Gipfelbereiche notwendig und das Mitführen von Karte und Kompass oder GPS-Gerät empfehlenswert. Entlang felsigen Geländes gilt Trittsicherheit und nicht schwindelfreie Personen sollten an Steilabfällen ausreichend Abstand wahren. Je nach Routenwahl können die Hände zum Einsatz kommen, doch alle Kletterstellen können umgangen werden.
Varianten: Wer sich in weglosem Gelände sicher fühlt, kann die Tour problemlos um- oder ausbauen. So ist eine ausgedehnte Exkursion nach Süden zu den Felswänden von The Bastion und Mount Geikie innerhalb einer Tagestour möglich.
Tipp: Die Wanderung sollte nur bei stabiler Wetterlage mit guten Sichtbedingungen durchgeführt werden.
Karte: Eldon (TM05), 1:50.000.

Wir passieren die **Schranke** ❶, überqueren eine Brücke über den **Tyndall Creek** und gelangen zu einer T-Kreuzung, an der wir uns links halten. Es folgt eine Furt durch einen Nebenbach, die wir mit etwas Geschick linker Hand über Steine trockenen Fußes umgehen können. Kurz darauf erreichen wir eine weitere Wegteilung, an der wir nach rechts gehen, um wenige Schritte weiter den Start des **Wanderweges** ❷ neben einer Registrierungsbox zu finden. Der erste Abschnitt durch dichtes Gestrüpp und zum Teil sehr matschigen Grund ist recht unangenehm, doch mit zunehmender Höhe wird der Pfad besser und führt durch eine offene Landschaft mit Button Grass und Heidebewuchs.

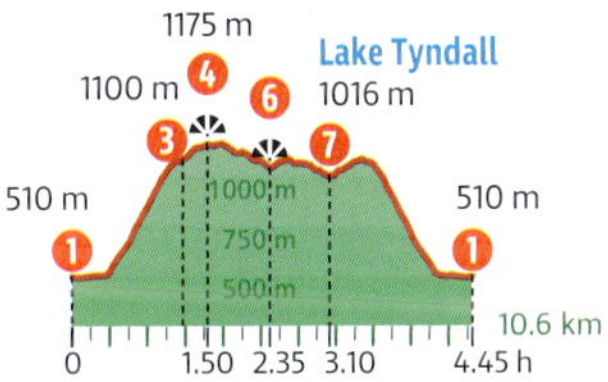

Mit Erreichen des **höchsten Punktes** ❸ am Wanderpfad blicken wir über die Seenplatte auf der Tyndall Range. Eine mit Steinhaufen markierte Route führt von hier weiter Richtung Lake Tyndall. Wir verlassen jedoch die Markierungen, prägen uns aber die Stelle für den Rückweg ein und halten weglos nach Norden, bis wir auf dem Plateau einen **Hochpunkt** ❹ – mar-

Kleiner Bergsee auf dem Kamm der Tyndall Range.

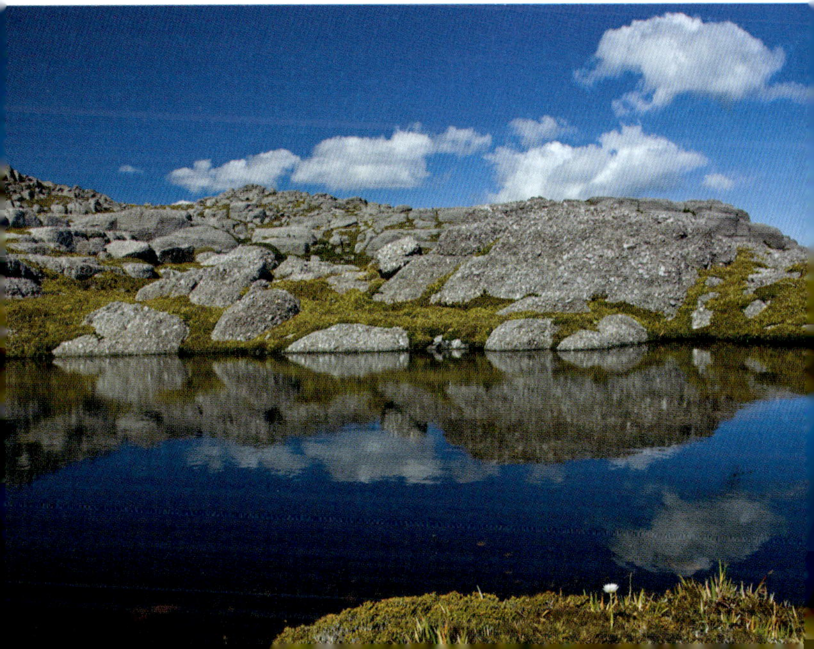

kiert mit einer dicken Metallstange – erreichen. Dieser thront oberhalb imposanter Wände aus Konglomeratgestein, deren Rand wir nun in südlicher Richtung folgen. Hierbei bieten sich immer wieder interessante Aussichtsstellen entlang tiefer Spalten, zu mächtigen Türmen oder anderen teils bizarren Formationen. Dabei passieren wir auch den höchsten Punkt des **Mount Tyndall**, 1179 m, welcher unmarkiert und schwer auszumachen ist.
Weiter nach Südosten gehend, verlassen wir die Wälle und wandern zu einem Sattel zwischen zwei namenlosen Felsburgen. Wir überschreiten diesen **Sattel** 5 und gelangen zum Rand schwindelerregend steiler **Felswände** 6 mit Tiefblick auf den großen Lake Huntley.
Auf ähnlichem Weg gehen wir über den Sattel zurück und schlagen nun eine westliche Richtung mit leichter Tendenz nach Süden ein, passieren einen winzigen See und treffen auf die Markierungen zum **Lake Tyndall**. Für eine kleine Zugabe folgen wir diesen nach links zum Ufer des idyllischen **Sees** 7 und anschließend zurück zu dem Punkt 3, wo wir den Wanderpfad Richtung Mount Tyndall verlassen hatten. Auf den ab hier bekannten Wegen geht es dann zurück zum Startpunkt der Wanderung an der **Schranke** 1.

Ungewöhnliche rote Felsen oberhalb des Lake Huntley.

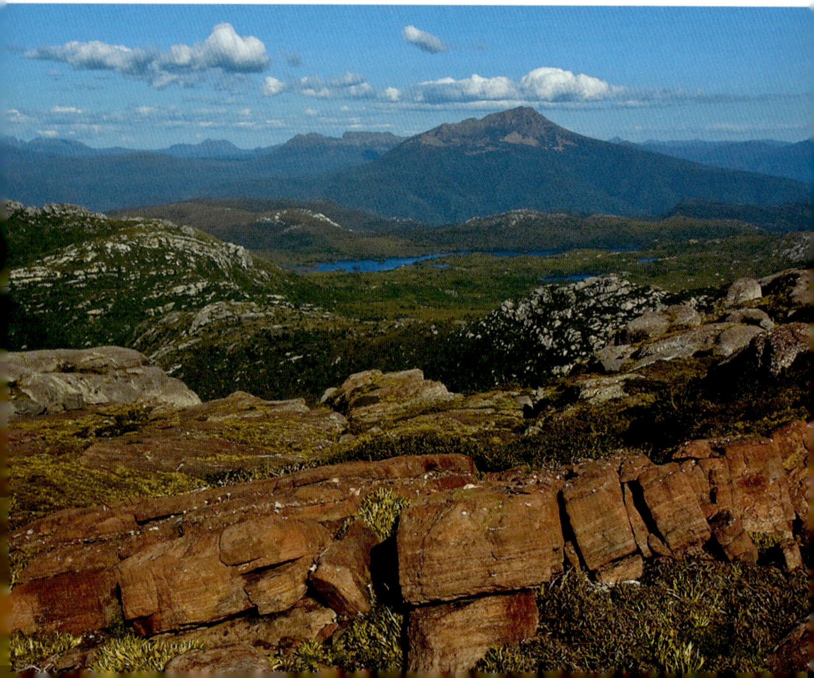

↗ 2560 m | ↘ 2560 m | 47.2 km

4 Tage

TOP

Frenchmans Cap, 1446 m

23

Auf dem Thron des Franklin-Gordon Wild Rivers National Park

Dieser faszinierende, aus allen Himmelsrichtungen weithin sichtbare Berg ragt oberhalb des Franklin River in einer wilden Landschaftsszenerie aus Felsen, Schluchten und Seen empor. Die helle Quarzitkappe des Gipfels wirkt aus der Ferne über das gesamte Jahr wie von Schnee bedeckt, und mit seiner fast lotrecht 450 m in die Tiefe stürzenden Südostwand scheint der Riese kaum bezwingbar. Obwohl leichter als in früheren Tagen, bleibt der Gipfelsturm eine ernst zu nehmende Herausforderung. Weglänge und Höhenunterschied fordern ihren Tribut, und nicht zuletzt gibt es immer noch des Gipfels unberechenbares Wetter …

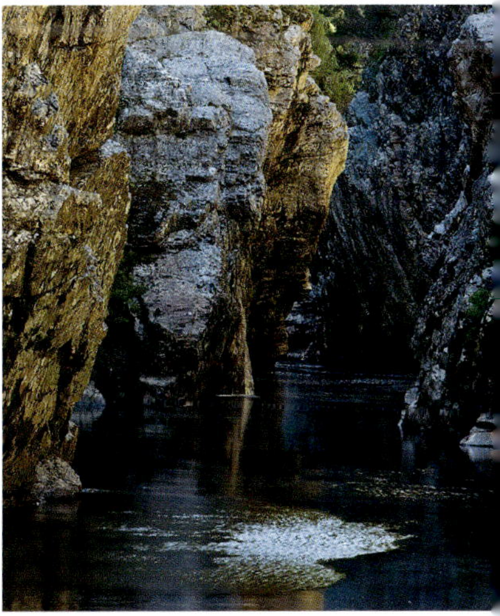

Irenabyss am Franklin River.

Ausgangspunkt: Queenstown, 150 m. Parkplatz an der A10 (Lyell Highway), 390 m. Der Start der Wanderung ist aus beiden Fahrtrichtungen jeweils 300 m vorher angezeigt.
Anforderungen: Ein langer Anmarschweg mit großem Rucksack, einschließlich anstrengender Anstiege, verlangt physische Belastbarkeit. Dank aufwendiger Arbeiten an den Wegen und teils veränderter Wegführung gibt es nur noch wenige schlammige Passagen, doch Abschnitte über Wurzeln und steinigen Grund verlangen weiterhin ein hohes Maß an Trittsicherheit. Am Frenchmans Cap erwarten uns zudem einige Kletterstellen leichten Charakters.
Unterkunft: Vera Hut (20 Plätze) und Tahune Hut (24 Plätze); Plattformen für Zelte im Umkreis der Gebäude. Da die Hütten belegt sein können, sind Zelte mitzuführen, auch um die dritte Nacht am Loddon River zu übernachten.
Variante: Eine spannende Erweiterung ist, vom Franklin Peak steil hinab zum Franklin River und zu einer canyonartigen Verengung des Flusses, genannt Irenabyss, zu laufen (ca. 950 Hm; 4.30 Std. hin und zurück).
Hinweis: Für die Tour ist eine Vorausbuchung notwendig, max. 3 Übernachtungen sind erlaubt. Der Link dazu findet sich auf der Seite zum Frenchmans Cap unter www.parks.tas.gov.au.
Tipp: Donaghys Hill ist ein guter Aussichtspunkt auf das Gipfelziel und durch einen leichten Weg (30 Min. hin und zurück) zugänglich. Start ist an der A10, 5,6 km westlich vom Frenchmans Cap Track.

1. Tag: 620 Hm Aufstieg, 450 Hm Abstieg, 5.00 Std.
Vom Parkplatz am **Lyell Highway** ❶ folgen wir dem ausgeschilderten Weg zu einer großen Hängebrücke über den **Franklin River**. Nun durch Wald, gelangen wir zu einem Bach mit installierten Bürsten und der Aufforderung, Schuhe und Gamaschen gründlichst zu reinigen, um die weitere Ausbreitung des Pilzes *Phytophthora cinnamomi* zu verhindern. Es folgt ein erster Anstieg über einen Sattel unterhalb des Mount Mullens, von wo wir einen Blick auf unser noch weit entferntes Ziel werfen können. Jetzt wieder absteigend durch ein wechselndes Vegetationsbild, gelangen wir zum dicht bewaldeten **Loddon River** ❷.

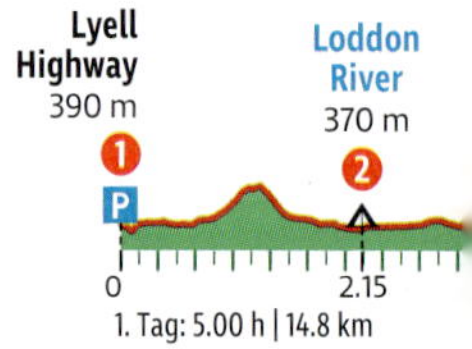

Wir überqueren die Brücke über den Fluss, kurz darauf breiten sich vor uns die durch ihre vielen Schlammpassagen einst berüchtigten **Loddon Plains** aus. Ein neu gebauter Weg verlässt die ehemalige, nun gesperrte Route durch die Ebenen aber schnell und führt meist durch Wald über die Laughton's Lead. Der Pfad trifft nach etwa 4,5 km wieder auf die alte Wegstrecke und wir steigen nun etliche Höhenmeter, erst durch Regen-, dann Eukalyptuswald hinauf, bevor der Weg wieder flacher durch offenes Terrain und anschließend leicht abwärts zur **Vera Hut** ❸ am **Lake Vera** führt.

2. Tag: 1330 Hm Aufstieg, 920 Hm Abstieg, 6.45 Std.
Am nächsten Tag folgen wir dem Nordwestufer des Lake Vera. Leider gewährt die dichte Bewaldung nur wenige Ausblicke über diesen. Dafür lassen sich in Ufernähe einige gute Exemplare der meist schwer zugänglich wachsenden Huon Pines sehen. Den Lake Vera verlassend, geht es weiter durch Regenwald, entlang dem munteren **Vera Creek**, nun kräftig aufwärts. Mit gewonnener Höhe verlassen wir den Bach; immer steiler werdende Felsen begleiten uns auf der rechten Seite. Der Anstieg endet am **Barron Pass** ❹, welcher links und rechts von den mächtigen Zinnen der White Needle und Nicholes Needle überragt wird. Allein der gewaltige Ausblick von hier über die tief im Talkessel schimmernde Seenkette und auf den majestätisch alles überblickenden Frenchmans Cap ist aller Wandermeter wert.
Vom Pass geht es ein Stück abwärts, um danach den schroffen Wänden unterhalb des Sharlands Peak über sehr steiniges und zum Teil wurzelreiches Terrain zu folgen. Die vielen nackt und bleich aufragenden Stämme von King Billy Pines sind dabei die Überreste eines

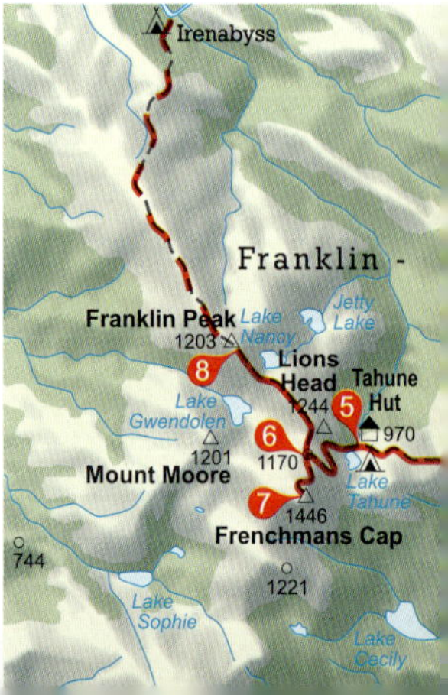

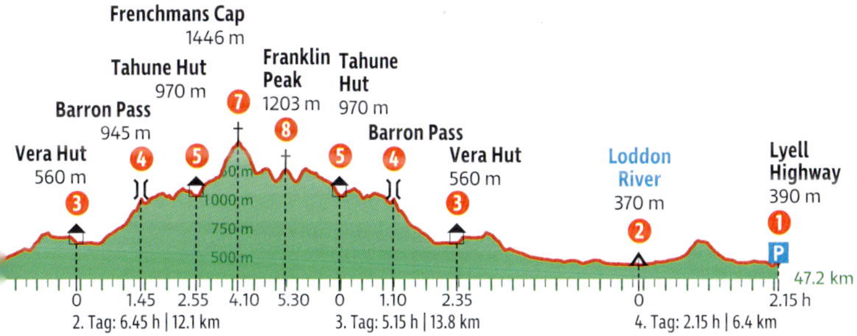

Waldbrandes von 1966 (!). Wir erreichen eine unmarkante Anhöhe, bevor sich der Weg in das kleine Artichoke Valley senkt, um dann einen weiteren Hochpunkt zu erklimmen. Anschließend halten wir erneut bergab und gelangen schließlich zur **Tahune Hut** 5 am gleichnamigen See. Die riesigen, steil emporsteigenden Felswälle des Frenchmans Cap scheinen hier schützend über das kleine Juwel, den **Lake Tahune**, zu wachen.

Bei guten Bedingungen sollten wir den »Gipfelritt« sofort in Angriff nehmen. Nur mit leichtem Gepäck folgen wir ein Stück dem See und steigen nun steil aufwärts. Der alte Track zum vor unseren Augen liegenden Sattel ist geschlossen; der neue Weg macht eine Schleife nach

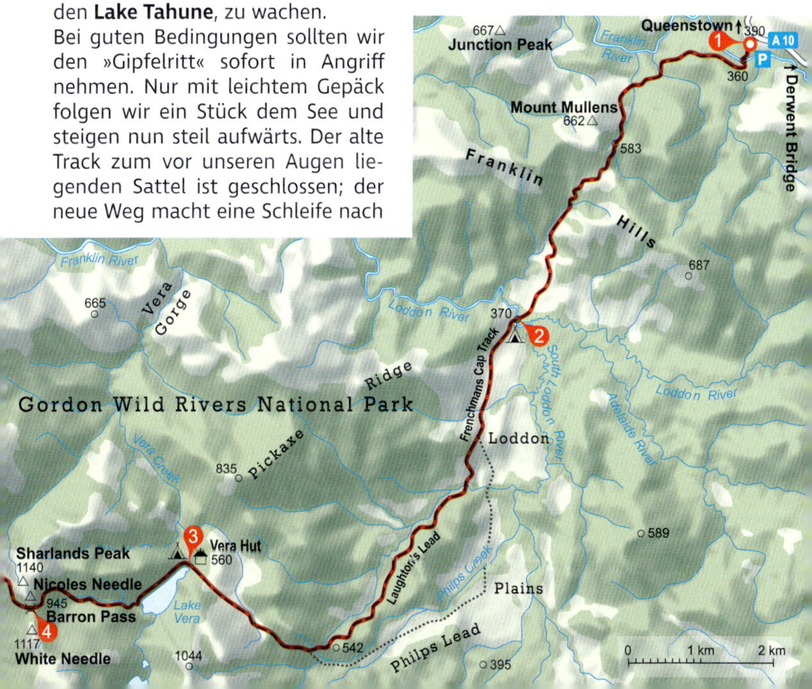

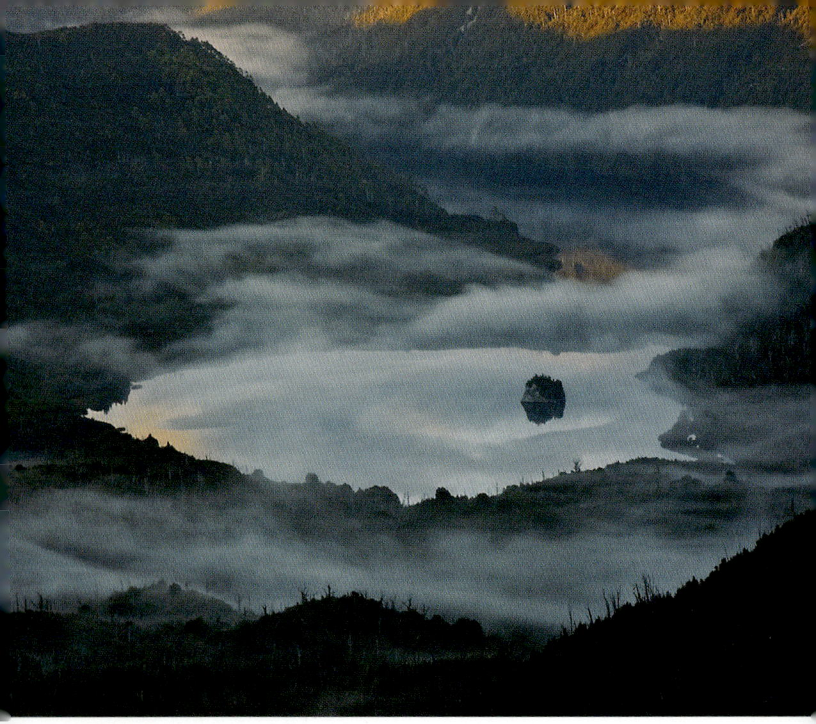

Morgendlicher Blick vom Barron Pass zum Lake Magdalen.

Süden, bevor er wieder nördlich schwenkt und auf eine **Weggabelung** 6 trifft. Wir ignorieren den Pfad geradeaus Richtung Irenabyss und erklimmen nun steil durch eine wilde Felslandschaft – die letzten Meter sind dabei die leichtesten – den höchsten, mit Steinhaufen markierten Punkt des **Frenchmans Cap** 7, 1446 m. Sind wir mit guter Sicht gesegnet, scheint von hier oben halb Tasmanien zu unseren Füßen zu liegen.
Verbleibt noch genügend Tageszeit, lohnt vor Rückkehr zur Hütte ein nur von wenigen Wanderern begangener Abstecher (alternativ am Folgetag). Zurück am **Abzweig Richtung Irenabyss** 6, folgen wir jetzt diesem hinwärts ignorierten Pfad. Wir überschreiten nun den beim Aufstieg gesichteten Sattel, anschließend führt uns der schmale Pfad etwas unterhalb des Gipfels des Lions Head, mit Tiefblick auf Lake Gwendolen, entlang. Weiterlaufend senkt sich die Wegspur zu einem nächsten Sattel, jetzt mit Blick auf den bezaubernden Lake Nancy. Zwischen Felswänden hindurch, wieder ansteigend, erreichen wir dann einen bisher namenlosen, vom Autor **Franklin Peak** 8, 1203 m, getauften Gipfel, mit einem prächtigen Rück-

blick auf eine bizarre Quarzitlandschaft und die wenig gesehene Nordwestseite des Frenchmans Cap.
Der Weiterweg von hier lohnt nur, wenn bis zum Franklin River hinabgestiegen wird (siehe Variante), so folgen wir eher unseren Spuren zurück zur **Tahune Hut** ❺. Entweder wir übernachten in der Hütte oder schlagen nahe am Seeufer unser Zelt auf.

3. Tag: 340 Hm Aufstieg, 940 Hm Abstieg, 5.15 Std.
Wir sammeln unser Gepäck und marschieren nun auf bekanntem Weg via **Barron Pass** ❹ und **Vera Hut** ❸ zum **Loddon River** ❷ und verbringen hier im Zelt die dritte Nacht. Flotte Wanderer können bei frühem Aufbruch aber auch bis zum Lyell Highway durchlaufen.
In den Abendstunden stehen die Chancen gut, Schnabeltiere im Fluss beobachten zu können.

4. Tag: 270 Hm Aufstieg, 250 Hm Abstieg, 2.15 Std.
Auf bekannter Strecke geht es zurück zum Ausgangspunkt am Parkplatz am **Lyell Highway** ❶.

Blick zur schroffen Südostwand des Frenchmans Cap.

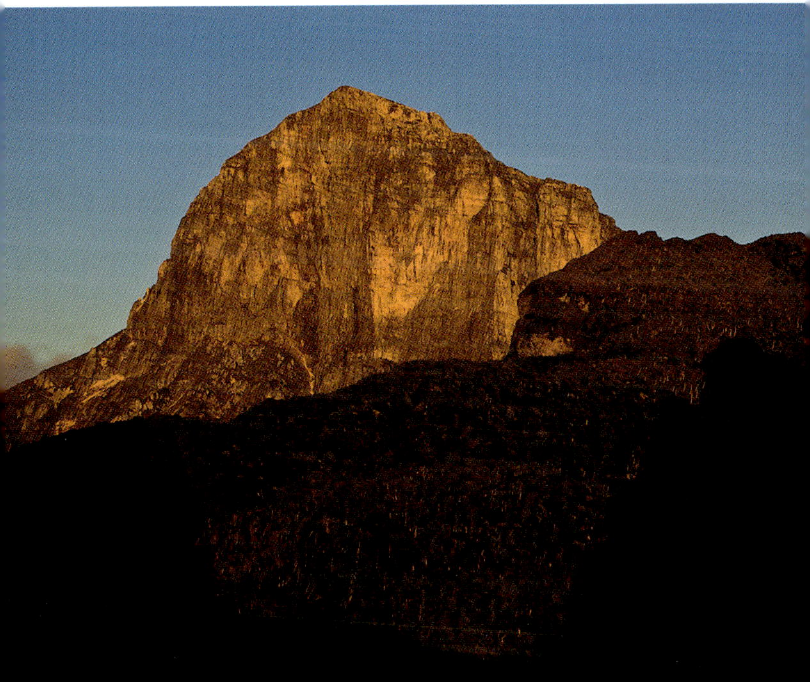

↗ 570 m | ↘ 570 m | 10.2 km

24 Mount King William I, 1324 m

3.30 h

Streifzug zu einem wenig bestiegenen Gipfel

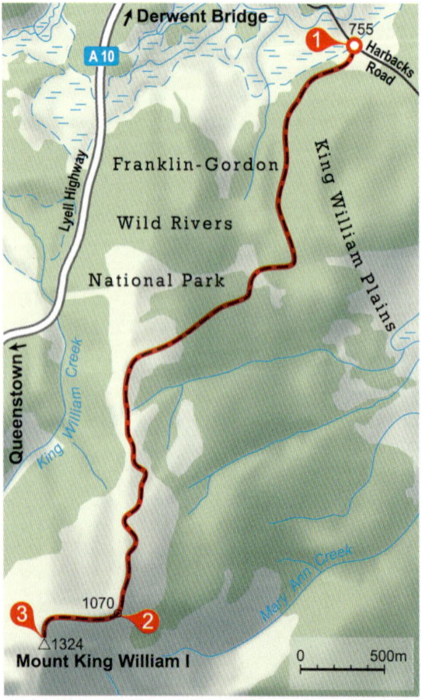

Nahe dem Lyell Highway gelegen, erhebt sich der Mount King William I über die flachen Navarre und King William Plains als markanter Blickfang. Die meisten Besucher registrieren den mit prächtigen Doleritfelsen gekrönten Berg jedoch nur im Vorbeifahren und verpassen einen nicht allzu schweren, jedoch unausgeschilderten Weg auf einen hervorragenden Aussichtsgipfel, mit weitem Blick auf die Wildnis des Franklin-Gordon Wild Rivers National Park.

Ausgangspunkt: Queenstown, 150 m. Ein mit Schranke blockierter Nebenweg an der unbeschilderten Harbacks Road, 755 m. Wir verlassen die A10 (Lyell Highway) von Osten kommend etwa 100 m nach Überquerung des Navarre River; aus Richtung Westen entsprechend umgekehrt. Wir folgen der hier nach Süden führenden, unasphaltierten Straße für ca. 1,2 km, wo wir, etwa 300 m nach Überquerung eines Baches mit Viehgitter im Boden, einen rechter Hand beginnenden Fahrweg mit grüner Schranke finden; es kann hier am Straßenrand geparkt werden.
Anforderungen: Bis zum Ende des Jeeptracks einfache Wanderung mit gemäßigtem Anstieg. Die letzten 700 Meter sind dann recht steil und steinig und fordern Kondition wie Trittsicherheit.

Am Start des Nebenweges an der **Harbacks Road** ❶ umgehen wir die Schranke und folgen diesem durch lichten Wald aus Stringybark-Euka-

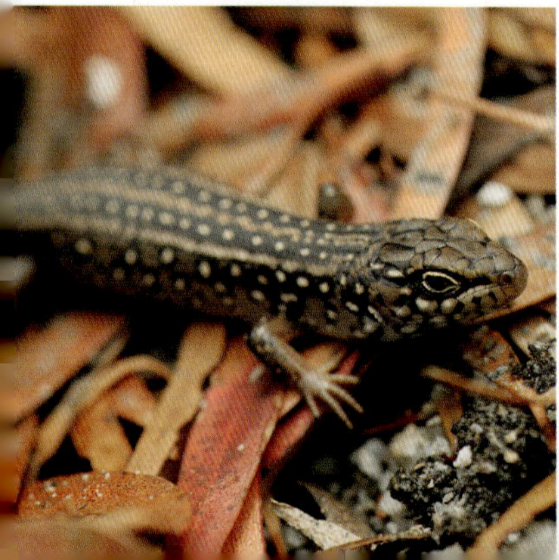

Eidechsen sind in Tasmanien weit verbreitet.

lypten. Langsam ansteigend passieren wir eine zweite Schranke und durchschreiten eine offene Landschaft mit guten Ausblicken auf unser Gipfelziel. Am Ende des Weges finden wir einen markierten **Wanderpfad** ❷ und folgen diesem, unsere Kräfte fordernd, hinauf zum Gipfel des **Mount King William I** ❸, 1324 m. Diesen »ziert« eine nicht besonders schöne, futuristisch anmutende Feuerüberwachungsstation, doch die Ausblicke von hier oben über die King William Range oder zum Frenchmans Cap sind phänomenal, sodass sich die Wanderung jederzeit lohnt.

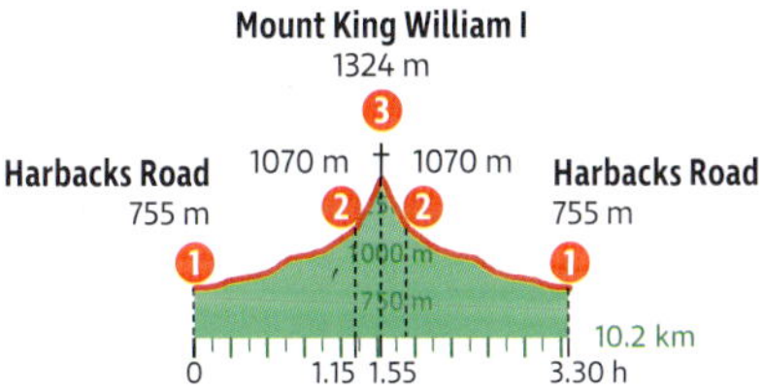

Auf demselben Weg kehren wir dann wieder zum Ausgangspunkt an der **Harbacks Road** ❶ zurück.

Der Weg bietet schöne Ausblicke auf das Ziel.

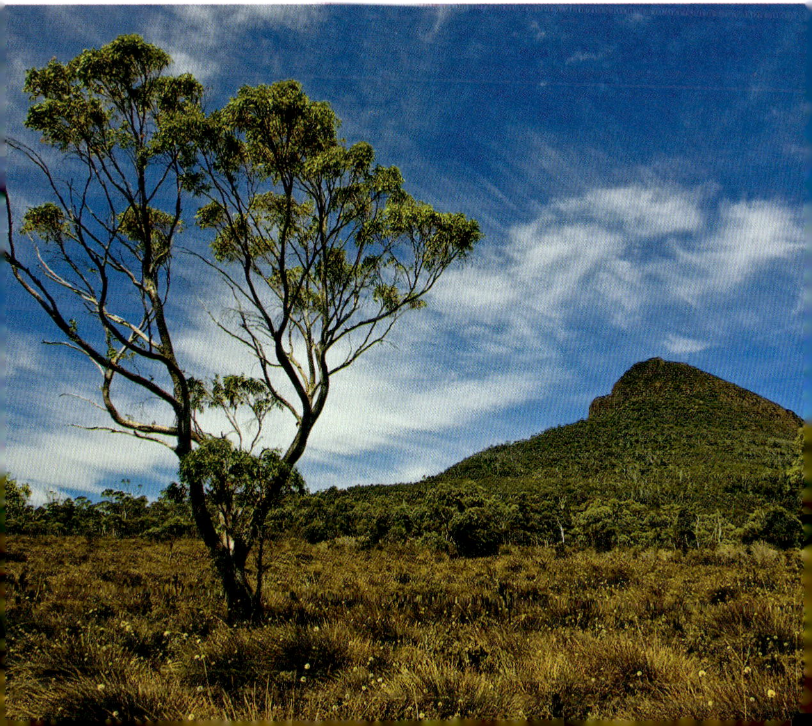

↗ 760 m | ↘ 760 m | 19.3 km

25 Mount Rufus, 1416 m

6.15 h

Beliebtes Bergziel im Cradle Mountain – Lake St Clair National Park

Mount Rufus ist einer der in diesem Höhenbereich am leichtesten zu bewandernden Berge Tasmaniens. Der vergleichsweise sanft geformte Gipfelbereich konfrontiert uns nicht, wie so manch anderer tasmanische Gipfel, mit steilen Anstiegen oder Klettereinlagen. Die Wanderung auf diesen landschaftlichen Hochpunkt bietet in Form einer sehr erbaulichen Rundtour exzellente Ausblicke, überraschende Sandsteinformationen, einen hübschen See und eine abwechslungsreiche Vegetation, unter anderem mit reichen Pandani-Beständen.

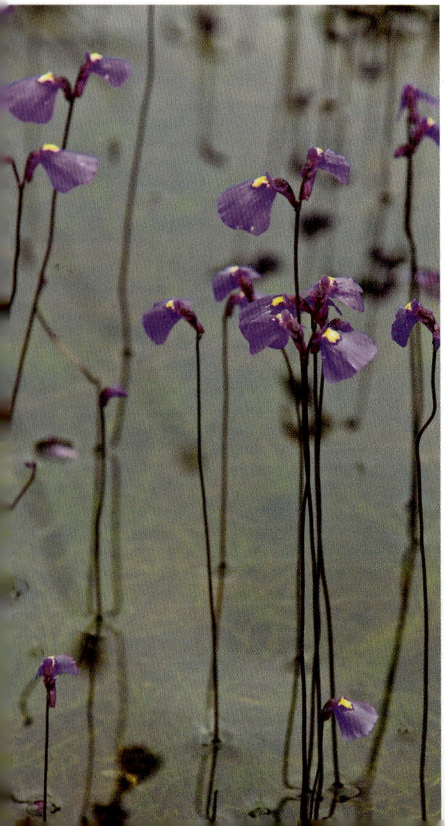

Ausgangspunkt: Lake St Clair Visitor Centre, 745 m. Das rege frequentierte Besucherzentrum mit großem Parkplatz ist von der A10 (Lyell Highway) über eine deutlich ausgeschilderte, 5 km lange Zufahrtsstraße zu erreichen.
Anforderungen: Trotz des einfachen Gipfelcharakters verlangen besonders die Tourenlänge, aber auch der zu überwindende Höhenunterschied eine gute Kondition. Einige steinige Abschnitte bedingen zudem Trittsicherheit.
Einkehr: Café im Visitor Centre am Ausgangspunkt.
Varianten: 1. Ein kürzerer und leichterer Rundweg ohne Gipfel ist der Shadow Lake Circuit (3.45 Std.).
2. Abstecher vom Shadow Lake zum Forgotten Lake (Gehzeit 45 Min. hin und zurück) oder weiter, steil aufwärts, über Blockfelder hinauf zum Little Hugel (1275 m; ab Shadow Lake 2 Std. hin und zurück).
3. Gesamttour als 2-Tages-Wanderung mit Übernachtung in der winzigen Gingerbread Hut (dafür bitte eine kleine Spende an den Wellington Ski Club senden; Adresse in der Hütte) oder im Zelt am Shadow Lake.

Tasmanian Bladderwort liebt es feucht.

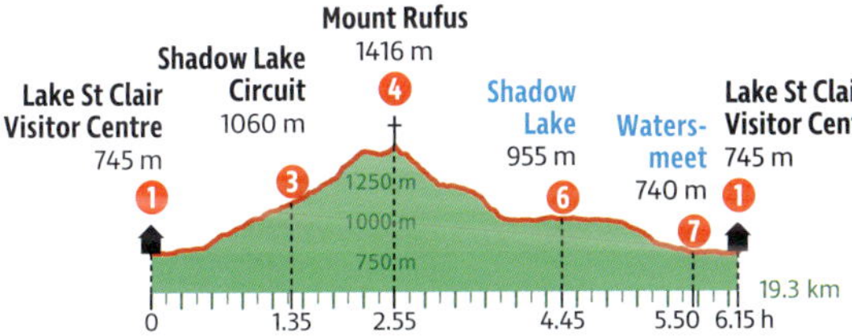

Vom **Lake St Clair Visitor Centre** ❶ folgen wir den Schildern zum Start aller Wanderwege. Von dort bringt uns ein breiter Weg nach wenigen Minuten zum Beginn des **Mount Rufus Circuit** ❷, den wir nun einschlagen. Kurz darauf passieren wir den Abzweig zum Larmairremener tabelti Walk, einer Kurzwanderung mit Informationen über die Kultur der einst hier ansässigen Aborigines.

Wir aber wandern durch von Eukalypten dominierten Wald langsam an Höhe gewinnend zum Abzweig des **Shadow Lake Circuit** ❸ (siehe Variante 1).

Diesen Nebenweg ignorierend, steigen wir weiter durch Wald aufwärts, bis sich der Baumbestand bei Erklimmung einer Flanke des Mount-Rufus-

Über das Ufer gebeugte Bäume säumen den Shadow Lake.

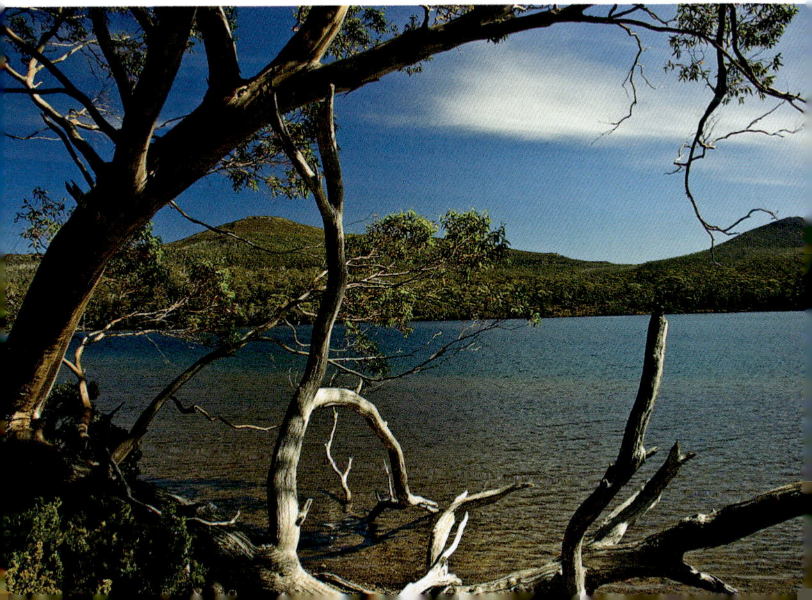

Massivs lichtet und von alpiner Vegetation abgelöst wird. Durch die nun offene und steinige Landschaft führt uns der Pfad zu einem Vorgipfel und weiter durch eine Senke hinauf zum mit großem Steinhaufen markierten Gipfel des **Mount Rufus** 4, 1416 m. Der die Augen erfreuende Blick von hier schweift über den großen Lake St Clair, viele kleinere Gewässer und benachbarte Berge wie Mount Gell, Mount Hugel oder weiter im Süden Mount King William I.

Vom Gipfel führt eine teils spärlich markierte Spur nach Südosten zu der bereits beim Aufstieg gesichteten Gingerbread Hut (45 Min. hin und zurück; siehe Variante 3). Wir aber verlassen den Berg Richtung Nordwesten seinem breiten Rücken folgend zu einem Sattel hinab. Während das dominierende Oberflächengestein in diesem Teil Tasmaniens Dolerit ist, erstaunen die plötzlich am Wegesrand auftauchenden Pagodenformationen aus Sandstein und bescheren uns interessante Fotomotive.

Nach dieser sandigen Überraschung schwenkt der Weg nach Osten und leitet zwischen hübsch anzusehenden, palmenähnlichen Pandanis hindurch.

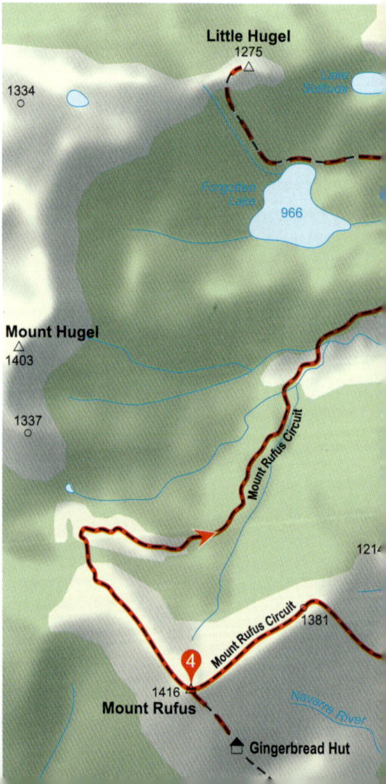

Weiter absteigend durch Myrtlewald und über eine offene, feuchte Ebene trifft unser Weg, schließlich wieder in Eukalyptuswald, auf den **Shadow Lake Circuit** 5. Kurz darauf folgen wir dem Ufer des verträumten **Shadow Lake** und stoßen dort auf den **Abzweig** 6 nach links zum Forgotten Lake und Little Hugel (siehe Variante 2).

Unser Weiterweg führt jedoch durch Wald talwärts zu zwei Brücken, eine über den Hugel River und eine zweite am **Watersmeet** 7, dem Zusammenfluss von Hugel und Cuvier River. Jetzt wieder auf dem breiten, alles verbindenden Hauptweg stehend, können wir einfach nach rechts zurück zum Ausgangspunkt unserer Wanderung gehen oder – wie hier vorgeschlagen – diesen nach ca. 700 m auf einem nach links abzweigenden **Pfad** 8 verlassen, um entlang des Ufers des **Lake St Clair** zurück zum **Visitor Centre** 1 zu gelangen.

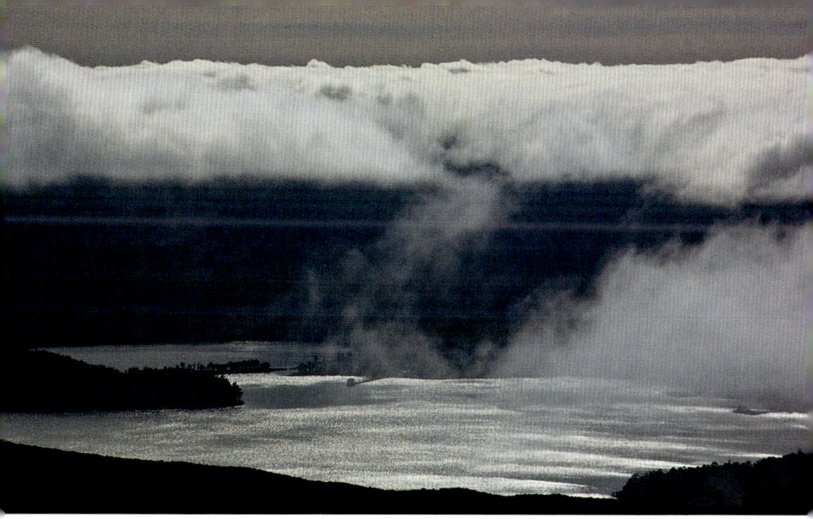

Eigentümliche Wetterstimmung über Lake St Clair.

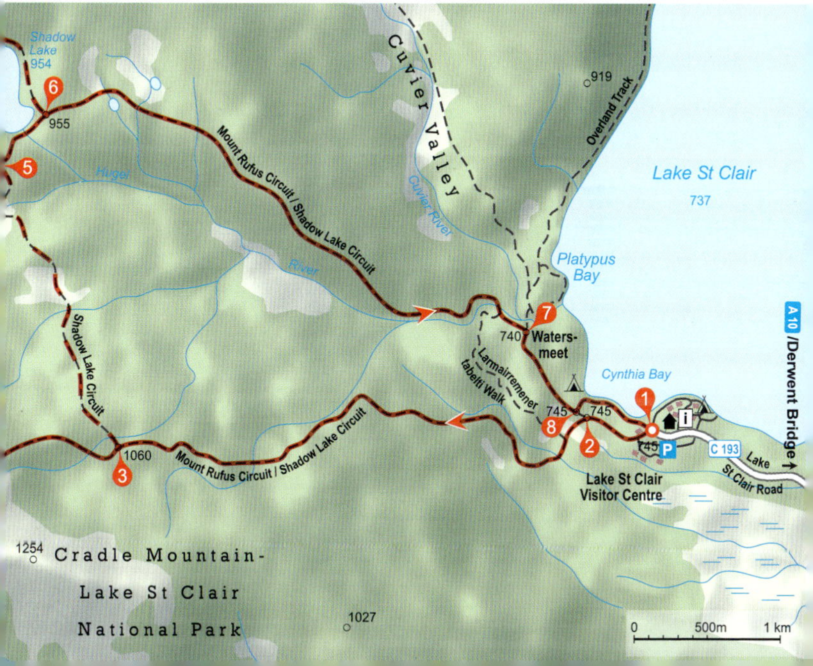

↗ 190 m | ↘ 190 m | 6.7 km

26 Russell Falls

2.00 h

Zum bekanntesten Wasserfall Tasmaniens

Bereits gegen Ende des 19. Jahrhunderts erreichten Naturschützer die Einrichtung eines kleinen Reservates rund um diese magischen Wasserfälle. Heute viel besucht und fotografiert, sind die breit gefächerten Russell Falls besonders nach Regengüssen ein wahrer Augenschmaus. Der hier vorgestellte klassische Rundweg steigert sich von Höhepunkt zu Höhepunkt mit den Russell Falls als krönendem Finale.

Ausgangspunkt: National Park, 170 m. Visitor Centre des Mount Field National Park, 160 m. Der vielerorts ausgeschilderte Nationalpark ist über die B61 zu erreichen, der wir bis zur kleinen Ortschaft »National Park« folgen, von wo es kurz entlang der C609 (Lake Dobson Road) zum Besucherzentrum geht.
Anforderungen: Gut ausgebaute, meist breite Pfade mit geringem Höhenunterschied machen diese Wanderung zu einer problemlosen Unternehmung.
Einkehr: Café im Visitor Centre.
Tipps: 1. Starten Sie die Wanderung am frühen Morgen oder zum Abend hin, um den Hauptbesucherandrang an den Russell Falls zu vermeiden.
2. Am Tyenna River lassen sich mit Geduld und Glück häufig Schnabeltiere beobachten!

Von der Rückseite des **Mount Field National Park Visitor Centre** ❶ folgen wir dem Pfad Richtung Straße und dann dieser kurz aufwärts, vorbei am Abzweig zum Zeltplatz sowie einer Schranke zum Start des **Wanderpfades** ❷ Richtung Lady Barron Falls. Dieser Weg führt anfangs durch Stringybark-Wald, dann über zahlreiche Stufen hinab zum **Lady Barron Creek**. Ab hier flussaufwärts, wird der liebliche Bach zweimal mittels Brücke überquert, bevor ein kurzer Seitenweg nach links zu den beschaulichen **Lady Barron Falls** ❸ führt.

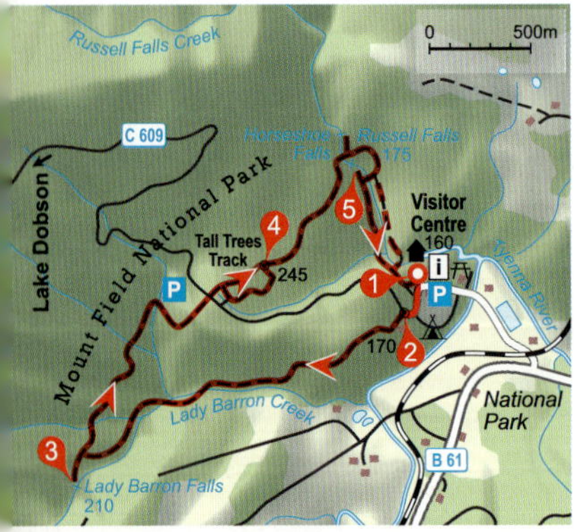

Zurück von diesem Abstecher, geht es jetzt im leichten Auf und Ab weiter durch einen bunten Mischwald mit Eukalypten, Akazien, Dogwoods, Myrtlebäumen und Baumfarnen, bis wir zur Lake Dobson Road gelangen. Wir überqueren die Straße und finden den Start des beeindruckenden wie informativen **Tall Trees Track**. Diesem kurzen, aber wertvollen Rundweg mit seinen erhaben bis über 80 m in den Himmel gerichteten Swamp Gums folgen wir in Uhrzeigerrichtung komplett, indem wir erst dem zweiten **Abzweig** 4 nach rechts folgen, auch wenn dabei ein kurzes Wegstück doppelt zu gehen ist.

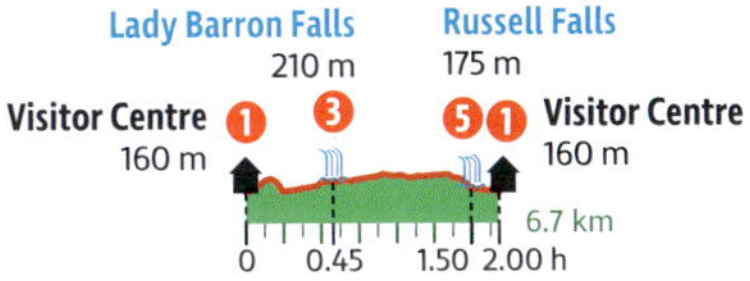

Anschließend wieder dem Hauptweg nachgehend, gelangen wir zum Russell Falls Creek, wo wir wenige Schritte bachaufwärts die mit seiner U-Form passend benannten **Horseshoe Falls** bewundern können. Jetzt dem Wasserlauf talwärts folgend, kündet ein breites Rauschen von den spektakulären **Russell Falls** 5. Am Fuß der Wasserfälle angelangt, bietet sich ein großartiger Blick auf die beiden markanten Stufen der Russell Falls und einen in der Mitte der Fälle ausladend aufragenden Myrtlebaum. Von hier können wir dem von Regenwald gesäumten Bach auf seiner linken oder rechten Seite flussabwärts zum **Visitor Centre** 1 folgen.

Einer der Baumriesen am Tall Trees Track.

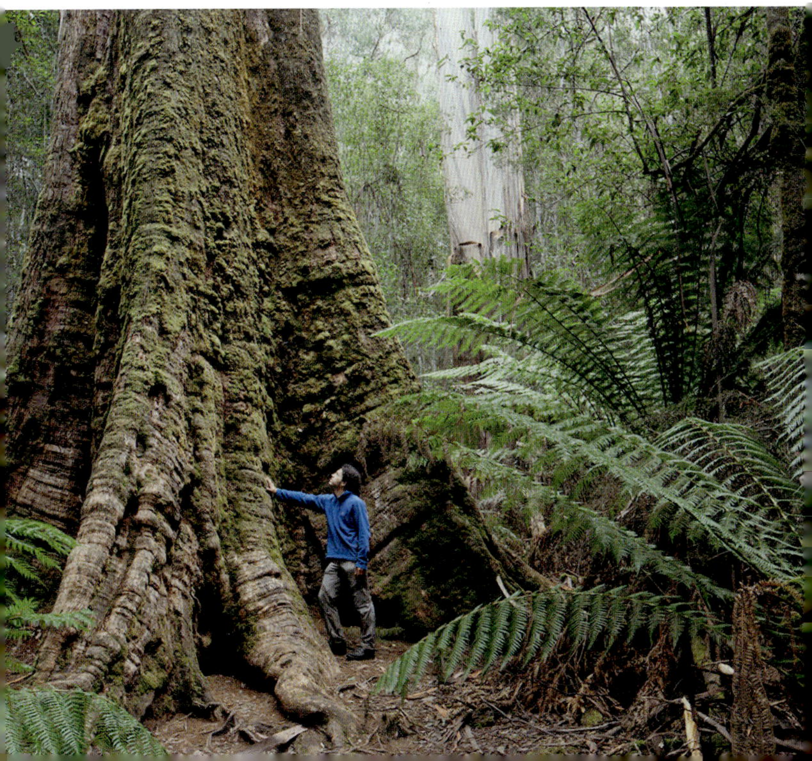

↗ 940 m | ↘ 940 m | 23.0 km

27 Mount Field West, 1434 m

7.45 h

Höchster und prominentester Berg im Mount Field National Park

Der 1916 gegründete Mount Field National Park ist zusammen mit dem Freycinet National Park der älteste Nationalpark Tasmaniens. Auf einer Fläche von gut 22.500 ha begeistert er mit großer Vielfalt – Wasserfälle, Regenwald und riesige Swamp Gums finden wir besonders im Ostteil, während im zentralen und westlichen Teil Moore, alpine Heiden, eine Fülle von Seen und von Dolerit gekrönte Gipfelbereiche das Landschaftsbild formen. Der Kulminationspunkt des Parks ist der Mount Field West mit seinem betörenden Gipfelplateau und den mächtigen, an seiner rauen Südwestseite aufragenden Felswänden.

Ausgangspunkt: National Park, 170 m. Parkplatz an der C609 (Lake Dobson Road), 1030 m. Der vielerorts ausgeschilderte Mount Field National Park ist über die B61 zu erreichen, welcher wir aus Westen oder Osten kommend bis zur Ansiedlung »National Park« folgen. Dort startet die Lake Dobson Road, auf der wir vorbei am Visitor Centre des Nationalparks zu einem großen Parkplatz am Ende des zugänglichen Teils der Straße fahren; die letzten 14,5 km sind ungeteert.

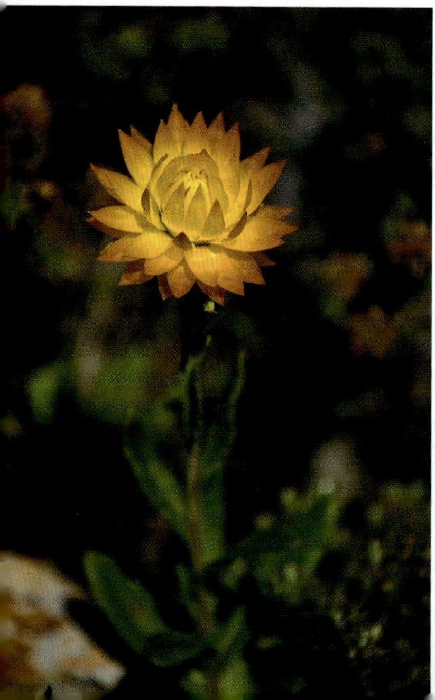

Anforderungen: Sehr lange Tour für konditionsstarke Wanderer. Blockfelder, vielfach steiniger Grund sowie matschige Passagen erfordern zudem Trittsicherheit. Schwierige Orientierung bei Nebel, besonders auf dem Plateau des Mount Field West.

Varianten: 1. Mount Field West: auf gleichem Weg via Rodway Range hin und zurück (gut 6.30 Std.).
2. Lake Circuit: Wasserreiche Rundtour via Lake Newdegate und Lake Webster ohne die Gipfelbesteigung (4.30 Std.).

Tipp: Ein interessanter Rundweg führt über den Mount Field East, 1270 m: zwar weniger spektakulär als sein westlicher Bruder, aber leichter zu erreichen. Der Rückweg erfolgt via Lake Nicholls; die letzten ca. 2,5 km entlang der Straße. Startpunkt ist am Abfluss des Lake Fenton, vom Visitor Centre etwa 11,4 km entlang der Lake Dodson Road (3.30 Std.).

Orangefarbene Everlastings sind nicht zu übersehen.

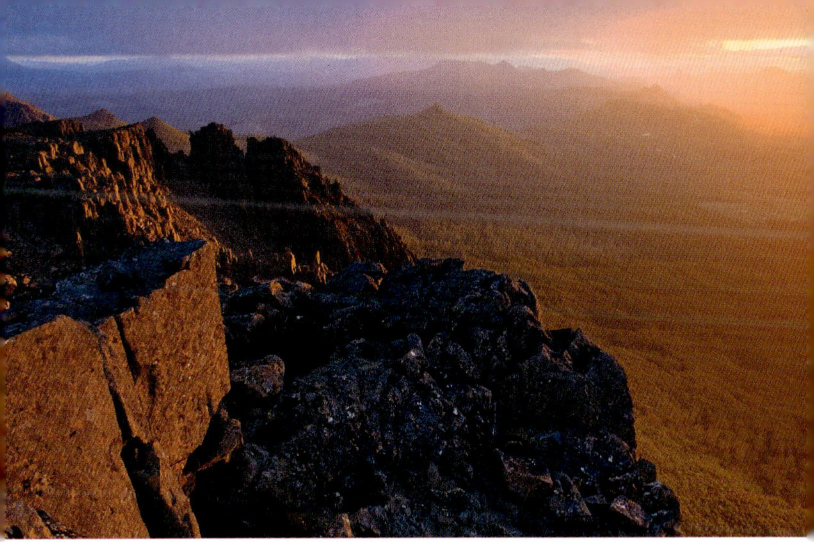

Mystisches Licht erhellt den Mount Field National Park.

Neben dem Parkplatz an der **Lake Dobson Road** ❶ gibt es eine Schutzhütte mit Registrierungsbuch sowie Informationstafeln zum Park. Unser Weg führt aber hinab zum Lake Dobson und folgt dessen Ufer ein Stück, bis wir eine Weggabelung finden, an der wir dem **Urquhart Track** ❷ nach links folgen. Nach kurzem Waldstück treffen wir auf die Straße zu den Hütten der Ski-Clubs, auf welcher wir bergauf fortsetzen. Nach zwei Haarnadelkurven gehen wir an einer **Straßenteilung** ❸ nach rechts und vorbei an zwei Gebäuden zum Snow Gum Track. Jetzt wieder auf einem Wanderweg laufend, werden die Bäume schnell von offener Heidevegetation abgelöst. Wenig später treffen wir auf eine Kreuzung. Hier geht es geradeaus weiter, doch zuvor gehen wir noch kurz nach rechts zum **Lake Seal Lookout**, mit Ausblick auf den sich wunderbar ins Tal schmiegenden Lake Seal.
Es folgt eine weitere **Wegteilung** ❹ mit Abzweig nach rechts zum Tarn Shelf, unserem späteren Rückweg. Wir aber laufen geradeaus über die mit einem Meer aus Doleritblöcken übersäte **Rodway Range**. Nach Querung dieser steinernen Höhen geht es etwas abwärts zu einem Sattel, genannt **K Col**. Einige Meter zuvor finden wir eine nächste **Weggabelung** ❺. Rechts ist die Fortsetzung unseres Rundweges, links der Gipfelweg, den wir nun in Angriff nehmen. Wir überschreiten den Sattel, von wo ein kurzer wegloser Abstecher nach Süden für Blicke auf Lake Belcher und Lake Belton lohnt. Weiter Richtung Gipfel wandernd, treffen wir auf die **Peterson Memorial Hut** (Übernachtung nur im Notfall) und etwas später auf den kleinen Clemes Tarn, ab dem es fast beständig aufwärts zum vor uns thronenden

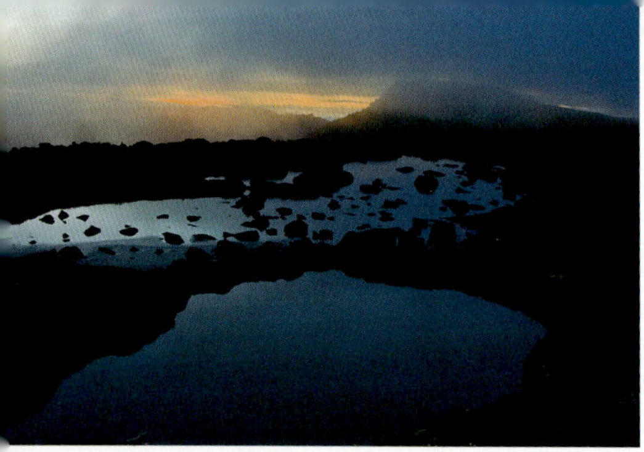

Unzählige Wasserflächen verteilen sich im Nationalpark.

Bergziel geht. Unterhalb der Spitze des Naturalist Peak, 1428 m, stehen wir dann plötzlich auf dem ausgedehnten Gipfelplateau mit seinem ganz eigenen Charme. Hunderte kleine und größere Wasserlachen, umgeben von den grünen Polstern der Cushion Plants, erfreuen hier unsere Augen. Gipfelhungrige können sich vom Weg aus über viele Felstrümmer in wenigen Minuten zum trigonometrischen Kreuz auf dem Naturalist Peak emporarbeiten, welcher genau genommen zusammen mit dem Mount Field West einen Doppelgipfel formt. Zu Letzterem muss das Plateau überschritten und ebenfalls eine kleine Felsburg bestiegen werden. Der Blick vom **Mount Field West** ❻, 1434 m, über seine imposanten und dem Wind ausgesetzten Südwestwälle zu den Bergen des Southwest und Franklin-Gordon Wild Rivers National Park ist dann ein Labsal für die Sinne.

Von hier gehen wir auf denselben Pfaden zurück zur **Wegteilung** ❺ am **K Col**, wo wir jetzt nach links Richtung Lake Newdegate abbiegen. Anfangs mit Tiefblick auf Lake Hayes halten wir uns zwischen Rodway Range und The Watcher, 1294 m, und passieren eine Reihe weiterer kleiner Wasseraugen, bevor wir den Newdegate Pass erreichen, von wo wir einen guten Blick auf den zentralen Teil des Parks haben.

Von hier hinabsteigend, gelangen wir zum Ufer des **Lake Newdegate** ❼ und zur an einem kurzen Nebenweg liegenden Hütte gleichen Namens (Notfallunterkunft). Neben dem Abfluss des Sees zweigt

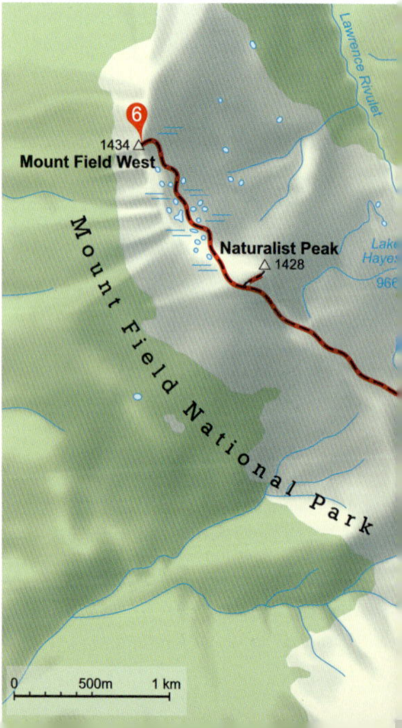

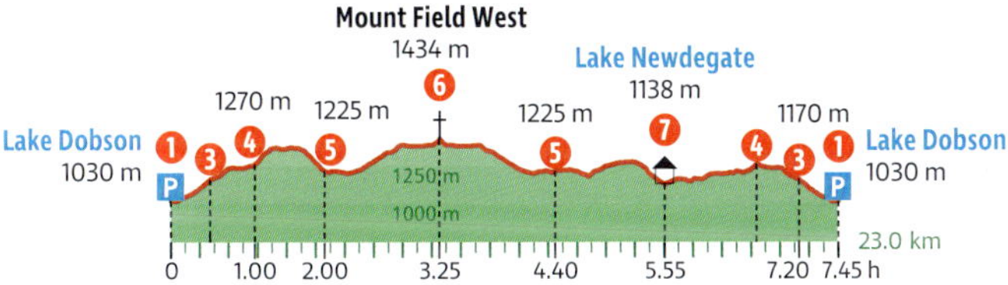

ein Weg Richtung Twilight Tarn ab (siehe Variante 2), welchen wir aber ignorieren. Nach Süden wendend marschieren wir nun an einer Serie von hübschen, kleinen Seen, den sogenannten **Tarn Shelf**, vorbei; ein zwischenzeitlicher Abschnitt mit blanken Baumskeletten ist das Relikt eines vergangenen Brandes. Oberhalb der Seenkette passieren wir eine Skihütte nebst kleiner Liftanlage sowie die **Rodway Hut** (Übernachtung nicht erlaubt) und erreichen kurz darauf den vom Hinweg bekannten **Kreuzungspunkt** ❹ unterhalb der Rodway Range.
Das Wegstück ab hier zurück zum Parkplatz an der **Lake Dobson Road** ❶ entspricht dann dem Auftaktweg der Wanderung.

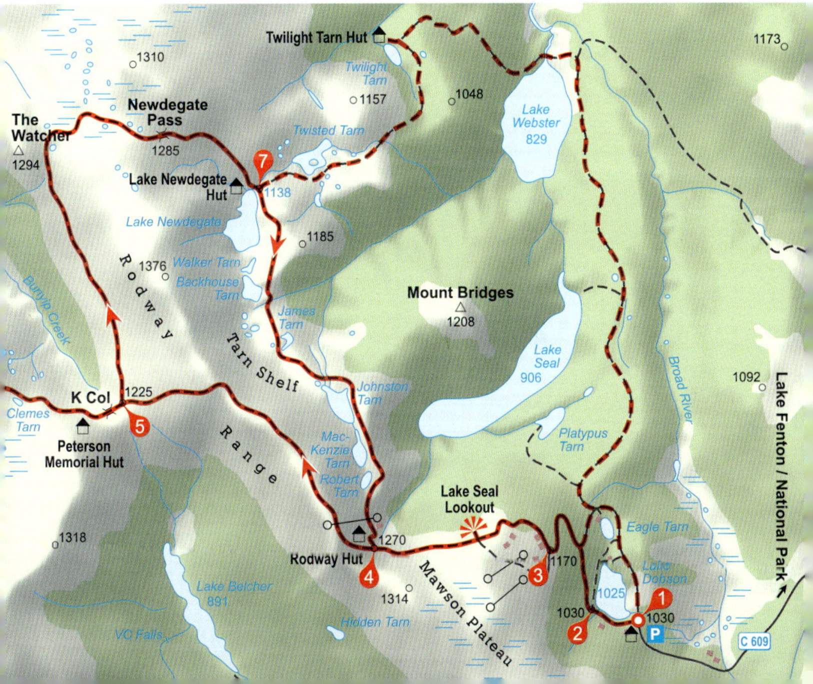

↗ 1200 m | ↘ 1200 m | 32.7 km

3 Tage

28 Lake Rhona – Reeds Peak, 1292 m

Paradiesischer See und majestätischer Gipfel

Abseits aller Touristenpfade führt uns diese Wanderung in die Denison Range im östlichen Teil des Franklin-Gordon Wild Rivers National Park. Es erwartet uns einer der schönsten Seen Tasmaniens, der Lake Rhona, mit seinen weißen Stränden und Dünen eingebettet in ein natürliches Amphitheater mit dem über allem thronenden Reeds Peak. Der landschaftlichen Schönheit wegen und fernab aller Hektik möchte man hier tagelang verweilen …

Ausgangspunkt: Maydena, 275 m. Kleiner Parkplatz am Ende der G03 Spur, 565 m. Vom Ortsausgang Maydena folgen wir der B61 (Gordon River Road) ca. 2,5 km Richtung Westen, bis hinter einer Brücke ein Wegweiser nach rechts zum Styx Big Tree Reserve weist. Hier abbiegen und an der gleich folgenden Straßenteilung der Florentine Road nach links folgen. Diese Forststraße befahren wir für 27 km, vorbei an vielen Nebenwegen bis zu einer Weggabelung. Hier folgen wir der geradeaus führenden Tiger Road für 3,7 km, bis links die Range Road startet, welcher wir ebenfalls für 3,7 km nachfahren. Nun geht es erneut links, der Terry Walsh Road für 2,6 km folgend, bis wir an einer weiteren Straßenteilung nach rechts in die G03 Spur abbiegen, welche nach 400 m als kleiner Parkplatz endet.

Anforderungen: Größtes Hindernis ist der Gordon River, der nach stärkeren Regenfällen schnell anschwellen und unpassierbar werden kann. Der zumeist unmarkierte Weiterweg erfordert Aufmerksamkeit bei der Wegführung, bietet einige matschige Passagen und ei-

Schwindelerregender Tiefblick zum Lake Rhona.

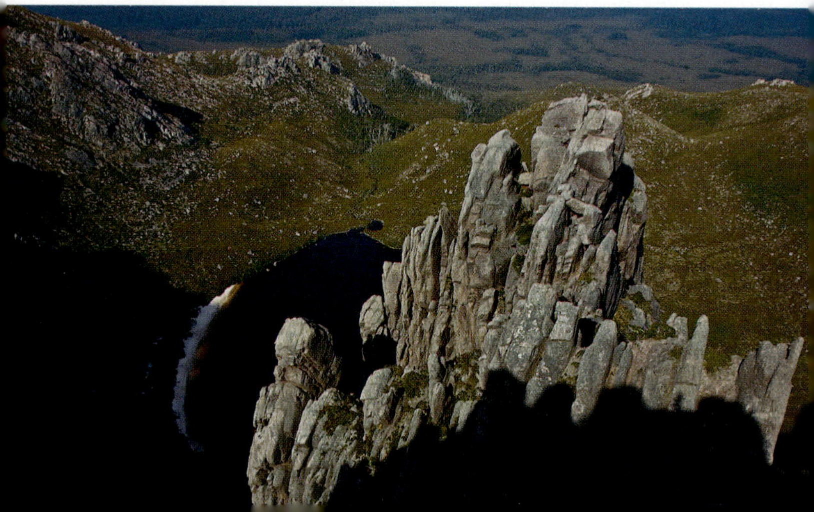

nen kräftigen Anstieg zum Lake Rhona. Schwierigster Teil ist die Besteigung des Reeds Peak; ein sehr steiler Auf- und Abstieg sowie teils wegloses und felsiges Gelände mit leichten Kletterstellen am Gipfel verlangen Kondition, Trittsicherheit, Orientierungssinn und körperliche Gewandtheit.

Unterkunft: Alle Nächtigungen im Zelt.

Varianten: 1. Geübte Wanderer können die Tour auch in 2 Tagen absolvieren, doch bliebe dann weniger Zeit, die traumhafte Landschaft zu genießen.
2. Ohne Gipfelbesteigung ergibt sich eine leichtere 2-Tages-Wanderung.
3. Optionale Besteigung des Bonds Craig (2. Tag).

Hinweise: 1. Für die Tour ist eine Vorausbuchung notwendig. Der Link dazu findet sich auf der Seite zum Lake Rhona unter www.parks.tas.gov.au.
2. Das Wasser des Lake Rhona sollte nicht unbehandelt getrunken werden.
3. Die Besteigung des Reeds Peak sollte nur bei guten Sichterverhältnissen anvisiert werden.

Tipp: Am Start der Florentine Road beginnt auch die nach Süden führende Styx Road. Folgen Sie dieser Straße für 15 km bis zum ausgeschilderten Styx Big Tree Reserve, wo ein kurzer Rundweg zu einigen sehenswerten tasmanischen Baumgiganten führt.

Karte: Denison Range (TP06), 1:50.000.

1. Tag: 530 Hm Aufstieg, 220 Hm Abstieg, 5.00 Std.

Kurz hinter dem Parkplatz an der **G03 Spur** ❶ beginnend, werden uns die Spuren eines Großfeuers von 2019 fast den gesamten Tag begleiten. Zuerst geht es durch Wald hinab zum dicht bewachsenen **Gordon River** ❷, wo uns orangefarbene Markierungen die beste Stelle zum Durchwaten des Flusses weisen. Den Gordon River verlassend, schwenkt unser Pfad kurz nach Lichtung des Baumbestandes nach Norden. Button Grass, Heide- und Teebaumsträucher sowie einige von Eukalypten dominierte Waldstreifen bestimmen jetzt das Landschaftsbild in dieser weiten Ebene, genannt **Vale of Rasselas**. Der schmalen Spur folgend, gelangen wir in einer feuchten Senke zu den Überresten der lange aufgegebenen **Gordonvale Farm** ❸; die Stelle ist auch zum Zelten geeignet.

Weitergehend werden eine Reihe von kleineren und größeren Bächen überquert (Möglichkeiten zum Zelten am Reeds und Diamond Creek), bis wir langsam nach Westen drehend einen letzten Wasserlauf mit Blick auf den deutlich erkennbaren Aufstiegsweg zum See überschreiten. Nun schweißtreibend bergan überwinden wir eine erste Anhöhe und folgen

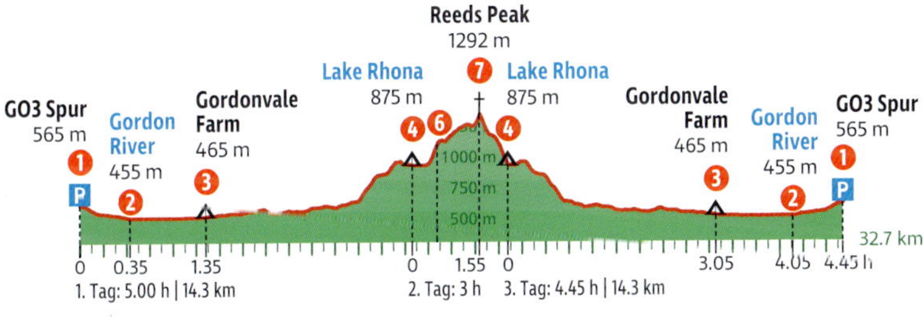

anschließend einem Kamm, den wir nahe des Ziels rechter Hand verlassen. Wenige Minuten später wird der Blick frei auf ein tasmanisches Eden: Zu unseren Füßen breitet sich der traumhafte Lake Rhona aus, überragt von einer hufeisenförmigen Bergkulisse mit dem Reeds Peak als höchster Spitze. Der Weg führt nun hinab zum herrlich weißen Sandstrand am nördlichen Ufer des **Lake Rhona** 4; geschützt hinter den Dünen finden wir Plätze zum Zelten.

2. Tag: 450 Hm Aufstieg, 450 Hm Abstieg, 3.00 Std.
Mit leichtem Gepäck laufen wir am nächsten Tag entlang des Ufers zur **Südseite des Sees** 5, wo wir nun weglos und steil zu dem linken, breiteren Sattel hinaufsteigen. Reich an Schweißperlen finden wir oben einen **Pfad** 6, dem wir nach rechts folgen. Nach Querung eines winzigen Baches teilt sich die Wegspur; wir folgen hier dem Pfad nach rechts. Die Spur ist nicht immer offensichtlich, doch sollte die weitere Orientierung nicht schwierig sein, gilt es doch, dem steil abfallenden Kesselrand zum Lake Rhona zu folgen. Wer die Randbereiche näher erkundet, wird zudem mit einigen faszinierenden Felsgebilden und spektakulären Tiefblicken zum See belohnt. Weiterlaufend gelangen wir zu einem

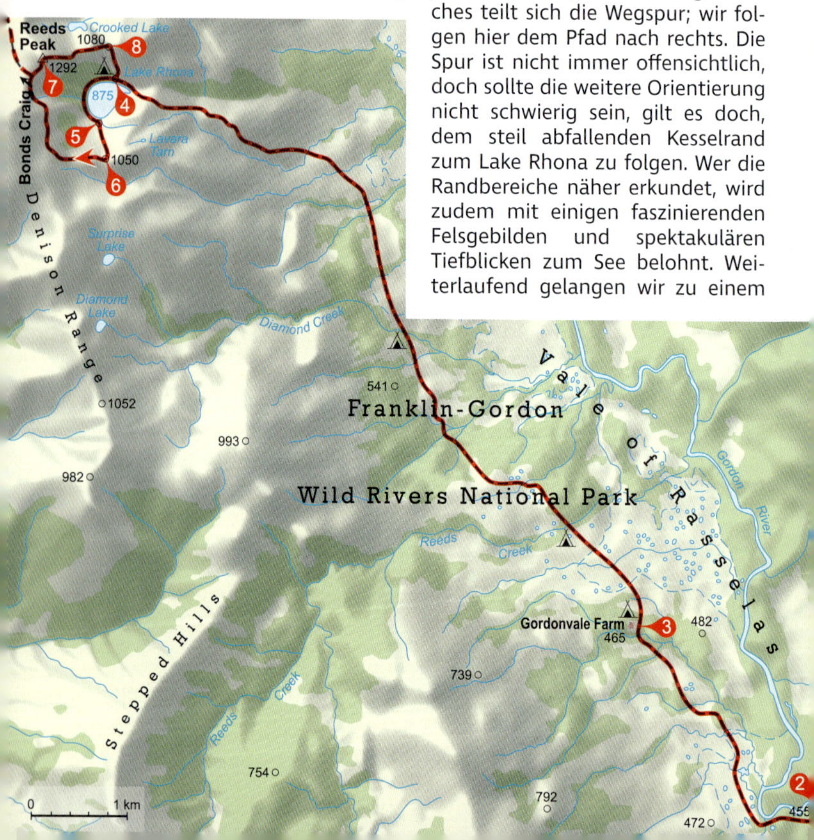

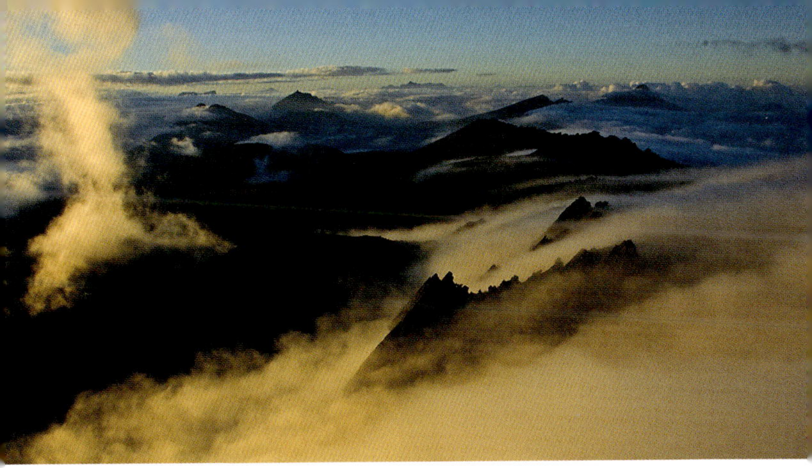

Wolkenspiele an den Spitzen der Denison Range.

Sattel unterhalb unseres Gipfelzieles. Wer bei schönem Wetter eine ausgiebigere Entdeckungstour machen möchte, kann von hier, westlich des Reeds Peak entlang, der Kammlinie der Denison Range Richtung Norden zu dem von vier Seen umgebenen Gipfel des Bonds Craig, 1265 m, folgen (plus 2.30 Std. hin und zurück). Mit oder ohne diesen zusätzlichen Abstecher finden wir am Sattel einen leicht zu verlierenden Pfad über unzählige Felsen hinauf zum Gipfel des **Reeds Peak** 7, 1292 m. Ein würdiger Ausblick empfängt uns auf der Spitze zu einem von nur wenigen Touristen gesehenen Teil Tasmaniens.

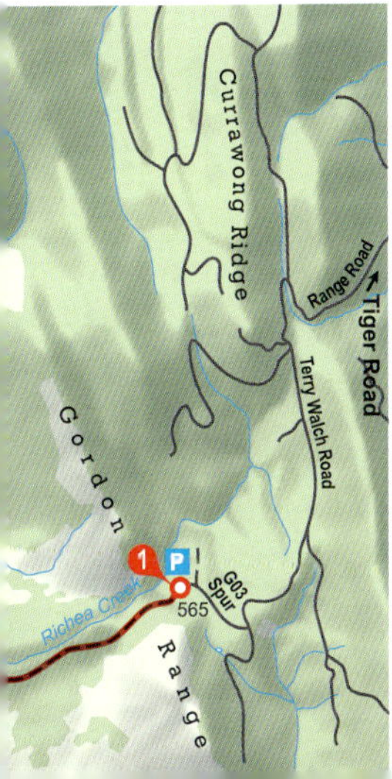

Wieder über Felsen hinabkletternd, verlassen wir den Gipfel nach Osten und finden erneut Trittspuren hinab zu einem kleinen Sattel mit schönem Blick nach Norden zum Crooked Lake. Der Abstieg von hier zum Lake Rhona ist abschüssig und gefährlich; wir bleiben daher auf der Höhe, umrunden einige Felsen und gelangen zu einem zweiten **Sattel** 8. Von hier können wir, wiederum schmale Wegspuren findend, steil, aber sicherer zu unseren Zelten am **Nordufer des Sees** 4 hinabsteigen, welcher bei schönem Wetter verführerisch zum Bad lockt.

3. Tag: 220 Hm Aufstieg, 530 Hm Abstieg, 4.45 Std. Der dritte Tag ist die Umkehrung des ersten und führt uns zurück zu unserem Ausgangspunkt an der **G03 Spur** 1.

↗ 790 m | ↘ 790 m | 6.5 km

29 Mount Sprent, 1059 m

3.45 h

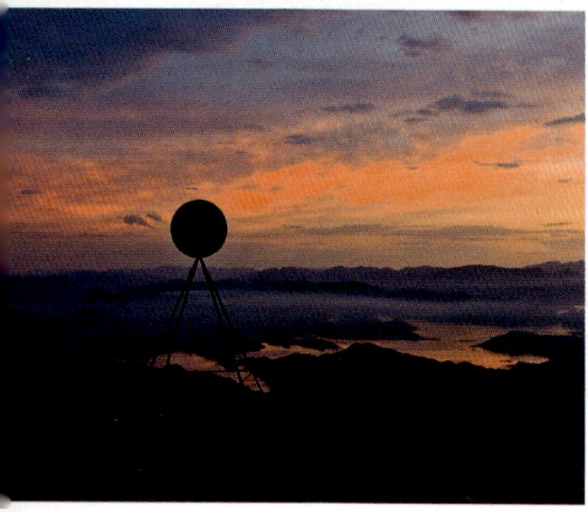

Eintrittstor in weglose Wildnis

Der Berg eröffnet völlig gegensätzliche Ausblicke. Die nach Norden und Süden aufragenden Wilmot, Frankland und Hamilton Ranges schirmen eine im Westen liegende, von bisher nur wenigen Menschen betretene grüne Urlandschaft ab, während im Osten die künstlich angestauten Seen – Lake Gordon und Lake Pedder – das Bild bestimmen. Zu Letzteren gibt es eine traurige Geschichte: Der einstige originale Lake Pedder galt mit seinen Sandstränden als einer der schönsten Seen Tasmaniens, war innerhalb eines kleinen Nationalparks geschützt und wurde trotz vieler Proteste in den 1970er-Jahren überflutet.

Ausgangspunkt: Strathgordon, 330 m. Parkplatz am Serpentine Dam, 310 m. Wir folgen der B61 (Gordon River Road) bis kurz vor deren Ende am Gordon Dam, wo linker Hand eine ausgeschilderte und ungeteerte Straße nach ca. 2,5 km den Serpentine Dam erreicht.
Anforderungen: Die relativ große Höhendifferenz und der besonders zu Beginn sehr steile, teils erodierte und matschige Weg erfordern gute Kondition. Im Gipfelbereich ist der Pfad nicht immer gut zu sehen und besonders bei Schlechtwetter ist ein ausgeprägter Orientierungssinn hilfreich.
Tipp: Nebenbei ist der Mount Sprent auch Ausgangspunkt für die weglose Traverse der Wilmot und Frankland Ranges zum Scotts Peak Dam; dieses Abenteuer sollten aber nur sehr erfahrene Tasmanienwanderer in Betracht ziehen (mindestens 6 Tage).

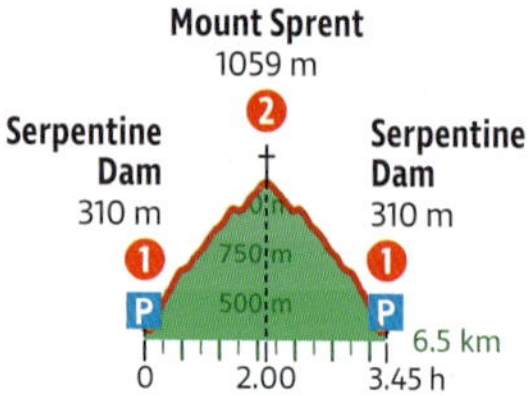

Vom Parkplatz am **Serpentine Dam** ❶ geht es über den Damm mit Blick zum **Lake Pedder** einerseits und zur **Serpentine Gorge** und den gleichnamigen Fluss andererseits. Anschließend steigen wir eine Leiter hinauf, passieren einen Wegweiser und eine kleine Registrierungsbox und halten nun durch Buschland äußerst steil aufwärts. Mit zunehmender Höhe lichtet sich die Vegetation weiter und der Pfad bekommt einen moderateren Aufstiegswinkel. Wenn wir zwischen zwei größeren Felsen mit einfacher

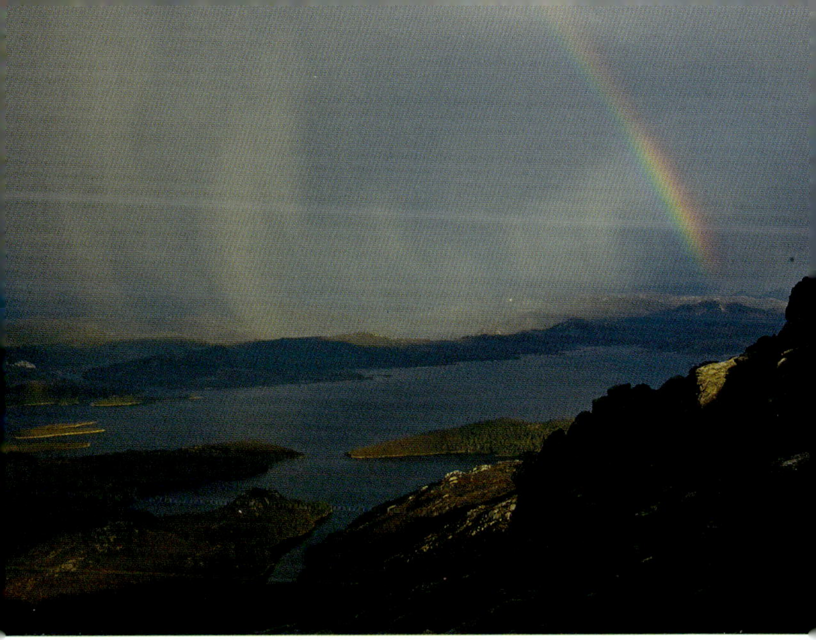

Oben: »Aprilwetter« über dem Lake Pedder.
Links: Trigonometrisches Kreuz auf dem Mount Sprent.

Kletterstelle hindurchgegangen sind, schwenkt der Weg sofort nach rechts; es ist ratsam, sich diese leicht zu verpassende Stelle für den Rückweg einzuprägen. Der Pfad führt uns anschließend zu einem kleinen Sattel zwischen Vor- und Hauptgipfel und von dort – vorbei an einigen interessanten Quarzitformationen – hinauf zum trigonometrischen Kreuz auf dem Gipfel des **Mount Sprent** ②, 1059 m. Das Panorama von der Bergspitze über den – obwohl künstlich – attraktiv anzuschauenden Lake Pedder und den Gipfelreigen am Horizont lässt dann keinen Wanderfreund kalt, doch ist es auch spannend, sich vorzustellen, wie es einmal war ... Auf demselben Weg geht es dann zurück zum Startpunkt am **Serpentine Dam** ①.

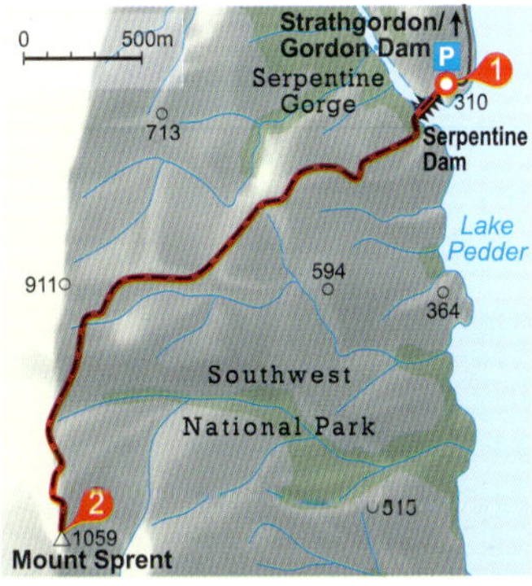

↗ 1420 m | ↘ 1420 m | 15.8 km

7.15 h

30 Mount Anne, 1423 m

Stolzes Gipfeloberhaupt in Tasmaniens wildem Südwesten

Als höchster Punkt im Southwest National Park ist der Berg für eines der unangenehmsten Wetter in ganz Tasmanien bekannt. Doch an schönen Tagen bietet der Gipfel eine atemberaubende Kulisse und ist trotz des nicht ganz einfachen Weges eine Entdeckungsreise wert. Im Gegensatz zu den meist von Quarzit dominierten Gebirgszügen im Südwesten Tasmaniens erscheinen die Häupter von Mount Anne und der meisten benachbarten Gipfel mit typisch säulenförmiger Doleritkappe.

Ausgangspunkt: Maydena, 275 m. Parkplatz an der C607 (Scotts Peak Road), 335 m. Auf der B61 Richtung Gordon Dam fahrend, biegen wir links in die nicht asphaltierte Scotts Peak Road ab und folgen ihr ca. 20 km, bis ein Schild zum Mount Anne Track weist.
Anforderungen: Langer, konditionsfordernder Anstieg auf unmarkiertem, aber gut ausgebautem Weg bis High Camp Hut. Ab hier zumeist steinig, teils sehr steil, abschnittsweise Blockfelder. Besonders der finale Anstieg mit Kletterstellen zur Spitze des Mount Anne ist exponiert und verlangt Trittsicherheit, Schwindelfreiheit sowie körperliche Gewandtheit; gefährlich bei Nässe und Schnee!
Varianten: 1. Nur bis Mt Eliza (gut 4 Std. hin/zurück) oder als 2-Tages-Tour mit Übernachtung in der High Camp Hut. 2. Der Mt Anne Circuit (Vorausbuchung notwendig) führt via Mt Lot und Lonely Tarns ca. 8 km südlich des Ausgangspunktes zurück zur Scotts Peak Road; Camping auf den Felsflächen des Shelf Camp und am Ufer des Judd's Charm. Der teils sehr raue, schlammige und nicht immer deutlich erkennbare Weg bedingt Schwindelfreiheit und die Mitnahme eines etwa 20 m langen Seils zum Liften der Rucksäcke (3 Tage).
Tipp: Das südliche Ende des Mt Anne Circuit ist auch als Lake Judd Track bekannt, und ein Nebenweg führt nach einigen Kilometern zum gleichnamigen See; besonders die zweite Weghälfte ist sehr schlammig und feucht (5 Std. hin und zurück).

Nahe dem Parkplatz an der **Scotts Peak Road** ❶ passieren wir einen Stand mit Registrierungsbuch, folgen einem kurzen, flachen Wegstück, bevor es fast permanent bergan durch eine von Button Grass und den Spuren eines Feuers von 2019 dominierte Landschaft zur **High Camp Hut** ❷ geht. Von dieser Hütte führt ein jetzt rauerer Weg zwischen kleinen Bäumen und Sträuchern entlang, bis wir über große Felsbrocken steil hinauf zum **Mount Eliza** ❸, 1289 m, steigen.

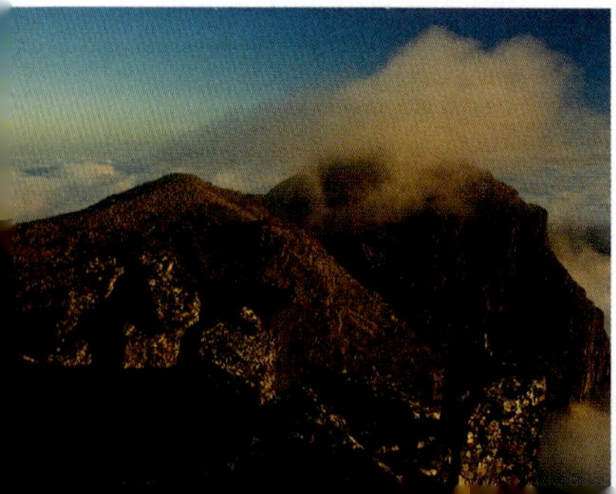

Mount Anne im »Wolkensandwich«.

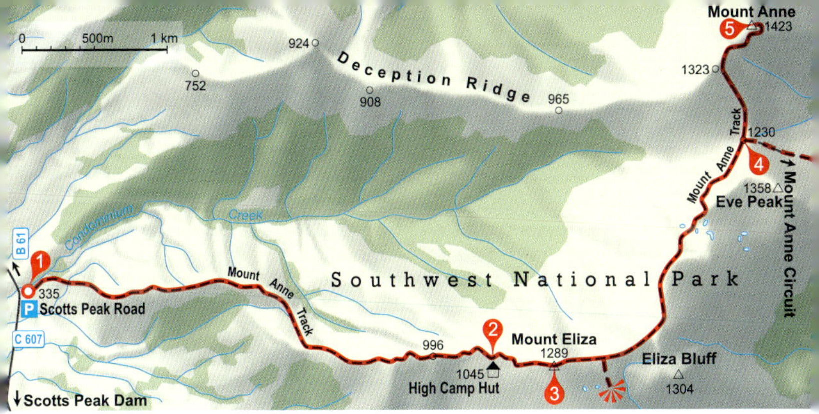

Auf dem nach Osten fortführenden Pfad über ein weitläufiges alpines Plateau durchschreiten wir als Erstes eine Senke. Von hier lohnt ein wegloser Abstecher nach Südosten zum Rand der Klippen, mit Blick auf den von tief unterhalb heraufschimmernden Lake Judd (ca. 20 Min. hin und zurück). Weiter am Hauptweg überwinden wir mehrere Anhöhen – die erste ist dabei interessanterweise mit Quarzit bedeckt – und am Wegesrand begleiten uns etliche fotogene Wasserflächen. Nach diesem recht angenehmen Abschnitt folgt ein ausgedehntes Blockfeld und anschließend eine **Weggabelung** ❹. Der Pfad nach rechts ist die Fortsetzung des Mount Anne Circuit (siehe Variante 2); wir halten uns jedoch geradeaus, zum nun massig vor unseren Augen aufragenden Mount Anne. Zuerst am Rand eines Talgrundes, dann über weitere Blockfelder, gelangen wir zum Fuß des Gipfelpulks. Nun heißt es, einige Felsen zu erklettern; folgen Sie dabei aufmerksam den Markierungen, um sich diese Aufgabe nicht unnötig zu erschweren. Eine luftige Route führt uns dann zwischen Doleritsäulen und über Felsblöcke hinauf zum Gipfel des mächtigen **Mount Anne** ❺, 1423 m. Wen bei diesen grandiosen Aussichten die Muse küsst, der kann sich im vorhandenen Gipfelbuch verewigen.

Zurück zur **Scotts Peak Road** ❶ geht es dann auf demselben Weg.

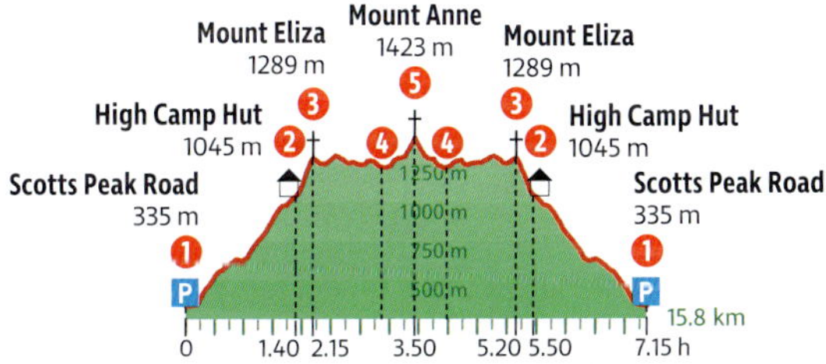

TOP

31 Western Arthur Range

↗ 3300 m | ↘ 3300 m | 59.9 km

6 Tage

Grandiose Höhenwanderung über Tasmaniens schönstes Rückgrat

Die Szenerie der Western Arthur Range im Southwest National Park ist zweifellos eine der spektakulärsten in ganz Tasmanien. Bei gutem Wetter kommen wir aus dem Staunen kaum heraus – ein prächtiger Gipfel jagt den nächsten, und dazwischen lieblich eingebettet oder von schroffen Bergflanken, Felsnadeln und steinernen Türmen überragt, liegen etwa 30 verführerisch anzusehende Bergseen. Doch dem wenig Schutz bietenden Gebirgskamm folgend, sind wir auch den Elementen unbarmherzig ausgeliefert und sollten gegen alle Arten von Wetterunbilden gewappnet sein.

Ausgangspunkt: Maydena, 275 m. Parkplatz am Start des Port Davey Track, 270 m. Wir folgen der B61 in Richtung Gordon Dam und verlassen diese Straße auf der linker Hand startenden ungeteerten C607 (Scotts Peak Road). Hier fahren wir für ca. 35 km bis zum Scotts Peak Dam und finden kurz danach einen Wegweiser, der uns nach links zum Port Davey Track/Huon Camp weist. Dieser Nebenstraße für etwa 1 km folgend, finden wir rechter Hand den Parkplatz.
Anforderungen: Ein kräftezehrender Startanstieg, gefolgt von ständigen, zum Teil sehr steilen Auf- und Abstiegen entlang des Gebirgszuges, fordern in Kombination mit dem schweren Rucksack überdurchschnittliche Kondition. Ausgesetzte Abschnitte verlangen dagegen Schwindelfreiheit und einige Kletterstellen Kraft und körperliches Geschick. Wanderer, die sich auf Felsen nicht zu Hause fühlen, sollten ein ca. 20 m langes Seil zum Liften der Rucksäcke an schwierigen Punkten mitführen. Sowohl Felsen als auch steinige, teils erodierte Wegabschnitte, aber auch wurzelreiche Passagen, ebenso die vielen Schlammlöcher entlang des Port Davey und McKays Track bedingen, insbesondere bei Nässe, Trittsicherheit. Einmal in der Höhe, gibt es keinen verkürzenden Abstiegsweg, und plötzliche Wetterumschwünge können schnell zu Orientierungsproblemen führen; ein Ausharren im Zelt ist dann oft die sicherste Alternative.
Unterkunft: Alle Übernachtungen in Zelten. Die Zeltplätze auf dem Kamm der Western Arthur Range haben Holzplattformen, Toiletten und Zugang zu Wasser.
Varianten: 1. Verkürzte Tour bis Lake

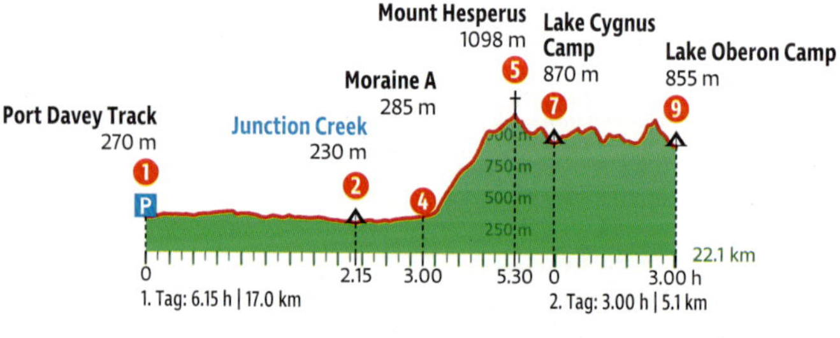

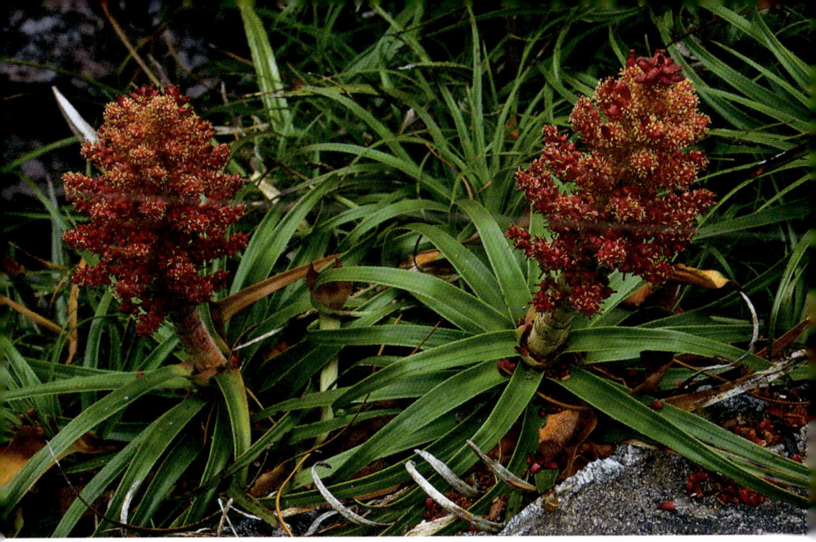

Kleine Pandani-Pflanzen in Blüte.

Oberon und auf demselben Weg zurück; dadurch können die schwierigsten Abschnitte vermieden werden (3 Tage).
2. Verlängerte und damit komplette Traverse der Western Arthur Range via Promontory Lake, West Portal, 1181 m, Lake Rosanne und anschließendem Abstieg zum McKays Track Richtung Cracroft Crossing (Campstelle nahe dem Cracroft River); es gibt keinen Zugang zu Trinkwasser zwischen den beiden genannten Seen. Da wenig genutzt, ist die Route teils weglos und folgt oft nur vagen Spuren (+ 2,5 Tage).

Hinweise: 1. Für diese Tour ist eine Vorausbuchung notwendig. Der entsprechende Link findet sich auf der Seite zur Western Arthur Range Traverse unter www.parks.tas.gov.au.
2. Wegen des begrenzten Zugangs zu Wasser auf dem Gebirgskamm sind alle gegebenen Möglichkeiten zum Auffüllen der Wasservorräte zu nutzen.

Karte: Western Arthur (TR06), 1:50.000.

1. Tag: 1100 Hm Aufstieg, 510 Hm Abstieg, 6.15 Std.
Um bereits am ersten Tag auf dem Gebirgskamm der Western Arthur Range übernachten zu können, brechen wir frühzeitig vom Parkplatz am **Port Davey Track** ❶ auf, ohne dabei zu vergessen, unser Wandervorhaben im bereitgelegten Registrierungsbuch zu hinterlassen. Wir folgen dem Port Davey Track vorbei an einer Schuhreinigungsstation zuerst durch ein Stück Wald – ein nach wenigen Minuten rechts wegführender Pfad wird dabei ignoriert – und anschließend weiter durch ausgedehnte Knopfgrasbestände. Anfangs gut ausgebaut, konfrontiert uns der Weg bald mit ermüdenden Schlammpassagen. Wir erreichen schließlich den von Wald gesäumten **Junction Creek** ❷ und den benachbarten Zeltplatz.

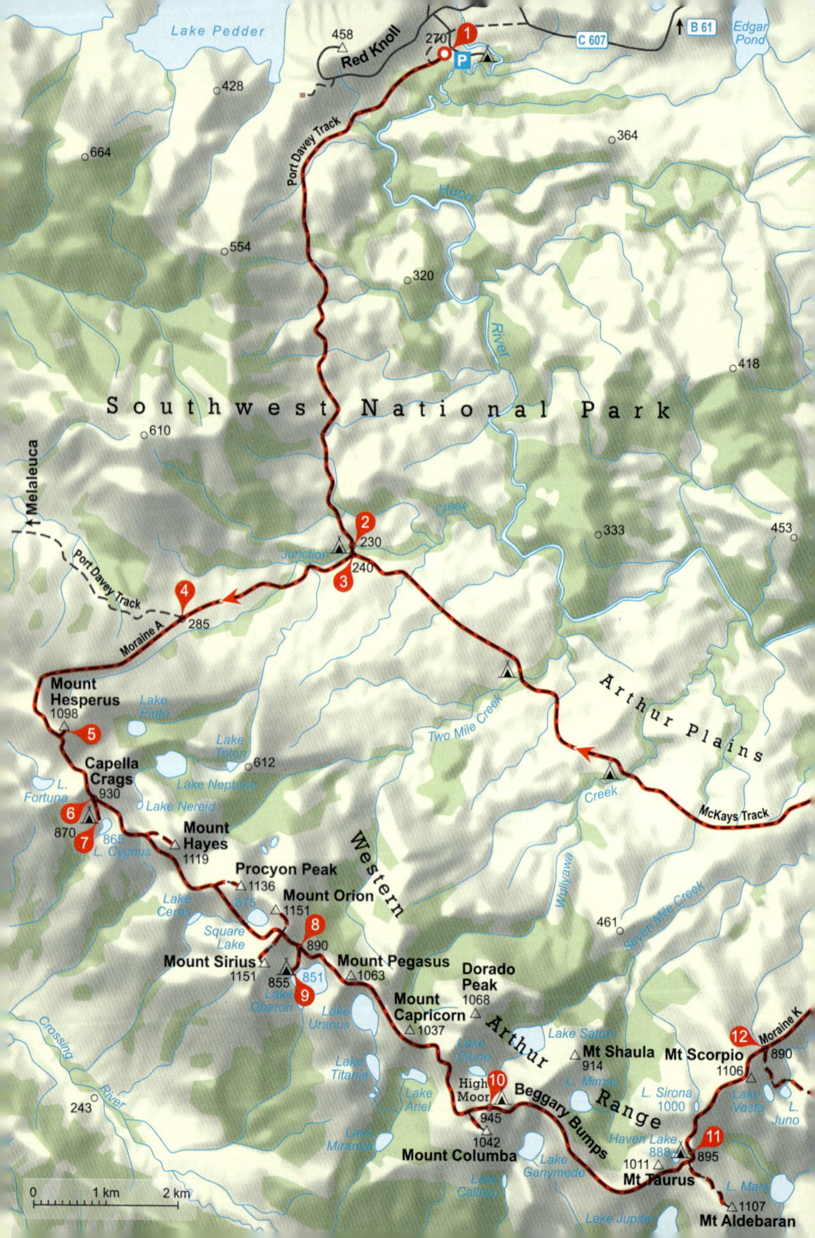

Lake Pedder
458
Red Knoll
270
1
P
C 607
B 61
Edgar Pond
428
Port Davey Track
364
664
Huon
554
320
River
418
Southwest National Park
610
Melaleuca
Creek
2
230
Junction
240
3
333
453
Port Davey Track
4
285
Moraine A
Arthur Plains
Mount Hesperus
1098
Lake Pluto
5
Two Mile Creek
Lake Triton
612
Capella Crags
930
L. Fortuna
Lake Neptune
Lake Nereid
Creek
McKays Track
6
870
7
865
L. Cygnus
Mount Hayes
1119
Western
Procyon Peak
1136
Lake Ceres
875
Mount Orion
1151
Wullyawa
Seven Mile Creek
461
8
890
Square Lake
Mount Sirius
1151
855
851
9
Lake Oberon
Mount Pegasus
1063
Dorado Peak
1068
Mount Capricorn
1037
Lake Uranus
Arthur
Lake Saturn
Crossing River
Lake Titania
Lake Dione
Mt Shaula
914
Mt Scorpio
1106
12
Moraine K
890
L. Mimas
High Moor
10
Beggary Bumps
Range
L. Sirona
1000
Lake Vesta
L. Juno
243
Lake Ariel
945
1042
Haven Lake
888
11
895
Lake Miranda
Mount Columba
Lake Ganymede
1011
Mt Taurus
L. Mars
Lake Callisto
1107
Lake Jupiter
Mt Aldebaran
0
1 km
2 km

Aus dem Wald tretend stoßen wir auf den **McKays Track** ❸, unseren Rückweg, ignorieren diesen aber jetzt und folgen dem Pfad nach rechts, wo es kurz danach einen nächsten Bach zu passieren gilt. Mit Blick auf die linker Hand thronende Western Arthur Range erreichen wir schließlich eine weitere Weggabelung. Ein Schild weist den Weg nach rechts als Port Davey Track; der unmarkierte Pfad nach links ist unser Aufstiegsweg in das Gebirge, genannt **Moraine A** ❹. Entlang dieses sehr steilen Anstiegs und weiter bis zum Tagesziel gibt es kein Wasser, wir sollten daher an den letzten Bachläufen unsere Flüssigkeitsvorräte auffüllen. Haben wir den Gebirgskamm erreicht, ist der erste Härtetest vollbracht. Eine karge Felslandschaft mit zarten alpinen Pflänzchen empfängt uns hier oben. Nun nach Südosten drehend, steigen wir jetzt im gemäßigten Winkel zum Fuß des ersten markanten Gipfels, dem **Mount Hesperus** ❺, 1098 m, hinauf. Die Bergspitze liegt dabei nur einen Steinwurf vom Weg entfernt und sollte, da so leicht erreichbar, unbedingt erklommen werden. Von diesem Hochpunkt erwartet uns der erste atemberaubende Ausblick auf die Gipfelsinfonie der **Western Arthur Range**, und von der Ostflanke des Gebirgszuges leuchten Lake Pluto, Neptune und Triton herauf.
Der Weiterweg führt nun hinab zu einem Sattel und von rechts unterhalb wünscht uns Lake Fortuna viel Glück. Ein letzter Tagesanstieg zu den neben dem Weg aufragenden Capella Crags fordert nochmals unsere Kräfte;

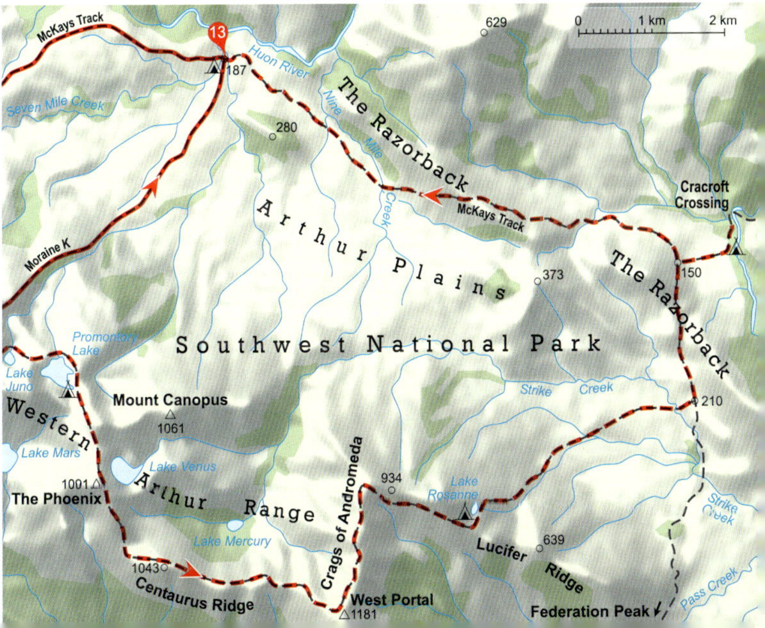

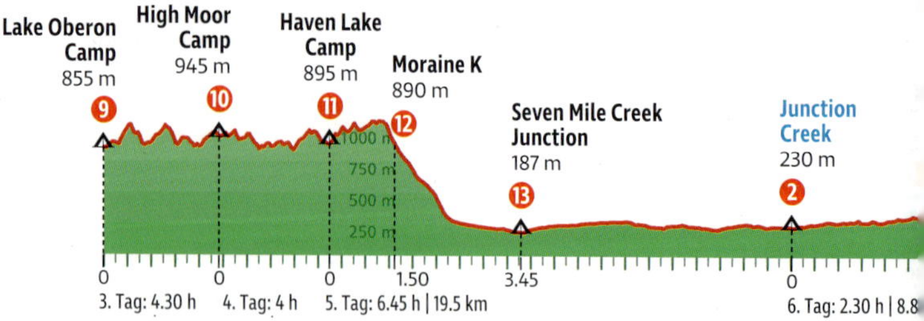

anschließend geht es wieder abwärts, wo uns ein kurzer **Nebenweg** 6 zum wohlverdienten Nachtlager im **Lake Cygnus Camp** 7 nahe des Ufers des Lake Cygnus leitet.

2. Tag: 480 Hm Aufstieg, 500 Hm Abstieg, 3.00 Std.
Nach dem anstrengenden Starttag folgt ein kürzerer Wandertag, der aber mit vier optionalen Gipfelbesteigungen ausgedehnt werden kann. Vom Lake Cygnus zurück am Hauptweg steigen wir nahe zur Spitze eines namenlosen Gipfels empor, danach kurz abwärts unterhalb eines Sattels und wieder etwas hinauf und am Fuß des massigen Mount Hayes, 111 m, entlang. Dieser Berg kann als weglose Seitenexkursion erklommen werden; dafür verlassen wir unseren Weg vom Sattel kommend, am besten am nächsten Hochpunkt am Weg, wo das Gelände begehbar erscheint, und arbeiten uns dann am Nordwesthang des Gipfels empor (nur für kletterbegeisterte Wanderer, 40 Min. hin und zurück). Den Mount Hayes verabschiedend, geht es hinab in einen nächsten großen Sattel und anschließend erneut aufwärts auf einen Seitenkamm des Procyon Peak, 1136 m. Bevor wir wieder talwärts halten, kann, Sattel wie Wegspur verlassend, auch diese Gipfelpersönlichkeit weglos erstiegen werden. Erneut kein leichter Abstecher, sollten nur an Felsen geübte Wanderer den Aufstieg anvisieren (40 Min. hin und zurück).
Unser Wanderpfad führt nun unterhalb des Procyon Peak entlang; rechter Hand grüßt der Lake Ceres aus einem Tal heraus. Weiterlaufend bringt uns der Weg hinab zum von Felswällen umrahmten **Square Lake** und dessen Abfluss. Anschließend wieder an Höhe gewinnend, geht es zu einem Sattel zwischen Mount Sirius, 1151 m, und Mount Orion, 1151 m. Zu beiden Bergspitzen lohnt der Aufstieg, zumal sie leichter erreichbar sind als die beiden zuvor passierten. Mount Sirius ist am einfachsten bei Erreichen des Sattels und sofortigem Schwenk nach rechts über einige Felsen hinweg zu erklimmen (30 Min. hin und zurück). Kurz vor Verlassen des Sattels finden wir dann Trittspuren hinauf zum südlichen Gipfel des Mount Orion, von wo weglos zur nördlichen Spitze fortgesetzt werden kann (30 Min. hin und zurück).
Mit oder ohne Gipfeltrip geht es, unsere Tour fortsetzend, erstmals unangenehm steil hinab und dann über einen kurzen **Nebenweg** 8 zum be-

Port Davey Track
270 m
1
P
37.8 km
30 h

kanntesten See der Gebirgskette, dem großen Lake Oberon. Hier finden wir unweit des Sees das **Lake Oberon Camp** 9 mit einer Reihe geschützter Stellen zum Errichten unserer Zelte. Wer die Wanderung bis zu diesem Punkt schon als sehr schwierig empfand, sollte am Lake Oberon umdrehen (Variante 1).

3. Tag: 570 Hm Aufstieg, 480 Hm Abstieg, 4.30 Std.
Am dritten Tag wird der Weg deutlich schwieriger. Mit gefüllten Trinkflaschen geht es vom See zurück zum Hauptweg, und bald gilt es, dichtes, wurzelreiches Gestrüpp und mehrere Kletterstellen zu überwinden; ein Seil zum Herablassen oder Liften der Rucksäcke wird hier für viele Wandergruppen unentbehrlich sein. Die schwierigste Stelle ist dabei ein enger, mit Rucksack nicht durchsteigbarer Durchlass zwischen Felsen. Haben wir diese Hürde gemeistert, gelangen wir zu einer Stelle wenig unterhalb der Spitze des Mount Pegasus, welcher wieder als wegloser Seitenabstecher in wenigen Minuten erreicht werden kann. Steile Abstiege führen uns von hier zu einem Sattel mit Blick zum unterhalb schimmernden Lake Uranus. In wechselndem Auf und Ab durch einige weitere dichte Scopariabestände und Aussichten auf Lake Titania, Lake Miranda und Lake Ariel gelangen wir zum Gipfel des Mount Capricorn. Nahe seiner höchsten

Eine einsame King Billy Pine auf dem Gebirgskamm.

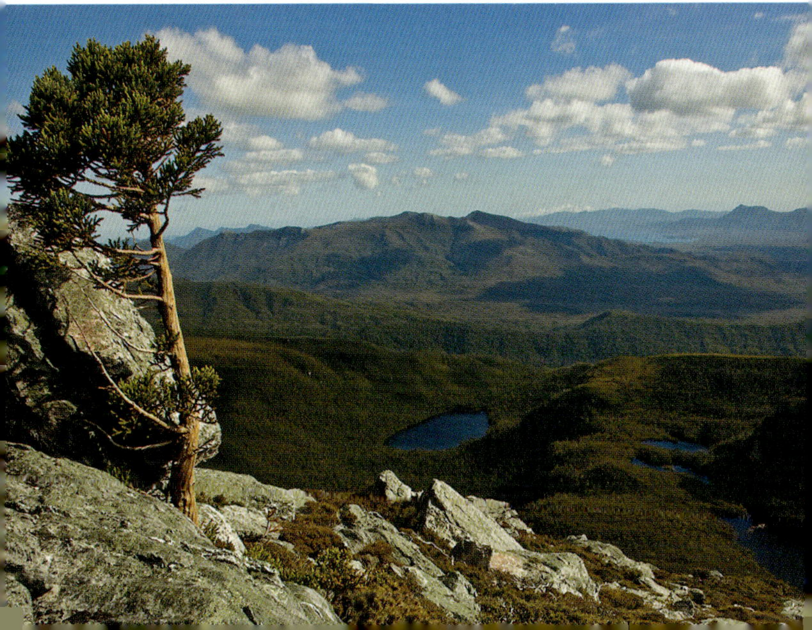

Erhebung bewegen wir uns ein Stück im Gipfelbereich, bevor es erneut sehr steil und über teils erodierte Pfade zum nächsten Sattel bergab geht. Anschließend wieder aufwärts, passieren wir einen namenlosen Gipfel links und den nächsten Sattel und gelangen weiter bergan gehend zu einer mit flacher Vegetation bewachsenen Ebene, genannt High Moor. Der hier rechter Hand aufragende Mount Columba, 1042 m ist recht einfach besteigbar und bietet wie alle Gipfel des Gebirges ausgezeichnete Ausblicke. Der Weiterweg führt dann, etwas an Höhe verlierend, zum unweit gelegenen **High Moor Camp** ⑩, unserem nächsten Nachtlager. Eine kleine, aus der Erde sickernde Quelle ist hier das einzige Trinkwasser. Wer zum nördlichen Rand des Moor läuft, kann sich den Abend noch mit Tiefblicken auf Lake Saturn und Lake Dione versüßen.

4. Tag: 420 Hm Aufstieg, 470 Hm Abstieg, 4.00 Std.
Bevor wir am nächsten Tag aufbrechen, sind wiederum unsere Wasserbehälter aufzufüllen. Nun heißt es, die Felstürme der **Beggary Bumps** über viele sehr steile, oft stark erodierte Auf- und Abstiege zu überwinden. Der

Blick hinab zum Square Lake.

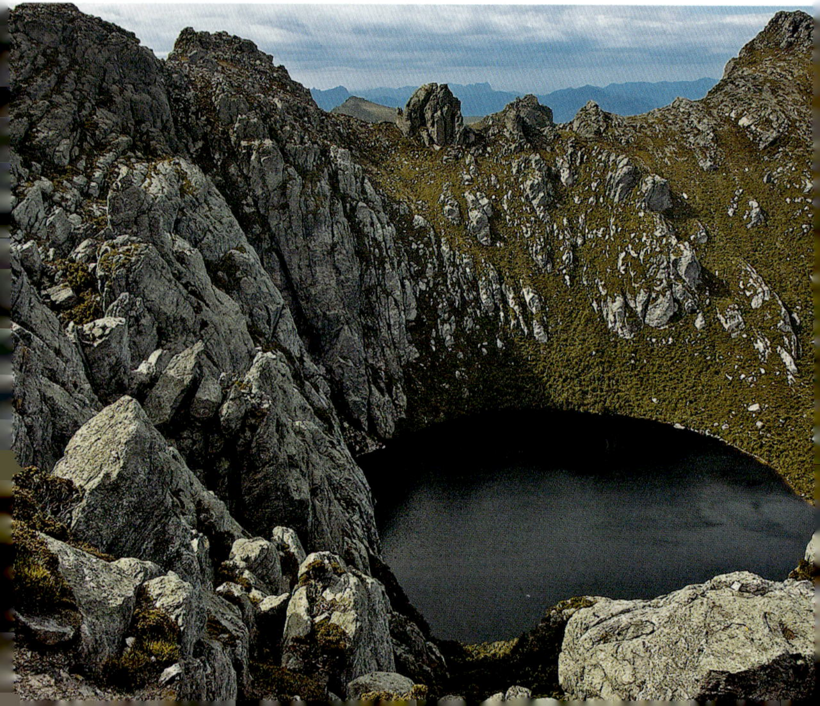

Einsatz des Seils kann an einigen Stellen erneut hilfreich sein. Achten Sie hier genau auf die Markierungen, da es einige falsche Wegspuren gibt, die in weglosem Busch oder an Felsabgründen enden. Wenn wir schließlich einen kleinen Sattel erreichen, ist dieses schwere Wegstück geschafft.
Als Nächstes folgen wir im steten Auf und Ab, zumeist durch dichtes Buschwerk und einige weitere Kletterstellen, dem Hauptkamm des Gebirges und passieren dabei mehrere kleine Nebengipfel. Anschließend führt uns der Wanderpfad hinauf zum Doppelgipfel des Mount Taurus. Der westliche Gipfel ist dabei in wenigen Minuten erreichbar und bietet einen hervorragenden Rückblick auf das Geschaffte sowie auf Lake Ganymede und Lake Mimas. Wenige Schritte weiter erhalten wir zudem Aussicht auf den nächsten prächtigen See, Lake Jupiter, bevor uns der Weg zwischen dem Gipfeldouble hindurchleitet und hinab zum **Haven Lake Camp** ⓫ führt, unserem Nachtlager am wetterbedingt nicht immer himmlischen Haven Lake.

5. Tag: 510 Hm Aufstieg, 1170 Hm Abstieg, 6.45 Std.
Der neue Tag startet mit einem Anstieg zu einem Sattel. Von diesem können wir einer nach rechts führenden Wegspur über eine Felskuppe folgen und dann weglos nahe der Kante, der nach Nordosten abfallenden Felswälle und über einen Vorgipfel zum Mount Aldebaran, 1107 m, mit wiederum berauschenden Ausblicken, wie auf Lake Mars und die östlichen Gipfel der Western Arthur Range, hinaufsteigen (2.00 Std. hin und zurück).
Der Hauptweg leitet kurz abwärts, dann wieder bergan, bevor es hinab zu einem weiteren kleinen Sattel geht. Anschließend wandert man erneut aufwärts zu einem unbenannten Gipfel. Dessen Spitze ist vom Weg aus in wenigen Minuten problemlos zu erreichen. Wieder steil abwärts, gelangen wir zum kleinen **Lake Sirona**, gefolgt vom angenehmeren Aufstieg zum Mount Scorpio, 1106 m. Dieser Berg ist vom Weg aus, dem scharfen, oft windigen Grat folgend, in einigen Minuten erklommen und die finale Chance für einen tadellosen Ausblick über die Gipfelreigen der Western Arthur Range.
Den Gipfel und spektakulärsten Teil des Gebirges verlassend, folgt ein kurzes flaches Wegstück, bevor es noch einmal steil bergab, mit Blick auf unsere Abstiegsroute, zu einer **Weggabelung** ⓬ mit kleiner Registrierungsbox geht. Der Pfad nach rechts ist die Fortsetzung für eine vollständige Traverse der Western Arthur Range (s. Variante 2). Wer noch eine letzte Nacht in der Höhe verbringen möchte, könnte diesem Weg zum lauschigen Lake Vesta, zum benachbarten und gleichfalls ansehnlichen Lake Juno oder bis zum größeren Promontory Lake folgen. An allen Seen finden sich hübsche Stellen, ein Zelt aufzuschlagen (bis Lake Juno 1 Std., bis Promontory Lake 2 Std. hin und zurück).
An der Wegteilung nach links gehend, befinden wir uns jetzt auf dem Abstiegsweg zu den Arthur Plains, genannt **Moraine K**. Dieser Weg führt hauptsächlich durch Button-Grass-Flächen hinab zur Kreuzung **Seven Mile**

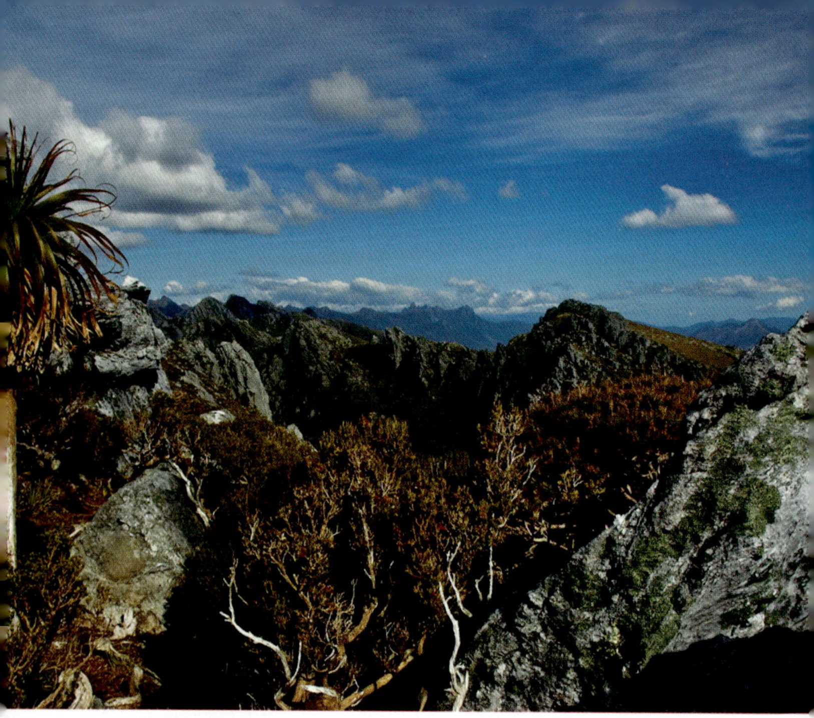

Entlang des Gebirgskamms bieten sich unentwegt Ausblicke.

Creek Junction ⓭ mit dem McKays Track am Zusammenfluss von Seven Mile Creek und einem Nebenbach. Der von rechts kommende Pfad wäre der Rückweg bei kompletter Bewanderung der Gebirgskette; wir aber überschreiten den von links heranfließenden **Seven Mile Creek** (alternatives Nachtlager) geradeaus und folgen den Markierungen nach Westen. Wir durchwandern die meist flache Ebene mit etlichen schlammigen Abschnitten und einigen Bachüberquerungen, wo umgestürzte Bäume teils für Verwirrung sorgen (Möglichkeiten zum Zelten am Wullyawa und Two Mile Creek). So erreichen wir die vom Hinweg bekannte **Wegkreuzung** ❸ oberhalb des **Junction Creek** ❷. Hier nach rechts gehend, gelangen wir zu den Zeltplätzen am Fluss.

6. Tag: 200 Hm Aufstieg, 160 Hm Abstieg, 2.30 Std.
Am abschließenden Tag wandern wir auf den vom Starttag bekannten Wegteil des **Port Davey Track** zurück zum Ausgangspunkt unserer Tour am **Parkplatz** ❶.

↗ 4100 m | ↘ 4100 m | 95.0 km

TOP

6 Tage

Federation Peak, 1225 m

32

Schroffer Felsengipfel mit legendärem Ruf

Nach mehreren missglückten Versuchen gelang erst 1949 die Erstbesteigung des Federation Peak, und der Gipfel gilt unter australischen Wanderern bis heute als ein ganz besonderes Vorhaben, bezeichnen ihn doch nicht wenige als das schwierigste Bergziel des Landes. Obwohl heutzutage durch Wanderwege weitaus leichter zugänglich, scheitern dennoch viele Wanderer, die Bergspitze zu erreichen. Einerseits kann das bekannt wechselhafte Wetter in dieser Region zur Umkehr zwingen, andererseits lässt die exponierte Route am finalen Aufstieg etliche Personen von der Begehung Abstand nehmen. Doch egal ob mit oder ohne die Erklimmung des Federation Peak, zählt die Tour über die Eastern Arthur Range im Southwest National Park zu einer der aufregendsten in ganz Tasmanien!

Ausgangspunkt: Maydena, 275 m. Parkplatz am Start des Port Davey Track, 270 m. Wir folgen der B61 in Richtung Gordon Dam und verlassen diese Straße auf der linker Hand startenden ungeteerten C607 (Scotts Peak Road). Hier fahren wir für ca. 35 km bis zum Scotts Peak Dam und finden kurz danach einen Wegweiser, der uns nach links zum Port Davey Track/Huon Camp weist. Dieser Nebenstraße für etwa 1 km folgend, finden wir rechter Hand den Parkplatz.
Anforderungen: Die schwierigste Tour im Buch! Der lange Anmarschweg, der zum Teil sehr steile Aufstieg in die Eastern Arthur Range und die zahlreichen Auf- und Abstiege im Gebirge erfordern eine überdurchschnittliche Kondition. Zahlreiche Kletterstellen erfordern hier zudem Kraft und körperliches Geschick. Die Orientierung bereitet zumeist keine Probleme, kann jedoch durch tiefhängende Wolken auf dem Gebirgszug deutlich erschwert sein; Wanderer sollten mit ihrer Ausrüstung für schlechtes Wetter gewappnet sein. Ein hohes Maß

White Everlasting (Argentipallium dealbatum).

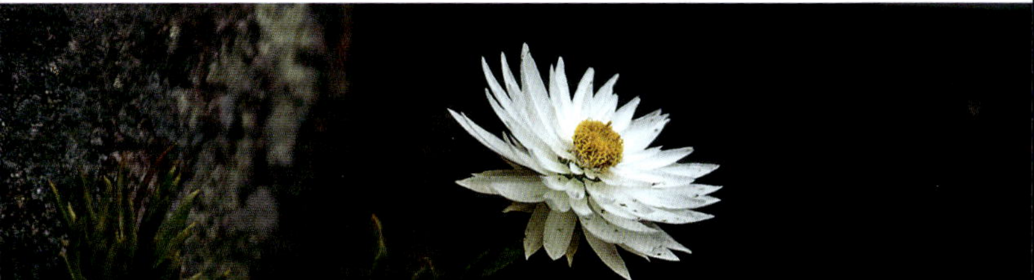

an Trittsicherheit gilt für Kletterstellen und das abschnittsweise raue Terrain. Auf den Wegen durch die Ebenen muss je nach Jahreszeit und vorausgegangenen Niederschlägen mit gelegentlich sehr schlammigen Bereichen gerechnet werden. Der finale Gipfelanstieg und besonders der anschließende Abstieg sind der schwierigste Teil der Tour. Dieser bedingt günstiges Wetter mit klarer Sicht und trockenem Zustand der Felsen und sollte zudem nur von Wanderern angegangen werden, die keine Höhenangst haben und schwindelfrei sind; Grunderfahrungen im Klettern sind hilfreich.
Unterkunft: Alle Übernachtungen in Zelten. Die Zeltplätze auf dem Kamm der Eastern Arthur Range haben Holzplattformen, Toiletten und Zugang zu Wasser, dürfen jedoch nur für max. 2 Nächte genutzt werden.
Variante: Eine besonders von Einheimischen genutzte Route zum Gipfel ist via Farmhouse Creek und Moss Ridge; Zufahrt von Geeveston via C632, C631, dann kurz entlang der East Picton und Riveaux Road, anschließend der West Picton Road bis zum Ende folgen. Diese Strecke ist noch schwieriger und weniger attraktiv (ca. 4 Tage hin und zurück), kann aber mit der Hauptroute zu einer Streckenwanderung (ca. 5–6 Tage) kombiniert werden. Der Rücktransport sollte zuvor organisiert werden.
Hinweise: 1. Für diese Tour, ebenso die aufgeführte Variante, ist eine Vorausbuchung notwendig. Der entsprechende Link findet sich auf der Seite zur Eastern Arthur Range Traverse unter www.parks.tas.gov.au.
2. Wegen des begrenzten Zugangs zu Wasser auf dem Gebirgskamm sind alle gegebenen Möglichkeiten zum Auffüllen der Wasservorräte zu nutzen.
Tipp: Für kniffelige Stellen im Bereich der Four Peaks empfiehlt sich die Mitnahme eines etwa 20 m langen Seils zum Liften der Rucksäcke.
Karten: Western Arthur (TR06) und Bathurst (TS06), beide 1:50.000.

Blick hinab zum Lake Leo.

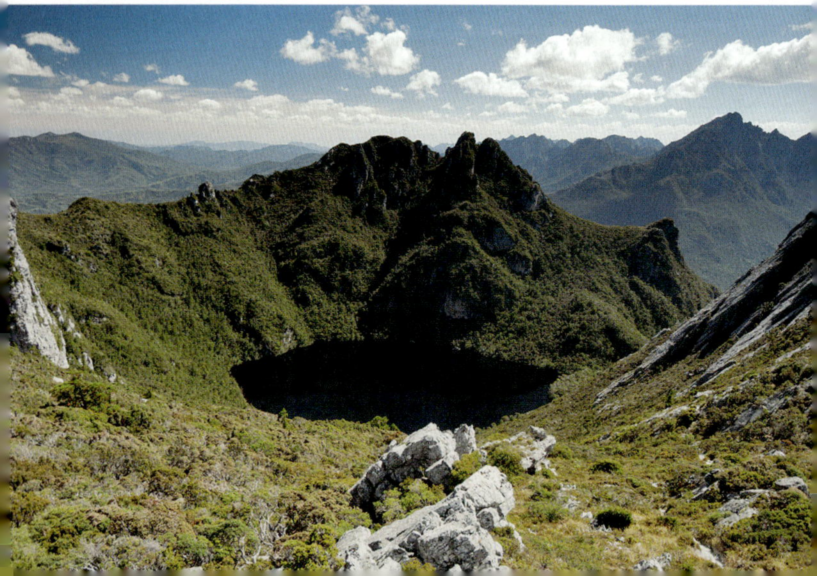

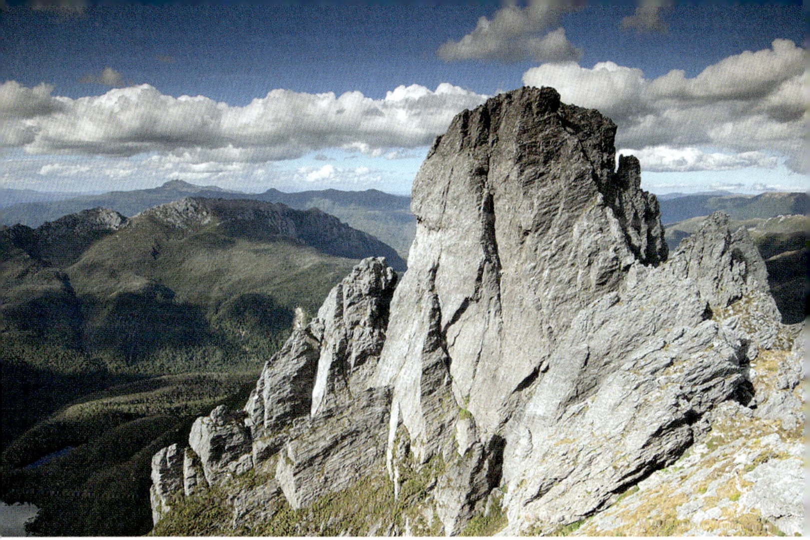

Das Ziel ist zum Greifen nah.

1. Tag: 330 Hm Aufstieg, 410 Hm Abstieg, 5.30 Std.
Wir brechen vom Parkplatz am **Port Davey Track** ❶ auf, ohne dabei zu vergessen, unser Wandervorhaben im bereitgelegten Registrierungsbuch zu hinterlassen. Wir folgen dem Port Davey Track vorbei an einer Schuhreinigungsstation zuerst durch ein Stück Wald – ein nach wenigen Minuten rechts wegführender Pfad wird dabei ignoriert – und anschließend weiter durch ausgedehnte Knopfgrasbestände. Anfangs gut ausgebaut, konfrontiert uns der Weg bald mit ermüdenden Schlammpassagen. Wir erreichen schließlich den von Wald gesäumten **Junction Creek** ❷ und den benachbarten Zeltplatz.
An der **Wegteilung** ❸ nach der Flussüberquerung folgen wir jetzt dem McKays Track nach links, wo uns bald, bis weit in den zweiten Tag hinein, die Spuren eines Feuers von 2019 begleiten. Zumeist geht es nun durch offene, vorwiegend mit Button Grass bewachsene Ebenen, unterbrochen von kurzen Waldabschnitten entlang von Bachläufen, wo auf die Markierungen zu achten ist, da umgestürzte Bäume oft für Verwirrung sorgen. Am **Two Mile** und **Wullyawa Creek** gibt es geeignete Plätze zum Zelten, doch sind wir nicht zu spät gestartet, empfiehlt sich der **Seven Mile Creek** ❹ als erstes Nachtlager.

2. Tag: 1300 Hm Aufstieg, 500 Hm Abstieg, 7.00 Std.
Wir überqueren den Seven Mile Creek und sofort anschließend den hier einmündenden Zufluss; den leicht zu übersehenden Abzweig zur Morai-

ne K lassen wir dabei unbeachtet. Wie am Vortag führt der Track wieder durch eine offene Landschaft, dabei überwinden wir einen niedrigen Höhenzug, genannt The Razorback. Schließlich erreichen wir eine **Wegteilung** ❺. Der Weg nach links führt zu einem kleinen Zeltplatz (25 Min. hin und zurück) und weiter zum Cracroft River und Huon Track.

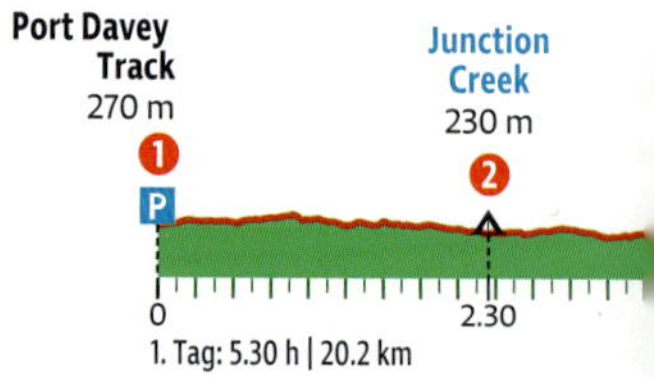

Wir setzen jedoch geradeaus fort, passieren nach ca. 2 km den mit einem Steinhaufen markierten **Abzweig** ❻ zum Lake Rosanne und überqueren etwa 30 Min. später den Strike Creek.

Die Eastern Arthur Range und den großen Anstieg vor Augen durchschreiten wir u. a. ein größeres Waldstück, überwinden den Pass Creek, anschließend einen größeren Zufluss zu diesem und gelangen zu einem **Zeltplatz** ❼ an einem kleinen Bach. Spätestens hier sollten wir Wasser abfüllen. Kurz darauf startet der teils sehr anstrengende Aufstieg in das Gebirge, anfangs entlang eines Seitenkamms, genannt Luckmans Lead. Zuerst durch vertrauten Knopfgras-Bewuchs führt der Pfad dann in von Teebäumen dominierten Wald hinein, wo wir uns kletternd über Wurzeln und Steine über besonders steile Passagen nach oben arbeiten müssen. Wenn der Wald von Strauchvegetation abgelöst wird, fällt das Vorankommen etwas leichter, doch ein weiterer sehr steiler Anstieg auf das Plateau der Boiler Plates testet nochmals unsere Kondition. Spätestens ab hier werden die Felslandschaft und Ausblicke immer mehr zu einem Augenschmaus.

Wenig später halten wir erstmals steil bergab, bis der Weg nach links schwingt und sich ein wunderbares Panorama über den Lake Leo bietet. Jetzt geht es hinauf auf den **Stuart Saddle**, wo uns ein erster großartiger Blick zum Federation Peak erwartet und sich nur wenige Schritte weiter das **Stuart Saddle Camp** ❽ befindet.

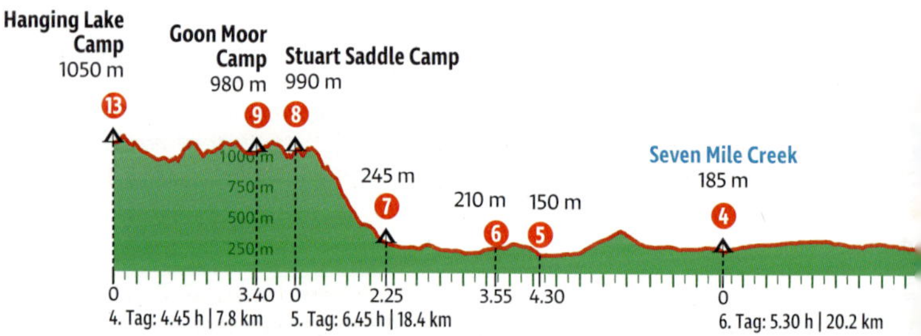

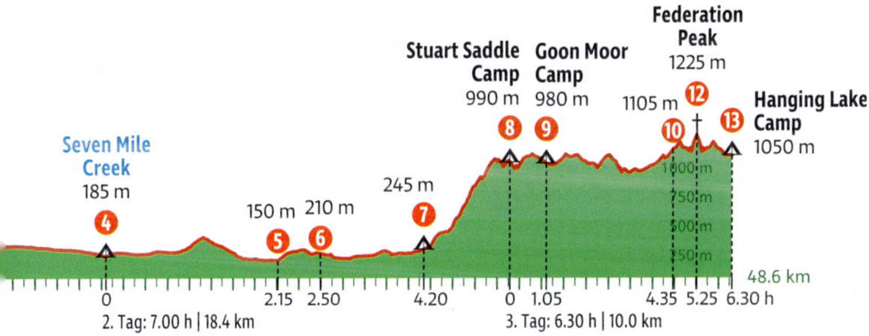

3. Tag: 970 Hm Aufsteig, 910 Hm Abstieg, 6.30 Std.

Zuerst meist abwärts, leitet der Weg durch attraktiven, von Pandani-Pflanzen dominierten Wald unterhalb mächtiger Felswände entlang, bevor es kräftig ansteigend auf ein Plateau zwischen den The-Needles-Formationen geht. Der Weg umgeht die Felsspitzen und leitet dann durch gedrungen wachsenden Regenwald zum **Goon Moor Camp** 9.

Anschließend wandern wir durch das mit alpiner Vegetation bewachsene Goon Moor, wo Wanderer aufgefordert sind, zur Minimierung von Trittschäden breit gefächert zu laufen. Danach wieder auf einem Weg, passieren wir im wechselnden Auf und Ab die Spitzen der links aufragenden The Gables, können dann mehrfach hinab zum Lake Cracroft blicken und überschreiten einen Sattel. Vom nächsten Hochpunkt schauen wir auf das Massiv der Four Peaks, dem schwierigsten Hindernis auf dem Weg zum Gipfelziel. Wir halten jetzt kräftig abwärts, bis der Weg plötzlich nach links einige Meter hinauf zu einem Durchlass zwischen den Felsen führt (auf die Markierungen achten!). Von hier erneut bergab, folgen einige testende Kletterpassagen, an denen ein Seil zum Herablassen der Rucksäcke gute Hilfe leistet. Führt der Weg wieder bergan, kommen wir zu einer weiteren kniffeligen Kletterstelle. Haben wir diese gemeistert, belohnen uns bald Blicke zum Lake Bewsher, bevor wir das offene **Thwaites Plateau** erreichen. Hier erwartet uns ein gemütlicher Wegteil mit schöner Aussicht zum markanten Devils Thumb und Federation Peak. Wir erreichen schließlich eine unmarkierte **Wegteilung** 10. Ist das Wetter stabil, können wir die Gipfelbesteigung gleich in Angriff nehmen (alternativ am Folgetag). Nur mit leichtem Gepäck folgen wir dafür dem Pfad nach links, dieser ist auch bekannt als **Southern Traverse**. Schnell gelangen wir in die dramatische Szenerie um den Gipfel, der sich nun gewaltig vor uns auftürmt. Wir überwinden erste Kletterstellen,

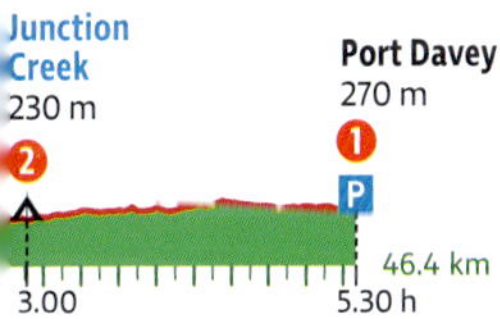

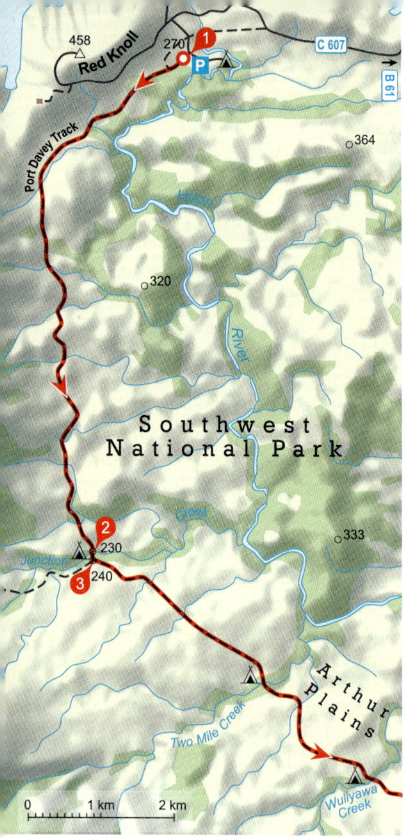

und kurz nach Passieren des zweiten Abschnitts mit Holzstufen signalisiert ein großer **Steinhaufen** ⓫ den Beginn der finalen Aufstiegsroute.

Wir folgen den Steinmarkierungen bergauf an die Felswände heran und schwenken nach links. Nach einigen Metern weisen uns die Markierungen aufwärts und wir gelangen zu einem Felsvorsprung mit großem Steinhaufen. Dies ist ein guter Orientierungspunkt, besonders für den späteren Abstieg.

Die nächsten Steinhaufen sind von hier schwer zu sehen, wir halten aber einfach geradlinig aufwärts. Schließlich blockieren steile Wälle den Weiterweg und wir müssen uns vorsichtig auf schmalen Felsvorsprüngen nach rechts vorarbeiten und auf die Markierungen achtend jeweils an geeigneter Stelle zweimal nach oben klettern. Da extrem exponiert, ist das die schwierigste Passage beim Aufstieg.

Danach erwarten uns nur noch leichtere Kletterstellen und es ist relativ einfach, den Wegzeichen bis zum höchsten Punkt des **Federation Peak** ⓬, 1225 m, zu folgen. Hier werden wir mit einem der besten Pano-

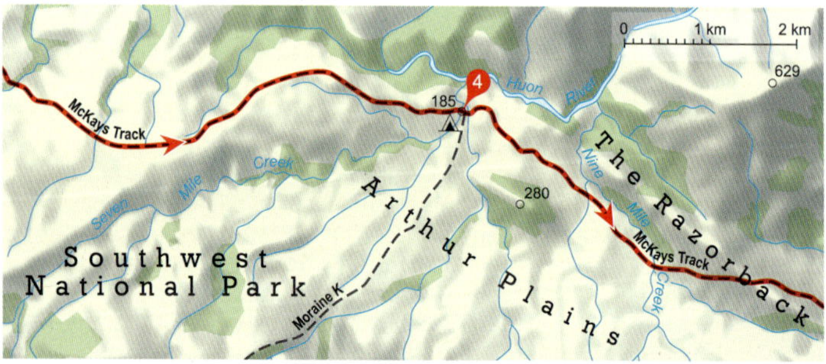

ramen Tasmaniens zu einer ausgiebigen Rast animiert. In alle Richtungen ragen Bergketten aus einer nahezu unberührten Landschaft empor und beiderseits des Gipfels funkeln Bergseen herauf.

Auf derselben Route steigen wir wieder hinab zum **Steinhaufen** 11 und gehen auf der Southern Traverse zurück zu unserem Gepäck. An der **Wegteilung** 10 folgen wir nun dem Weg nach links hinab zum Hanging Lake. Nur wenige Schritte vom Abfluss des Sees entfernt liegt das **Hanging Lake Camp** 13.

4. Tag: 610 Hm Aufstieg, 670 Hm Abstieg, 4.45 Std.

Wir wandern wieder zurück bis zum Abzweig der Southern Traverse an der **Wegteilung** 10, laufen nun aber geradeaus auf bekannter Strecke zum **Stuart Saddle Camp** 8 und übernachten nochmals auf dem Gebirgskamm.

Alternativ können wir noch an diesem Tag steil hinab zum Zeltplatz am Fuße der Eastern Arthur Range halten.

5. Tag: 480 Hm Aufstieg, 1280 Hm Abstieg, 6.45 Std.

Wir folgen weiter unseren Schritten der ersten Tage zurück in Richtung Ausgangspunkt und verbringen eine weitere Nacht am **Seven Mile Creek** 4.

6. Tag: 410 Hm Aufstieg, 330 Hm Abstieg, 5.30 Std.

Auf bekannter Strecke geht es an diesem Tag zurück zum Startpunkt der Tour am Parkplatz des **Port Davey Track** 1.

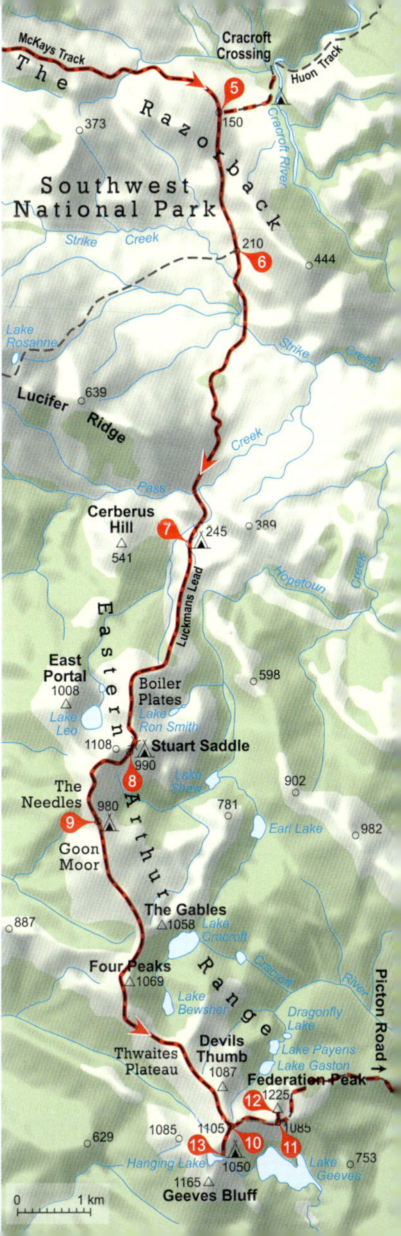

↗ 440 m | ↘ 440 m | 8.0 km

33 Hartz Peak, 1254 m

3.00 h

Ein alpiner Gipfel für fast alle

Abgesehen von den mit Fahrzeug erreichbaren Gipfeln, wie etwa dem Mount Wellington bei Hobart, gibt es wohl wenige andere Berge dieser Höhe in Tasmanien, die so leicht zu bewandern sind. Nichtsdestotrotz darf auch hier wie auf allen Touren in diesem Höhenbereich das manchmal schnell wechselnde Wetter mit dichtem Nebel und Niederschlag nicht unterschätzt werden. Doch bei schönem Wetter erwartet uns eine gemütliche Tour durch eine typisch tasmanische Bergwelt mit Seen, Doleritfelsen und weiten Ausblicken.

Ausgangspunkt: Geeveston, 40 m. Hartz Visitor Shelter am Ende der C632 (Hartz Road), 860 m. Wir verlassen die A6 (Huon Highway) in Geeveston und folgen hier den guten Ausschilderungen in den Hartz Mountains National Park und weiter bis zu einem Parkplatz am Ende der Hartz Road; die letzten 13,5 km sind ungeteert.

Anforderungen: Sehr leichte Wanderung, zumeist auf Holzstegen bis Ladies Tarn. Von dort etwas Kondition fordernde Anstiege zum Hartz Pass und anschließend zum Hartz Peak. Der felsige Gipfelbereich verlangt etwas Trittsicherheit.

Variante: Vom Parkplatz führt auch ein Weg zum Lake Osborne (40 Min. hin und zurück).

Tipp: Weitere leichte und ausgeschilderte Kurzwanderungen starten entlang der Hartz Road zum Waratah Lookout (5 Min.) und Arve Falls Lookout (20 Min.; je hin und zurück).

Blick vom Gipfel zum Hartz Lake.

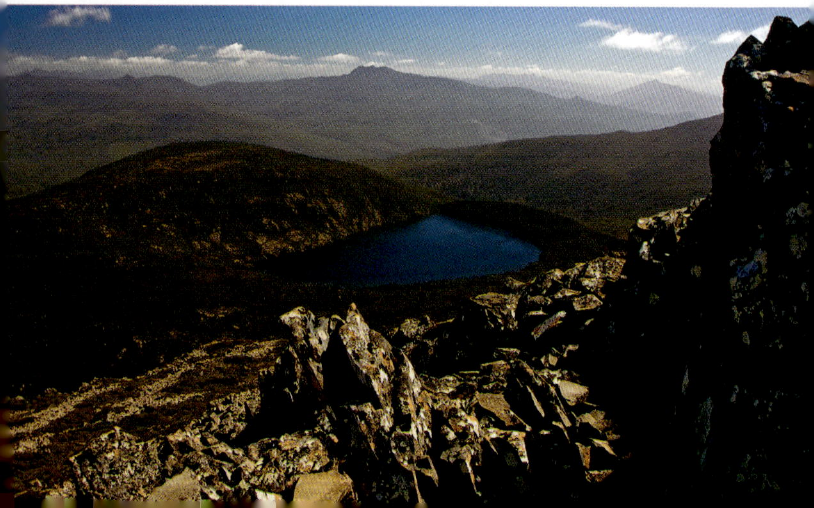

Der ausgeschilderte Weg startet neben dem **Hartz Visitor Shelter** ❶ und führt zuerst durch kleinwüchsigen Wald und Busch, bevor sich die Vegetation in eine alpine Heide- und Moorlandschaft wandelt. Dieses zauberhafte Gebiet, verziert mit einer Fülle kleiner Wasserlachen und im Frühsommer reicher Blütenvielfalt, begleitet uns zuerst beim etwa 150 m langen Nebenweg zum sehenswerten **Lake Esperance** ❷ und von dieser kurzen Exkursion wieder zurück, dann weiter zu dem nicht nur Frauenaugen erfreuenden **Ladies Tarn** (zwei kurze Zugangswege). Bis zu diesem Punkt gemütlich, folgt jetzt ein etwas kräftigerer Anstieg hinauf zum **Hartz Pass** ❸, von wo uns ein Wegweiser nach links zum Gipfelziel weist. Wem der Sinn nach einem weiteren See steht, kann vom Pass den nur noch spärlich markierten und wenig genutzten Pfad versuchen, der durch teils dichtes Buschwerk Richtung Norden hinab zum Ufer des ebenfalls beschaulichen Hartz Lake führt (45 Min. hin und zurück).

Den Markierungen des Hauptweges folgend, geht es weiter aufwärts durch nun recht felsiges Gelände auf den Gipfel des **Hartz Peak** ❹, 1254 m. Exzellente Ausblicke auf den Hartz Lake, den benachbarten Mount Snowy und die Spitzen vieler weiterer Berge im Southwest National Park wissen uns vom höchsten Punkt des Hartz Mountains National Park zu begeistern.

Zurück zu unserem Ausgangspunkt am **Hartz Visitor Shelter** ❶ gehen wir einfach auf demselben Weg, jetzt in entgegengesetzter Richtung.

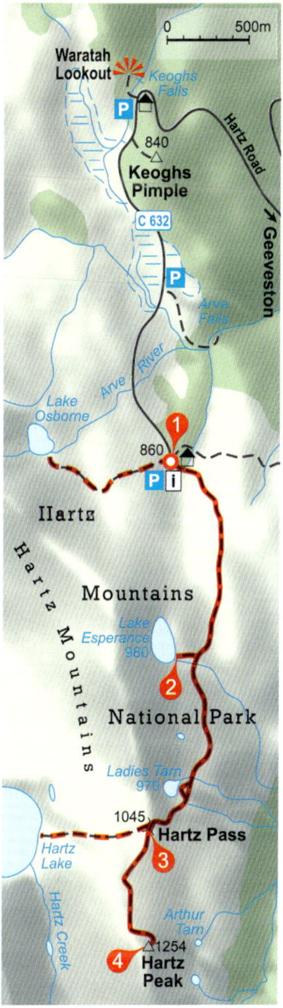

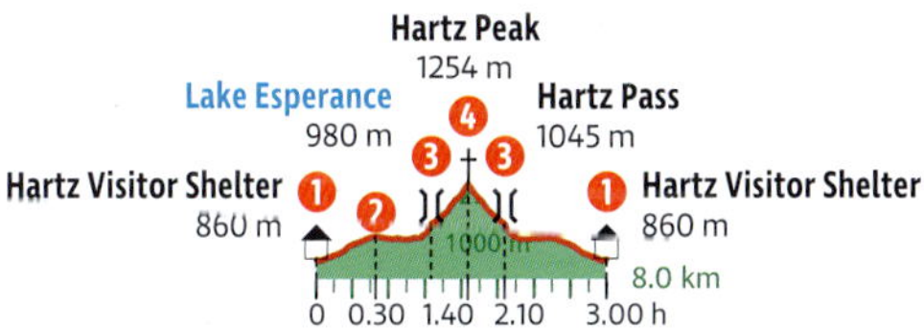

↗ 1130 m | ↘ 1130 m | 14.3 km

34 Adamsons Peak, 1225 m

6.15 h

Aussichtsphänomen zwischen Meer und bergiger Wildnis

Wer dem Huon Highway nach Dover und weiter Richtung Süden folgt, wird diesen auffälligen Gipfel, der sich stolz über die nur wenig über Meereshöhe gelegenen Orte erhebt, schwerlich übersehen können. Am Rand des Southwest National Park gelegen, verspricht der Berg wunderbare Ausblicke zu den Gipfelreigen im Westen und nach Osten zu den Buchten und Inseln der Tasmansee. Daneben garantieren ein abwechslungsreicher Wald, ein alpines Plateau sowie stimmungsvolle Felsformationen spannende Wanderstunden.

Ausgangspunkt: Strathblane, 25 m, und Dover, 20 m. Parkplatz an der Peak Rivulet Road, 140 m. Von Dover folgen wir der A6 (Huon Highway) Richtung Süden und biegen wenige Meter vor Überquerung des Esperance River nach rechts in die ungeteerte Esperance Road ab. Wir fahren entlang dieser Straße für 9,5 km bis zu einer Weggabelung, an der wir der linker Hand startenden Peak Rivulet Road für 5 km bis zu einem Hinweisschild und einem kleinen Parkplatz auf der rechten Seite folgen. Alternativ und kürzer ist die Zufahrt via Adamsons Road von Strathblane.

Anforderungen: Die Tourenlänge sowie der große Höhenunterschied verlangen gute Kondition. Matschige und schmierige Wegteile sowie der felsige Gipfelbereich fordern dagegen Trittsicherheit. Auf dem Plateau gilt es, aufmerksam den Markierungen (Steinhaufen und rosa Bänder) zu folgen, da die Wegspur leicht mit anderen in die Irre leitenden (Tier-)Pfaden zu verwechseln ist. Besondere Vorsicht bei Nebel!

Tipp: Es lohnt ein Stopp am Picknickplatz neben dem attraktiven Esperance River an der Esperance Road. Hier kann auch mit Zelt übernachtet werden.

Gipfellandschaft wenig unterhalb der Bergspitze.

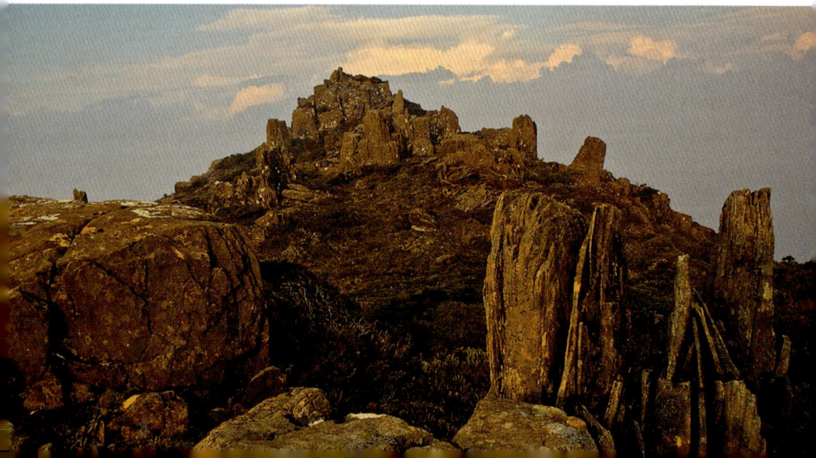

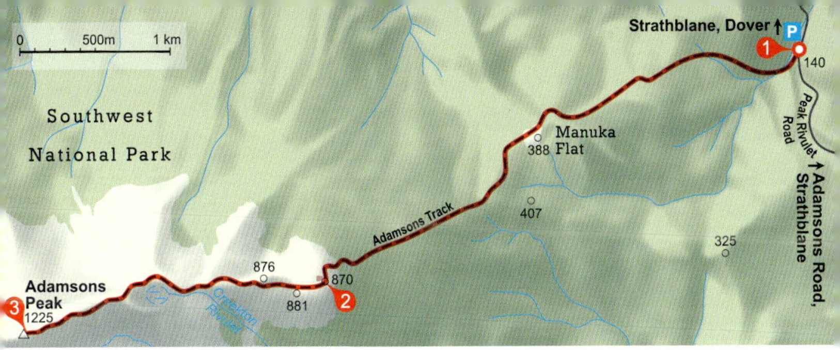

Von der **Peak Rivulet Road** ❶ führt der Wanderweg anfangs durch ein Stück Regenwald, dabei passieren wir Überreste einer ehemaligen Bahnstrecke mit Informationstafeln, die über deren Geschichte berichten. Vorbei an einer Registrierungsbox wechseln wir in feuchten Eukalyptuswald, durchschreiten anschließend die von lichtem Wald bestandene, fast ebene **Manuka Flat**, bevor der Weg wieder durch Regenwald bergauf führt. In den Waldabschnitten der Wanderung lassen sich hier des Öfteren die erstaunlichen Gesangsimitationen der männlichen Leierschwänze hören, und mit etwas Glück kann man auch einen der hübschen Vögel am Waldboden sichten.
Mit Erreichen eines weitläufigen Hochplateaus übernimmt offene Buschvegetation die Dominanz. Wir gehen am Rand des Plateaus etwa 100 m nach Süden und gelangen zu den Überresten einer ehemaligen **Hütte** ❷ mit gutem Aussichtspunkt zur Tasmansee. Von hier weisen jetzt einige Steinhaufen den Weiterweg nach rechts (Westen) zu dem vor unseren Augen aufragenden Vorgipfel des Adamsons Peak. Wir überqueren das feuchte Plateau und passen auf, nicht die teils vage Wegspur zu verlieren. Mit beginnendem Aufstieg auf einen Seitenkamm des Vorgipfels wird der Weg dann steiler, aber auch deutlicher erkennbar. Durch zum Teil dichtes Gestrüpp erreichen wir diesen Berg, dessen Spitze vom Wanderpfad aus schnell erklommen werden kann. Nun vorbei an einigen bemerkenswerten Felsskulpturen und durch meist flachwüchsige Vegetation, geht es zum finalen Anstieg hinauf auf den mit großen Steinhaufen markierten höchsten Punkt des **Adamsons Peak** ❸, 1225 m. Bei der obligatorischen Gipfelrast verwöhnt uns dann eine wunderbare Kulisse zwischen Bergwelt und Tasmansee.
Auf denselben Pfaden geht es anschließend weniger anstrengend zurück zum Ausgangspunkt an der **Peak Rivulet Road** ❶.

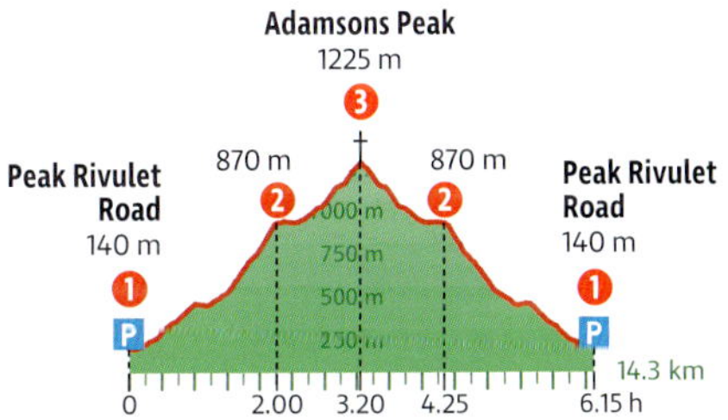

↗ 2800 m | ↘ 2800 m | 46.1 km

35 Moonlight Ridge – Mount La Perouse, 1158 m – Pindars Peak, 1253 m

4 Tage

Auf das »Dach« der Southern Range

Diese Wanderung im Southwest National Park beinhaltet all die Merkmale, für die Tasmaniens Bergwelt bekannt ist – majestätische Eukalyptusbäume, kühler Regenwald, rauen Bedingungen trotzendes Moor- und Heideland, verträumte Seen neben schroffen Felslandschaften und immer wieder begeisternd aussichtsreiche Gipfel. Aber dieser Mehrtagesmarsch ist auch mit unangenehmeren Zutaten gewürzt: über den Weg gestürzte Bäume, rutschige Wurzeln und Steine, schlammgetränkte Pfade oder weglose und unmarkierte Abschnitte. Wer auch diese Seite kennt und Tasmanien trotzdem liebt, wird mit der hier vorgestellten Tour jedoch viel Freude haben.

Ausgangspunkt: Ida Bay/Lune River, 35 m. Parkplatz an der Limestone Quarry Road, 125 m. Aus Richtung Hobart kommend, folgen wir der A6 (Huon Highway) nach Süden, wechseln kurz vor Southport auf die C635 und dann, vorbei am Abzweig zu den Hastings Caves, auf die C636 Richtung Ida Bay. Direkt hinter dem Ort, ca. 100 m nach Ende der asphaltierten Straße, startet rechts die South Lune Road, welcher wir 4,2 km bis zu einer Straßenteilung folgen. Hier biegen wir nach links in die unbeschilderte Limestone Quarry Road ab und gelangen nach 800 m zum kleinen Parkplatz links der Straße.
Anforderungen: Tourenlänge in Kombination mit vielen Anstiegen und einem über weite Strecken zu tragenden großen Rucksack fordern überdurchschnittliche Kondition. Die sehr matschigen Moonlight Flats, daneben wurzelreiche wie steinige Passagen, verlangen Trittsicherheit und der finale Anstieg zum Pindars Peak über Felsblöcke mit Kletterstelle körperliche Gewandtheit. Vorsicht gilt auch auf den sehr rutschigen Steinen an der Mystery Creek Cave. Wie immer bei mehrtägigen Höhenwanderungen besteht gesteigertes Schlechtwetterrisiko, was etwa bei Nebel aufgrund der oft nicht eindeutig erkennbaren Wegführung schnell zu Orientierungsproblemen führen kann.
Unterkunft: Alle Nächtigungen im Zelt.
Varianten: 1. Vom Pindars Peak kann dem weiterführenden Pfad durch zum Teil sehr dichtes Gestrüpp und besonders

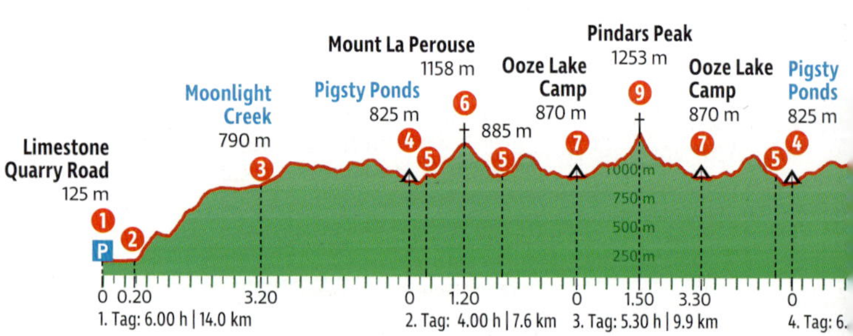

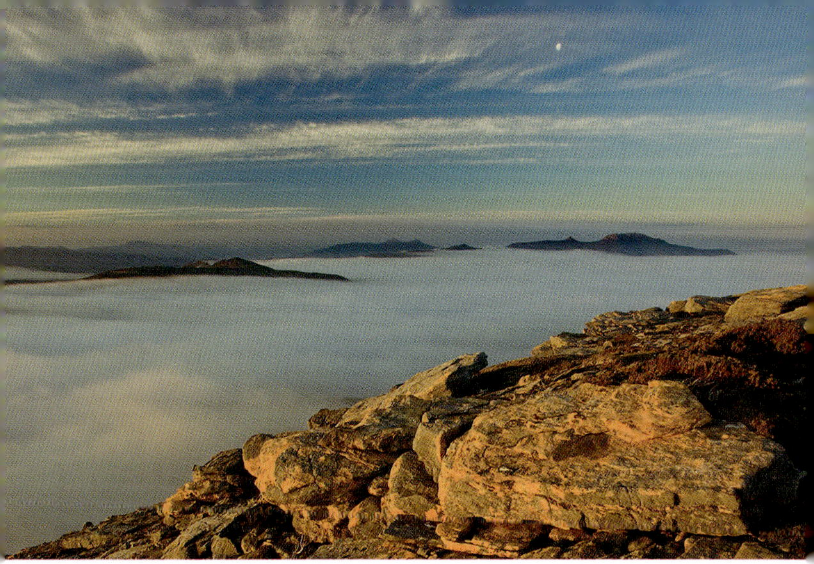

Bilderbuchpanorama, gesehen von der Moonlight Ridge.

bei Nebel schwieriger Orientierung zum Precipitous Bluff, 1145 m, gefolgt werden (zusätzlich 3 Tage hin und zurück).
2. Fortsetzung vom Precipitous Bluff mit steilem Abstieg zur New River Lagoon; hier etwa 7,5 km im Wasser am Ufer der Lagune entlang zum South Coast Track (Tour 36) waten, diesem dann nach Cockle Creek oder Melaleuca folgen (je + 6 Tage von Pindars Peak). Nur für sehr erfahrene Tasmanienwanderer!
Tipp: Bei guten Sichtverhältnissen und günstiger Wettervorhersage starten!
Karte: Adamsons (TS07), 1:50.000.

1. Tag: 1050 Hm Aufstieg, 350 Hm Abstieg, 6.00 Std.
Auf der dem Parkplatz gegenüberliegenden Straßenseite der **Limestone Quarry Road** ❶ finden wir den Start der Wanderung, tragen unser Wandervorhaben in das bereitgelegte Buch ein und folgen einer alten Bahntrasse zum **Mystery Creek**, der einzigen Wasserquelle vor dem anstrengenden Aufstieg zu den Moonlight Flats. Nach Überquerung des Baches gelangen wir zu einer T-Kreuzung in einem alten **Steinbruch** ❷. Der Weg nach links führt zur Mystery Creek Cave, doch diesen wetterunabhängigen Abstecher heben wir uns für den Rückmarsch auf und folgen dem Pfad nach rechts. Hier begleiten wir ein kurzes Stück alte Schienenstränge, dann führt der Weg steil aufwärts durch einen von Sturmschäden gezeich-

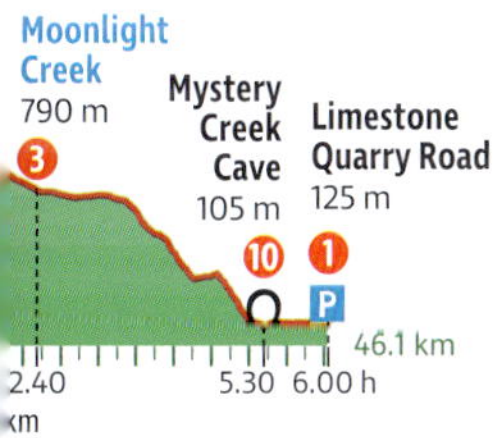

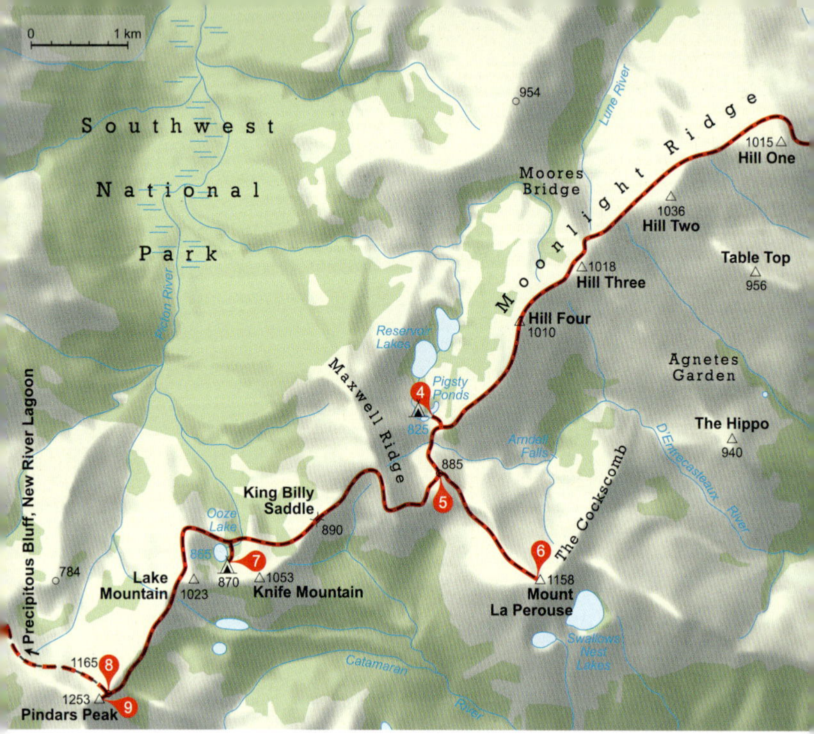

neten Eukalyptuswald mit Unterstand an Regenwaldarten. Dieser Waldabschnitt ist auch ein begehrter Platz der singbegabten Leierschwänze, und einen mit aufgestellten Schwanzfedern balzenden Vogelmann zu sehen, ist ein bereicherndes Erlebnis.
Weiter im Wald überwinden wir einen kurzen Zwischenabstieg sowie ein flaches Teilstück, bevor die Markierungen spärlicher werden. Immer dem offensichtlichsten Weg über viele Wurzeln und zumeist steil bergan folgend, gelangen wir in einen Teebaumwald, finden direkt am Wegesrand einen kleinen Platz für etwa zwei Zelte und stehen kurz darauf in den **Moonlight Flats**. Hier ist der Wald zu Gestrüpp degradiert und der weiterführende Pfad ist besonders nach Regenfällen außerordentlich nass und schlammig. Hinzu kommen eine Vielzahl von verwirrenden Wegspuren, entstanden durch die Versuche vorausgegangener Wanderer, große Pfützen und Schlammlöcher zu umgehen. Die in großen Teilen der Moonlight Flats zu sehenden Brandspuren rühren von einem Feuer aus dem Jahr 2014. Mit Obacht, nicht den zumeist unmarkierten Hauptpfad zu verlieren, ge-

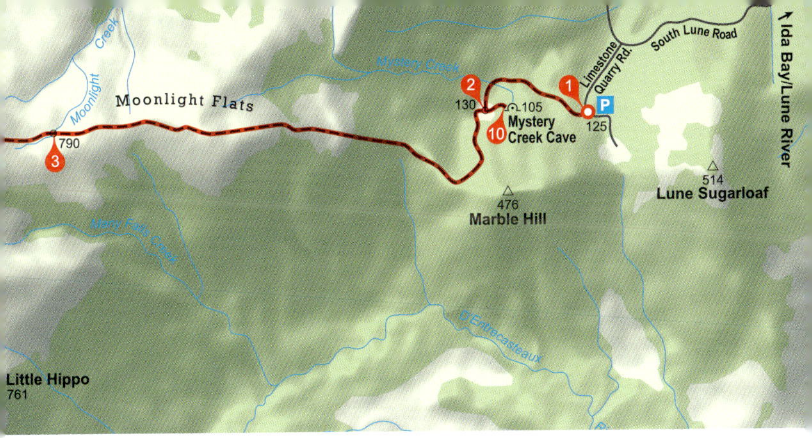

langen wir zum kleinen **Moonlight Creek** 3; die einst am Bach gelegenen Zeltplätze sind infolge des Feuers allerdings kaum noch zu erkennen. Nach der Bachüberquerung ist der Pfad für ein längeres Stück mit orangefarbenen Dreiecken gekennzeichnet. Dank der Wegzeichen fällt die Orientierung nun leichter und wir wandern hinauf zur meist spärlich bewachsenen und aussichtsreichen Moonlight Ridge. In der Folge führt der Weg über die Gipfel von Hill One, Two, Three und Four bzw. nahe daran vorbei; von letzterem sind u. a. auch die Arndell Falls und Reservoir Lakes zu sehen. Abschnittsweise verschwinden auf diesem Streckenteil die Wegspuren und wir folgen lediglich einer markierten Route, welche bei Nebel leicht zu verlieren ist. Nach Überwindung einer letzten Anhöhe blicken wir hinab auf die **Pigsty Ponds** 4, eine Ansammlung von hübschen kleinen Seen, zu denen wir jetzt hinabsteigen. Links neben dem Abfluss des obersten Sees, nur ein kurzes Stück vom Ende des Abstiegsweges entfernt, finden wir zwischen Buschwerk einige **Zeltplätze**.

2. Tag: 620 Hm Aufstieg, 580 Hm Abstieg, 4.00 Std.
Am nächsten Tag gehen wir zurück zum Hauptweg und folgen den Markierungen nach Süden in eine Senke mit winzigem Bach und anschließend steil aufwärts zu einer Weggabelung mit zwei auf dem Boden ausgelegten **Steinpfeilen** 5. Hier legen wir unser schweres Gepäck ab und wandern entlang der linken Spur in Richtung Mount La Perouse. Etwas auf und ab, dann über einen markanten Sattel, führt uns eine mit Steinhaufen markierte Route in Richtung Südosten stetig aufwärts, bis wir das flache und ungewöhnlich karge Gipfelplateau mit einem riesigen Steinhaufen als höchstem Punkt des **Mount La Perouse** 6, 1158 m, erreichen. Es lohnt, den Gipfelbereich für die besten Aussichtspunkte zu erkunden, bevor wir auf demselben Weg zurück zu unseren Rucksäcken an den **Steinpfeilen** 5 gehen.

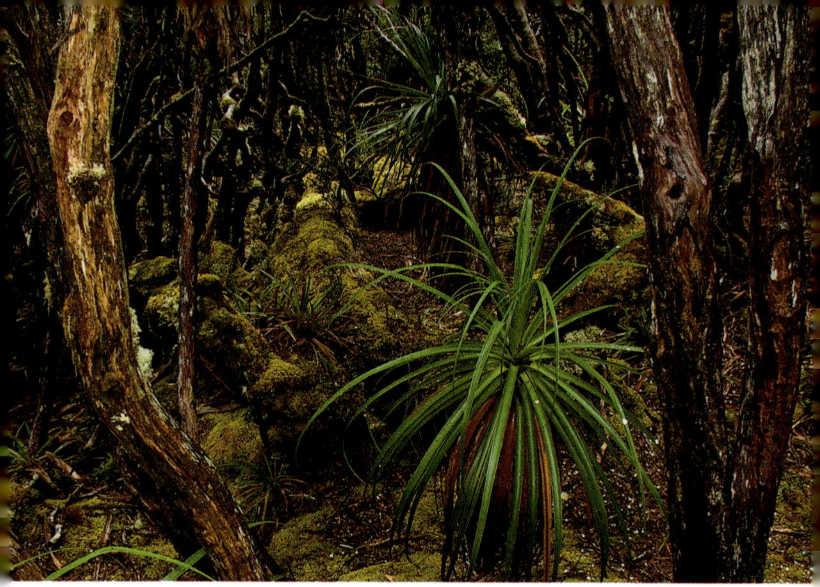

Waldszene nahe Ooze Lake.

Wieder mit vollem Gepäck folgen wir nun der anderen Pfeilrichtung und erklimmen steil ansteigend die Maxwell Ridge. Wir gehen ein Stück auf dem breiter werdenden Kamm, bevor der Weg nach links schwenkt und hinab zum King Billy Saddle führt. Sich an den vor uns aufragenden Knife Mountain annähernd, macht der Pfad kurz nach Passieren des tiefsten Punktes im Sattel erneut eine abrupte Wende und leitet nach Südwesten durch zum Teil sehr dichten Bergregenwald, dominiert von Scoparia, Deciduous Beech und Pandani. Anschließend erreichen wir einen kleinen Bach, folgen diesem flussaufwärts und gelangen zum recht seichten Ooze Lake. Im Busch an der Südseite des Sees finden wir das **Ooze Lake Camp** 7 mit mehreren geschützten Plätzen, um unsere Zelte für die Nacht aufzuschlagen.

3. Tag: 720 Hm Aufstieg, 770 Hm Abstieg, 5.30 Std.
Am Morgen starten wir lediglich mit kleinem Gepäck, folgen der Uferlinie zur Nordseite des Sees, wo uns orangefarbene Dreiecke für einige Meter den Weiterweg weisen. Anschließend der mit Steinhaufen markierten Route durch offenes Gelände nachgehend, halten wir steil aufwärts zum Lake Mountain, dessen höchster Punkt nur wenige Minuten vom Weg entfernt liegt und schnell erreichbar ist. Wir folgen nun der Kammlinie Richtung Pindars Peak, bleiben aber nach Passieren eines markanten Nebengipfels

mit schroffer Felsflanke unterhalb dieser. Wenn der Pfad seinen **höchsten Punkt** ❽ erreicht, verlassen wir den geradeaus Richtung Precipitous Bluff führenden Weg (siehe Varianten) nach links. Steinhaufen markieren hier eine Route hinauf zur Spitze des **Pindars Peak** ❾, 1253 m, dem höchsten Berg der Southern Range. Sind wir mit guter Sicht gesegnet, verwöhnt uns ein Panoramablick auf eine tasmanische Urlandschaft zwischen Meereswogen, Seen und endlosen Bergketten.
Nach dem Gipfelvergnügen gehen wir auf demselben Weg zurück zum **Ooze Lake Camp** ❼ und von dort wieder mit kompletter Ausrüstung zum Camp bei den **Pigsty Ponds** ❹, wo wir unsere dritte Nacht verbringen.

4. Tag: 380 Hm Aufstieg, 1080 Hm Abstieg, 6.00 Std.
Der letzte Tag ist die Umkehrung des Starttages, doch nehmen wir uns jetzt die Zeit für den kurzen Abstecher zur **Mystery Creek Cave**. Vom **Steinbruch** ❷ ist das große dunkle **Eintrittstor zum Höhlensystem** ❿ in wenigen Minuten erreicht. Wer eine gute Stirn- oder Taschenlampe dabei hat, kann den Eingangsbereich näher inspizieren, doch tiefere Exkursionen sind hier selbst für sehr erfahrene Höhlenwanderer nicht ungefährlich.
Wir gehen zurück zur Kreuzung am **Steinbruch** ❷ und weiter auf bekanntem Wegteil via Mystery Creek zum Parkplatz an der **Limestone Quarry Road** ❶.

»Wolkenstau« an den Bergen der Southern Range.

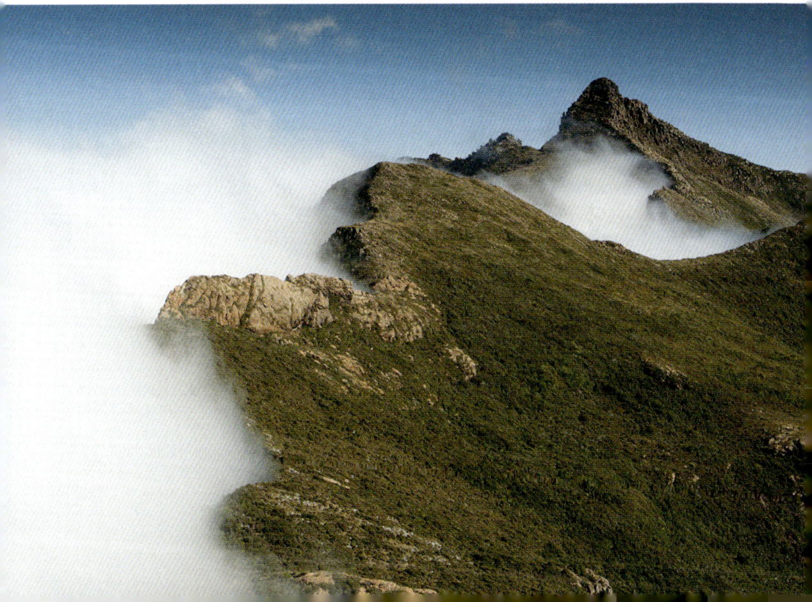

TOP

↗ 3100 m | ↘ 3100 m | 87.7 km

36 South Coast Track

7 Tage

Eine der aufregendsten Küstenwanderungen unserer Welt

Es gibt nicht mehr viele so ausgedehnte und dabei in ihrer Ursprünglichkeit erhaltene Küstenabschnitte wie in Tasmaniens Südwesten. Keinerlei Ortschaften, Häuser, Straßen, geschweige denn Hotels säumen hier das ungezähmte Meer, und wer bisher mangels interessanter Alternative nur in Wald und Bergen wandern war, wird spätestens hier seine Liebe zu der Erde blauer Seite entdecken. Die Wanderung entführt uns zu traumhaften Stränden, stillen Lagunen, vorbei an Steilküsten wie rauen Felsinseln und genauso in die Bergwelt des Hinterlandes mit verführerischen Ausblicken auf diese vom Southern Ocean umrauschte Fabelwelt.

Ausgangspunkt: Melaleuca, 5 m. Par Avion (www.paravion.com.au; Tel. +61 3 62 48 53 90) bietet eine regelmäßige Verbindung mit Kleinflugzeugen vom Cambridge Airport bei Hobart nach Melaleuca. Der Flugplatz ist von Hobart über die A3 (Tasman Highway) zu erreichen. Fahrzeuge können im Gelände der Fluggesellschaft entgeltfrei abgestellt werden. Wer ohne Auto reist, kann von Hobart ein Taxi oder preiswerter die öffentlichen Buslinien 664 oder 665 (Metro Tasmania) nutzen, die in Cambridge, einige Minuten vom Flugplatz entfernt, stoppen.
Endpunkt: Cockle Creek, 5 m. Ein Transfer zurück nach Hobart kann zum Beispiel mit Evans Coaches (Tel. +61 3 62 97 13 35) oder Tassielink (tassielink.com.au; Tel. +61 3 13 00 30 05 20) vereinbart werden.
Anforderungen: Strandabschnitte sowie immer mehr gut ausgebaute Wegabschnitte markieren den leichten Teil des Tracks. Dazwischen liegen jedoch nach wie vor viele feuchte, z. T. sehr matschige, wurzelreiche und einige steinige Abschnitte, die zudem oft schlüpfrig sowie gelegentlich steil abwärtsführend sind und daher ein hohes Maß an Trittsicherheit verlangen. Daneben fordern Tourenlänge und die vielen zum Teil steilen Aufstiege (insbesondere auf die Ironbound Range) überdurchschnittliche Kondition. Vorsicht gilt auch an den Flussdurchquerungen, welche besonders nach starken Regenfällen lebensgefährlich werden können; Flüsse mit kräftiger Strömung sind nur bis maximal Knietiefe sicher zu queren, und im Zweifelsfall sollte bis zum Fallen des Wasserpegels, das meist schnell nach Regenende einsetzt, ausgeharrt werden. Zur Orientierung gibt es im offenen Gelände zum Teil Eisenstangen; orangefarbene Dreiecke helfen bei der Wegfindung an unübersichtlichen Stellen und bei Aus- bzw. Zugängen an Stränden. Campingstellen sind meist mit diversem Treibgut, wie Bojen oder farbigen Plastikcontainern, gekennzeichnet. Besonders am Start und auf den letzten Kilometern der Tour finden wir zusätzlich Wegweiser.
Unterkunft: Alle Übernachtungen in Zelten. Nur am Startpunkt in Melaleuca gibt es zwei Hütten für Wanderer.
Varianten: 1. Eine lohnende Erweiterung des South Coast Track ist die Exkursion zum South West Cape, wo es weitere sehenswerte Buchten, Strände und Bergszenerie zu erleben gibt (+ 3 Tage hin und zurück). 2. Wer nur einmal in den South Coast Track »hineinschnuppern« möchte, kann von Cockle Creek dem Weg bis zur South Cape Bay folgen (4 Std. hin und zurück).

3. Der South Coast Track kann auch in umgekehrte Richtung gelaufen und mit vorausgebuchtem Flug zurück nach Hobart beendet werden.
Tipps: 1. Da es sich um Kleinflugzeuge mit nur wenigen Sitzplätzen handelt, sollte am besten einige Wochen im Voraus gebucht werden. Einzelpersonen haben die besten Chancen, auch kurzfristig einen freien Platz zu finden.
2. Auf dem Flug dürfen keinerlei Brennmaterialien für Kocher mitgeführt werden. Diese können jedoch bei den Fluggesellschaften gekauft und in Melaleuca in Empfang genommen werden.
3. Wanderstöcke können entlang vieler Wegteile eine nützliche Hilfe sein.
4. Wird in Cockle Creek übernachtet, oder bei längerer Wartezeit auf den Rücktransport, lohnt zum Zeitvertreib der gemütliche Küstenspaziergang zum Fishers Point (1.45 Std. hin und zurück).

1. Tag: 150 Hm Aufstieg, 150 Hm Abstieg, 3.30 Std.
Neben der Landebahn von **Melaleuca** ❶ befindet sich eine **Hütte** mit Selbstregistrierungsbuch, hier werden auch die bestellten Brennutensilien ausgehändigt. Wenige Schritte nördlich davon gibt es zwei Schutzhütten für Wanderer sowie am Ende eines benachbarten Weges eine mit modernem Fernrohr sehr gut ausgestattete Vogelbeobachtungsstation. Zum South Coast Track weisen uns die Wegweiser jedoch nach Süden und schnell befinden wir uns in einer ausgedehnten, für diesen Teil Tasmaniens so typischen, sumpfigen Knopfgrasebene. Die ausgelegten Holzbohlen halten unsere Füße jedoch weitestgehend trocken und wir erreichen eine unausgeschilderte **Weggabelung** ❷. Der mit Eisenstange markierte Pfad

Rückblick zur New Harbour Range.

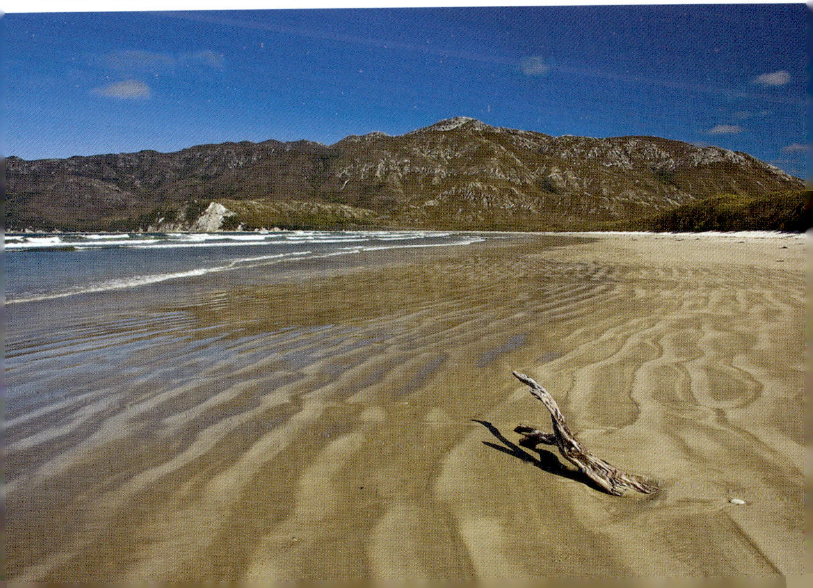

nach rechts ist die lange Seitenexkursion zum South West Cape (Variante 1). Allen, die die Tour nicht in dieser Länge ausdehnen möchten, empfiehlt sich zumindest der Abstecher zum langen Sandstrand des hufeisenförmigen New Harbour (3.30 Std. hin und zurück); entweder mit kleinem Gepäck oder als alternativer erster Übernachtungsplatz mit voller Ausrüstung. Für konditionsstarke Wanderer dürfte bei schönem Wetter auch die direkte, allerdings weglose Überquerung der sehr aussichtsreichen New Harbour Range zur Cox Bight reizvoll sein (3 Std. vom New Harbour).

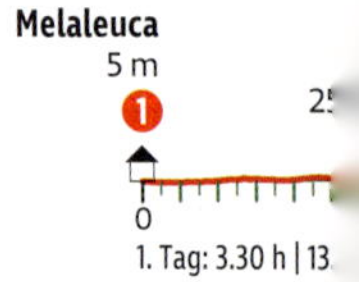

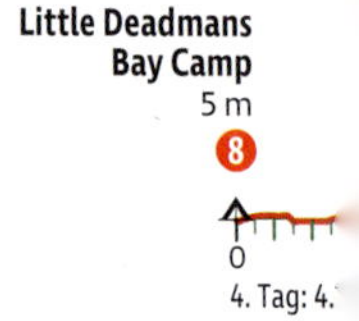

Weiter entlang des South Coast Track laufen wir nun am Fuß der New Harbour Range entlang, begleitet von erquickenden Ausblicken auf Freney Lagoon und die große Cox Bight, zu der unser Weg anschließend hinabführt. Der herrliche Sandstrand der Bucht eignet sich wunderbar zum Barfußwandern und streichelt unsere nackten Füße. An der **Cox Bight** finden wir drei Zeltplätze; in der Tourenbeschreibung ist dabei der mittlere als Nachtlager gewählt. Die erste Übernachtungsmöglichkeit befindet sich neben dem Abfluss der **Freney Lagoon**. Schöner ist jedoch das in der Mitte der Bucht gelegene **Point Eric Camp** ❸ an der Landzunge des **Point Eric**; Trinkwasser finden wir wenige Schritte östlich an einem kleinen Bach.

2. Tag: 410 Hm Aufstieg, 390 Hm Abstieg, 5.15 Std.
Der zweite Tag beginnt, wie der erste aufhörte, mit einem Strandspaziergang. Dabei werden die zum Meer abfallenden Hänge der Black Cliff Hills passiert; dieser Bereich kann bei Flut oder rauer See gefährlich sein (der Bau einer Umgehung ist hier in Planung). Nahe der Mündung des Buoy Creek finden wir dann Markierungen, die den Weiterweg ins Landesinnere weisen. Hier treffen wir auch auf den dritten Zeltplatz an der Cox Bight. Der Track führt nun über ein neu gebautes Wegstück durch eine von Button Grass dominierte Landschaft. Sind wir am Fuß der Red Point Hills angelangt, testet der steile Anstieg auf diese Hügelkette zum ersten Mal unsere Kondition. Vom **höchsten Punkt** ❹ erfreut der Rückblick auf Cox Bight, und nach Osten schauend baut sich die Ironbound Range als hohe Barriere am Horizont auf, welche wir am Folgetag zu überwinden haben.
Von den waldfreien Hügeln wieder absteigend, gilt es in der Folge, den Faraway und Louisa Creek zu durchwaten. Die Querung beider Flüsse ist bei hohem Wasserstand kritisch. Am Louisa Creek finden wir auch einige Plätze zum Zelten. Etwa 2 km weiter treffen wir auf eine mit Steinhaufen markierte **Wegteilung** ❺. Die rechter Hand nach Süden führende Spur bringt uns dabei zum einsamen Strand der romantischen Louisa Bay. Zum Camp am nördlichen Strandende sind es ca. 2 Std. hin und zurück; kein Süßwasser nach längerer Trockenzeit.

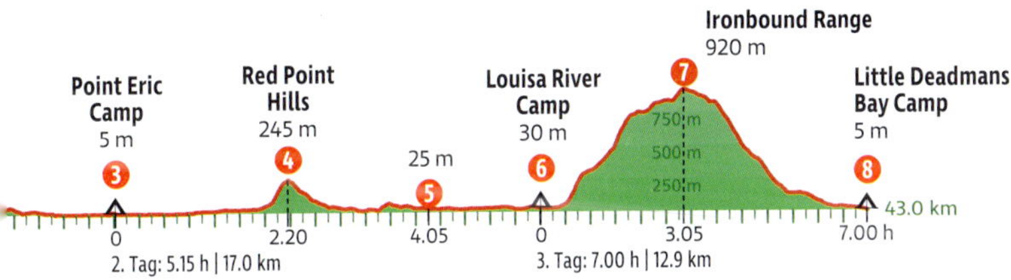

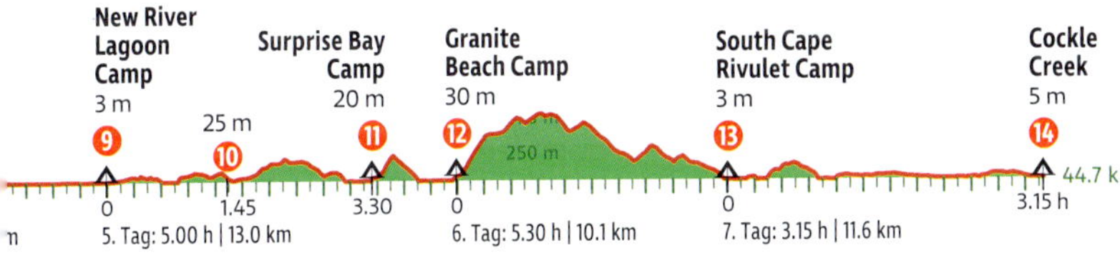

Geradeaus dem Hauptweg folgend, umrunden wir die Spica Hills und durchschreiten anschließend die Louisa Plains, bevor wir den von üppigem Wald gesäumten **Louisa River** erreichen. Wir sollten den Fluss noch an diesem Tag überqueren und am Ostufer im **Louisa River Camp** 6 übernachten, um nicht mit einem oft unvorhersehbaren Anstieg des Wasserpegels konfrontiert zu werden.

3. Tag: 920 Hm Aufstieg, 940 Hm Abstieg, 7.00 Std.
Am dritten Tag erwartet uns der längste und anstrengendste Teil der gesamten Tour, und es empfiehlt sich, die Zelte zeitig abzubrechen, ebenso sollte genug Flüssigkeit für den schweißtreibenden und oft wasserlosen Anstieg mitgetragen werden. Bei extrem schlechten Wetterbedingungen mit Wahrscheinlichkeit von Schneefall in den Höhen der Ironbound Range sollte im Lager ausgeharrt werden. Da der Weg aber weit besser ausgebaut ist als in früheren Wandertagen, sollte die Überschreitung des Gebirges meistens keine nennenswerten Orientierungsprobleme bereiten.
Den Fluss verlassend, geht es noch ein Stück durch Wald, bevor wieder das allgegenwärtige Knopfgras die Landschaft dominiert. Jetzt zumeist stetig steil aufsteigend, im höheren Bereich begleitet von Felsen, finden wir immer wieder schöne Aussichtspunkte für eine kurze Verschnaufpause. Wenn wir den Hauptkamm der **Ironbound Range** erreichen, wird das Gelände flacher, und buschige, gedrungene alpine Vegetation begleitet uns. Wir erreichen den **höchsten Punkt** 7, 920 m, des gesamten South Coast Track, und bei schönem Wetter lohnt der weglose Abstecher zum Gipfel des Gebirges, 1061 m. Hierfür verlassen wir den Weg nach links Richtung Nordosten, am besten kurz nachdem dieser beginnt, an Höhe zu verlieren. Um die Zahl der Auftritte je Pflanze gering zu halten, sollte hier nicht

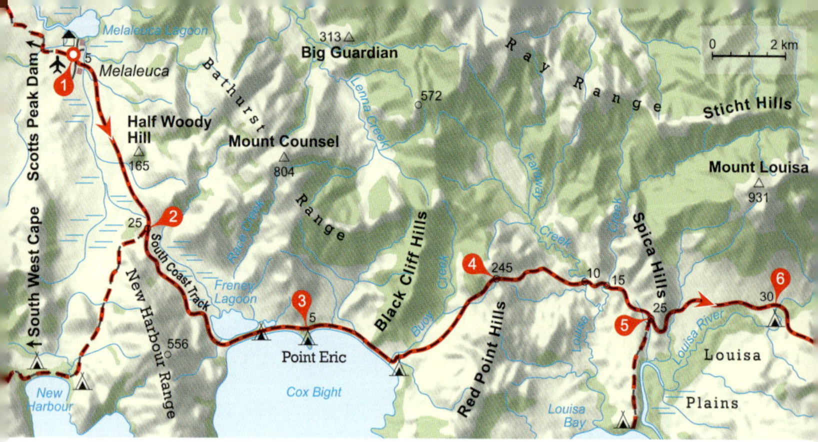

hintereinander gegangen werden. Es lohnt, bis kurz hinter den unmarkierten Gipfelpunkt zu wandern, um einen in dieser Kombination einmaligen Ausblick über einen kleinen, gletschergeformten Bergsee hinab zum langen Sandstrand des Prion Beach, zu der großen New River Lagoon und dem majestätisch aufragenden Precipitous Bluff zu erhalten (1.30 Std. hin und zurück).

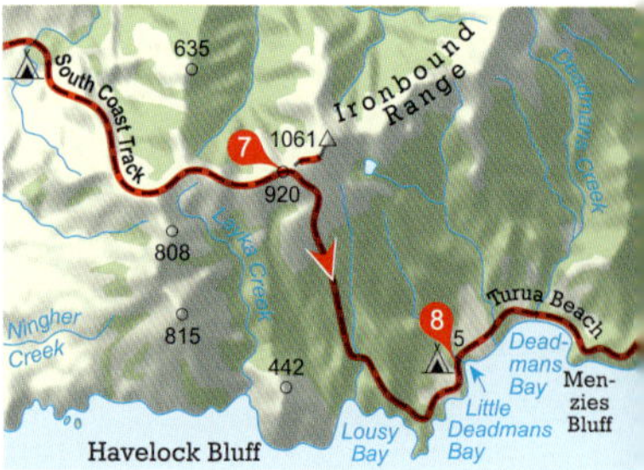

Der Abstieg von der Ironbound Range führt uns dann schnell in immer höher werdenden Regenwald hinein und ist kaum leichter als der Aufstieg. Der Weg leitet überwiegend sehr steil hinab über sehr nasse und rutschige Wurzeln und Steine, welche zumeist von schlammigem Grund umgeben sind. Auf den letzten Kilometern zum Zeltplatz durch Eukalyptus- und Teebaumwald wird der Pfad dann besser und einige reizende Ausblicke auf das Meer lockern die Strecke auf. Schließlich erreichen wir unser verdientes Nachtquartier an der mit runden Steinen übersäten **Little Deadmans Bay** 8.

4. Tag: 160 Hm Aufstieg, 160 Hm Abstieg, 4.15 Std.
Am Folgetag ist die Küste wieder unser enger Begleiter. Wir gehen zum Ende der kleinen Bucht, steigen kurz aufwärts und gelangen beim Heraustreten aus dem Wald erneut in vertraute Button-Grass-Landschaft. Dieser Abschnitt, kurz unterbrochen von einem weiteren Waldstück, währt jedoch nicht allzu lang. Anschließend erreichen wir den Sand des Turua Beach innerhalb der weit geschwungenen Deadmans Bay. Kurz vor Ende

des Strandes weisen uns die Markierungen wieder in den Wald hinein und wir umrunden den felsigen Küstenabschnitt um das Menzies Bluff, begleitet von einigen netten Aussichtsstellen. Neben dem ins Meer mündenden Grotto Creek erreichen wir dann den kilometerlangen **Prion Beach**; hier sollten die Wasservorräte für das Nachtlager aufgefüllt werden. Bei schönem Wetter lohnt es, den folgenden Strandbummel barfuß anzugehen.
Am Ende der langen Dünenkette verlassen wir das Meer wieder, gehen kurz nach links und stehen an der riesigen **New River Lagoon**, überragt von der beeindruckenden Berggestalt des Precipitous Bluff. Über die Lagune gilt es nun, mit bereitgestellten Booten im System »1 Boot hinüber – 2 Boote zurück – 1 Boot hinüber« zu rudern. Damit wird dafür gesorgt, dass nach dem Übersetzen jeweils ein Boot an beiden Ufern verbleibt; Bootskörper und Ruder sind wie vorgefunden sicher zu befestigen bzw. zu verstauen. Die Überfahrt dauert insgesamt etwa 1 Std., kann aber bei starken Winden oder größeren Gruppen aufgrund der begrenzten Bootsmaße durchaus längere Zeit in Anspruch nehmen. Auf der anderen Uferseite finden wir dann einen großen Zeltplatz, das **New River Lagoon Camp** 9; eine unzuverlässige Süßwasserquelle (kleiner Bach) gibt es etwas stromaufwärts.

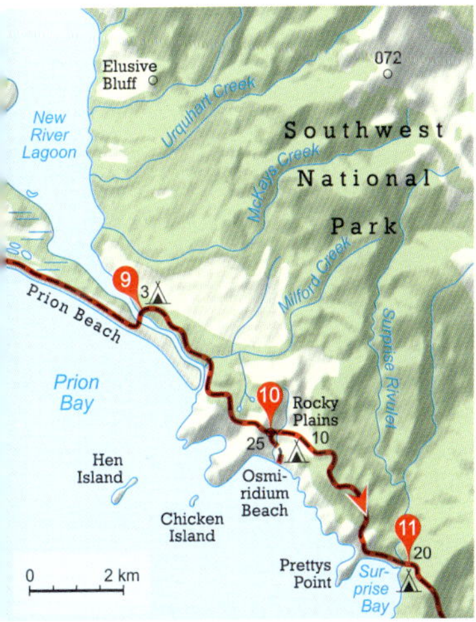

5. Tag: 540 Hm Aufstieg, 510 Hm Abstieg, 5.00 Std.
Der neue Tag startet mit einem regen Wechsel von Auf und Ab über dicht bewachsene Dünen; gelegentlich bieten sich Blicke auf die sich wieder zum Fluss verengende New River Lagoon. Schließlich bringt uns ein letzter Abstieg hinab zur einer neu gebauten Brücke über den **Milford Creek**. Das folgende, ebenfalls neu gebaute Wegstück umgeht den sich beständig ändernden Mündungsbereich des New River und führt uns in die teils

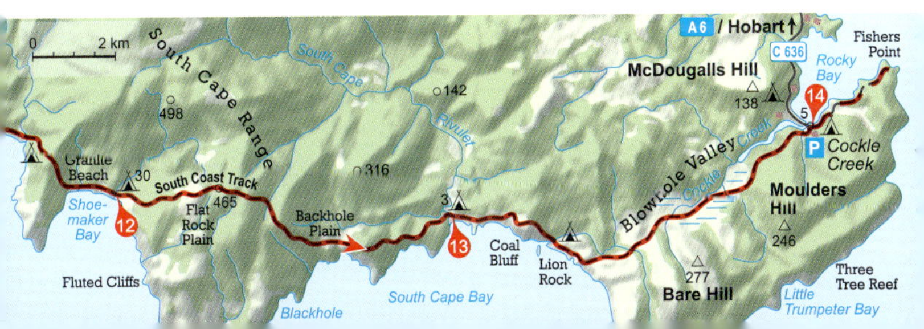

schlammigen, aber offenen und damit aussichtsreichen **Rocky Plains**. Hier finden wir auch einen ausgeschilderten **Nebenweg** ⑩ zum hübschen Osmiridium Beach und dortiger Campingstelle (20 Min. hin und zurück); das Wasser des Tyler Creek ist jedoch oft von schlechter Qualität.
Dem South Coast Track weiter folgend, überwinden wir einen kleinen Höhenzug, der mit Regenwald, vor allem aber mit Eukalyptuswald mit etlichen ansehnlichen Baumveteranen bewachsen ist. Dann geht es – auf den letzten Metern recht steil – hinab zur wunderschönen **Surprise Bay**. Wir laufen am Strand entlang, durchwaten den Surprise Rivulet (problematisch nach starken Regenfällen) und finden etwas oberhalb der Bucht einen nächsten Zeltplatz, das **Surprise Bay Camp** ⑪. Dieser kann mit seinen Sonnenuntergangsblicken über die Surprise Bay eine lohnende Alternative zum Lager am Granite Beach sein.
Die Bucht verlassend, geht es jetzt steil hinauf auf eine Anhöhe, gefolgt von einem sanfteren Abstieg durch feuchten Eukalyptuswald hinab zur nächsten großen Bucht, der **Shoemaker Bay**. Während das Westende ein Stück Sand bedeckt, ist der restliche Teil des passend benannten **Granite Beach** mit runden Granitsteinen überhäuft. Während wir aufmerksamen Schrittes über den steinigen Strand laufen, rücken die an der Ostseite der Bucht gelegenen stattlichen Wälle der Fluted Cliffs dem Auge immer näher. Wir treffen schließlich auf einen über eine kleine Klippe zum Meer fließenden Wasserfall, unter dem wackere Naturen eine kalte Dusche ausprobieren können. Neben dem Wasserlauf führt der Track über Felsen hinauf, überquert den Bach und erreicht den großen Campingplatz **Granite Beach Camp** ⑫, unser fünftes Nachtlager.

6. Tag: 700 Hm Aufstieg, 730 Hm Abstieg, 5.30 Std.
Der vorletzte Tag, die Überschreitung der **South Cape Range**, gilt als sehr unangenehm, was dem überwiegend schlechten Zustand des Weges zu verdanken ist. Da fließendes Wasser entlang dieser Etappe oft rar ist, sollten am Granite Beach Camp die Vorräte aufgefüllt werden.
Der Weg führt nun kräftig aufwärts durch Eukalyptus-/Teebaumwald mit dichtem, von Cutting Grass bestimmtem Bodenbewuchs. Wir gelangen schließlich in die offene Flat Rock Plain, von wo sich ausgezeichnete Rückblicke auf Küsten- und Bergland bieten. Weiter, zumeist durch Regenwald, wird der Weg nun extrem schlammig, und erst wenn wir eine mit Holzbohlen erschlossene Heidefläche erreichen, wird der Pfad wieder etwas besser. Es folgt ein weiterer Anstieg durch nun üppigen Eukalyptuswald, bevor es meist abwärts zum Strand am **South Cape Rivulet** und dessen Lagune geht. Der Fluss hat oft ein tief ausgespültes Bett und ist daher in der Regel am leichtesten nahe seiner Mündung ins Meer zu durchwaten. An der östlichen Uferseite finden wir dann im **South Cape Rivulet Camp** ⑬ unseren letzten Übernachtungsplatz; das Wasser des South Cape Rivulet kann gelegentlich brackig sein.

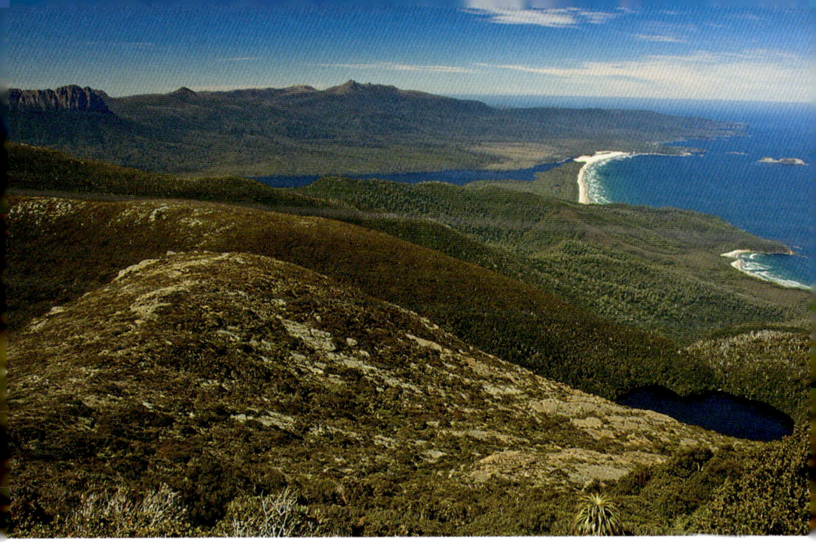

Bei schönem Wetter bietet die Ironbound Range überwältigende Ausblicke.

7. Tag: 240 Hm Aufstieg, 240 Hm Abstieg, 3.15 Std.
Am letzten Tag erwartet uns ein gemütlicher und schöner Abschluss der Tour, doch bleiben wir nicht von einzelnen Schlammpassagen verschont. Wir folgen dem Sandstrand bis zum Ende, überwinden eine Anhöhe und laufen anschließend entlang des nächsten Strandes. Nun wieder aufwärts durch Wald, an einer wunderbaren Aussichtsstelle vorbei, umgehen wir den Coal Bluff und gelangen zu einem weiteren Strand direkt neben dem Lion Rock, welcher mit etwas Fantasie schnell an die namensgebende Raubkatze erinnert. Wir passieren einen Nebenweg zu einem letzten Zeltplatz und steigen am Strandende auf die letzten Klippen des South Coast Track hinauf. Hier haben wir nochmals einen weiten Blick über die ausgedehnte **South Cape Bay**. Anschließend führt der Wanderpfad durch Wald, zeitweise einem kleinen Bachlauf folgend, bevor wir das mit Heidevegetation bestandene Blowhole Valley durchschreiten.

Das abschließende Wegstück leitet durch Eukalyptuswald am Nordhang des Moulders Hill, bis ein Informations- und Registrierungsstand erreicht wird, an dem wir die erfolgreiche Beendigung der Wanderung vermerken. Etwa 350 m weiter geht der Pfad in einen Fahrweg über und trifft schließlich neben dem Cockle Creek auf die C636 (der südlichste mit Pkw befahrbare Punkt in Australien). Nach rechts gelangt man in wenigen Schritten zu einer **Rangerstation** ⓮, Abholpunkt bei vereinbartem Bustransfer, sowie zu einem kostenlosen Campingplatz. Auch gibt es hier einen Wassertank und ein öffentliches Telefon.

↗ 430 m | ↘ 430 m | 17.8 km

37 Labillardiere Peninsula

5.00 h

Erquickende und tagfüllende Küstenrundtour

Die im Südwesten von Bruny Island gelegene Labillardiere Peninsula ist Teil des South Bruny National Park; Wanderwege ermöglichen deren komplette Umrundung. Die Halbinsel zeigt sich dabei mit zwei Gesichtern, einerseits mit der dem Meer zugewandten raueren Westseite, welche windausgesetzt und überwiegend mit Heide- und Buschland bewachsen ist, und im Gegensatz dazu die bis ans Ufer dicht bewaldete Ostseite entlang der wettergeschützteren Great Taylors Bay. Beiden Teilen gemein sind die vielen Ausblicke von den meist wassernah verlaufenden Wegen.

Ausgangspunkt: Lunawanna, 15 m. Campingplatz am Ende der Old Jetty Road, 15 m. Von Kettering auf dem tasmanischen Festland verkehrt regelmäßig eine Autofähre nach Bruny Island (www.sealinkbrunyisland.com.au). Vom Anlegeplatz der Fähre folgen wir der B66 (Bruny Island Main Road) bis nach Lunawanna und von dort weiter der C629 Richtung Cape Bruny Lighthouse. Kurz vor Ende dieser Straße startet rechter Hand die Old Jetty Road und bringt uns zum Lighthouse Jetty Beach Campground nebst kleinem Parkplatz. Mehr als 20 km der Zufahrtsstraßen sind ungeteert.

Anforderungen: Leicht zu folgende Wege mit moderaten Anstiegen machen die Wanderung zu einer einfachen Unternehmung; die Länge der Tour verlangt jedoch eine gewisse körperliche Ausdauer.

Variante: Eine kürzere Tour ist der ausgeschilderte Luggaboine Circuit (1.30 Std.).

Tipps: 1. Es lohnt der kurze Abstecher zum Cape Bruny Lighthouse, wegen der exzellenten Ausblicke auf die umgebende Küstenlandschaft.
2. Von Lunawanna der C644 zur Cloudy Bay folgen, von wo eine schöne Wanderung via Strand der Cloudy Bay zum East Cloudy Head führt (3.45 Std. hin und zurück).

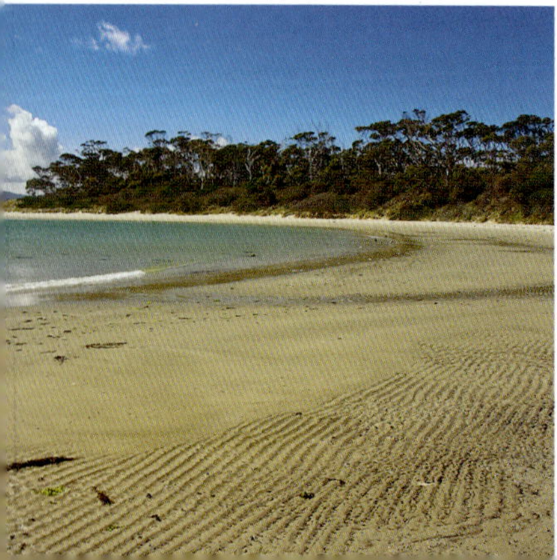

Von der Info-Tafel am Start der Wanderung am **Lighthouse Jetty Beach Camp** ❶ folgen wir anfangs einem schmalen Weg, erreichen aber bereits nach wenigen Schritten einen alten Jeeptrack, dem wir nun nach rechts bis zur Nordwestspitze der Labillardiere Peninsula nachgehen. Durch einen Mix von Busch- und Heideland sowie einigen Waldinseln

Butlers Beach ist ein lauschiger Platz zum Verweilen.

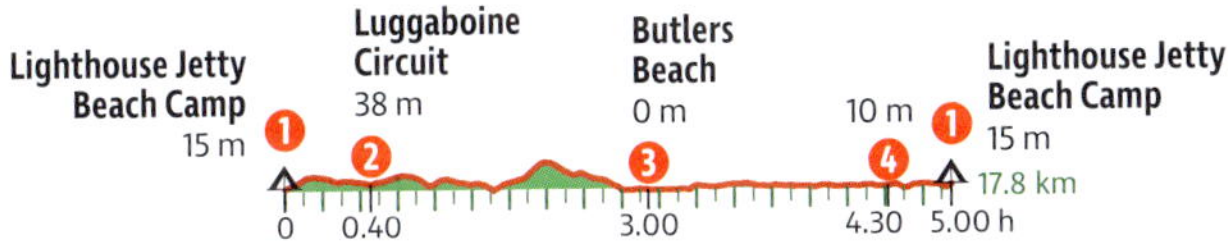

laufend, passieren wir den **Abzweig zum Luggaboine Circuit** ❷ (Variante) und zwei steinige Buchten. Von der zweiten startet der kräftigste Anstieg der gesamten Rundtour hinauf zum **Mount Bleak**, über den wir nahe seines höchsten Punktes marschieren.

Anschließend wieder auf Höhe des Meeresspiegels hinabsteigend, gelangen wir zum kleinen Hopwood Beach. Wir folgen dem Sandstrand bis zum Ende und finden hier einen Trampelpfad, der uns zum malerischen **Butlers Beach** ❸ führt. Dort angekommen, sehen wir gegenüber die ebenfalls zum Nationalpark gehörende, dicht bewachsene Partridge Island. Wir folgen dem langen hellen Sandstrand, und da dieser geschützter liegt, säumen bald groß gewachsene Eukalypten die Strandlinie, während das kristallklare, meist stille Wasser leicht Südseegefühle erwachen lässt. Vom Ende des Butlers Beach wandern wir dann auf Waldpfaden in leichtem Auf und Ab nahe des zumeist steinigen Ufers der **Great Taylors Bay** entlang. Kurz nachdem sich unser Weg wieder mit dem **Luggaboine Circuit** ❹ vereinigt hat, können wir auf der linken Seite in wenigen Schritten einen winzigen, verträumten Strand besuchen.

Weiter am Hauptweg erreichen wir anschließend den nächsten idyllischen Strand und laufen diesen entlang bis zum Ende, bevor wir ein letztes Waldstück durchschreiten, um zum lauschigen **Lighthouse Jetty Beach** zu gelangen.

Wir folgen dem sandigen Ufer bis kurz vor der Bootsrampe, wo wir rechts einige Stufen finden, die zum **Lighthouse Jetty Beach Camp** ❶ zurückführen.

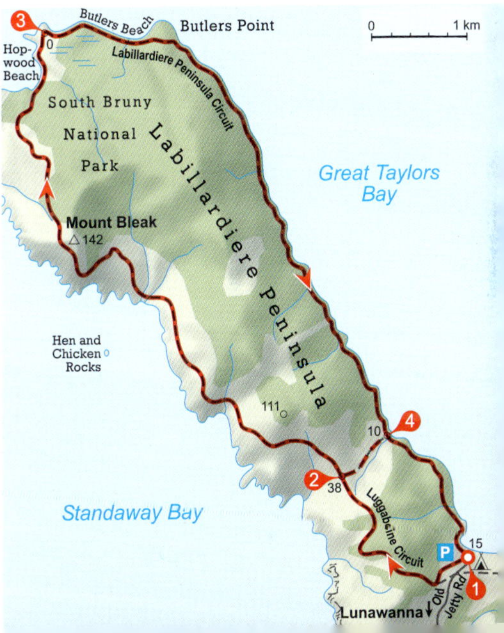

↗ 320 m | ↘ 320 m | 6.7 km

38 Fluted Cape, 272 m

2.15 h

Klippenwanderung über prachtvoll aufragende Steilwände

Bruny Island ist besonders für seine spektakuläre Küstenszenerie bekannt. Dieser Tourenvorschlag bestätigt eindrucksvoll den Ruf der Insel, ragen doch entlang der Wanderstrecke über 200 m hohe Doleritklippen abrupt aus der Tasmansee empor, und eine Fülle von Aussichtspunkten erlaubt uns ebenso faszinierende wie schwindelerregende Aus- und Tiefblicke auf diese wilde Naturlandschaft. Doch die Wanderung berichtet auch über das Schicksal Tausender Südlicher Glattwale, deren Gebeine am Grund der Adventure Bay ruhen.

Ausgangspunkt: Adventure Bay, 5 m. Parkplatz an der East Cove, 2 m. Von Kettering auf dem tasmanischen Festland verkehrt regelmäßig eine Autofähre nach Bruny Island (www.sealinkbrunyisland.com.au). Vom Anlegeplatz der Fähre folgen wir der B66 (Bruny Island Main Road), bis linker Hand die C630 nach Adventure Bay führt. Wir durchfahren diese an der gleichnamigen Bucht gelegene Ortschaft, bis kurz bevor die asphaltierte Straße endet und ein Hinweisschild den Start des Wanderwegs mit Parkplatz auf der linken Seite signalisiert.

Anforderungen: Bis Grass Point sehr einfache, auch für kleine Kinder geeignete Wanderung. Der zum Teil steile Aufstieg zum Fluted Cape verlangt gute Kondition. Alle Aussichtspunkte sind ungesichert und oft oberhalb senkrecht abfallender Klippen, was Aufmerksamkeit, Trittsicherheit sowie Schwindelfreiheit erfordert.

Vom **Parkplatz** an der **East Cove** ❶ folgen wir dem Strand und anschließend einem alten Fahrweg nach links entlang der weit ausgestreckten **Adventure Bay**. Dieser Jeeptrack teilt sich kurz nach Beginn des South Bruny National Park in zwei **Wanderpfade** ❷. Wir ignorieren die rechte Spur,

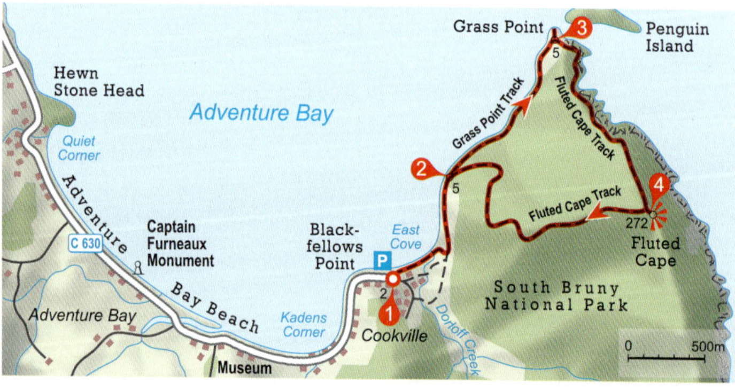

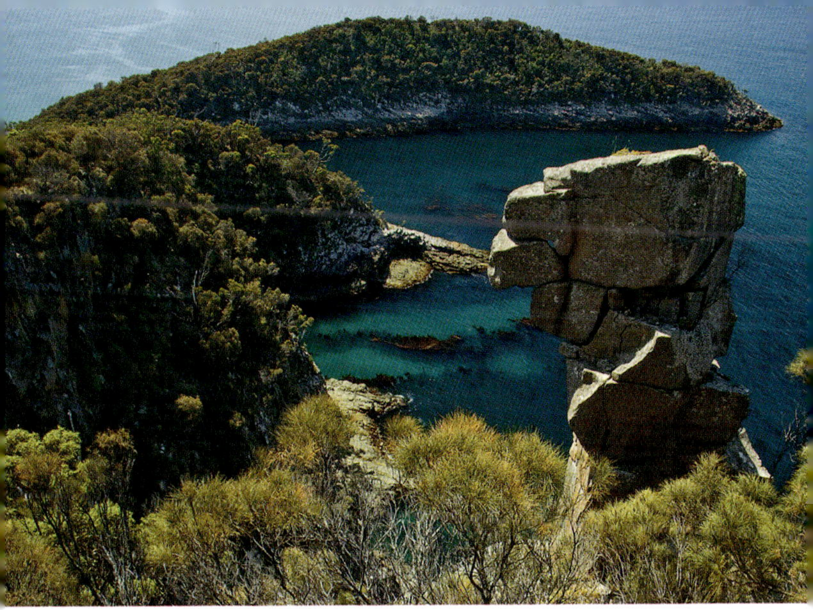

Rückblick auf Penguin Island.

unseren späteren Rückweg, und halten uns geradeaus zum Grass Point, vorbei an einigen Informationstafeln über die Geschichte des hiesigen Walfangs in den 1830er-Jahren. Am passend benannten Grass Point finden wir den Start des **Aufstiegsweges ❸**, können aber zuvor noch einige Meter zum Landende, mit Blick auf **Penguin Island**, fortsetzen.
Zurück von diesem kurzen Abstecher, geht es nun kräftig bergan, und Stringybarks oder She Oaks dominieren den sich oberhalb der Steilküste ausbreitenden Wald. Die vielen Aussichtsmöglichkeiten am Wegesrand locken immer wieder zu Genuss- und Fotopausen, bis der Pfad schließlich das Kap erreicht, hier die Küste verlässt und nach rechts in den Wald hinabführt. Der **höchste Punkt** des **Fluted Cape ❹**, 272 m, liegt allerdings wenige Schritte hinter dem Wegknick, ist aber schnell erreicht. Bevor wir zum Rückmarsch aufbrechen, sollten wir nicht versäumen, auf diesem Hochpunkt einen der fabelhaften Aussichtspunkte für eine ausgiebige Rast zu nutzen.
Unser Rückweg führt dann durch Wald zur bekannten Wegteilung an der Adventure Bay hinab, von wo wir auf demselben Weg via Jeeptrack und East Cove zurück zum Ausgangspunkt am **Parkplatz ❶** gehen.

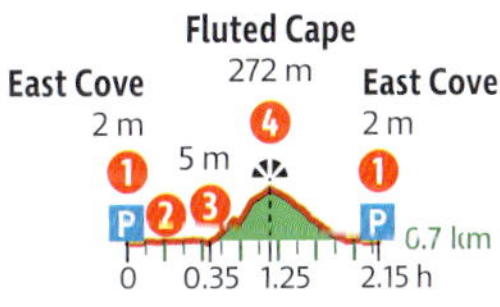

↗ 270 m | ↘ 270 m | 12.5 km

39 Cape Queen Elizabeth

3.30 h

Vielseitiger und entspannender Küstenbummel

Bruny Island ist geteilt in North und South Bruny, welche nur durch einen schmalen und lang gezogenen Isthmus, genannt »The Neck«, verbunden sind. Cape Queen Elizabeth ist das Südostende von North Bruny und gleichzeitig Nordostzipfel der riesigen Adventure Bay. Die Wanderung zum Kap führt zu Lagunen, über Sandstrände und vorbei an bemerkenswerten Felsformationen. Der Abwechslungsreichtum gepaart mit dem leichten Charakter der Wanderung bietet ausreichend Grund, diese Tour nicht zu verpassen!

Ausgangspunkt: Great Bay, 10 m. Parkplatz an einem mit Schranke gesperrten Jeeptrack direkt an der B66 (Bruny Island Main Road), 10 m. Von Kettering auf dem tasmanischen Festland verkehrt regelmäßig eine Autofähre nach Bruny Island (www.sealinkbrunyisland.com.au). Vom Anlegeplatz der Fähre folgen wir der B66 ca. 19 km, bis ein Schild zum Parkplatz auf der linken Straßenseite weist.
Anforderungen: Zumeist flache Wege oder Wandern am Strand entlang. Lediglich die Aufsteige zum Mars Bluff und Cape Queen Elizabeth verlangen etwas Kondition, die teils zugewachsenen Wege ab Miles Beach dagegen mehr Aufmerksamkeit.
Hinweis: Das Passieren des Mars Bluff längs der Küste ist bei Flut nicht möglich!
Tipp: Nur ein kurzes Fahrstück südlich des Ausgangspunktes befinden wir uns auf dem Isthmus »The Neck«. Von hier können wir in wenigen Minuten zu dem die Landenge überblickenden Big Hummock Lookout hinauflaufen oder zu dem Vogelbeobachtungspunkt am Rand des Neck Beach gehen, wo sich in der Abenddämmerung der wärmeren Monate Fairy Penguins (Zwergpinguine) und Muttonbirds (Kurzschwanz-Sturmtaucher) auf deren täglicher Heimkehr zu ihren Nestern beobachten lassen.

Vom Parkplatz an der **Bruny Island Main Road** ❶ führt uns ein Fahrweg durch eine Ebene zuerst zur **Big Lagoon** und anschließend zur meist trockenen **Little Lagoon**; zum Ufer beider Gewässer gibt es kurze Nebenwege. Weiterlaufend erreichen wir eine **Weggabelung** ❷, der Pfad nach links führt über den Mars Bluff und ist in diesem Tourenvorschlag als Rückweg angedacht, kann aber bei Flut auch die Alternative zur Küstenpassage sein. Unter Normalbedingungen schlagen wir aber die rechte Spur ein, welche hinab zum Neck Beach leitet, und passieren nach links wendend nun die außergewöhnlich sehenswerte Felsszenerie unterhalb des Mars Bluff. Dabei durchschreiten wir unter anderem ein großes Felsentor und finden nahe am Strand einen fotogenen steinernen Bogen.

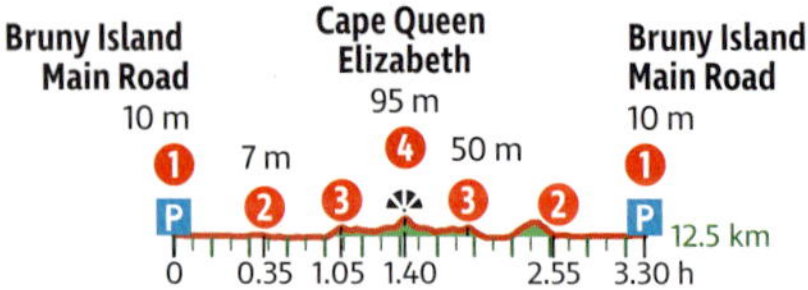

Jetzt am **Miles Beach** entlang kann ein Abstecher zur hinter den Dünen versteckten Cardboard-

Goblet-Hütte nahe dem Miles Creek gemacht werden, bevor am Strandende ein Weg hinauf zu einer **T-Kreuzung** ❸ führt. Hier nach rechts geht es jetzt durch zumeist lichten Eukalyptuswald. Die finale Wegspur zum **Cape Queen Elizabeth** ❹ markieren dann Steinhaufen. Oben angelangt, empfängt uns ein tadelloser Ausblick über die weit ausladende Adventure Bay.

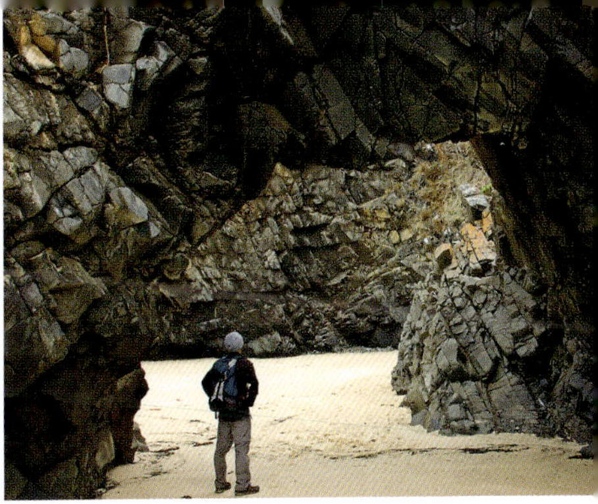

Überraschende Felsbrücke am Strand.

Wir folgen unseren Schritten zurück, bis wir kurz vor dem westlichen Ende des Miles Beach nahe der beginnenden Felsen rechter Hand einen in die höchste Düne gepflockten Pfosten sehen. In dessen Richtung verlassen wir den Strand und finden dahinter einen Weg hinauf zum **Mars Bluff**. Von dieser Anhöhe haben wir nochmals einen besonders guten Blick auf die beiden Lagunen und den weitreichenden Neck Beach. Wieder absteigend, gelangen wir zur bekannten **Wegteilung** ❷ des Hinweges und gehen von hier einfach nach rechts zurück zum Ausgangspunkt am **Parkplatz** ❶.

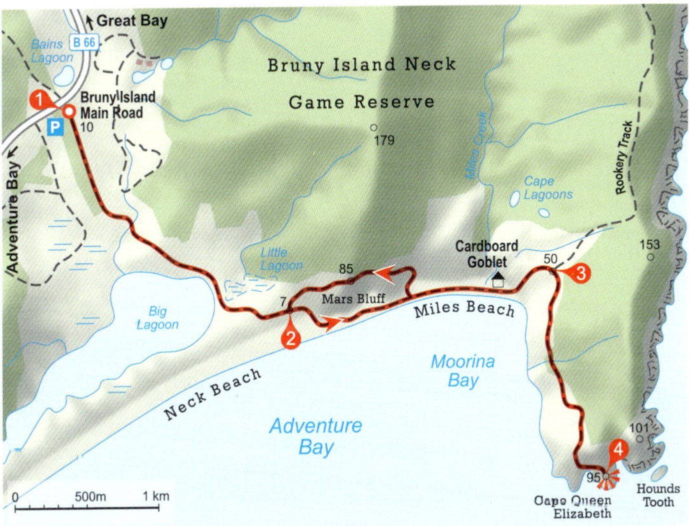

↗ 1100 m | ↘ 1100 m | 15.3 km

40 Cathedral Rock – Mount Montagu, 1063 m – Wellington Falls Lookout 6.15 h

Abgeschiedene Wandertour vor den Toren von Hobart

Der direkt an Hobarts Außenbezirke grenzende Wellington Park ist ein beliebtes, weil nahes Ausflugsziel. Ein dichtes Wegenetz mit unzähligen Kombinationsmöglichkeiten durchzieht besonders den Ostteil des Parks. Die Berge um den North West Bay River mit seinen Wellington Falls, etwas abseits im Süden gelegen, sind nur durch eine längere Tour zu erreichen und daher weit weniger frequentiert. Gerade dies und eine vielseitige Szenerie machen eine Wanderung hier zu einem wunderbaren Naturerlebnis.

Ausgangspunkt: Fern Tree, 430 m; Hobart, 51 m. Kleiner Parkplatz an der Betts Road, 260 m. Wir verlassen Hobart über die B64 (Huon Road). Gut 8 km nach Passieren der C616 (Pinnacle Road) zum Mount Wellington startet rechts die angezeigte Betts Road. Dieser ungeteerten Straße folgen wir ca. 1,3 km bis zum Parkplatz am Hinweisschild für den Start des Cathedral Rock Track. Von der A6 (Huon Highway) kommend sind es ca. 3,5 km entlang der B64 bis Betts Road.
Anforderungen: Die teils steilen Aufstiege in der ersten Wanderhälfte sowie die Länge der Tour verlangen eine gute Kondition. Ein hohes Maß an Trittsicherheit ist besonders zwischen Cathedral Rock und Montagu Thumbs gefordert; für Aussichtspunkte und einige Wegbereiche gilt hier auch Schwindelfreiheit. Steinige Abschnitte am Mount Montagu und nahe der Wellington Falls erfordern ebenfalls Aufmerksamkeit. Selbiges gilt auch für die Orientierung entlang einzelner Wegteile. Der teils sehr steile Abstieg am Siphon Track kann eine Belastung für die Knie sein.
Hinweis: Zur leichteren Wegfindung die Tour in beschriebener Richtung laufen.
Tipps: 1. Fahren Sie die asphaltierte C616 (Pinnacle Road) bis zur Spitze des Mount Wellington, 1271 m, hinauf; kein zweiter Gipfel Tasmaniens ist so leicht erreichbar!
2. Lohnende Kurzwanderungen starten von der C616: Vom Shoebridge Bend Carpark (unterhalb von The Springs) zum tentakeligen Octopus Tree (10 Min.) und weiter via Sawmill Track zum aussichtsreichen Sphinx Rock (40 Min.) oder via Circle und Betts Vale Track zu den hübschen O'Gradys Falls (45 Min.) oder vom The Chalet-Parkplatz unterhalb des Mount Wellington zu den Felsgebilden der Organ Pipes (1 Std.; alle Zeiten für Hin- und Rückweg).

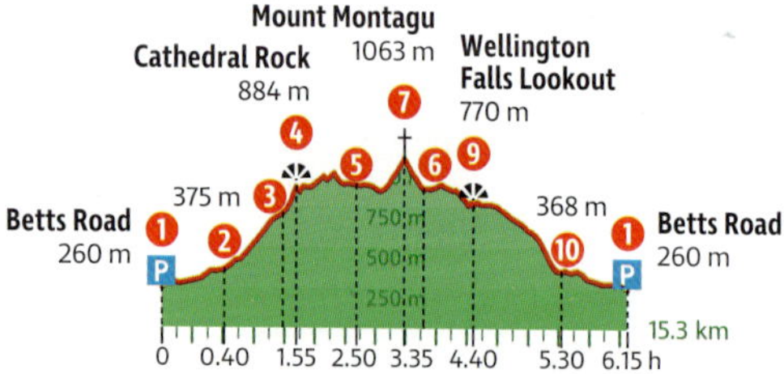

Am Hinweisschild an der **Betts Road** ❶ gehen wir noch etwa 400 m auf der Straße entlang und wechseln dann auf einen gekennzeichneten Wanderweg (**Cathedral Rock Track**). Dieser begleitet anfangs den North West Bay River durch dichten Wald mit Blanket Leaf, Musk, Dogwood, Wattles und Baumfarnen. Bald wendet sich der Track jedoch vom Fluss ab und geht schließlich in einen alten Fahrweg über; nebenbei passieren wir auch unseren mit **Steinhaufen** ❷ markierten späteren Rückweg. Der Weg leitet bald in einem Zickzackkurs durch von Eukalypten dominierten Wald steil nach oben. An einer nächsten **Wegteilung** ❸ folgen wir nochmals anstrengend dem ausgewiesenen Pfad nach rechts hinauf zur Spitze des **Cathedral Rock** ❹, 884 m. Oberhalb der teils lotrechten Felswände bietet sich ein erster großartiger Aussichtspunkt.

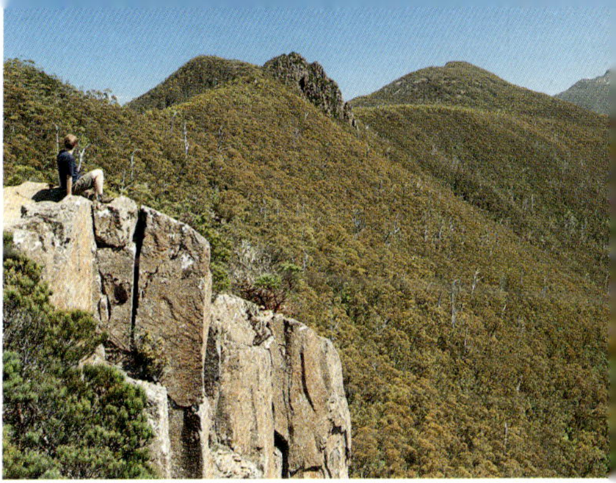

Panoramapause am Cathedral Rock.

Durch kleinwüchsigen Wald folgen wir nun der schmalen, teils felsigen Kammlinie in Richtung Nordwesten, passieren dabei mehrere Spitzen der Montagu Thumbs, welche für weitere Ausblicke schnell erklommen werden können. Ein Sattel signalisiert dann den Wechsel in leichter begehbares Terrain, bevor es über eine Kuppe mit dem höchsten Punkt der **Montagu Thumbs**, 974 m, geht.

Bergab fortsetzend gelangen wir zu einer **T-Kreuzung** ❺. Wer möchte, kann hier nach links einen Abstecher zur rustikalen Norris Hut machen (20 Min. hin und zurück); die Felsen neben der Hütte bieten zudem einen freien Blick ins Huon Valley. Wir setzen unsere Rundwanderung an der Kreuzung jedoch nach rechts fort, wo sich in den Wald zunehmend die endemischen und exotisch anmutenden Dragon Leaf Richeas mischen. Nach knapp 500 m treffen wir auf eine erste mit Steinhaufen markierte Route zum Mount Montagu. Diese ist jedoch recht zugewachsen und nicht empfohlen. Stattdessen laufen wir gut 400 m weiter zu einem zweiten markierten **Gipfelweg** ❻ und folgen diesem hinauf zum trigonometrischen Kreuz auf dem **Mount Montagu** ❼, 1063 m. Die kaum bewachsene Gipfelkuppe bietet einen schönen Rundumblick.

Auf selber Strecke geht es zurück zum Hauptweg, welcher uns 500 m weiter zu einem nächsten, mit großen Steinhaufen in der Wegmitte markierten **Abzweig** ❽ bringt. Wir setzen hier nach rechts fort, müssen anfangs auf die Markierungen achten, bevor der Pfad deutlicher wird und schließ-

lich über Felsen hinab zum kristallklaren Wasser des North West Bay River führt. Wir überqueren den Fluss, halten kurz aufwärts, treffen auf einen Weg und wenden uns nach rechts. Wenige Schritte weiter finden wir den angezeigten Nebenweg zum **Wellington Falls Lookout** ❾. Leider ist der Blick von hier zu den sehr attraktiven Wellington Falls begrenzt und wer mehr sehen möchte, muss sich mit Vorsicht etwas bergab halten; es ist auch möglich, zur Basis der etwa 40 m hohen Fälle zu gelangen.
Zurück am Hauptweg folgen wir dem Wellington Falls Track (Schild) nach rechts. Dieser führt gemütlich hinab zum breiten Pipeline Track, welchen wir direkt überqueren und jetzt einem unmarkierten, auch als **Siphon Track** bekannten Weg nachgehen. Einer meist unterirdisch verlaufenden alten Rohrleitung folgend, geht es z. T. sehr steil bergab zum **Plains Rivulet**. Wir überschreiten den Wasserlauf und finden ca. 150 m weiter **Markierungen** ❿ für einen Pfad hinab zum North West Bay River, queren den Fluss und lassen uns zurück zum **Steinhaufen** ❷ am Cathedral Rock Track leiten. Hier nach links, geht es auf bekannter Strecke zum Ausgangspunkt der Tour an der **Betts Road** ❶.

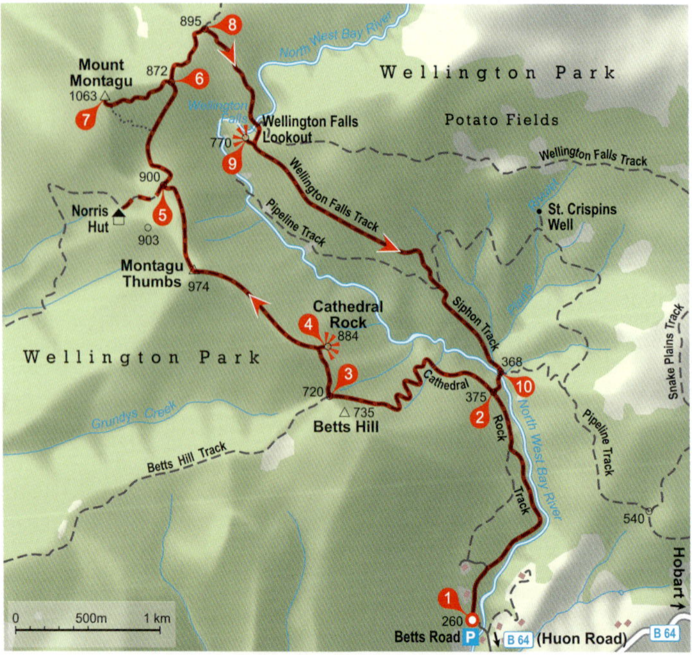

↗ 1220 m | ↘ 1220 m | 15.2 km

6.15 h

Collins Cap, 1094 m – Trestle Mountain, 1164 m – Collins Bonnet, 1261 m

41

Sternförmige Gipfeltour im Wellington Park

Der Mount Wellington ist der höchste und bekannteste Berg im Wellington Park. Majestätisch über Hobart aufragend, bildet er eines der Wahrzeichen der Inselhauptstadt. Ein bis auf die Bergspitze führender Straßenzugang macht ihn zudem zum meistbesuchten Gipfel Tasmaniens. Daneben »zieren« große Antennenanlegen den Gipfelbereich, und Wanderer mit einer romantischen Vorstellung von Bergidyllen werden hier nicht mehr fündig werden. Wer danach sucht, sollte diesen Tourenvorschlag beherzigen und in den verträumteren Westteil des Parks vorstoßen, wo es weit einsamere Gipfel zu entdecken gibt. Stimmungsvolle Ausblicke, die abwechslungsreiche Vegetation und die vielen originellen Felsformationen der schroffen Gipfelhäupter erhöhen zusätzlich den Reiz dieser Wanderung.

Ausgangspunkt: Collinsvale, 330 m, und Hobart, 51 m. Parkplatz an der Myrtle Forest Road, 550 m. Vom Stadtzentrum Hobarts folgen wir der A1 (Brooker Highway) Richtung Launceston und verlassen diese über die C615 nach Collinsvale. Von Collinsvale gilt es dann einfach, den Wegweisern mit der Beschriftung »Myrtle Forest« nachzufahren, welche uns zu einem Parkplatz neben einer Schranke am Startpunkt der Tour leiten; die letzten 700 m sind ungeteert.

Anforderungen: Die vielen Anstiege erfordern eine gute Kondition, zudem sind die meisten Wegteile sehr steinig (einschließlich kleiner Blockfelder) und verlangen besonders bei Nässe Trittsicherheit.

Variante: Die Tour kann auf einen oder zwei Gipfel verkürzt werden. Die empfehlenswerteste Bergbesteigung ist in diesem Fall jene zum Collins Bonnet.

Hinweis: Achtung, der Collins Cap und der East West Trail sind auch für Mountainbikes und bei trockenen Bedingungen im Sommer für Geländefahrzeuge freigegeben!

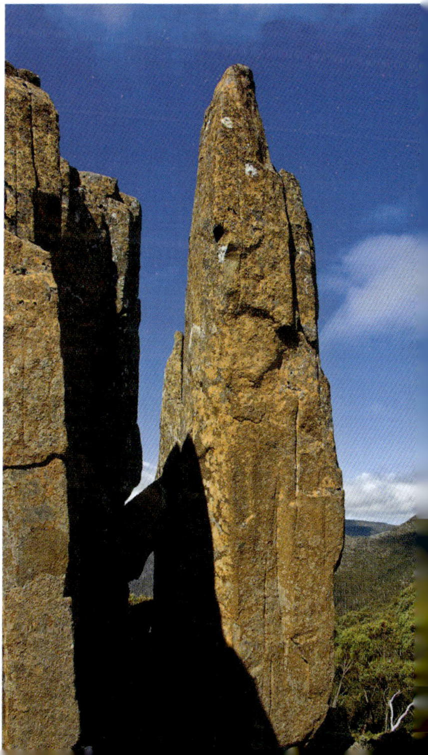

Doleritspitze am Collins Cap.

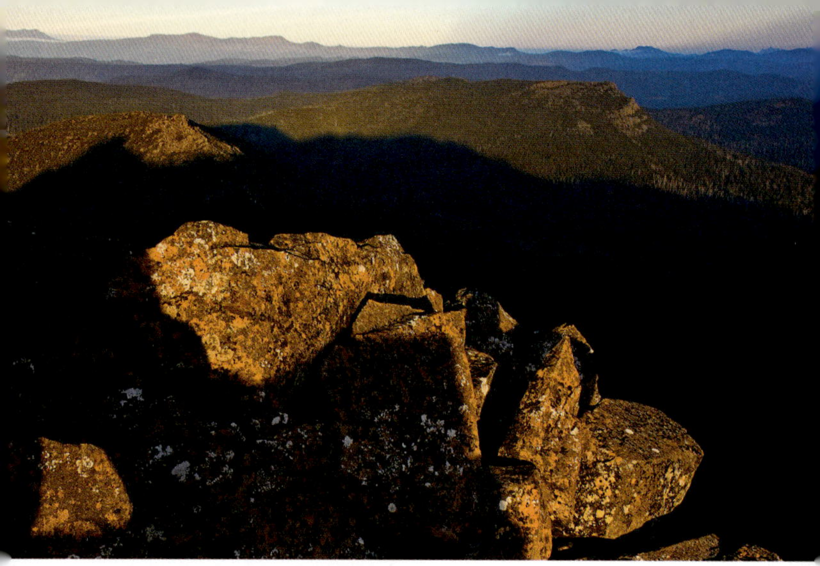

Collins Bonnet wirft einen langen Schatten.

An der **Myrtle Forest Road** ❶ umgehen wir die Schranke und gehen entlang des restlichen, gesperrten Straßenstückes zum Myrtle-Forest-Picknickplatz. Von hier folgen wir einem Wanderpfad entlang des von Regenwald eingerahmten, über kleine Kaskaden und Wasserfälle springenden Myrtle Forest Creek flussaufwärts; die höchste Fallstufe ist dabei auch als Myrtle Forest Falls bekannt. Wir gelangen schließlich an eine Weggabelung mit dem Start des **Collins Cap Track** ❷ zu unserer rechten Seite. Diesem Pfad folgend, überqueren wir den **Collins Cap Trail** ❸ und einen weiteren Jeeptrack (Glen Dhu Trail) und erreichen am Wegende die kleine, felsige Gipfelkuppe des **Collins Cap** ❹, 1094 m. Der Blick von hier schweift hinab zu den Ebenen des Derwent River und zu unseren nächsten beiden Gipfelzielen. Nach der ersten Gipfelpause gehen wir denselben Weg zurück bis zum **Collins Cap Trail** ❸ und folgen diesem nach rechts. Die Vegetation in diesem Höhenbereich wird dominiert von alpinen Eukalyptusarten mit meist füllendem Unterstand an unterschiedlichsten Sträuchern; es lassen sich aber auch einige Myrtlebäume ausmachen, was auf eine gute Wasserversorgung und geschütztere Lagen schließen lässt. Unser Fahrweg trifft schließlich an einer T-Kreuzung mit dem **East West Trail** ❺ zusammen, welchem wir jetzt nach rechts nachgehen, aber nur ein kurzes Stück weiter an einer nächsten Weggabelung geradeaus laufend verlassen. Dieser Nebenweg ist eine Abkürzung für die an dieser Stelle einen größeren Bogen schlagende Hauptstrecke und vereinigt sich wenig später wieder mit selbiger.

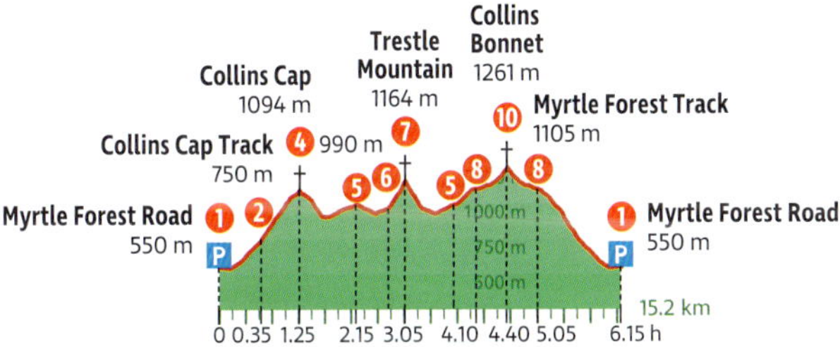

Jetzt zurück auf dem East West Trail, folgen wir diesem für 100 m nach links und finden den Start des **Aufstiegsweges** 6 zum Trestle Mountain. Dank der Markierungen gelangen wir ohne Orientierungsprobleme zu dem mit Dolerittürmen geschmückten Gipfel des **Trestle Mountain** 7, 1164 m, von wo besonders der Blick auf die imposanten Felswälle des Collins Bonnet gefällt. Wieder hinabsteigend, folgen wir unseren Schritten zurück zur **Kreuzung** 5 mit dem Collins Cap Trail, bleiben anschließend aber auf dem East West Trail und passieren in der Folge den abzweigenden **Myrtle Forest Track** 8 sowie eine Schutzhütte, bevor wir auf den Beginn des gekennzeichneten **Pfades** 9 hinauf zu unserem letzten Gipfelziel treffen.

Über dessen sanft geschwungene Ostschulter erklimmen wir den zweithöchsten Berg des Wellington Park, den **Collins Bonnet** 10, 1261 m. Ein trigonometrisches Kreuz markiert den Kulminationspunkt, von wo unsere Blicke über seine schroffen Westwände hinweg auf die nahen und fernen Gipfel Tasmaniens wandern, während im Osten der antennengekrönte Mount Wellington die Aussicht dominiert.

Auf denselben Wegen gehen wir zum aufwärts ignorierten Abzweig des **Myrtle Forest Track** 8 zurück und halten uns jetzt entlang dieser Wegspur hinab zum Myrtle Forest Creek, treffen schließlich wieder auf den Start des **Collins Cap Track** 2 und folgen dem ab hier bekannten Weg zurück zu unseren Fahrzeugen an der Schranke der **Myrtle Forest Road** 1.

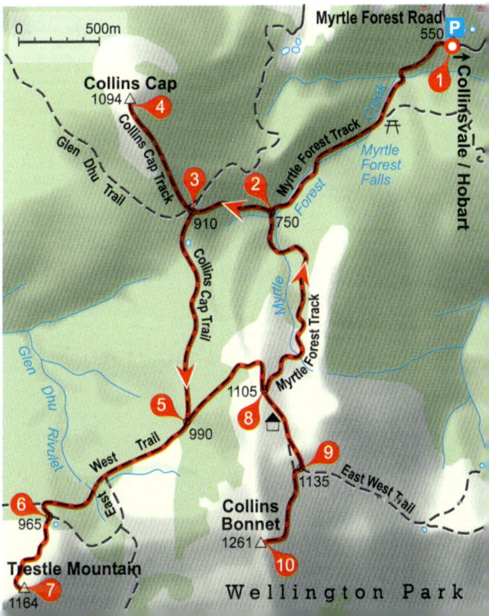

↗ 530 m | ↘ 530 m | 13.8 km

42 Cape Raoul

4.30 h

Gewaltige Steilküste mit atemberaubenden Tief- und Weitblicken

Die Tasman Peninsula beherbergt eine der aufregendsten Küstenlandschaften ganz Australiens. Mächtige Sandsteinklippen in Nachbarschaft mit riesigen Doleritwänden voller spannender Details wie tief eingeschnittenen »Schluchten«, isoliert aufragenden Säulen, langen Tunneln oder filigranen Brückengebilden, aber ebenso die vorgelagerten schroffen Felsinseln wissen unsere Augen stimmungsvoll zu unterhalten. Dieser Tourenvorschlag führt uns zu einem dieser begeisternden Küstenabschnitte im Südwestteil des Tasman National Park.

Ausgangspunkt: Nubeena, 10 m. Parkplatz am Ende der Stormlea Road, 225 m. Wir folgen von Port Arthur der B37 (Nubeena Road) nach Nubeena, bis linker Hand die Stormlea Road startet (Richtungsweiser »Stormlea«). Unter Beachtung der Wegweiser »Cape Raoul Walking Track« fahren wir jetzt bis zum Parkplatz; die letzten 8,5 km sind ungeteert.

Anforderungen: Die Wege sind gut ausgebaut, Tourenlänge und Höhenunterschied erfordern jedoch Kondition. Wer sich abseits der gesicherten Aussichtspunkte den Steilklippen nähert, sollte schwindelfrei sein und besonders bei stürmischem Wetter oder Nässe Vorsicht walten lassen.

Variante: Vom selben Ausgangspunkt startet auch die Wanderung zur Tunnel Bay mit sehenswertem Felstunnel (Name!) und zum benachbarten Shipstern Bluff (zu beiden Zielen 3.30 Std. oder kombiniert mit der Tour zum Cape Raoul insgesamt 7 Std.; beide Zeiten hin und zurück).

Tipp: Nehmen Sie ein Fernglas mit, um die kleine Robbenkolonie am Cape Raoul besser beobachten zu können!

Rechts: Landende am Cape Raoul.
Unten: Delfine sind immer eine Attraktion.

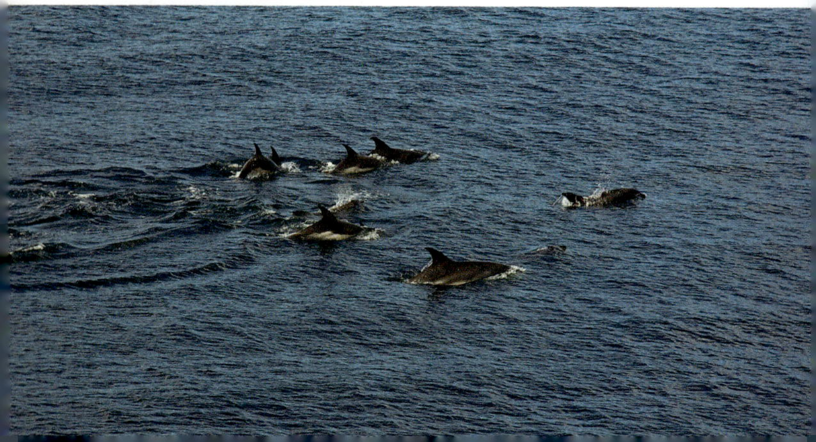

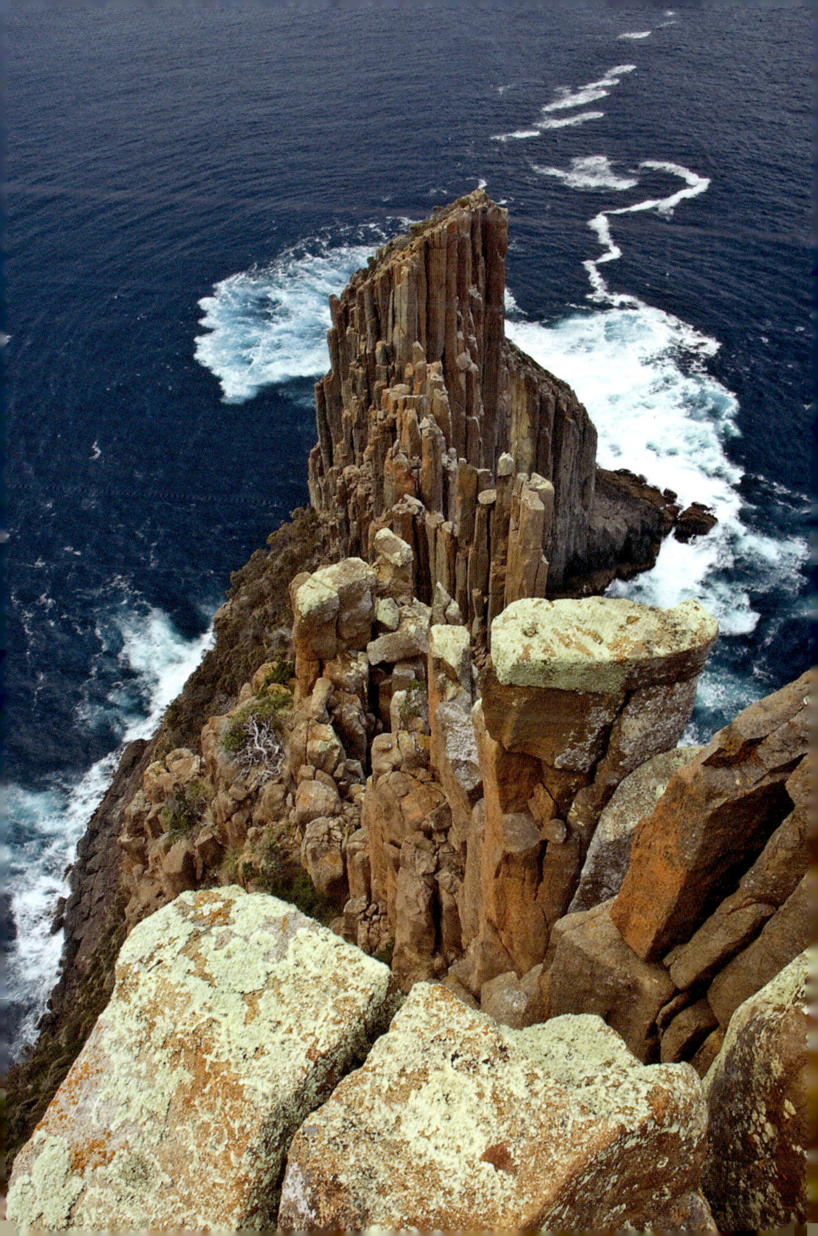

Vom Parkplatz an der **Stormlea Road** ❶ vorbei an einer Schuhreinigungsstation verläuft der Weg anfangs nahe entlang einer Grundstücksabgrenzung, bevor wir in attraktiven Eukalyptuswald wandern und zu einer **Wegteilung** ❷ mit dem nach rechts abzweigenden Track zur Tunnel Bay und zum Shipstern Bluff (siehe Variante) gelangen.
Wir halten uns jedoch auf der linken Spur und kommen weiter durch Wald ansteigend zum **Cape Raoul Lookout** ❸. Von den zwei umzäunten Aussichtsstellen blicken wir aus der Vogelperspektive etwa 400 m hinab über das steil abfallende Landende der Tasman-Halbinsel entlang der weit geöffneten **Raoul Bay** nach Südosten zum Cape Raoul und nach Westen zum Shipstern Bluff.

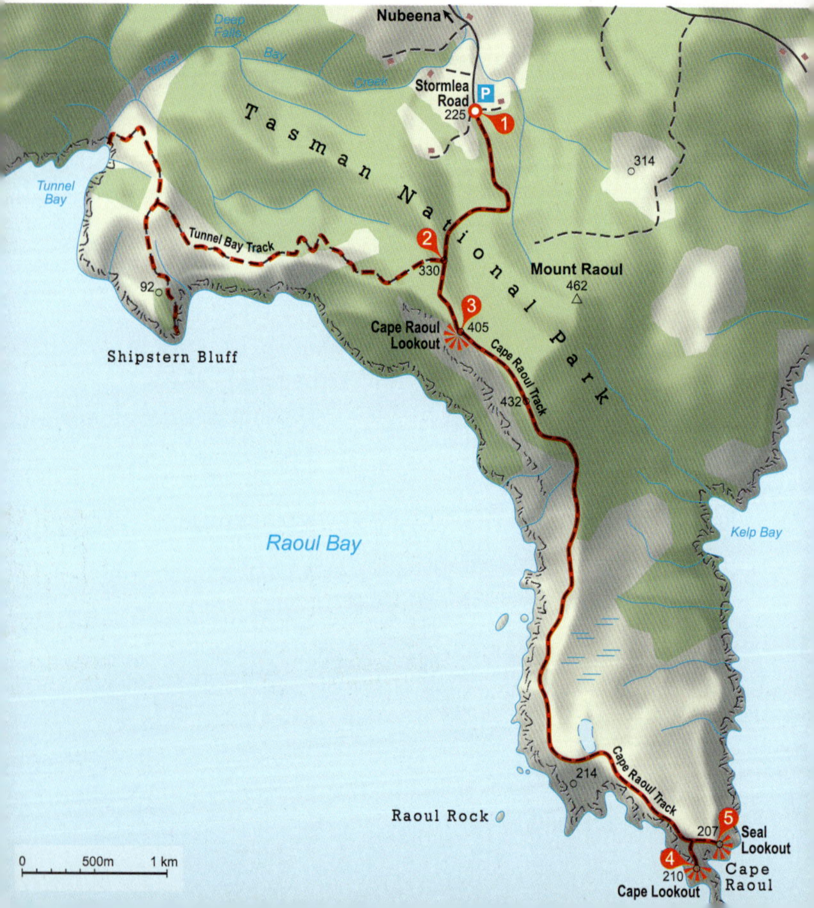

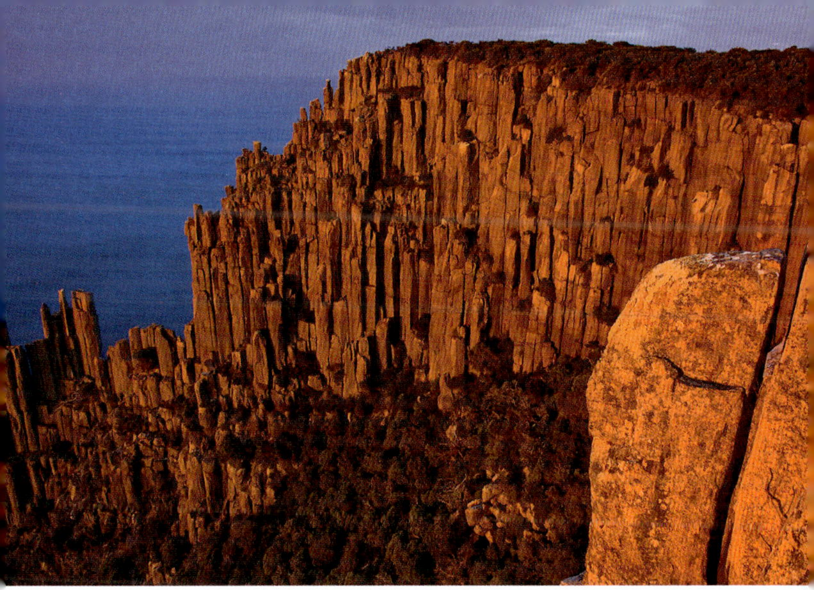

Doleritklippen im Morgenlicht.

Nachdem wir die magischen Ausblicke aufgesogen haben, folgen wir der parallel zur Küstenlinie verlaufenden Wegfortsetzung in Richtung Südosten. Mit beginnendem Abstieg wird der Wald feuchter, bemooste Steine und Farne säumen hier den Waldboden. Nach Abflachung des Weges übernimmt trockener She-Oak-Wald die Dominanz, welcher zum Kap hin wiederum von windtrotzendem Heide- und Buschland abgelöst wird. Dazwischen eingestreut, sorgt eine Reihe von Aussichtsstellen oberhalb der Steilküste für Kurzweil.

Nahe unserem Ziel finden wir eine weitere Weggabelung. Der Pfad nach rechts führt uns zum **Cape Lookout** 4 oberhalb der letzten Felsen am **Cape Raoul** und die andere Wegspur zum **Seal Lookout** 5 mit freiem Blick auf das faszinierende Doleritsäulen-Ensemble des Kaps und über die weit ausladende Maingon Bay hinweg. Am Fuß des Cape Raoul lassen sich zudem oft Robben hören und beobachten; genügend Gründe also, uns hier eine ausgedehnte und genüssliche Pause zu gönnen.

Der Rückweg zurück zur **Stormlea Road** 1 ist dann die Umkehrung unseres Hinweges.

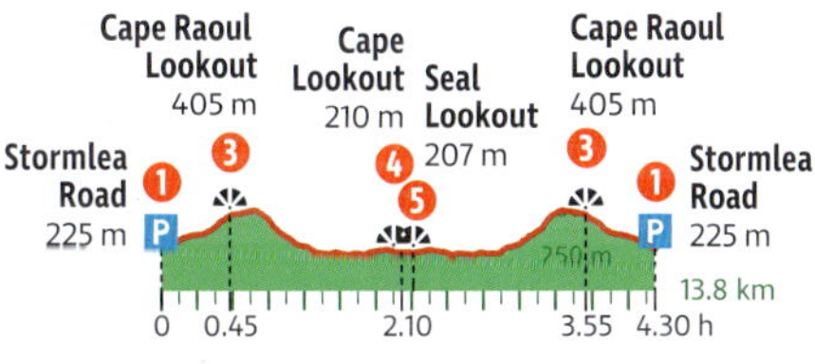

↗ 340 m | ↘ 340 m | 7.9 km

43 Mount Brown, 174 m – Crescent Bay

2.45 h

Stimmungsvolle Ausblicke und ein traumhaftes Finale

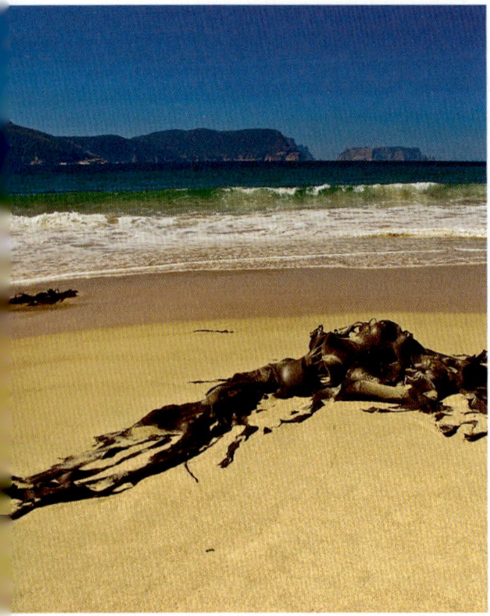

Die gesamte Wanderstrecke besticht durch Aussichtsreichtum auf die umgebenden Buchten sowie Steilklippen; die Erklimmung des Mount Brown als höchstem Punkt der Tour beschert uns dann die besten Fernblicke. Heimlicher Höhepunkt der Wanderung ist jedoch die halbmondförmige, von Dünen und Felsen eingerahmte Crescent Bay. Der feine, helle Sandstand, eingebettet in seinem lieblichen Ambiente mit zauberhaftem Ausblick auf eine stolz aufragende Felsküste, erinnert sehr an die berühmte Wineglass Bay im Freycinet National Park. Doch im Gegensatz zu dieser viel besuchten Schönheit finden wir hier oft noch romantische Einsamkeit vor.

Blick vom Strand zum Cape Pillar.

Ausgangspunkt: Port Arthur, 20 m. Parkplatz etwas oberhalb der Basket Bay, 35 m. Von Port Arthur folgen wir der C347 (Safety Cove Road) mit Ausschilderung »Remarkable Cave« bis zu deren Ende im Tasman National Park.
Anforderungen: Zumeist leichte Wanderung auf sandigem, anfangs unmarkiertem Weg. Der Pfad hinauf zum Mount Brown ist steinig und nicht immer deutlich zu erkennen; achten Sie hier aufmerksam auf die Markierungen.
Tipp: Einmal hier sollten wir nicht die vom Parkplatz startenden Kurzwege zum Maingon Lookout und hinab zur Remarkable Cave verpassen!

Vom **Parkplatz** an der **Basket Bay** ❶ gehen wir etwa 80 m entlang der Straße zurück und finden auf der rechten Seite den Startpunkt unseres Wanderweges. Anfangs in leichtem Auf und Ab, gelangen wir zum **Maingon Blowhole**, durch welches bei stürmischem Wetter das Wasser furios nach oben schießt. Mit Vorsicht können bei ruhiger See vom Rand Blicke hinab gewagt werden.
Anschließend geht es weiter durch im Frühling blütenreiches Küstenheideland, bis wir mit Blick auf die Crescent Bay eine **Wegteilung** ❷ erreichen. Der nach rechts führende Pfad ist nun unser recht lang gezogener Auf-

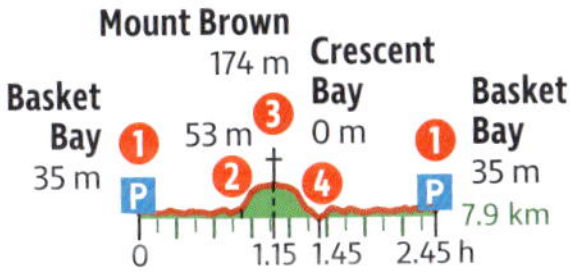

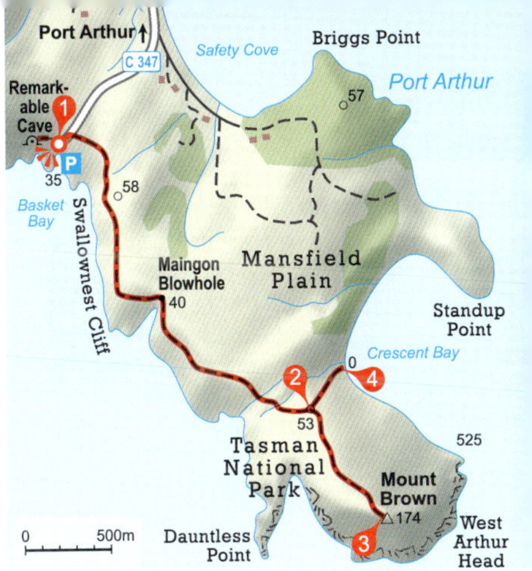

stiegsweg zum Gipfelziel. Aufmerksam den Steinhaufen folgend, gelangen wir schließlich zum höchsten, mit einem trigonometrischen Kreuz gekennzeichneten Punkt des **Mount Brown** 3, 174 m, und der herrliche Panoramablick belohnt hier unsere kleine Anstrengung.
Auf selbem Pfad gehen wir zurück zum Hauptweg, dem wir nun nach rechts hinab zum Strand der **Crescent Bay** 4 folgen. Je nach Lust und Wetter lädt dieses Idyll zum Baden, Spazieren oder entspannendem Nichtstun ein.
Der Rückweg zur **Basket Bay** 1 entspricht dann dem Hinweg, wobei wir den Abzweig zum Mount Brown dieses Mal ignorieren.

Crescent Bay und das Wasser des Port Arthur.

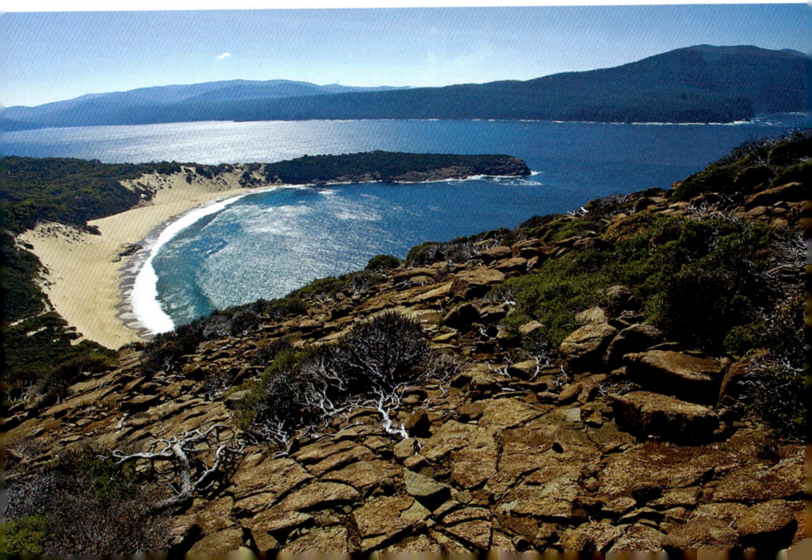

↗ 600 m | ↘ 600 m | 10.3 km

44 Cape Hauy

3.15 h

Einfache Wanderung zu einem vorzüglichen Aussichtspunkt

Das Cape Hauy ist eine der auffälligsten Landmarken auf der Tasman-Halbinsel. Dem Kap vorgelagert sind zwei, scheinbar mit der Landspitze verbundene, steil aufragende Inseln, Mitre Rock und The Lanterns, welche nur durch wenige Meter breite Wasserwege voneinander und vom Festland getrennt sind. Noch berühmter sind aber die am Fuße des Cape Hauy aus dem Wasser aufragenden Felsformationen The Candlestick und Totem Pole. Besonders Letztere ist mit einer Höhe von 65 Metern bei nur 4 Metern Durchmesser eine der spektakulärsten Herausforderungen für Kletterer in Tasmanien. Wanderer haben vom Ende des Cape Hauy Track einen ausgezeichneten Blick auf diese Naturwunder.

Ausgangspunkt: Port Arthur, 20 m. Parkplatz an der Fortescue Bay (Day Use Area), 10 m. Von der A9 (Arthur Highway) zwischen Taranna und Port Arthur folgen wir der ausgeschilderten C344 (Fortescue Road) bis zur Fortescue Bay im Tasman National Park; die letzten 12 km sind ungeteert.

Anforderungen: Der Weg selbst bietet keine nennenswerten Schwierigkeiten, lediglich der zu überwindende Höhenunterschied und die Länge der Tour verlangen etwas Kondition.

Tipps: 1. Eine Wanderung entlang des Strandes der Fortescue Bay zur Canoe Bay und Bivouac Bay belohnt mit neuen Blickwinkeln zum Cape Hauy (3 Std. hin und zurück); es kann auch Richtung Waterfall Bay fortgesetzt werden.
2. Wer zum Cape Pillar, dem abgelegensten Kap im Nationalpark, wandern möchte, kann dies über den viertägigen, Hütten-basierten Three Capes Track tun (Vorausbuchung notwendig, www.threecapestrack.com.au). Alternativ, ohne Buchung und Gebühren, ist ein Campingtrip von der Fortescue Bay via Old Cape Pillar Track und Rückweg über das nördliche Ende des Three Capes Track möglich (nur diese Laufrichtung erlaubt). Zelten ist nur am Bare Knoll – von hier am 2. Tag zum Cape Pillar hin und zurück laufen – und an den Wughalee Falls (2. Nacht) gestattet (insgesamt 3 Tage).

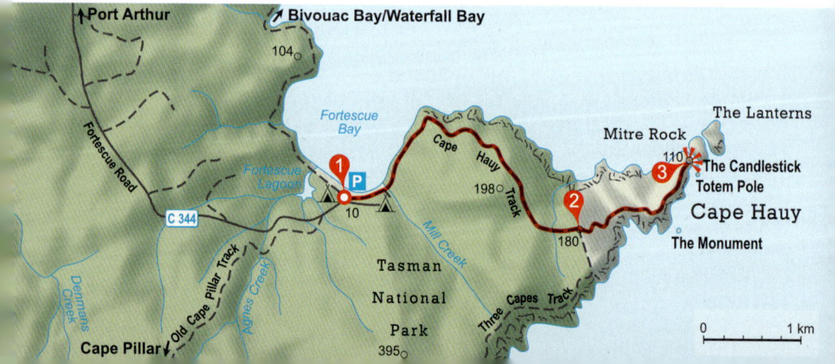

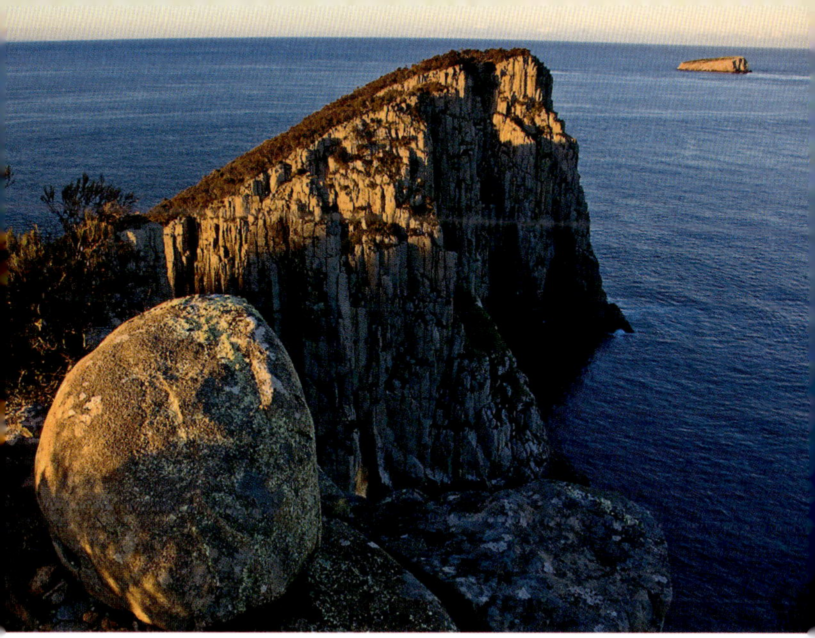

Faszinierende Szenerie am Cape Hauy.

Vom **Parkplatz** an der **Fortescue Bay** 1 folgen wir dem Cape Hauy Track und passieren gleich zu Beginn die Bootsrampe unterhalb des Mill-Creek-Campingplatzes. Von hier steigt unser Weg, anfangs nahe der Fortescue Bay, durch lichten Eukalyptuswald zumeist stetig an, flacht dann aber ab und wir erreichen eine **Weggabelung** 2 mit Abzweig zum Cape Hauy.
Von hier geht es erst steil abwärts, gefolgt von einem kräftigen Anstieg, einem erneuten Abstieg in eine Senke und anschließendem nochmaligem Bergauf. Endlich erreichen wir den ersten grandiosen Aussichtspunkt auf dem Kap mit Blick auf Mitre Rock, The Lanterns und Hippolyte Rocks in der Distanz. Doch das Wegende befindet sich noch ein Stück weiter.
Dem Pfad folgend, verlieren wir wieder an Höhe, bevor sich die Wegspur nochmals einige Meter aufwärtsschwingt und wir zum Ende des Weges am **Cape Hauy** 3 gelangen. Die eindrucksvolle Aussicht verleitet dann leicht zu einer ausgiebigen Pause.
Der Rückweg zur **Fortescue Bay** 1 ist dann die Umkehrung des Hinweges.

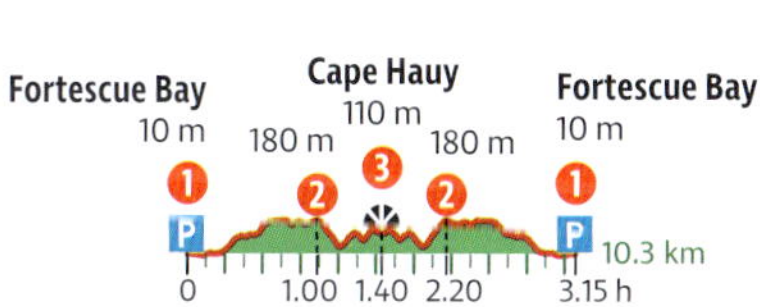

↗ 720 m | ↘ 720 m | 13.2 km

45 Waterfall Bay – Clemes Peak

4.45 h

Höhepunktreiche Entdeckungsreise hoch über der Tasmansee

Während auf dem sehr leichten Abschnitt zwischen Tasman Arch und Waterfall Bay insbesondere an den Aussichtsstellen um die Parkplätze oft rege Betriebsamkeit herrscht, kehrt auf der Fortsetzung des Tasman Coastal Trail nach Süden schnell verblüffende Ruhe ein. Ein offensichtlich großer Teil der Besucher verpasst die vielen weiteren Attraktionen, die entlang dieses fantastischen Küstenwanderweges geboten werden, was jedoch dem geneigten Wanderer einen noch entspannenderen Naturgenuss beschert. Neben der prächtigen Steilküste erwarten uns üppiger Wald, Wasserfälle und hoch über dem Meer gelegene Aussichtspunkte.

Ausgangspunkt: Eaglehawk Neck, 25 m. Parkplatz am Tasmans Arch, 60 m. Wir verlassen die A9 (Arthur Highway) an der Landenge des Eaglehawk Neck (mit gleichnamiger Ortschaft) auf der nach links startenden C388 (Blowhole Road) und folgen hier den Ausschilderungen »Tasmans Arch« zum etwa 4 km entfernten Parkplatz im Tasman National Park am Start des Tasman Coastal Trail.
Anforderungen: Die Tourenlänge in Kombination mit dem zu überwindenden Höhenunterschied erfordert Kondition. Steiniger Grund insbesondere am Clemes Peak, ebenso der steile Abstieg von selbigem verlangen dagegen Trittsicherheit.
Varianten: 1. Eine kurze, leichte Wanderung, auch mit Kindern geeignet, ist der Weg zwischen Tasmans Arch und Waterfall Bay (1.20 Std. hin und zurück).
2. Verlängerung der Tour bis Fortescue Bay. Entweder als sehr lange Tageswanderung (7.45 Std.) mit vorher organisiertem Rücktransport oder als 2-tägige Tour mit Übernachtungsmöglichkeiten an der Fortescue Bay oder dem stillen Zeltplatz an der Bivouac Bay (Rückmarsch auf demselben Weg).
Tipp: Einen Abstecher wert ist auch das am Ende der Blowhole Road gelegene Tasman Blowhole.

Direkt neben dem **Parkplatz** lässt sich der **Tasmans Arch** ❶, eine der bekanntesten Attraktionen der Tasman Peninsula, bestaunen. Die vor uns steil zum Wasser abfallenden Hänge links umgehend, überschreiten wir diese mächtige Naturbrücke und finden links den ersten einer Reihe nun folgender und gesicherter Aussichtspunkte entlang der Steilküste bis zur Waterfall Bay. Anschließend führt ein kurzer Nebenweg zu Tiefblicken in die schluchtenartigen Schächte der Devils Kitchen und wir passieren danach eine nächste Aussichtsstelle und das Straßenende. Hier gehen wir weiter auf dem Wanderweg nahe der Klippenränder, vorbei an zwei weiteren Lookouts, und gelangen zu einer Stelle mit Einblick in den ebenfalls gewaltigen **Patersons Arch**.
Es folgen weitere prächtige Aussichtsplätze, bis wir schließlich den Parkplatz oberhalb der **Waterfall Bay** erreichen, von wo zwei zugänglich gemachte Aussichtsstellen spannende Ausblicke auf die Bucht gewähren;

besonders beeindruckend nach starken Regenfällen, wenn der tief zum Meer stürzende Wasserfall an der Südseite der Waterfall Bay in »Bestform« agiert. Fortsetzend folgen wir dem **Pfad** **2** mit Wegweiser »Tasman Coastal Track« durch von Eukalypten dominierten Wald, steigen dabei fast kontinuierlich an und kommen zu einer Wegteilung oberhalb der **Camp Falls** **3**. Wir nutzen zuerst den Pfad geradeaus, der uns in wenigen Minuten zu den Aussichtspunkten am **Morleys Lookout** und **Waterfall Bluff** **4** leitet.

Zurück am Morleys Lookout folgen wir für eine interessante Zugabe einer rechts startenden, unmarkierten und leicht zu übersehenden Wegspur, welche uns zur Spitze des großen **Wasserfalls** **5** führt, dem die Waterfall Bay ihren Namen verdankt. Der kribbelnde Tiefblick ist aber nur schwindelfreien Personen angeraten! Anschließend überqueren wir den Waterfall Bay Creek, steigen ein Stück bergan (Markierungen beachten!), bevor wir dem mit Baumfarnen gesäumten Bach flussaufwärts nachgehen. Wenig später erfreuen die schönen **Shower Falls**; besonders interessant ist dabei die Wegführung, die uns hinter dem seidenen Wasservorhang zur anderen Bachseite leitet. Noch ein Stück bergan, und wir stehen unterhalb der **Camp Falls**, welche für Unerschrockene eine perfekte Naturdusche darstellen.

An der Wegteilung oberhalb der **Camp Falls** **3** folgen wir nun dem Tasman Coastal Trail weiter Richtung Fortescue Bay. Anfangs begleiten wir dabei den Waterfall Bay

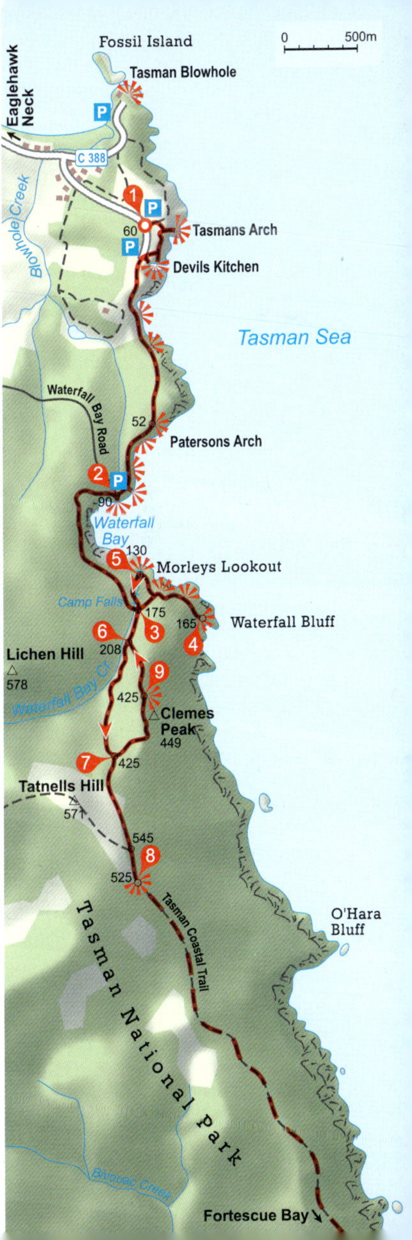

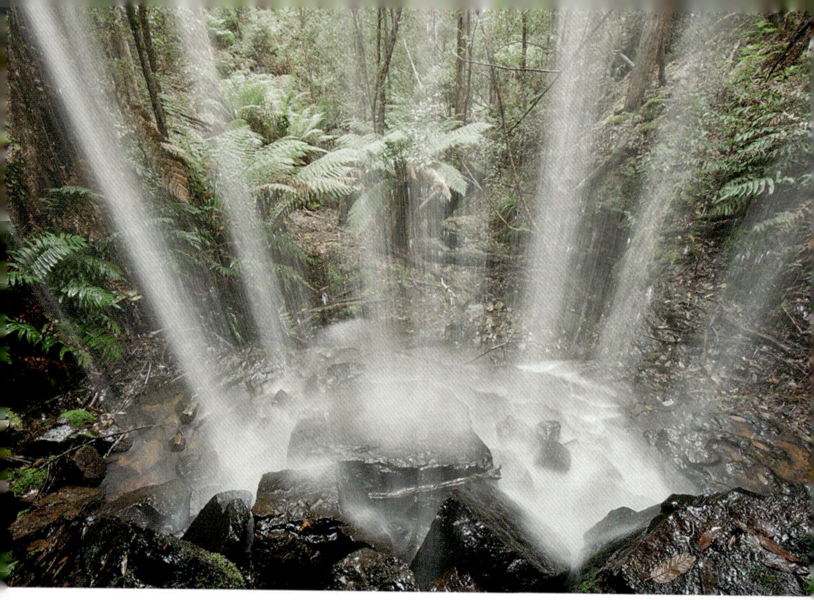

Hinter dem Wasservorhang der Shower Falls.

Creek, an dem üppiger Wald mit zahlreichen Moos- und Farnarten gedeiht, und passieren dabei auch den abzweigenden **Clemes Peak Track** 6. Nach Verlassen des Wasserlaufs erreichen wir neben dem markanten abgestorbenen Stamm eines großen Eukalyptusbaumes einen zweiten **Zugangsweg** 7 (Hinweisschild) zum Clemes Peak, den wir aber vorerst ignorieren. Weiter bergan schreitend bietet eine Freifläche beste Sicht auf die Küste im Norden, während der kurz darauf erreichte höchste Punkt der Wanderung am Tatnells Hill, 545 m, unweit der eigentlichen Bergspitze, 571 m, kaum Ausblicke gewährt. Ein hier nach rechts führender Pfad wird nicht beachtet, stattdessen folgen wir dem Hauptweg noch ca. 250 m zu **kleinen Felsen** 8 mit prächtiger Aussicht nach Süden. Für alle, die nicht den ganzen Tasman Coastal Trail bewandern möchten (Variante 2), ist hier der ideale Umkehrpunkt.

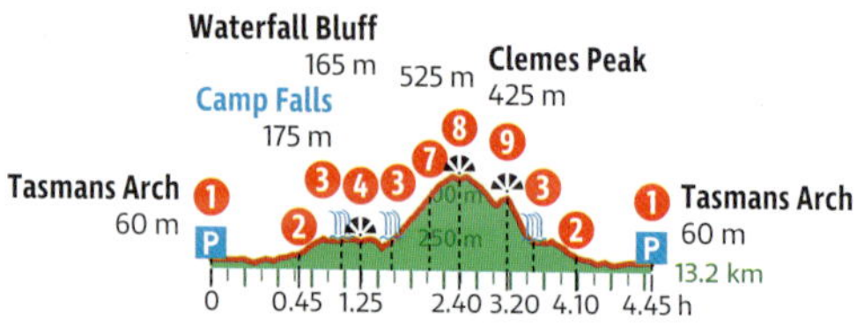

Wir gehen zurück zur **Wegteilung** 7 mit Schild »Clemes Peak«, wo wir nun nach rechts marschieren. Zuerst bergab laufend, gewinnt der Weg erst nahe der Gipfelfelsen wieder an Höhe. Die Markierungen weisen uns dann am Fuß der Felsformationen entlang, bis wir schließlich die nördlichste Spitze des **Clemes Peak** 9, 425 m, erklimmen. Mit den Steinwällen des Berges im Vordergrund bietet sich von dieser Höhe ein grandioses Aussichtsspektakel, welches das i-Tüpfelchen einer begeisternden Tour darstellt.
Unser Weiterweg führt dann nach links zwischen den Felsen hinab (Markierungen beachten!), bevor er wieder nördlich dreht und steil abwärts (Vorsicht bei Nässe!) zum Treffpunkt von Tasman Coastal Trail und **Clemes Peak Track** 6 leitet; hier nach rechts. Kurz darauf sind wir wieder an der Kreuzung oberhalb der **Camp Falls** 3 und laufen nach links via Parkplatz an der **Waterfall Bay** zurück zum Ausgangspunkt am **Tasmans Arch** 1.

Patersons Arch im Morgenlicht.

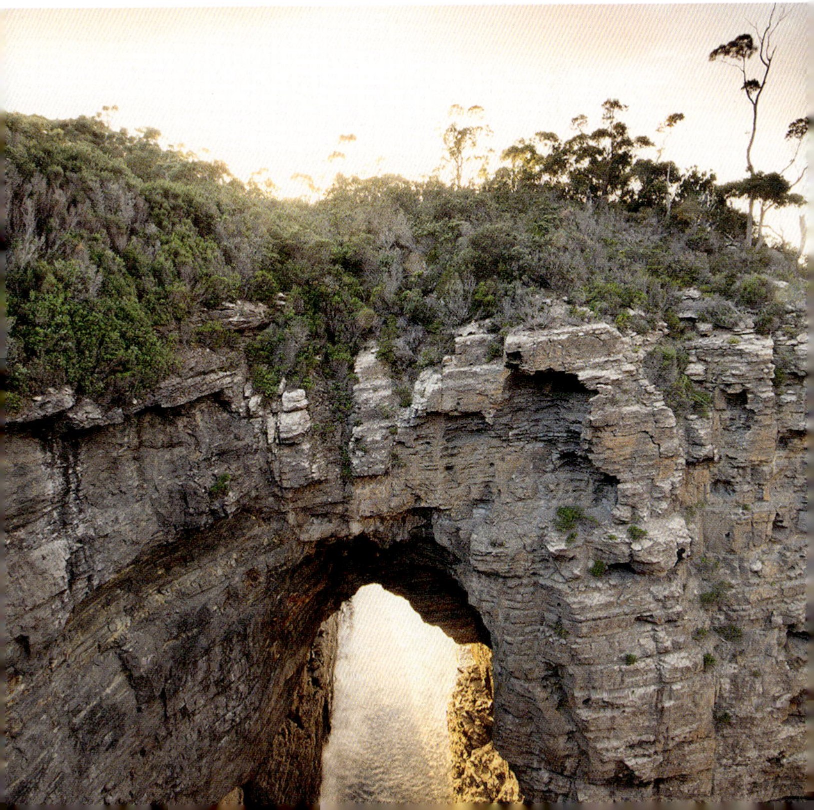

↗ 280 m | ↘ 280 m | 8.4 km

46 Bluff River Gorge

3.15 h

Rundtour durch eine unerwartete Sandsteinwelt

Der oft so bizarr geformte Sandstein ist in Tasmanien abseits der Küsten als Oberflächengestein nur vereinzelt anzutreffen. Auch bei der Annäherung an die Bluff River Gorge deutet nichts auf die Überraschungen dieses tief eingeschnittenen Tales hin. Doch beim Hinablaufen in die Schlucht staunen wir über die Vielzahl von dekorativ in warmen gelb-braunen Tönen gemaserten Sandsteinwänden. Der Wanderweg führt uns dabei entlang mächtiger Wälle, vorbei an Überhängen oder Aushöhlungen, und immer wieder lassen uns kleine Details in den Felsen zur näheren Betrachtung anhalten. Offensichtlich wenig bekannt, wird dieses Kleinod jedoch fast nur von Einheimischen besucht.

Ausgangspunkt: Buckland, 70 m. Kleine Parkplätze an der Buckland Road (C318), 305 m. Von Buckland an der A3 (Tasman Highway) folgen wir der gegenüber der Kirche startenden C318 in Richtung Woodsdale/ Whiteford. Nach 11,8 km bzw. gut 600 m nach Abzweig der C317 erreichen wir den Beginn eines Waldgebietes; beiderseits der Straße bestehen hier Parkmöglichkeiten.
Anforderungen: Der teils an Steilhängen entlangführende Weg (oft nur eine markierte Route) über steinigen Grund, Wurzeln und Totholz verlangt, insbesondere bei Nässe und dann oft rutschigem Boden, Trittsicherheit und an einigen Stellen Schwindelfreiheit. Zudem ist die Orientierung oft nicht einfach und es gilt, aufmerksam den Markierungen zu folgen (zu Beginn zwar fehlend, in der Schlucht dann aber zumeist farbige Bänder), da die Wegführung nicht immer eindeutig ist.
Variante: Eine Ausdehnung der Wanderung ist möglich, wenn wir an der ersten deutlichen Weggabelung dem rechten Fahrweg folgen und kurz darauf dem rechts startenden, markierten Pfad nachgehen. Diese Route vereinigt sich später wieder mit dem Hauptweg (+ 40 Min.).

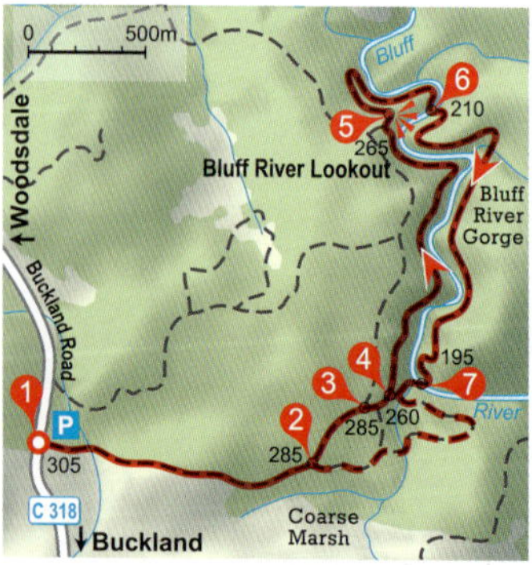

Wir starten auf der östlichen Straßenseite der **Buckland Road** ❶ entlang eines sandigen Jeeptracks parallel zu einem Weidezaun. Leider nutzen diesen Fahrweg gelegentlich Motocross-Fahrer, was deutliche Schäden hinterlassen hat und das Laufen an einigen Abschnitten erschwert. Nach knapp 20 Min. gelangen wir zu einer deutlichen **Wegteilung** ❷, an der wir der linken Spur nachgehen (rechts: siehe Variante). Weiter durch hochständigen Eukalyptuswald, begleitet von einigen

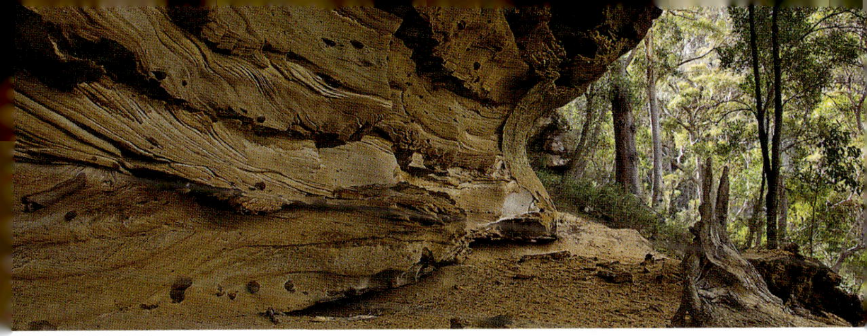

Abwechslungsreiche Sandsteinformationen machen die Tour äußerst reizvoll.

Wattles und geschlossener Farndecke am Boden, erreichen wir die nächste **Weggabelung** 3. Hier nehmen wir den markierten, nach rechts führenden Jeeptrack und müssen nur wenige Schritte weiter – wenn dieser breite Weg einen 90°-Schwenk nach rechts vollzieht – einem linker Hand markierten Pfad nachlaufen. Kurz darauf finden wir das einzige **Hinweisschild** 4 entlang der gesamten Tour und folgen dessen Pfeilrichtung in die Bluff River Gorge hinein. Sofort begleiten uns prächtige Sandsteinformationen und immer wieder bieten sich Ausblicke über die Schlucht und die Felsen auf der anderen Talseite. Nach und nach an Höhe verlierend, wandern wir hinab zum **Bluff River** und treffen dort auf einen kurzen Nebenweg, der zu einem großen Wasserloch am Fluss führt. Hier, im feuchteren Nahbereich des Flusses, gedeihen Dogwood, Musk, Blanket Leaf und gelegentlich auch Farnbäume. Wir folgen dem Flusslauf noch ein Stück stromaufwärts, bevor unsere Wegspur wieder bergan schwingt und auf ein markantes kleines Plateau, hier **Bluff River Lookout** 5 genannt, führt. Dieses bietet sich mit seinem brillanten Ausblick vorzüglich als Pausenplatz an.

Weiter der Schlucht flussaufwärts folgend geht es erneut talwärts, bis der Weg plötzlich einen 180°-Knick vollführt und direkt am Bluff River entlang flussabwärts leitet; an einer günstigen Stelle kommt es schließlich zur **ersten Flussüberquerung** 6. Nach Süden laufend, bietet der Pfad auf der anderen Seite der Schlucht eine ähnliche Szenerie wie zuvor, allerdings mit neuen Blickwinkeln.

Gegenüber unserem Eintrittspunkt in die Bluff River Gorge erfolgt dann am meist nur spärlich fließenden Bluff River die **zweite Flussüberquerung** 7 und wir gelangen zu einer in zwei Richtungen markierten Wegspur. Wir ignorieren dabei die Route nach links (Variante) und treffen nach wenigen Metern wieder auf das von der Anfangsphase bekannte **Hinweisschild** 4. Von hier gehen wir einfach entlang der bekannten Wege zurück zum Ausgangspunkt an der **Buckland Road** 1.

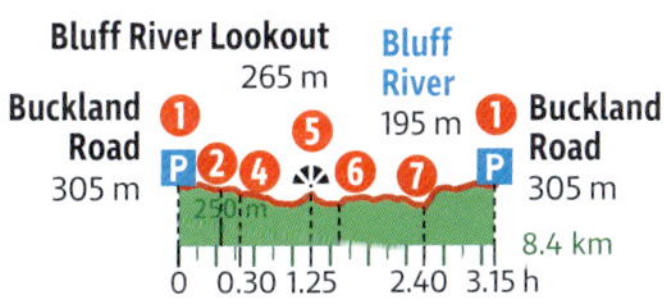

↗ 1970 m | ↘ 1970 m | 69.0 km

47 Maria Island mit Mount Maria, 711 m

4 Tage

Spannender Inselnationalpark vor Tasmaniens Ostküste

Eine wechselvolle Geschichte begleitet die Insel insbesondere seit der europäischen Inbesitznahme vor gut 200 Jahren. 1825 wurde hier ein zweites von insgesamt drei Gefängnislagern für britische Sträflinge auf Tasmanien errichtet. Bereits 1832 wieder geschlossen, sind die nachfolgenden Jahrzehnte von einer Reihe gescheiterter Besiedlungs- und Industrialisierungsversuche bestimmt. Deren Zeugnisse lassen sich heute besonders in und um die ehemalige Ortschaft Darlington sehen. 1972 wurde die Insel zum Maria Island National Park erklärt und damit auch die verbliebene landwirtschaftliche Nutzung eingestellt. Zur Arterhaltung wurden in den Jahren 1969 bis 1971 zudem etliche bedrohte tasmanische Tierarten auf dem Eiland eingeführt, 2012 folgte der Tasmanische Teufel.

Dieser mehrtägige Tourenvorschlag erlaubt, den Facettenreichtum von Maria Island ausgiebig mit eigenen Sinnen zu erfahren.

Ausgangspunkt: Bootsanlegeplatz in der Darlington Bay nahe dem Nordende der Insel, 2 m. Maria Island ist von dem an der A3 (Tasman Highway) gelegenen kleinen Ort Triabunna per Passagierfähre erreichbar; Vorausbuchung empfohlen (www.encountermaria.com.au). Am Hafen gibt es etliche Parkplätze. Tassielink (tassielink.com.au) stoppt auf der Linie Hobart – Bicheno in Triabunna.

Anforderungen: Ein Großteil der Wanderung verläuft auf alten Fahrwegen und entlang von Sandstränden; besonders an diesen Abschnitten gestaltet sich das Laufen meist sehr leicht. Die beiden Gipfelbesteigungen verlangen jedoch Kondition und deren finale, steile Anstiege über Geröll- und Blockfelder Trittsicherheit und besonders zur Spitze des Mount Maria auch den Einsatz der Hände. Vorsicht gilt bei feuchtem und dann rutschigem Gestein an den Painted Cliffs, entlang der Küste um den Return Point, der Haunted Bay und in den Gipfelbereichen.

Unterkunft: Alle Nächtigungen im Zelt.

Varianten: Wer weniger Zeit hat oder keine Mehrtageswanderungen machen möchte, kann Darlington als Ausgangspunkt für Tageswanderungen zu den Painted Cliffs (1.10 Std.), zum Bishop and Clerk via Fossil Cliffs (4 Std.) oder zum Mount Maria (5.30 Std.; alle Zeiten hin und zurück) nutzen.

Hinweise: 1. Die Fahrwege sind auch für Fahrradfahrer freigegeben.

2. Zugängliches Trinkwasser ist auf Maria Island begrenzt und oft nur an den drei Campingplätzen zu finden. Nach langen Trockenzeiten kann auch das Tankwasser an den Zeltlagern der Frenchs Farm

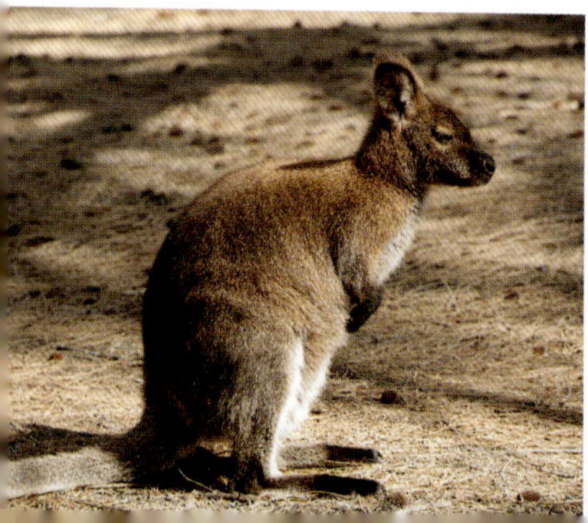

Ein Bennetts Wallaby.

und der Encampment Cove knapp werden (Tel. für Rückfragen: +61 3 62 57 14 20, Maria Island Field Centre).
3. Nur für den Darlington Campground ist eine kleine Gebühr zu zahlen; hier gibt es auch Duschen.
4. Einchecken für die Fähre erfolgt im Maria Island Gateway Gebäude am Hafen von Triabunna; hier ist auch der Nationalparkpass vorzuzeigen sowie Gebühren für den Darlington Campground zu zahlen.

Tipps: 1. Zur Erkundung der Insel lassen sich auch Mountainbike-Tour und Wanderung verknüpfen. Wer Fahrräder mieten möchte, kann diese zusammen mit den Tickets für die Fähre buchen; die Räder erhält man dann auf der Insel.
2. Wer unter einem festen Dach schlafen will, kann nach Vorausbuchung (Link auf der Seite zum Maria Island National Park unter www.parks.tas.gov.au) in den Mehrbetträumen des »The Penitentiary«-Gebäudes in Darlington nächtigen.

1. Tag: 160 Hm Aufstieg, 160 Hm Abstieg, 4.00 Std.
Vom **Anlegeplatz** in der **Darlington Bay** ❶ gehen wir nach Süden und passieren mit alten Zementsilos und zwei ehemaligen Lagerhäusern die ersten Gebäude von Darlington. Im zweiten Haus, dem **Commissariat Store**, befindet sich eine Touristeninformation. Weiterlaufend ignorieren wir anschließend den Abzweig zum Darlington Campground und gelangen zu einer **Kreuzung** ❷ neben der rechter Hand gelegenen Ranger Station. An dem Gebäude finden wir ein Selbstregistrierungsbuch und Aushänge über die aktuellen Ebbe-/Flutzeiten sowie Wetteraussichten. An der Wegteilung folgen wir den Ausschilderungen Richtung Painted Cliffs, ignorieren den Abzweig zum Oast House und gelangen zum lauschigen **Hopground Beach**. Wir wandern den Strand entlang bis zu dessen südlichem Ende, legen unsere Rucksäcke ab und erkunden die vor uns liegenden faszinierend erodierten Sandsteinpartien der **Painted Cliffs** ❸. Bei Flut können wir oberhalb der Klippen laufend Zugang über die Südseite der Felsen finden. Zurück von diesem grazilen Naturkunstwerk treffen wir wenige Schritte vom Meer entfernt wieder auf den breiten Hauptweg (Coast Road) und folgen diesem nach Süden durch lichten Eukalyptuswald oder ehemaliges Weideland. Für eine schönere, allerdings meist weglose und unmarkierte Route verlassen wir den Weg oberhalb des **Four Mile Beach** (alternativ, zur Vermeidung von Felsen, erst ab Return Point) und gehen hinab zum **Strand** ❹. Hier überqueren wir den Four Mile Creek, laufen zum Strandende und folgen dann der teils felsigen, teils mit kleinen Steinstränden variierenden Küste zum **Return Point** ❺, welcher durch zwei große Steinhaufen mit Holzpfosten markiert ist.
Wir setzen entlang des Meeres fort, überwinden eine nächste Landzunge und gelangen zum Beginn des attraktiven Soldiers Beach. Wir gehen zum Ende dieses Sandstrandes, wo ein kurzer Pfad hinüber zum langen Bloodstone Beach führt, der sich wunderbar zum Barfußlaufen anbietet. Am Ende dieses Strandes finden wir die roten Laterit-Felsen des **Bloodstone Point**, deren fein gemahlenes Gestein die Ureinwohner zum Färben nutzten. Wir passieren die Felspartien und gelangen zu einem kleinen **Sand-**

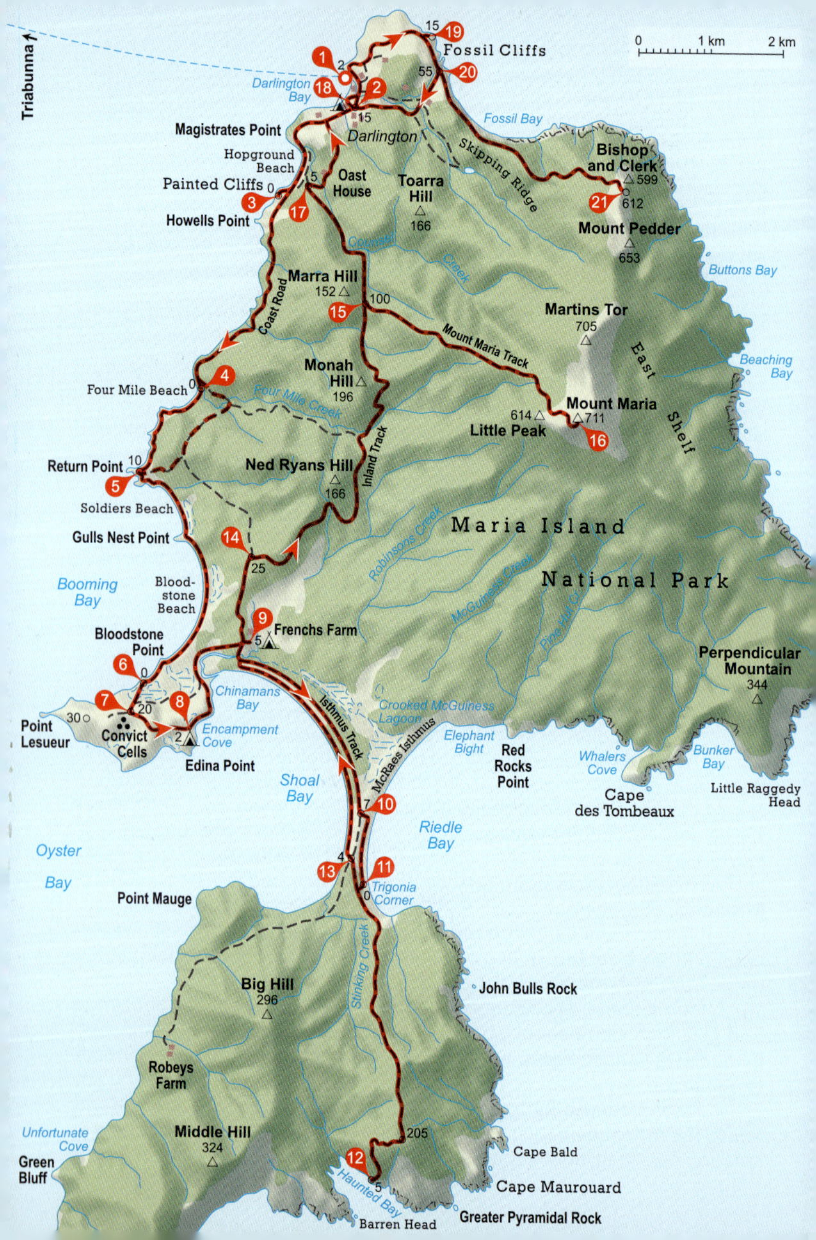

Triabunna
0
1 km
2 km
Fossil Cliffs
Darlington Bay
Magistrates Point
Darlington
Fossil Bay
Skipping Ridge
Bishop and Clerk
599
612
Hopground Beach
Painted Cliffs
Oast House
Toarra Hill
166
Howells Point
Mount Pedder
653
Buttons Bay
Marra Hill
152
Coast Road
Martins Tor
705
Mount Maria Track
East Shelf
Beaching Bay
Monah Hill
196
Four Mile Beach
Four Mile Creek
Mount Maria
711
614
Little Peak
Inland Track
Return Point
Ned Ryans Hill
166
Soldiers Beach
Gulls Nest Point
Maria Island
National Park
Robinsons Creek
McGuiness Creek
Booming Bay
Blood-stone Beach
Frenchs Farm
Pine Hut Ck
Bloodstone Point
Perpendicular Mountain
344
Chinamans Bay
Crooked McGuiness Lagoon
Isthmus Track
Point Lesueur
Convict Cells
Encampment Cove
Edina Point
Elephant Bight
McRaes Isthmus
Red Rocks Point
Whalers Cove
Bunker Bay
Little Raggedy Head
Shoal Bay
Cape des Tombeaux
Riedle Bay
Oyster Bay
Trigonia Corner
Point Mauge
Stinking Creek
John Bulls Rock
Big Hill
296
Robeys Farm
Middle Hill
324
Unfortunate Cove
Green Bluff
Cape Bald
Cape Maurouard
Haunted Bay
Greater Pyramidal Rock
Barren Head

strand 6, an dessen Ende wir das Wasser verlassen (alternativ am nächsten Strand) und in Richtung deutlich sichtbarer Ruinen nach Süden laufen. Wir überschreiten eine meist trockene Lagune; ist sie mit Wasser gefüllt, gehen wir an deren Ufer entlang. An den Resten der **Convict Cells** 7, ehemaligen Gefängnisräumen, angelangt, sind wir zurück auf dem Wegnetz und folgen einem deutlich sichtbaren, nach Osten führenden Fahrweg. Dieser bringt uns zum Zeltplatz an der **Encampment Cove** 8, mit romantischer Aussicht auf die lang gezogene Shoal Bay.

2. Tag: 450 Hm Aufstieg, 450 Hm Abstieg, 5.30 Std.
Am nächsten Morgen tragen wir unser Gepäck zur **Frenchs Farm** 9; diese wählen wir als zweites Nachtlager, um den dritten und längsten Wandertag etwas zu verkürzen. Den Ausflug zur recht selten besuchten Haunted Bay treten wir daher mit leichter Ausrüstung an. Wir orientieren uns an den Wegweisern der Kreuzung neben der ehemaligen Farm, laufen nach Süden, überschreiten dabei eine Brücke über den Abfluss der Crooked McGuiness Lagoon und nehmen an der kurz darauf folgenden Wegteilung den deutlicheren Jeeptrack nach links. Unweit des Meeres, jedoch ohne Aussicht, führt dieser sandige Fahrweg durch gedrungenen Wald aus Eukalypten, Banksias und She Oaks, bis wir nahe der engsten Stelle des **McRaes Isthmus** auf eine unmarkierte **Kreuzung** 10 treffen. Links rauscht die Brandung der Riedle Bay, während rechts die geschützte und damit ruhigere Shoal Bay liegt.
Um auf Hin- und Rückmarsch in der Wegwahl zu variieren, schlagen wir jetzt den Pfad nach links, hinab zur Riedle Bay, ein. Wir folgen dem Strand dieser herrlichen Bucht nach Süden, bis wir kurz vor Ende des Sandes rechter Hand einen **Holzpflock** 11 sehen, der ein Weglein zurück zum Jeeptrack signalisiert.
Wieder auf dem Hauptweg, laufen wir nun deutlich ansteigend nach links in das bewaldete Innere des kleineren Südteils von Maria Island. Nachdem wir den höchsten Punkt unseres Tagesausfluges, 205 m, überwunden haben, geht der Fahrweg in einen markierten Pfad über, welcher uns mit einigen Ausblicken durch Baumwipfel kräftig abwärts zur von blanken Granitfelsen begrenzten **Haunted Bay** 12 leitet. Interessante Felsformationen und Blicke zum markanten Barren Head und den Klippen der Tasman Peninsula am Horizont schmeicheln hier unseren Augen.
Umkehrend steigen wir wieder auf die Anhöhe und folgen dem Fahrweg bis zum angeschriebenen Abzweig zur Robeys Farm. Dieser wird ignoriert, doch ca. 30 m weiter finden wir eine **Kreuzung** 13 mit unmarkierten Pfaden nach links und rechts. Wir wählen die linke Spur und gelangen hinab zur **Shoal Bay**. Hier laufen wir der Strandlinie am stillen Wasser der Shoal Bay nach rechts nach, bis die flache Dünenkette endet und uns ein Pfad zurück zum Hauptweg bringt, welcher in wenigen Minuten wieder zur **Frenchs Farm** 9 führt.

3. Tag: 920 Hm Aufstieg, 920 Hm Abstieg, 6.30 Std.
Am dritten Tag folgen wir anfangs dem Hauptweg nach Norden Richtung Darlington, bis uns ein Wegweiser den rechts startenden **Inland Track** ⑭ anzeigt, welchem wir jetzt nachgehen. Dieser stille Waldweg führt uns im steten Auf und Ab zum deutlich üppiger bewachsenen Tal des Four Mile Creek, dessen meist trockenen Lauf wir überqueren; die wenige Schritte zuvor nach links abzweigende Spur Richtung Four Mile Beach wird ignoriert.
Das Tal verlassend, folgt ein erster testender Anstieg am Monah Hill, bevor wir den Start des **Mount Maria Track** ⑮ erreichen. Wir stellen unsere Rucksäcke ab und starten den Gipfelweg lediglich mit leichtem Gepäck. Lange Zeit moderat entlang eines Kamms ansteigend, fordert besonders das letzte Wegstück über Doleritblockfelder unsere Fitness, Konzentration und den gelegentlichen Einsatz der Hände. Lohn der Mühe ist ein überwältigender Ausblick von der Spitze des **Mount Maria** ⑯, 711 m, am spektakulärsten dabei die Vogelperspektive auf den McRaes Isthmus. Nach der Gipfelrast gehen wir zurück zum Abzweig des **Mount Maria Track** ⑮ und setzen auf dem Inland Track nach rechts fort, überqueren zweimal den Counsel Creek und treffen auf eine nächste **Wegteilung** ⑰. Für eine erneute Wegvariation gehen wir nach rechts und gelangen zu den Resten des Oast House, einem einst verschiedenen Zwecken dienenden Nutzgebäude. Dem Oast House Track weiter nachlaufend, erreichen wir schließlich wieder den Hauptweg an der Westküste und halten hier bergab nach Darlington zum **Darlington Campground** ⑱.

4. Tag: 660 Hm Aufstieg, 660 Hm Abstieg, 4.00 Std.
Wir gehen mit leichtem Gepäck Richtung Fähranlegeplatz, passieren diesen und folgen einem Fahrweg durch waldfreies Terrain mit Blick auf die kleine Ile du Nord. Tierbeobachtungen sind hier kinderleicht, zeigen doch die vielen Forester-Kängurus, Bennetts Wallabies oder Cape-Barren-Gänse wenig Scheu; etwas ängstlicher, aber um Darlington ebenfalls häufig zu sehen, sind Tasmanian Native Hens, Wombats oder Pademelons.
Wir finden schließlich einen kurzen Nebenweg, welcher hinab zu den bemerkenswerten **Fossil Cliffs** ⑲ führt. Überall an den Felsen lassen sich hier gut sichtbare Versteinerungen von Meerestieren (hauptsächlich Muscheln) mit einem geschätzten Alter von 260 bis 290 Millionen Jahren begutachten. Nach dieser kurzen Zeitreise gehen wir am Hauptweg küstennah weiter,

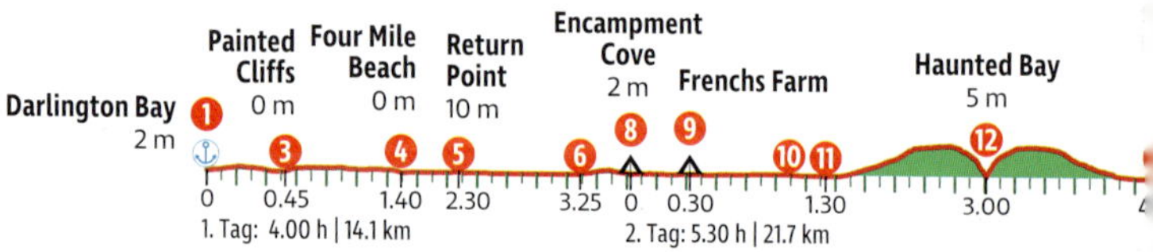

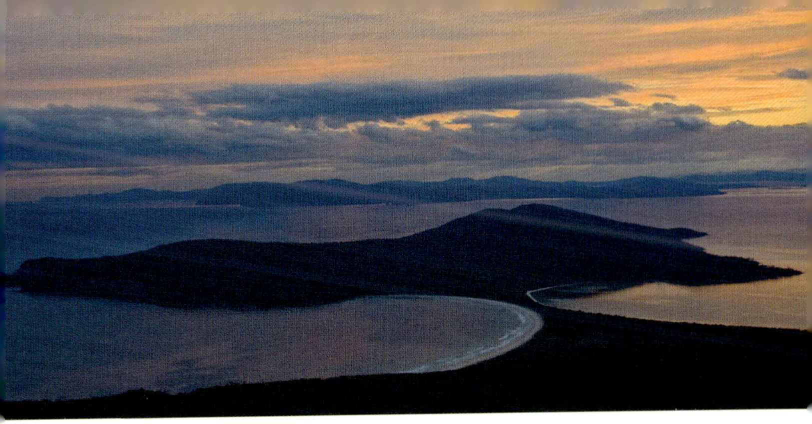

Eine schmale Landbrücke verbindet South Maria mit dem Rest der Insel.

passieren dabei einen **Abzweig** ⑳ nach Darlington, unseren späteren Rückweg. Von den Steilklippen der Fossil Bay bieten sich für schwindelfreie Wanderer wunderbare Ausblicke, bevor der Pfad in She-Oak-Wald hineinführt, welcher später von Eukalyptuswald abgelöst wird. Wir gelangen schließlich zum Fuß eines Geröllfeldes, folgen hier dem ausgelegten Weg durch das Steinbett und laufen anschließend zwischen großen Doleritblöcken mit einzelnen leichten Kletterstellen hindurch, bevor uns das atemberaubende Gipfelpanorama mit den Formationen von **Bishop and Clerk**, 599 m, im Vordergrund empfängt. Der **Hochpunkt** ㉑, 612 m, am Wegende ist genau genommen nicht Teil davon, wird jedoch – den Hinweisschildern vor Ort folgend – hier als deren Spitze angegeben. Der 600 m tiefe Blick über zum Teil lotrechte Felsflanken und -türme reiht den Berg nahtlos in die Spitzengruppe der tasmanischen Küstenausblicke ein.

Auf selbem Pfad geht es zurück zu dem am Hinweg ignorierten **Abzweig** ⑳ nach Darlington, den wir nun einschlagen. Vorbei an den Resten eines alten Zementwerks und den beiden Abzweigen zum Reservoir-Rundweg kommen wir nach rechts nach Darlington. Mit der gesamten Ausrüstung geht es abschließend zum Landesteg an der **Darlington Bay** ❶, wo wir eine Nachmittagsfähre nach Triabunna nutzen oder eine weitere Nacht auf der Insel verbringen.

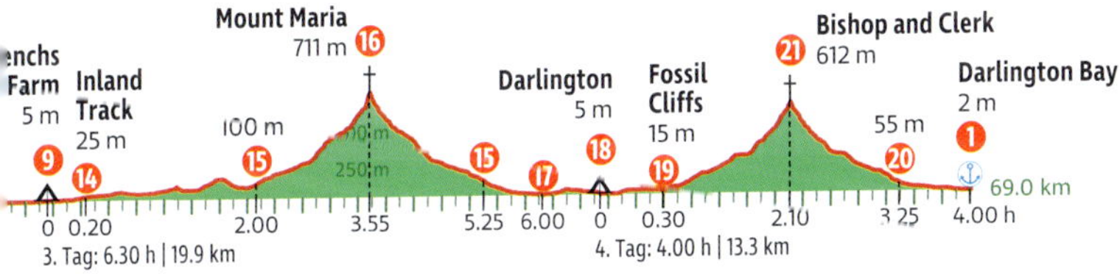

TOP

↗ 1240 m | ↘ 1240 m | 37.7 km

48 Freycinet Peninsula

3 Tage

Erlebniswanderung über eine begeisternde Granithalbinsel

Diese Tour führt uns durch das Kernstück des beliebtesten Küstennationalparks Tasmaniens. Besonders die traumhafte Gestalt und Kulisse der berühmten Wineglass Bay mit ihrem feinen, weißen Sandstrand, majestätisch überragt von den Granitburgen der Hazards, bescheren dieser Landschaft internationale Bekanntheit. Dies bringt jedoch den Nachteil mit sich, dass gerade die Wineglass Bay während eines Großteils des Jahres viel besucht ist. Für alle diejenigen, die diese Perle der Natur in Stille genießen möchten, hilft da nur zeitiges Aufstehen oder ein abendlicher Ausflug. Doch der Park hat noch weit mehr Schönheiten zu bieten, und diese erquickende Wanderung ist der perfekte Weg, auch dessen andere Seiten hautnah zu erleben.

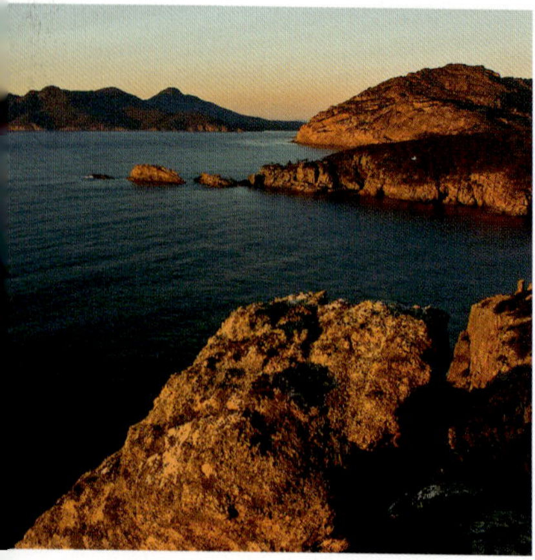

Blick vom Cape Tourville zur Wineglass Bay (siehe Tipp).

Ausgangspunkt: Coles Bay, 20 m. Walking Tracks Carpark am Freycinet Drive, 40 m. Wir verlassen die A3 (Tasman Highway) zwischen Swansea und Bincheo, folgen der C302 (Coles Bay Road) nach Coles Bay und von dort weiter am Freycinet Drive zum ausgeschilderten Wanderparkplatz. Tassielink (www.tassielink.com.au) bietet ein Busverbindung von Hobart über Bicheno zum Visitor Centre des Freycinet National Park. Von dort sind es etwa 50 Minuten Gehzeit zum Walking Tracks Carpark.
Anforderungen: Gut ausgebaute Wege mit zumeist moderaten Auf- und Abstiegen oder gemütliche Strandabschnitte machen diese Wanderung zu einer relativ einfachen Unternehmung. Wie bei Mehrtagestouren üblich, erfordern jedoch das Tragen eines großen Rucksacks sowie die Weglänge eine gewisse Grundkondition. Besonders bei Nässe gilt auf den Granitsteinen und -flächen Trittsicherheit.
Unterkunft: Alle Nächtigungen im Zelt.
Varianten: 1. Ein beliebter Rundweg ist die Verknüpfung von Hazards Beach, Isthmus und Wineglass Bay Track zu einer abwechslungsreichen Tagestour (3.45 Std.).
2. Vom Walking Tracks Carpark startet auch der vor allem konditionell anspruchsvollere Weg zum Mount Amos, 454 m; Belohnung ist einer der schönsten Ausblicke auf den Park (2.30 Std. hin und zurück).
3. Verlängerung der Wanderung am ersten Tag bis zum Passage Beach.

4. Optionale Besteigung des Mount Freycinet, 620 m, am zweiten Tag.

Hinweis: Der Zeltplatz an der Cooks Corner ist oft die einzige sichere Trinkwasserquelle entlang der Strecke. Besonders nach längeren Trockenzeiten sollten wir uns vor dem Start der Wanderung in der Besucherinformation nach der Wasserverfügbarkeit erkundigen.

Tipp: Der prächtigen Aussicht wegen lohnt es sich, der nördlich des Visitor Centre startenden Cape Tourville Road bis zu deren Ende am gleichnamigen Kap zu folgen.

1. Tag: 340 Hm Aufstieg, 370 Hm Abstieg, 5.30 Std.

Wir lassen den Parkplatz am **Freycinet Drive** 1 hinter uns und folgen dem Hazards Beach Track, ignorieren dabei die Abzweige zum Mount Amos und zur Wineglass Bay. Im wechselnden Auf und Ab führt unser Weg nun nahe entlang der Küste durch lichten Wald oder Buschvegetation; aufgelockert wird dieser Abschnitt von den vielen Ausblicken über die Great Oyster Bay und den Felsgebilden des Mount-Mayson-Massivs. Wir erreichen schließlich den lang gezogenen, fast schnurgeraden Hazards Beach.

Der Strand (herrlich zum Barfußlaufen!) gibt nun den Weg vor und wir folgen ihm mit schönem Blick auf Mount Freycinet und Mount Graham. Nebenbei passieren wir den **Isthmus Track** 2 (Variante 1) und finden am Strandende einen ersten Campingplatz. Ab hier taucht der Weg wieder in Wald ein, bis wir am Beginn des Cooks Beach auf

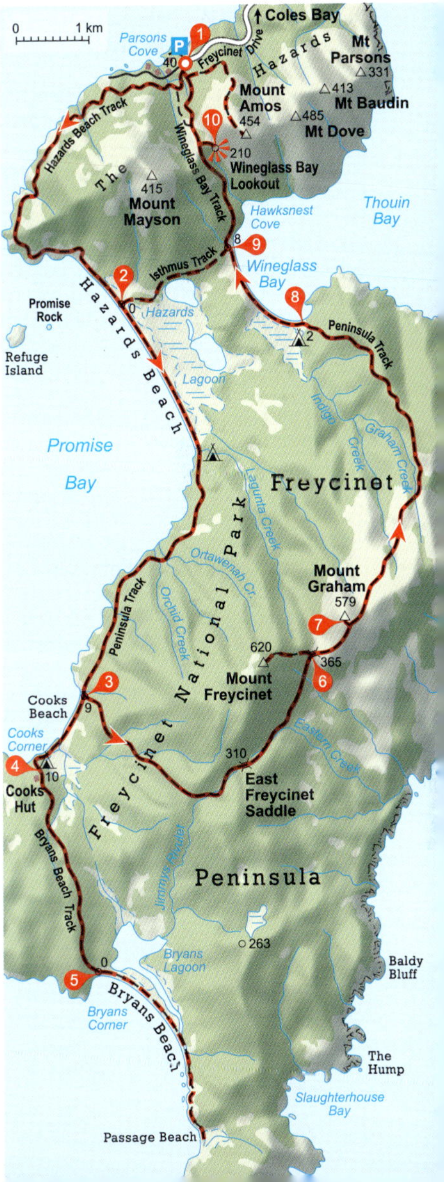

den abzweigenden **Peninsula Track** 3 treffen. Der nach links ins Innere der Halbinsel leitende Pfad ist unsere Fortsetzung für den nächsten Tag; jetzt folgen wir jedoch dem malerischen Strand bis nahe zu dessen felsigem Ende in der Cooks-Corner-Bucht. Geschützt zwischen Bäumen und Büschen finden wir hier das **Cooks Beach Camp** 4 sowie drei Wassertanks an der verschlossenen Cooks Hut.
Sind wir früh gestartet, bleibt genügend Zeit für einen Abstecher zum Bryans Beach. Der Pfad startet hinter der Hütte und führt durch recht hochständigen Wald mit Tasmanian Blue Gums, Akazien, Teebäumen, Banksias und Oyster Bay Pines. **Bryans Beach** 5 ist wie die Strände zuvor wunderbar anzuschauen und bietet als Bonus einen reizvollen Blick auf die große Schouten Island. Je nach Lust und verbleibendem Tageslicht können wir am meist einsamen Strand entlangwandern oder etwas abenteuerlicher bis zum kleinen Passage Beach fortsetzen.
Auf demselben Weg geht es dann zurück zum **Cooks Beach Camp** 4.

2. Tag: 680 Hm Aufstieg, 690 Hm Abstieg, 5.00 Std.
Mit aufgefüllten Wasserbehältern laufen wir am nächsten Tag zum Start des **Peninsula Track** 3 am Nordende des Cooks Beach zurück und folgen nun diesem ins Inland führenden Weg. Hier erwartet uns der erste anstrengende Anstieg der Tour. Stetig aufsteigend wird der Wald dabei bald von kräftigen Browntop Stringybarks dominiert. Vorbei am von Cutting Grass und Farnen gesäumten Jimmys Rivulet, wo wir häufig Wasser finden, erreichen wir schließlich den East Freycinet Saddle. Der Wanderpfad führt weiterlaufend leicht bergab, passiert den Eastern Creek und steigt dann hinauf zum Sattel mit **unmarkierter Wegteilung** 6 zwischen den beiden Hauptgipfeln der Halbinsel. Die Wegspur nach links ist der markierte, jedoch recht steile Pfad hinauf zum Mount Freycinet, 620 m. Konditionsstarke Wanderer sollten diese Exkursion zum höchsten und besten Aussichtsgipfel des Nationalparks nicht versäumen (1.30 Std. hin und zurück).
Vom Sattel dem Hauptweg weiter nach rechts folgend, laufen wir nun kontinuierlich ansteigend durch eine zumeist waldfreie Landschaft mit reichlich Button Grass und vielen verstreuten Granitbrocken hinauf zum Gipfel des **Mount Graham** 7, 579 m. Der Kulminationspunkt des Berges

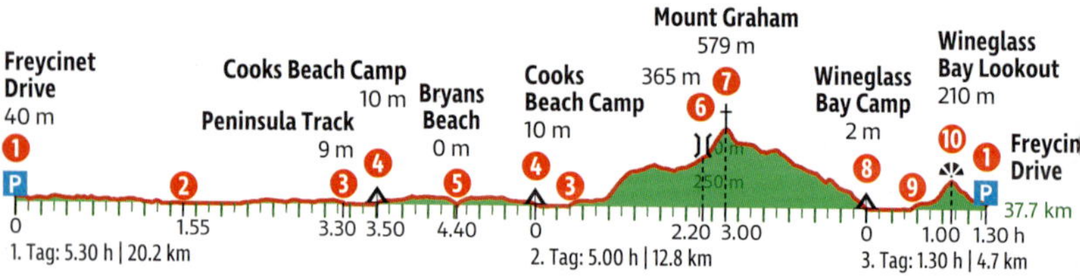

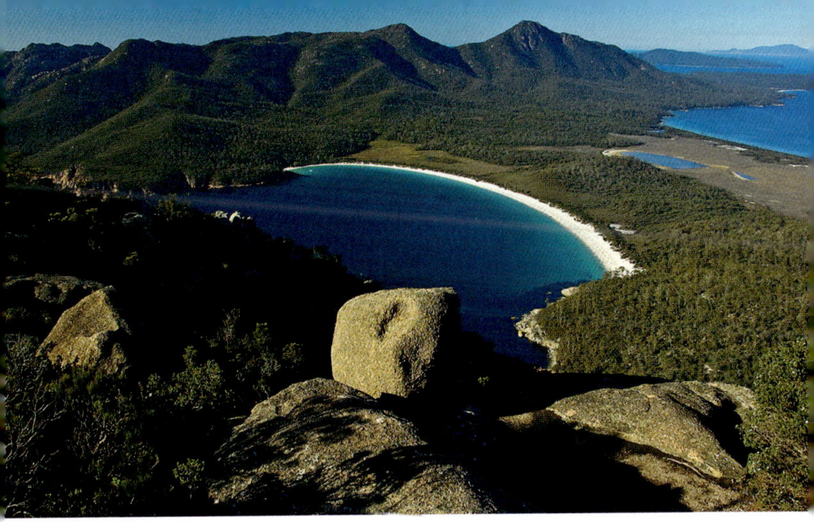

Panorama vom Mount Amos.

liegt etwa 100 m vom Peninsula Track entfernt und ist über einen Nebenpfad zu erreichen. Der Ausblick ist fantastisch, auch wenn dieser nicht ganz den inneren Höhenflug wie jener vom Gipfel des Mount Freycinet auslöst. Langsam bergab laufend, setzen wir die Wanderung anschließend nach Norden fort; dabei bleibt der Weg zunächst in offenem Gelände und leitet weiter durch eine spannende Granitwelt hindurch. Mit Erreichen des oft wasserführenden Graham Creek führt der Pfad dann endgültig wieder in geschlossenen Eukalyptuswald hinein. Schließlich gelangen wir zum **Wineglass Bay Camp** 8 am südlichen Ende der berühmten Bucht. Der Zeltplatz (kein Wasser!) ist ein idealer Übernachtungsplatz, um die **Wineglass Bay** am Abend und Morgen in romantischer Stille genießen zu können. Alternativ kann die Tour aber auch am selben Tag beendet werden.

3. Tag: 220 Hm Aufstieg, 180 Hm Abstieg, 1.30 Std.
Am abschließenden Tag laufen wir entlang des von Dünen gesäumten Strandes der Wineglass Bay bis zu deren Ende. Hier finden wir eine **Weggabelung** 9, ignorieren den Abzweig zum Hazards Beach und steigen hinauf zum Sattel zwischen Mount Mayson und Mount Amos. Dort angekommen, gibt es einen kurzen Seitenweg zum umzäunten **Wineglass Bay Lookout** 10 mit schönen Rückblicken. Wenige Schritte weiter am Hauptweg gibt es eine nächste Wegteilung und wir haben die Wahl, via **Boulderfields Track** (hier vorgeschlagen) oder nach links via Coles Bay Lookout zurück zum **Freycinet Drive** 1 zu laufen. Für ein krönendes Ende lohnt abschließend noch die Besteigung des Mount Amos (Variante 2).

↗ 210 m | ↘ 210 m | 6.4 km

49 Apsley Gorge

2.45 h

Abenteuerliche Schlucht- und Flusswanderung

Die Berge des 1989 gegründeten Douglas-Apsley National Park erscheinen von Weitem als ein sanftes, dicht mit Wald bewachsenes Mittelgebirge. Umso überraschender wirken aus der Nähe betrachtet die schroffen Seiten des Parks, wie die im Südteil gelegene raue Apsley Gorge. Im Flussbett sind hier zum Teil riesige Felsbrocken angehäuft und zahlreiche Doleritwände säumen den Wasserlauf. Dazwischen gibt es jedoch auch eine Vielzahl durch verspielte Kaskaden und kleine Wasserfälle miteinander verbundener Becken mit glasklarem, türkisfarben schimmerndem Wasser zu entdecken.

Ausgangspunkt: Bicheno, 20 m. Parkplatz an der Rosedale Road, 80 m. Vom Ortsausgangsschild Bicheno folgen wir der A3 (Tasman Highway) für 1,2 km nach Norden und biegen in die Rosedale Road nach links ab; die letzten 5 km sind ungeteert.
Anforderungen: Die erste Weghälfte ist ohne nennenswerte Schwierigkeiten. Die Fortsetzung entlang des Flusses ist dann nahezu weglos und unmarkiert und führt über loses Gestein oder Felsflächen, welche abschnittsweise schmierig sein können. Hier sind Trittsicherheit und Aufmerksamkeit bei der Wegwahl erforderlich.

Variante: Wer sich auf felsigem Grund unsicher fühlt, kann es bei einer kurzen Inspektion der Apsley Gorge belassen (z. B. bis zum ersten Wasserfall laufen) und auf demselben Waldweg wieder zurückgehen (knapp 2 Std.).
Tipps: 1. Die Tour am besten in beschriebener Richtung bewandern, da der Ausstieg aus der Schlucht sonst leicht zu verpassen ist.
2. Nach Regen sind die Felsen und Steine entlang des Apsley River extrem rutschig und machen die Flusswanderung nicht ungefährlich; bei hohem Wasserstand des Flusses ist zudem generell von der Taldurchquerung abzuraten.

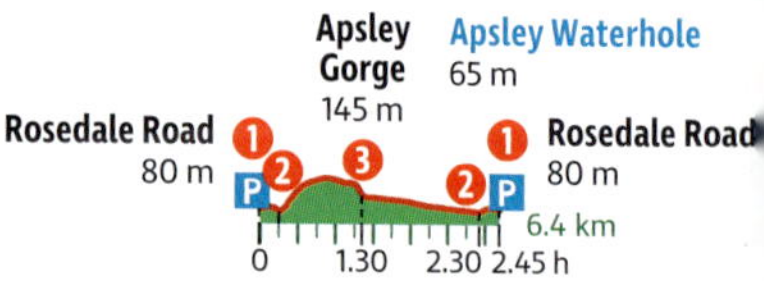

Vom Parkplatz an der **Rosedale Road** ❶ führt der Weg vorbei an einem Informationsstand zu einer Weggabelung. Die linke Spur, ein kurzer Naturlehrpfad, führt zu einer gesperrten Aussichtsplattform und kann auf dem Hin- oder Rückweg als kleine Wegvariation nachgegangen werden. Ansonsten halten wir uns rechts, passieren einen Abzweig zu einem kleinen Zeltplatz sowie links den zweiten Zugang zum Naturlehrpfad. Kurz danach stehen wir am Apsley River und einem der größten Wasserbecken entlang des Flusslaufes, dem **Apsley Waterhole** ❷. Wir überqueren den Fluss, ignorieren den abzweigenden Leeaberra Track Richtung Thompsons Marshes und halten uns nun

Immer wieder locken Wasserbecken entlang des Flusslaufs zum Eintauchen.

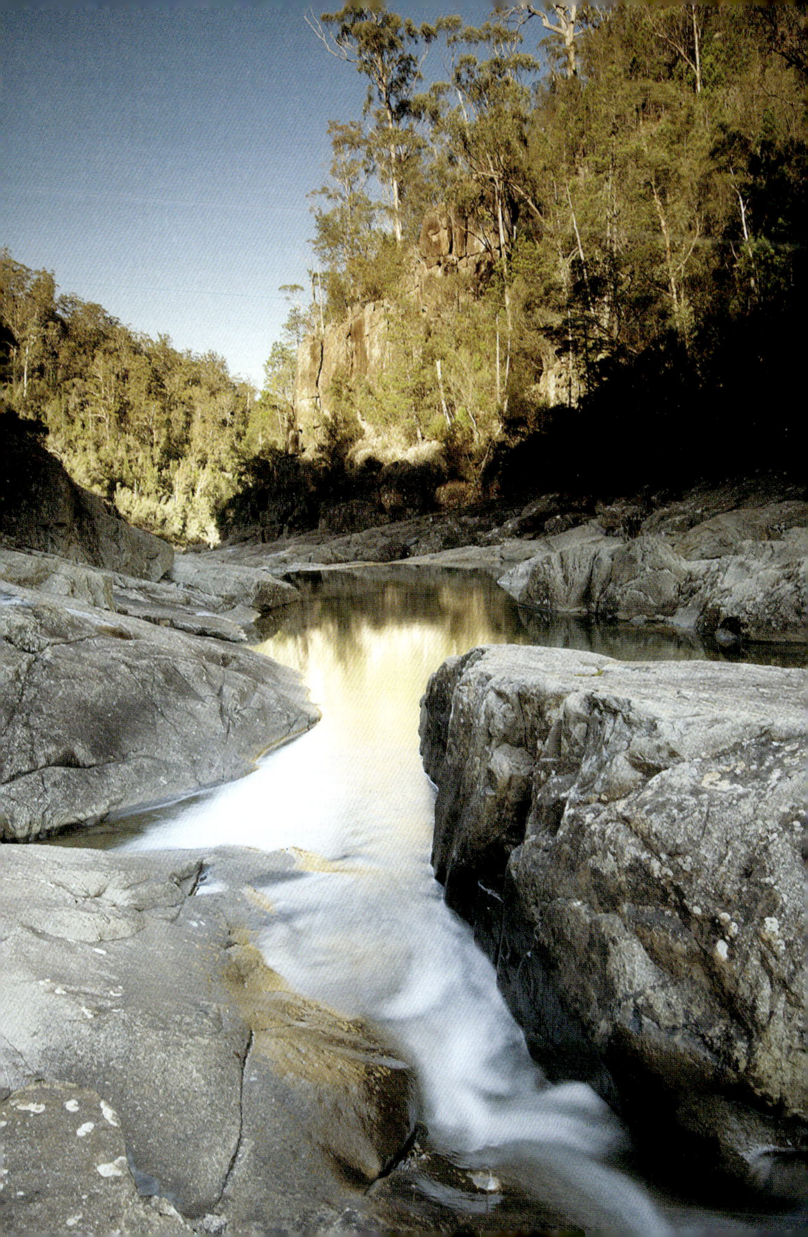

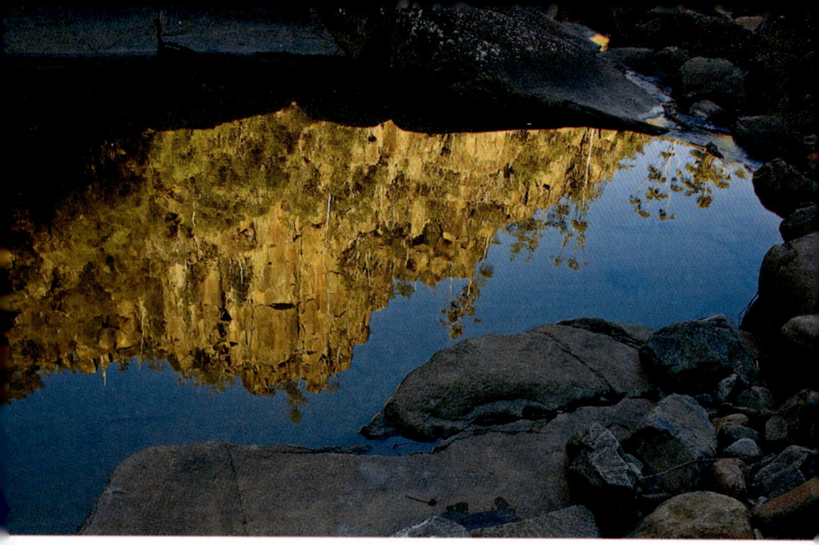

Eine Felswand der Apsley Gorge spiegelt sich im Wasser.

aufwärts durch Mischwald mit Eukalypten, Oyster Bay Pines, Bull Oaks, Native Cherries, Banksias, Teebäumen sowie Cutting Grass und Grasbäumen als Unterwuchs.

Nach Überwindung des höchsten Punktes der Wanderung, 235 m, führt der Pfad talwärts zur **Apsley Gorge** ❸. Ab hier folgen wir dem **Apsley River** flussabwärts. Anfangs zwischen Felswänden laufend, weitet sich das Tal später und wird von bewaldeten Flanken dominiert. Je nach Begehbarkeit wechseln wir die Uferseite, und abhängig von vorausgegangenen Regenfällen kann das Wasser in einzelnen Flussabschnitten auch unterirdisch fließen. Die zauberhafte Szenerie lässt hier immer wieder unsere Blicke kreisen und für Fotopausen anhalten; an heißen Tagen lockt zudem das kühle Nass der Wasserlöcher verführerisch zum Eintauchen.

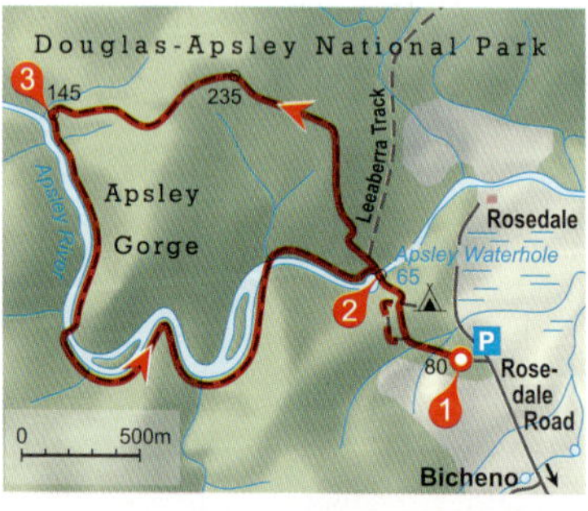

Wenn wir das westliche Ende des **Apsley Waterhole** erreichen, umgehen wir es auf der linken Seite und stoßen kurz darauf wieder auf den Hauptwanderweg, dem wir nach rechts zurück zum Ausgangspunkt an der **Rosedale Road** ❶ folgen.

↗ 810 m | ↘ 810 m | 11.7 km

5.30 h

TOP

Stacks Bluff, 1527 m

50

Gipfeltour entlang monumentaler Doleritwälle

Das Ben Lomond Plateau, Kernstück des Ben Lomond National Park, ist eine der höchsten Erhebungen Tasmaniens. Fast das gesamte, über 80 km² große Plateau ist festungsartig von gewaltigen Felswänden begrenzt. Diese »Mauern« aus Dolerit zählen zu den mächtigsten auf der ganzen Insel und bieten dem Besucher eine sagenhafte Kulisse. Während der Nordteil des Parks um dessen höchste Erhebung, dem Legges Tor, 1573 m, mit einem kleinen Skigebiet inklusive Zufahrtsstraße erschlossen ist, lockt vor allem der stillere Südteil mit der dortigen höchsten Spitze des Plateaus, dem Stacks Bluff, zu einer Wanderung.

Ausgangspunkt: Rossarden, 600 m. Storys Creek, 730 m. Wir folgen von Fingal (an der A4/Esk Highway gelegen) kurz der B43, dann der B42 Richtung Rossarden. 3 km vor Rossarden startet rechter Hand die asphaltierte, aber beschädigte Storys Creek Road, welcher wir bis in den heute nahezu unbewohnten Ort Storys Creek nachfahren. Gut 500 m nach der Brücke über den Storys Creek finden wir rechts den Start eines Fahrweges mit Wegweiser »Stacks Bluff«; hier parken. Wer ein Fahrzeug mit viel Bodenfreiheit hat, kann dieser rauen Nebenstraße nach eigenem Ermessen noch ein Stück weiter folgen.
Anforderungen: Der lange, abschnittsweise steile Anstieg erfordert gute Grundkondition und besonders die Querung eines weitläufigen Blockfeldes geschickte Schritte und körperliche Gewandtheit. Guter Orientierungssinn ist hilfreich für die nicht immer eindeutig erkennbare Wegführung.
Variante: Optionale Abstecher zum Denison Crag und Tranquil Tarn.
Tipp: Die Wanderung sollte nur bei guten Wetterbedingungen gestartet werden. Besonders bei tief hängenden Wolken, welche auf dem Plateau schnell zur Desorientierung führen können, gilt Vorsicht.
Karte: Ben Lomond, 1:50.000.

Blick entlang der Steilabfälle des Plateaus.

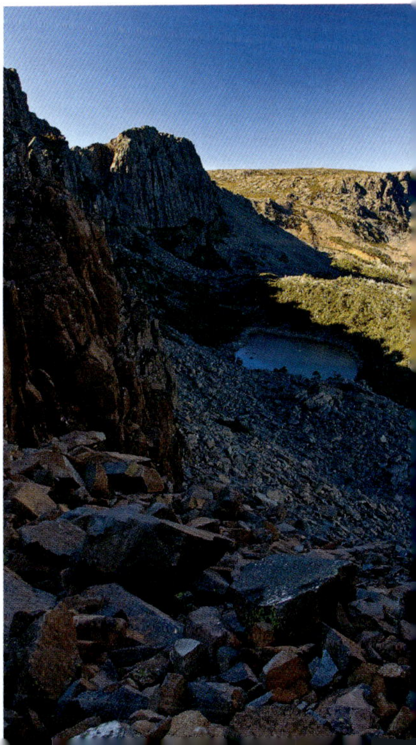

Von der **Storys Creek Road** ❶ folgen wir dem rauen Fahrweg für gut 1 km bis zu einer deutlichen Weggabelung und wählen hier den **Jeeptrack** ❷ auf der rechten Seite (Steinhaufen!). Knapp 400 m weiter gehen wir an einer Wegteilung den Markierungen nach links nach und gelangen schließlich zum Ende des Fahrweges, wo ein großer Pfosten den Beginn des **Wanderpfades** ❸ signalisiert. Wie zuvor dominieren Stringybarks, häufig von Blanket Leaf und Wattles begleitet, das Waldbild. Mit zunehmender Höhe wird der Wald lichter und Alpine Cidar Gums sind bald tonangebend, welche jedoch bei Erreichen eines riesigen Doleritblockfeldes zunehmend weniger geeignete Stellen zum Wachsen finden und schnell der nackten Felslandschaft Platz machen. Diese gewährt uns atemberaubende Blicke auf die steilen Doleritklippen des Ben Lomond Plateau. Aufmerksam den Markierungen folgend, erklimmen wir nun zwischen den Steilwänden einen **Pass** ❹. Von diesem zurückschauend erblicken wir links unterhalb der Wälle einen kleinen See, mit einem für diese abgeschiedene Wanderung treffenden Namen: Tranquil Tarn, der »ruhige See«. Wer das verträumte Gewässer aus der Nähe erleben möchte, sollte sich auf dem Rückmarsch weglos in Richtung des unbewachsenen Nordwestufers halten (mindestens 30 Min. Gehzeit zusätzlich).

Mit dem **Ben Lomond Plateau** betreten wir jetzt eine ganz andere Welt: ein weites, offenes Terrain mit flachwüchsiger alpiner Flora, unzähligen kleinen Wasserlachen und Felskuppen an den Rändern. Ein schmaler Pfad leitet uns anfangs Richtung Westen, schwenkt dann jedoch nach Südwesten und wird dabei immer unscheinbarer; die Markierungen werden zudem spärlicher. Doch mit scharfen Augen lässt sich bald der finale Aufstiegsweg an der Kuppe unseres Gipfelzieles erkennen und bietet so eine gute Orientierungshilfe. Nach Überwindung dieses letzten Anstiegs gelangen wir zum

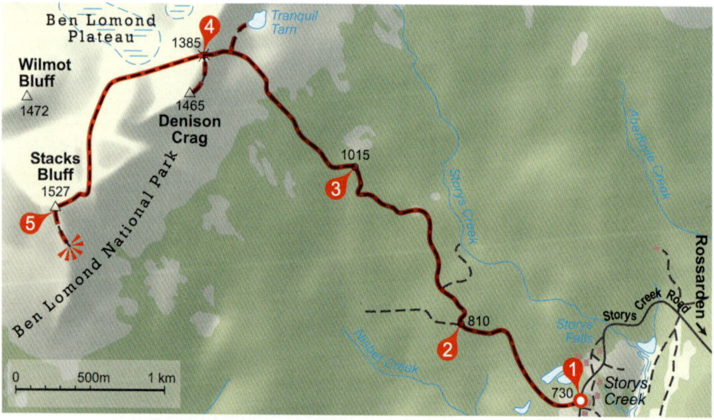

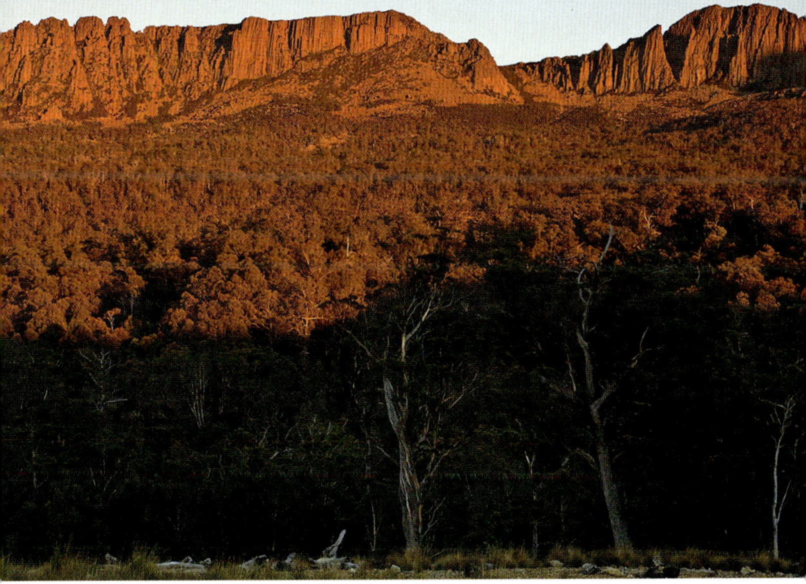

Stacks Bluff und Denison Crag im Morgenrot.

Kulminationspunkt des **Stacks Bluff** ❺, 1527 m, wo uns aufgehäufte Steine auch bei stürmischem Wind einen geschützten Rastplatz bescheren. Der Nationalpark ist auch ein bevorzugter Lebensraum von Keilschwanzadlern (Wedge-tailed Eagles), und nicht selten wird das Gipfelglück von einem dieser dicht über uns kreisenden Könige der Lüfte gekrönt.

Bevor wir auf demselben Weg wieder zurückgehen, lohnt ein kurzer Abstecher zum Südrand des Gipfels für verwegene Tiefblicke von den meist lotrecht abfallenden Felswällen. Sind wir wieder oberhalb des **Passes** ❹ angelangt, bietet sich für Gipfelhungrige noch der rechts aufragende Denison Crag, 1465 m, als weiterer Bonus an. Dessen Spitze kann weglos erklommen werden und beschert weitere »Adrenalinschübe« (45 Min. hin und zurück).

Der verbleibende Weg zum Ausgangspunkt an der **Storys Creek Road** ❶ ist dann die Umkehrung unseres Hinweges.

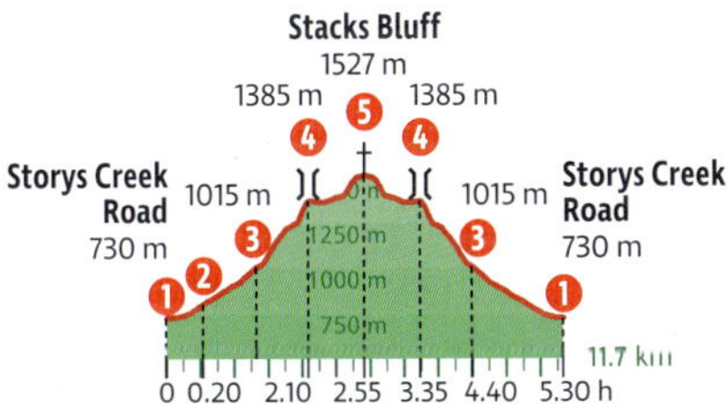

↗ 80 m | ↘ 80 m | 3.4 km

51 Evercreech

1.00 h

Achtförmiger Rundweg zu Baumgiganten und durch zauberhaften Wald

Evercreech Regional Reserve (früher Forest Reserve) wurde 1977 ins Leben gerufen, um den kurz zuvor von einem aufmerksamen Forstangestellten entdeckten Bestand von White Gums (Eucalyptus viminalis) mit bis dahin nicht für möglich gehaltenen Wuchshöhen von über 90 m dauerhaft zu schützen. Diese Ehrfurcht gebietenden, »White Knights« genannten Baumgestalten sind im wahrsten Sinne des Wortes Höhepunkt der Wanderung, flankiert von einem nicht minder attraktiven Regenwald.

Ausgangspunkt: Fingal, 240 m, und Mathinna, 300 m. Parkplatz bzw. Picknickplatz im Evercreech Regional Reserve, 335 m. Das Reservat ist von der Ortschaft Fingal (an der A4/Esk Highway gelegen) bestens ausgeschildert. Wir folgen erst der asphaltierten Straße Richtung Mathinna und diese verlassend für ca. 12 km ungeteerten Forstwegen zum Startpunkt der Wanderung.

Anforderungen: Sehr leichte Wanderung, mit Wegweisern und gelben Dreiecken markiert. Bei Feuchtigkeit können Wurzeln sowie die Steine im Evercreech Rivulet rutschig sein.

Tipp: Einmal in der Gegend, lohnt die Weiterfahrt (etwa 17 km auf teils rauen Straßen) zum ausgeschilderten Mathinna Falls Reserve mit Kurzwanderung zum Fuß der gleichnamigen Wasserfälle.

Blick in die Wipfel der White Knights.

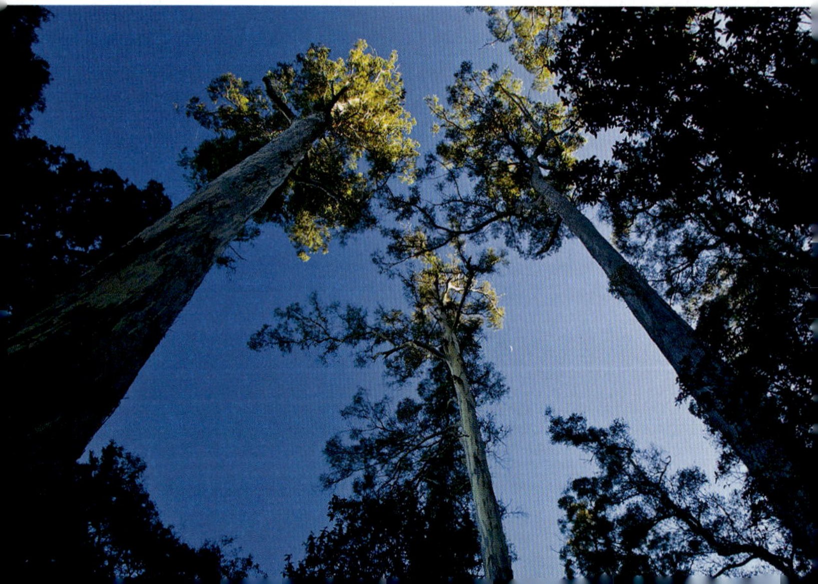

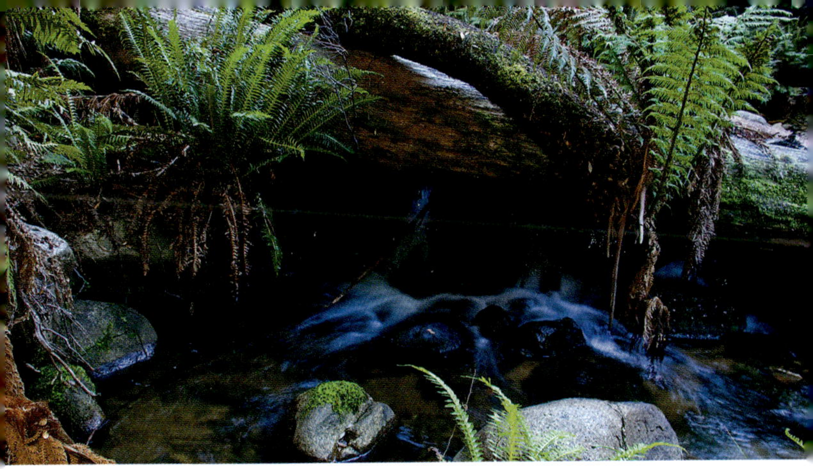

Am Evercreech Rivulet.

Vom **Picknickplatz** im **Evercreech Regional Reserve** ❶ spazieren wir entlang des kurzen, ausgeschilderten Weges zu den **White Knights**, welche die Gruppe der mächtigsten White Gums im Reservat darstellt. Bevor uns Hals und Nacken vom Hinaufschauen zu steif werden, folgen wir dem Weiterweg durch ein liebliches Stück Regenwald. Anschließend nach Norden drehend und etwas an Höhe gewinnend, gelangen wir in lichteren Wald und erhalten wenig später Aussicht auf die stolz aus dem Tal aufragenden »Weißen Ritter«.

Zurück am **Picknickplatz** ❶ überqueren wir den Evercreech Rivulet mittels einer Brücke. Nahe am munteren Wasserlauf leitet der Weg erneut durch betörenden Regenwald mit stattlichen Baumfarnen, Musk, Sassafras, Myrtle und Blackwood. Wir erreichen schließlich eine Wegteilung, wo uns ein kurzer Seitenpfad zur hübschen Kaskade der **Evercreech Falls** ❷ führt.

Von diesem Wasserschauspiel zurück, überschreiten wir den in diesem Bereich steinigen Evercreech Rivulet jetzt ohne Brücke ein zweites Mal und laufen auf alten Forstwegen zurück zum **Picknickplatz** ❶.

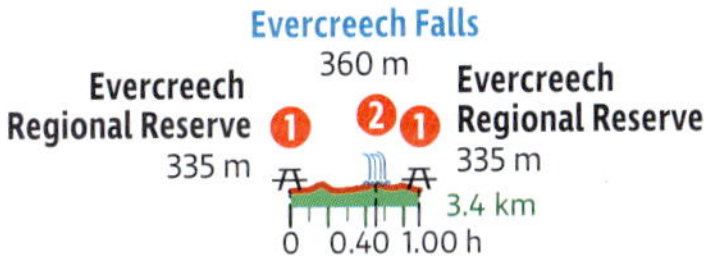

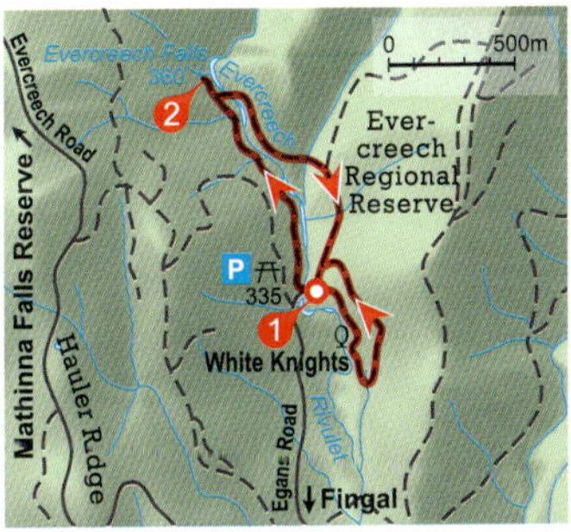

↗ 430 m | ↘ 430 m | 4.6 km

52 Mount Victoria, 1213 m

2.30 h

Kurze, aber intensive Wanderung zu einem markanten Gipfel

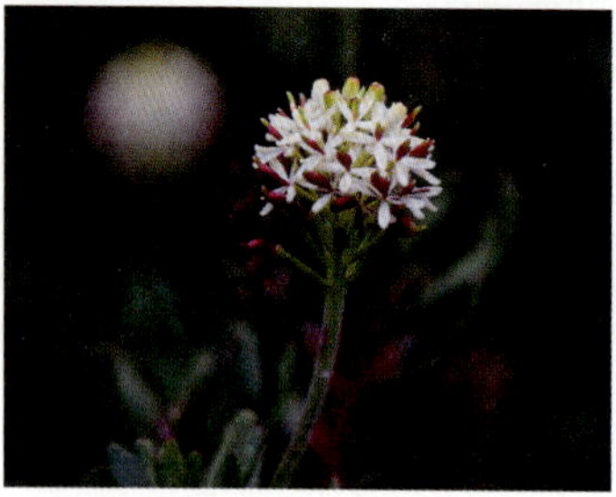

Mountain Rocket in Blüte.

Mount Victoria ist der Namensgeber des gleichnamigen Regional Reserve; die meisten Besucher des 8.300 ha großen Parks sehen jedoch nur das silberne Wasserband der ungewöhnlichen Ralphs Falls. Die Besteigung des im Hintergrund aufragenden Berges mit seiner sanfteren Nordseite und den steilen Doleritwänden an der Süd- wie Westseite bildet jedoch den Höhepunkt der Erkundung des Reservates. Die Wanderung zur Bergspitze ist nicht lang, doch die abwechslungsreiche Szenerie und Herausforderungen entlang des Weges beschäftigen Sinne und Körper.

Ausgangspunkt: Ringarooma, 270 m. Parkplatz an der Mt Albert Road, 795 m. Wir verlassen die A3 (Tasman Highway) zwischen Scottsdale und Derby über die C423 Richtung Ringarooma/Mathinna. Etwa 22 km vom Highway entfernt, startet links die Mt Albert Road, welche uns nach 4 km zum Parkplatz (rechte Seite) führt; die letzten 11 km der Zufahrtswege sind ungeteert.

Anforderungen: Der fast stete Anstieg erfordert Kondition. Anspruchsvollster Teil ist die Querung eines Blockfeldes und die kurze finale Gipfelkletterei; in beiden Fällen bedarf es des Einsatzes der Hände sowie Trittsicherheit (besonders bei Nässe).

Tipps: 1. Verlassen Sie die C423 vom Highway kommend kurz hinter Ringarooma und folgen Sie den Ausschilderungen zu den bemerkenswerten Ralphs Falls.

2. Von den Ralphs Falls kann auf der Straße Richtung Pyengana fortgesetzt werden, bis uns eine beschilderte Nebenstraße zu den gewaltigen St Columba Falls bringt. Beide Wasserfälle sind durch kurze, leichte Wanderungen erreichbar.

Der Wanderweg startet auf der gegenüberliegenden Straßenseite der **Mount Albert Road** ❶, ist anfangs recht matschig, leitet dann aber schnell in ansehnlichen Regenwald hinein. Myrtle- und Sassafrasbäume dominieren hier das »Walddach«, während uns Baumfarne und Mountain Pepper im schattigen »Untergeschoss« begleiten. Nahe der Waldgrenze erreichen wir einen kleinen Felsüberhang, und nur wenige Schritte daneben, abseits des Weges, lässt sich ein interessanter Felstunnel begutachten.

Mit Blick auf den imposanten Doppelgipfel des Mount Victoria durchschreiten wir anschließend ein flacheres, von dichtem Buschwerk bestandenes Terrain; auffallend sind hier die ungewöhnlich hohen Mountain-

Rocket-Pflanzen, je nach Jahreszeit mit weißen Blüten oder roten Samenständen.
Dieser leichte Wegteil wird gefolgt von einem weniger angenehmen Doleritblockfeld. Haben wir die großen Gesteinsbrocken hinter uns, erreichen wir einen Sattel zwischen Nord- und Südspitze des Berges. Der markierte Pfad leitet uns nun im Halbkreis zur Nordseite des südlichen Gipfels und schließlich zwischen Felsen hindurch zu dessen Südseite, wo es jetzt den finalen Felsturm des **Mount Victoria** ❷, 1213 m, mit dem trigonometrischen Kreuz zu erklimmen gilt. Oben angelangt begeistern die Felskulisse sowie die ununterbrochene Panoramaaussicht über Nordosttasmanien. Nach der Gipfelrast geht es auf demselben Weg zurück zum Parkplatz an der **Mount Albert Road** ❶.

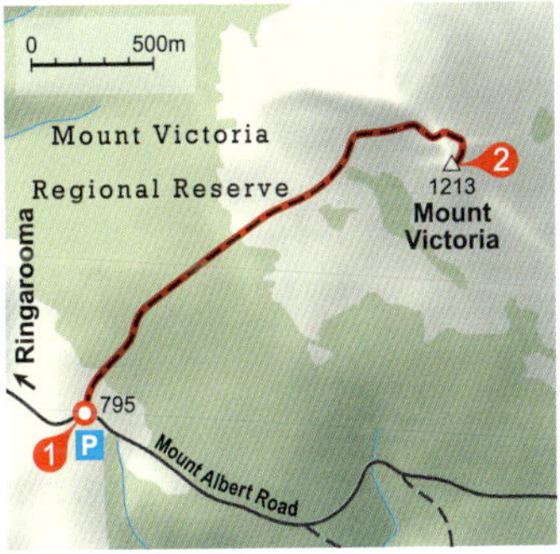

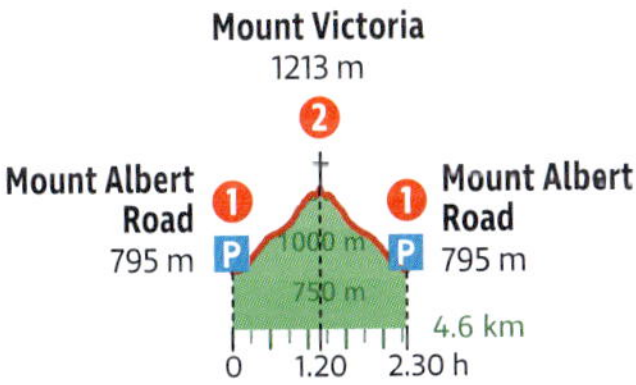

Aussicht vom Mount Victoria nach einem Regenschauer.

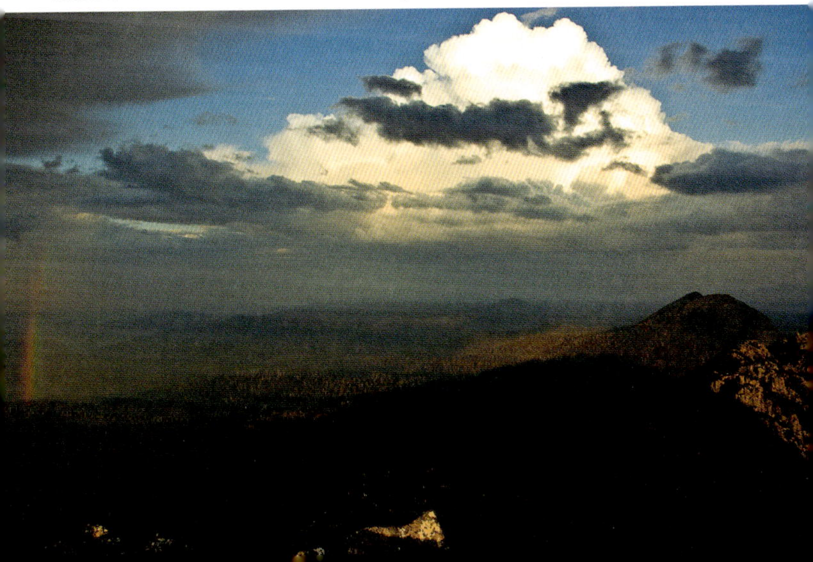

↗ 150 m | ↘ 150 m | 3.2 km

53 Blue Tier Giant

1.15 h

Zu den verborgenen Riesen des Blue Tier

Das Blue Tier, ein plateauartiger Höhenzug im Nordosten Tasmaniens, ist besonders für seine Bergbau-Vergangenheit bekannt. Die reichen Zinnvorkommen gaben ihm auch den Beinamen »Mountain of Tin« (Zinnberg). 1950 schloss die letzte Mine (mit kurzen Wiederbelebungsversuchen in den 1990er-Jahren); heute lassen sich vielerorts Relikte dieser Epoche finden. Obwohl in Teilen abgeholzt und daher meist mit jungen Bäumen bestanden, sind einige Waldabschnitte bis heute im urtümlichen Zustand erhalten. Dieser Tourenvorschlag entführt uns in eine dieser Nischen zu gewaltigen Baumveteranen.

Ausgangspunkt: Weldborough, 370 m. Parkbucht an der Lehners Ridge Road, 535 m. Wir verlassen die A3 (Tasman Highway) 6,3 km südlich von Weldborough (Beginn der 100-km/h-Zone) über die linker Hand startende, ungeteerte Lottah Road mit Wegweiser »Big Tree Walking Track«. Wir folgen der Lottah Road 1,3 km bis zu einem Steinbruch. Hier wechseln wir nach rechts auf die Lehners Ridge Road, welche uns nach weiteren sehr rauen 1,8 km zu einer Parkbucht auf der rechten und kleinem Steinhaufen auf der linken Straßenseite leitet.
Anforderungen: Die Wegverhältnisse bieten keine nennenswerten Schwierigkeiten. Jedoch gilt es, aufmerksam den Markierungen (zumeist rosa Bänder) zu folgen, da der Wanderpfad nicht immer deutlich erkennbar ist.
Tipp: Weiter der A3 nach Osten folgend, lohnt es, den Highway über die gekennzeichnete Anchor Road (kurz nach Pyengana) zu verlassen. Nach etwa 1 km gibt es rechts einen Parkplatz mit Wanderweg zu den Halls Falls und Rock Pools (40 Min. hin und zurück).

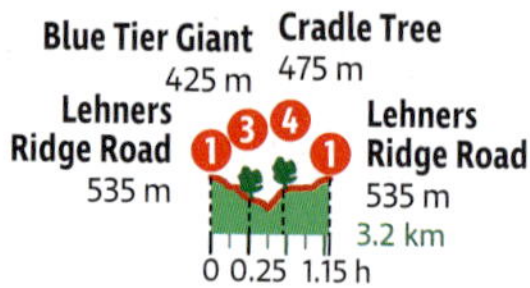

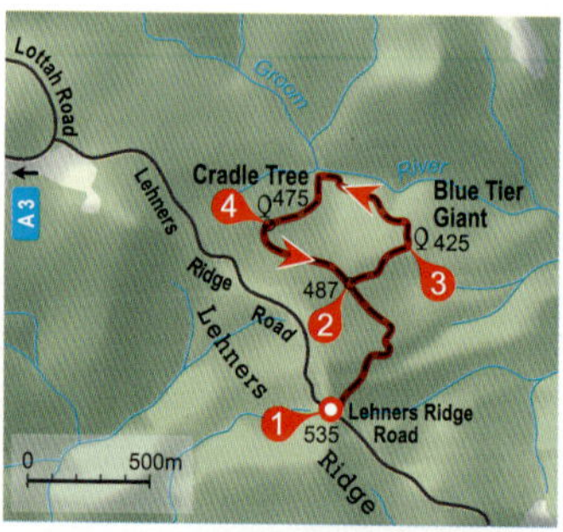

Auf der linken Straßenseite der **Lehners Ridge Road** ❶ startet unser Weg und führt sofort in Wald hinein. Riesige Eukalypten (zumeist Swamp Gums) bilden hier das »Überdach«, darunter bestimmen zauberhaft geformte Farnbäume und Sassafras das Geschehen. Auch Musk, Blackwood, Myrtle, Dogwood und Wattles sowie Moose und Flechten bereichern das Waldbild. Nach kurzer Wanderung erreichen wir die

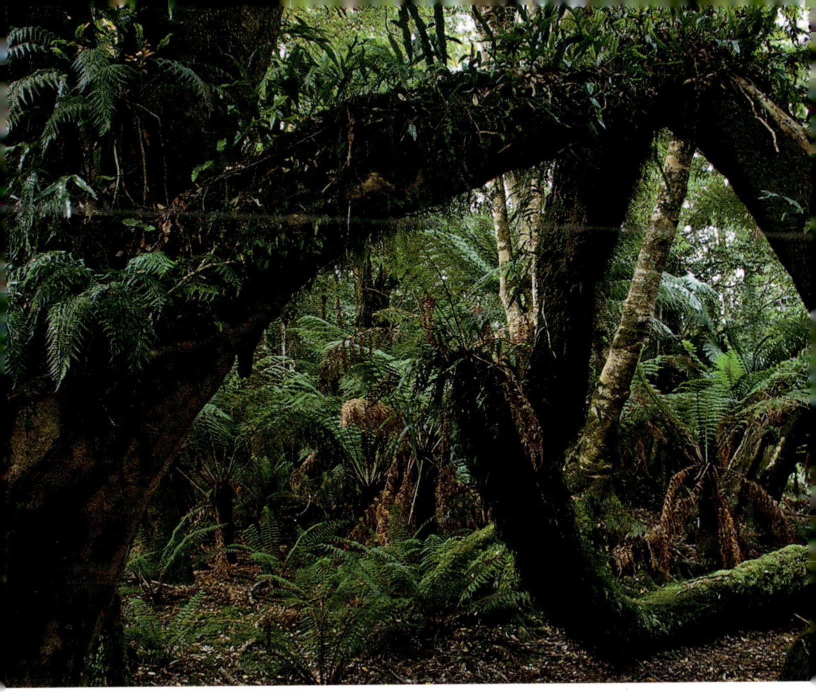

Waldszene am Wanderpfad.

schmale Trasse einer ehemaligen Eisenbahn, die einst als Transportmittel diente. Wir folgen der alten Zugstrecke ein Stück nach links, bis uns die Markierungen rechts über **Holzstufen** 2 weiter talwärts weisen. Nachdem wir bereits einige würdige Baumgestalten passiert haben, gelangen wir zu dem auf besonders mächtigem, allerdings hohlem Fuß stehenden **Blue Tier Giant** 3 mit dem immensen Umfang von 19,4 m!
Gegenüber dem Riesen leitet die Wegspur zumeist weiter bergab zum mit üppig bemoosten Steinen dekorierten Groom River, dessen mit kleinen Kaskaden verspieltem Lauf wir einige Meter flussaufwärts nachgehen. Wieder ansteigend, verlassen wir den Fluss und erreichen wenig später den markanten **Cradle Tree** 4, einen weiteren Eukalyptusgiganten, dessen »Vorbau« mit etwas Fantasie tatsächlich als hölzerne Wiege erscheint. Einige Schritte weiter flankiert ein nächster, dem Blue Tier Giant im Umfang kaum nachstehender Baumveteran den Wegesrand, bevor wir erneut auf der alten Bahntrasse stehen. Hier nach links drehend, folgen wir dieser teils zugewachsenen alten Streckenführung, bis uns der vom Hinweg bekannte Pfad nach rechts zurück zur **Lehners Ridge Road** 1 leitet.

↗ 620 m | ↘ 620 m | 9.2 km

54 Mount Cameron, 551 m

3.45 h

Wenig bekannter Gipfel in eindrücklicher Felslandschaft

Der Mount Cameron ist der höchste Gipfel eines isoliert aufragenden Granitgebirges im Nordosten Tasmaniens und Namensgeber des über 20.000 ha großen Cameron Regional Reserve. Obwohl die Berge hier keine großen Höhen erreichen, begeistert die Landschaft mit ihrer abwechslungsreichen und wilden Felsszenerie und macht Wanderungen in dem Reservat äußerst reizvoll. Wie so oft in Tasmanien treffen wir bei weniger bekannten Wanderzielen wie diesem nur selten auf andere Wanderer, was in der Regel einen ungestörten Naturgenuss garantiert.

Ausgangspunkt: Gladstone, 65 m. Kleiner Parkplatz an einer Nebenstraße der Old Port Road, 65 m. Von der zentralen Kreuzung der kleinen Ortschaft Gladstone folgen wir der B82 (Waterhouse Road) für ca. 10,7 km in Richtung Bridport zum Start der Old Port Road (von Westen kommend sind es ca. 12,5 km ab Abzweig Tomahawk). Die Old Port Road befahren wir für etwa 7 km zu einer Nebenstraße auf der linken Seite, beschriftet mit Schild »713«. Dieser folgen wir knapp 3 km zu einer Schranke und Parkplatz. Teile der B82 sowie die weiteren Zufahrtsstraßen sind ungeteert.
Anforderungen: Der zu überwindende Höhenunterschied bedingt Kondition. Abschnitte über Granit verlangen Trittsicherheit, besonders bei Nässe, welche das Gestein sehr rutschig macht. Obwohl meist leicht zu folgen, gilt es, an einigen unübersichtlichen Stellen auf die Wegführung zu achten.
Tipp: Auf der Südseite des Reservates führt ein markierter Pfad zum auffälligen Cube Rock (1.30 Std. hin und zurück). Vom Aussichtspunkt am Little Blue Lake (1 km nördlich des Ortes South Mount Cameron an der B82) folgen wir der weiterführenden Schotterstraße. Nach 500 m beginnen Markierungen und 200 m weiter startet der Wanderweg.

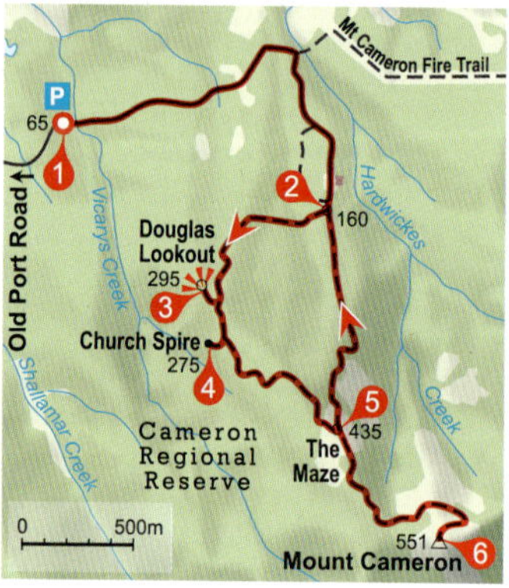

Wir passieren die Schranke neben dem **Parkplatz** ❶ und setzen durch lichten Eukalyptuswald auf der dahinter weiterführenden Straße fort. Der abzweigende Mt Cameron Fire Trail (Schild) wird ignoriert, ebenso eine kurz darauf nach rechts führende Spur mit Wegweiser »Mt Cameron Walking Track«. Letztere umgeht das wenige Schritte weiter befindliche Scottsdale High School Field Study Centre, doch ist es einfacher, am Gebäude, in dem gelegentlich Schulklassen anwesend sind, vorbeizugehen. Kurz hinter dem

Haus finden wir eine **Wegteilung 2**. Links sehen wir ein Schild »Mt Cameron (via The Maze)«, wir wandern jedoch nach rechts, da das Finden der späteren Rückmarschroute in dieser Richtung einfacher ist. Etwa 100 m weiter passieren wir für diese Gipfelroute ebenfalls einen Wegweiser: »Mt Cameron (via Douglas Lookout)«. Wir halten nun durch von Black-Peppermint-Eukalypten dominierten Wald aufwärts, bis ein Schild nach rechts zum **Douglas Lookout** weist. Einige Meter vom Wanderpfad entfernt, haben wir oberhalb großer **Felsen 3** erstmals einen freien Blick nach Nordwesten.

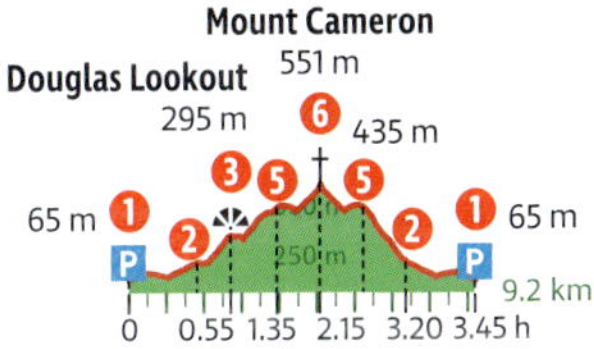

Weiter am Hauptweg treffen wir schnell auf einen nächsten Wegweiser. Ein kurzer Nebenpfad führt hier zum hoch aufragenden **Church Spire 4**. Wieder zurück, setzen wir durch eine attraktive Wald- und Felslandschaft Richtung Bergziel fort. Auf einer baren Granitfläche finden wir dann einen großen Steinhaufen, an dem sich die beiden **Gipfelwege vereinen 5**. Wir halten hier nach rechts aufwärts, blicken auf unser eindrucksvoll aufragendes Zielobjekt und entdecken ein paar Meter weiter das nächste Hinweisschild: **»The Maze«**. Wer möchte, kann hier die Gänge zwischen den meterhohen Felsen erkunden. Weiterlaufend geht es leicht abwärts, bis ein weiteres Schild zum finalen Gipfelanstieg weist. Teebaumsträucher bestimmen nun die Vegetation zwischen den Granitblöcken, und am trigonometrischen Kreuz auf der Spitze des **Mount Cameron 6**, 551 m, erwartet uns ein prächtiger 360°-Ausblick. Auf selber Strecke geht es zurück zum **Treffpunkt der beiden Gipfelwege 5**. Hier wählen wir jetzt die alternative Route, laufen geradeaus abwärts und gelangen schließlich zur bekannten **Wegteilung 2** nahe des Schulgebäudes.
Von hier aus gehen wir auf bekanntem Weg zurück zum **Parkplatz 1**.

Granitfelsen dominieren das Landschaftsbild.

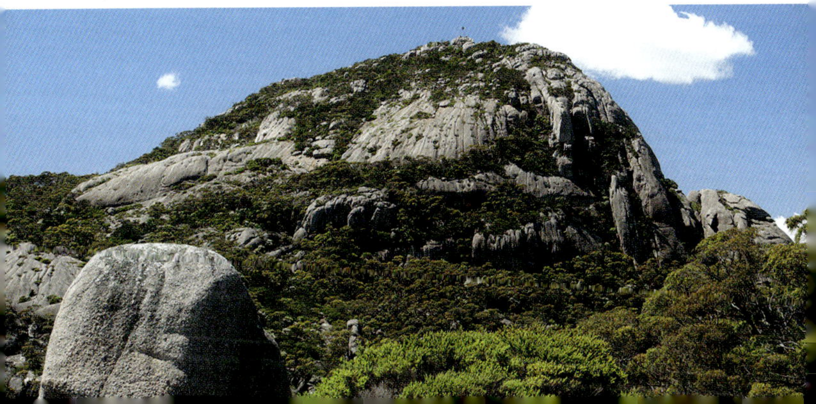

↗ 40 m | ↘ 40 m | 7.3 km

55 Cod Bay – Cobler Rocks – Boulder Point

2.00 h

Stille und verträumte Wanderung am Meer

Der Mount William National Park im Nordostzipfel Tasmaniens steht im Schatten der anderen Nationalparks an der Ostküste. Dies mag an der weniger dramatischen Szenerie liegen, doch gleicht das der Park besonders mit seinen vielen weißen Traumstränden aus. Ebenso bietet das Schutzgebiet eine vielfältige und oft leicht zu beobachtende Tierwelt, so sind u. a. Kängurus und Wombats häufig zu sehen. Dazu kommen etwa 100 hier heimische Vogelarten, deren Lebensräume zumeist direkt am Meer, in den zahlreichen Lagunen oder dem beträchtliche Teile des Parks bedeckenden Heideland liegen. Wanderer können sich auf der vorgestellten Tour vor allem auf menschenleere Strände und die immer wieder Akzente setzenden Granitformationen freuen.

Ausgangspunkt: Gladstone, 65 m. Kleiner Parkplatz nahe Stumpys Camp 4, 10 m. Von Gladstone folgen wir den Ausschilderungen via C843, dann C845 in den Nordteil des Mount William National Park. Dort fahren wir den Wegweisern zur Stumpys Camping Area nach. Kurz vor Straßenende finden wir den Parkplatz und angezeigten Wanderweg zu den Cobler Rocks. Über 20 km der Zufahrtsstraßen sind ungeteert.
Anforderungen: Leichte Wanderung ohne nennenswerte Höhenunterschiede. Etwas Trittsicherheit ist beim Übersteigen von Granitfelsen entlang der Küste gefordert; teilweise ist es auch möglich, diese über dahinter befindliche Dünen zu umgehen.
Tipps: 1. Es lohnt, den Mount William, 216 m, für den guten Ausblick über den Park zu ersteigen. Start ist entweder (weniger empfehlenswert) vom selben Ausgangspunkt (ca. 3.45 Std.) oder verkürzt von einem ausgeschilderten Parkplatz am Kangaroo Forest Drive (ca. 1 Std., jeweils hin und zurück).
2. Im Südteil des Parks lohnt die Fahrt zum Leuchtturm am Eddystone Point; von hier starten auch kurze Wanderungen zur umgebenden Küste.

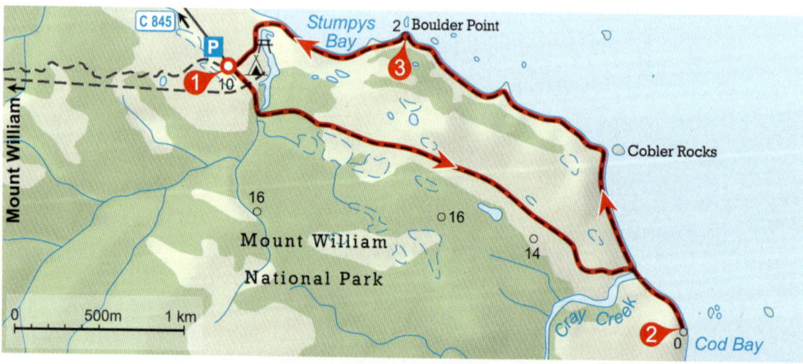

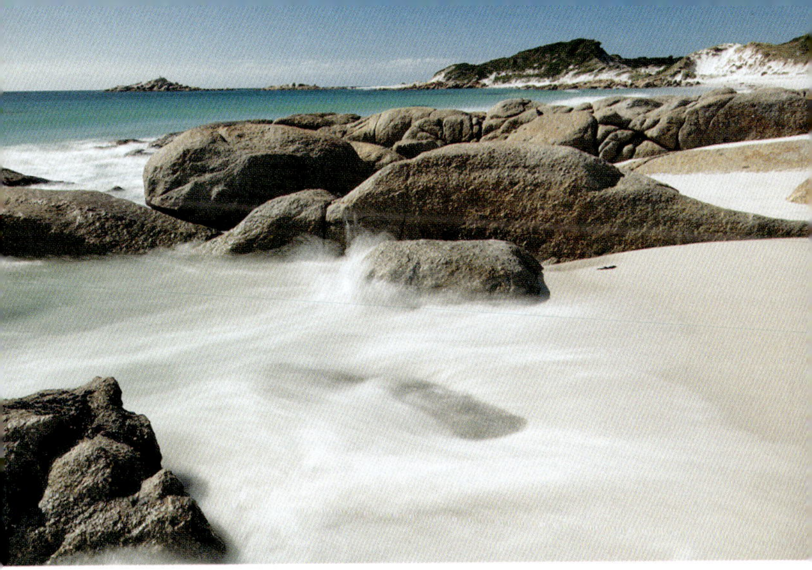

Blick zurück Richtung Boulder Point.

Wir folgen vom **Parkplatz ❶** einem alten Fahrweg Richtung Cobler Rocks, passieren gleich zu Beginn einen Fire Trail und überschreiten einen kleinen Bach. Anschließend führt uns der Weg durch für den Park typische Heidevegetation zu einem unbenannten Strand neben der Lagune des Cray Creek. Wir machen hier zuerst einen Abstecher nach rechts zu den Felsen am südlichen Strandende und zum Beginn des kilometerlangen Strandes der **Cod Bay ❷**. Wer Lust auf einen ausgedehnten Strandspaziergang hat, kann entlang der paradiesisch anmutenden Bucht nach eigenem Ermessen noch weiterwandern.

Wieder umkehrend laufen wir entlang des namenlosen Strandes zu dessen nördlichem Ende; die hier aufragenden Felsen werden als Cobler Rocks bezeichnet. Weiter der Küste nachgehend wechseln nun häufig mit rötlichen Flechten überzogene Granitfelsen mit dazwischen eingebetteten kleinen Sandstränden ab – eine wunderschöne und fotogene Landschaft. Wenn wir die Felsen des **Boulder Point ❸** passieren, öffnet sich der Blick auf die große **Stumpys Bay**. Vorbei an drei weiteren Felsbereichen folgen wir der Bucht, bis wir links eine Lagune sehen. Hier verlassen wir den Strand und gehen am rechten Ufer des Gewässers entlang zu einem Picknickplatz und dann einfach weiter für ca. 200 m entlang der Straße zum Ausgangspunkt der Tour am **Parkplatz ❶**.

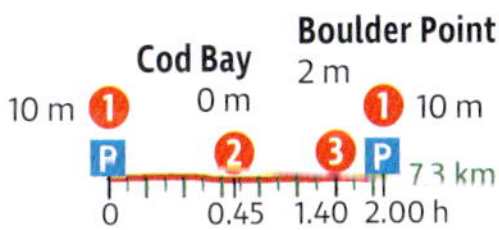

↗ 160 m | ↘ 160 m | 14.0 km

56 Big River Cove – Pigs Head Point – Joes Creek Cove 4.30 h

Romantische Buchten zwischen malerischer Berg- und Inselwelt

Der aus über 50 Inseln bestehende Archipel der Furneaux-Gruppe ist noch immer ein Geheimtipp. Reisende mit Seekajaks finden hier einen großen »Abenteuerspielplatz«, während Wanderer besonders auf Flinders Island fündig werden, wie bei dieser Tour, die zum südlichen Ende der Insel am Fuße des Strzelecki National Park führt. Es erwarten uns stille und unverbaute Strände, in der Sonne türkisfarben leuchtendes Wasser, überragt und umgeben von stolzen Granitbergen und mehreren Inseln – was kann man sich von einer Wanderung am Meer noch mehr wünschen?

Ausgangspunkt: Whitemark, 5 m. Fahrweg an der C806 (Big River Road), 35 m. Von Whitemark kommend folgen wir der B85 Richtung Lady Barron und biegen auf die C806 (anfangs Trousers Point Road, später Big River Road) Richtung Strzelecki National Park ab. Knapp 5,5 km nach dem Abzweig zum Trousers Point sehen wir einen Fahrweg (nur für Geländefahrzeuge befahrbar) auf der rechten Seite mit dem Schild »Beach →«; hier am Straßenrand parken.
Anforderungen: Wegloses Wandern an der Küste entlang, wo die vielen Abschnitte über Gestein Trittsicherheit erfordern; besondere Vorsicht gilt bei Nässe und stürmischer See. Bereiche mit steilerem Gefälle zum Wasser können etwas oberhalb zwischen Bäumen umgangen werden.
Variante: Verlängerung der Tour bis Tongue Point (+ 1.30 Std.).

Wir verlassen die **Big River Road** ❶, gehen dem Fahrweg nach und erreichen nach ca. 400 m einen namenlosen Strand. Ab hier geht es an der Küste entlang, zuerst zum anderen Ende des Strandes, dann über Granitfelsen zu einem Hochpunkt auf der Landzunge des **Sarah Blanche Point**, wo sich ein wunderbarer Rückblick mit den Bergen des Nationalparks im Hintergrund bietet. Fortsetzend gibt es einzelne steil zum Wasser abfallende Bereiche, die jedoch alle zwischen She-Oak-Bäumen, die hier den küs-

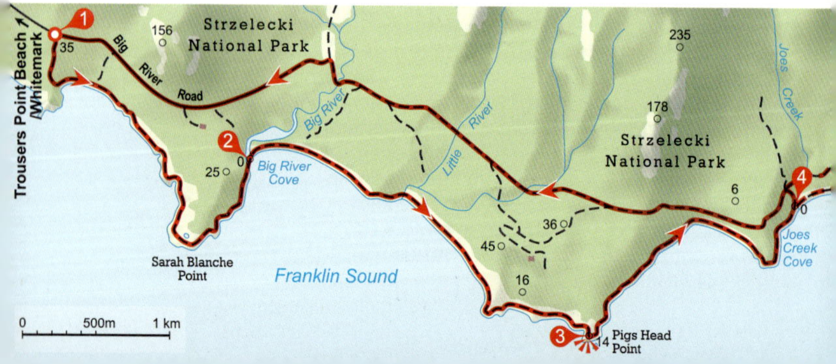

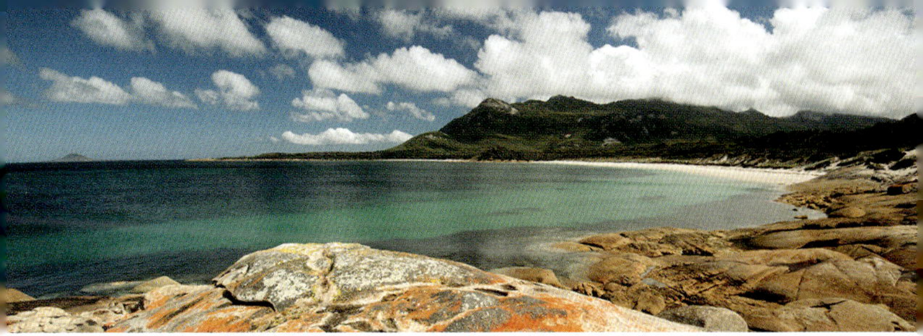

Wanderer haben die Küste ganz für sich allein.

tennahen Bewuchs bestimmen, umgangen werden können. Wir gelangen schließlich zum herrlichen Strand der **Big River Cove** ❷ und passieren dort gleich die Mündung des Big River. Mit Blick zu den Andersons Islands und den Bergen der Cape Barren Island wandern wir zum Strandende, dann kurz über Felsen und anschließend entlang eines nächsten Strandes. Zumeist über ausgedehnte Granitflächen, geht es von dort weiter zum **Pigs Head Point** ❸. Auch dies ist ein toller Aussichtspunkt u. a. mit Blick zu den weiter westlich gelegenen Inseln im Franklin Sound.

Es folgt ein weiterer Kilometer über Granitgestein und erneut ein unbenannter Strand. Flache, mit Muscheln und Wassserpflanzen besetzte Felsflächen ragen hier bei Ebbe aus dem Meer. Wer die Tour verkürzen möchte, kann hier wenige Schritte durch den Wald zu einem dahinter verlaufenden Jeeptrack, unseren späteren Rückweg, laufen. Es ist jedoch nicht weit zum nächsten Strand in der **Joes Creek Cove** ❹, auch hier ist das Wasser eher ruhig und flach und ideal für ein Bad im Meer geeignet. Den schönsten Teil dieses Küstenabschnittes nun hinter uns, ist dies der empfohlene Punkt, das Wasser zu verlassen, es kann aber auch am Meer entlang fortgesetzt werden, z. B. bis zum Tongue Point (Variante).

Neben der meist trockenen Mündung des Joes Creek starten beiderseits Fahrwege; wir nehmen den linken. Nach einigen Metern folgt eine Wegteilung, wir halten uns links. Durch von Teebäumen dominierten kleinwüchsigen Wald passieren wir in der Folge vier Abzweige nach links, überschreiten dann nochmals den **Big River** und kommen zu einer freien Fläche, wo wir der linken Spur nachgehen. Dieser Fahrweg wird zur Big River Road und nach 2 km sind wir zurück am **Ausgangspunkt** ❶.

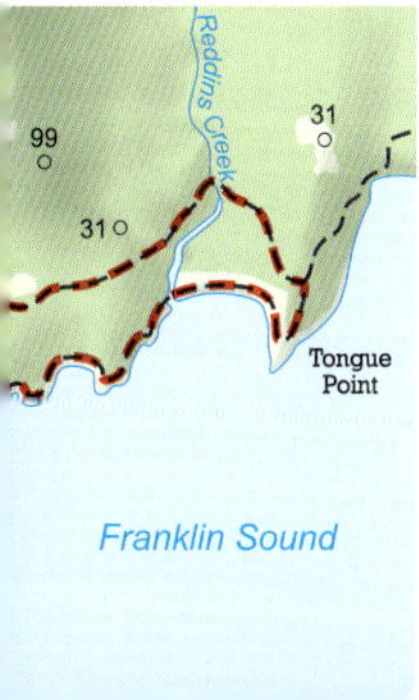

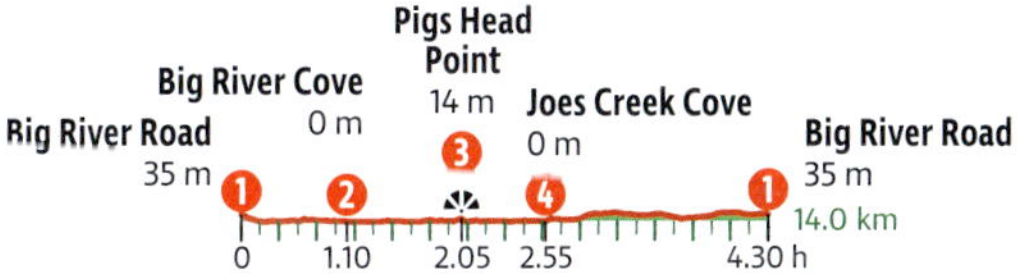

↗ 810 m | ↘ 810 m | 6.3 km

57 Strzelecki Peaks, 756 m

3.30 h

Zum sprichwörtlichen Höhepunkt von Flinders Island

Der Strzelecki National Park, benannt nach dem polnischen Entdecker Pawel Edmund Strzelecki, ist einer der kleinsten Tasmaniens, dabei trotzdem vielfältig und besonders durch seine Granitlandschaft mit nackten Felswällen, -burgen und -türmen oder riesigen »Findlingen« außerordentlich sehenswert. Die Berge des Parks erheben sich unweit des Meeres abrupt in die Höhe und bieten, aus Seehöhe betrachtet, einen respekteinflößenden Anblick. Tatsächlich gibt es nur zum höchsten Punkt der Strzelecki Peaks einen Wanderweg, während der weglose Rest des Gebirges ein »Eldorado« für erfahrene und orientierungsstarke Wanderer und Kletterer ist.

Ausgangspunkt: Whitemark, 5 m. Parkstreifen an der Trousers Point Road, 10 m. Von Whitemark kommend folgen wir der B85 wenige Kilometer nach Südwesten und biegen rechter Hand auf die C806 (Trousers Point Road) Richtung Strzelecki National Park ab. Nach etwa 6 km zeigt uns ein Schild auf der linken Straßenseite den Start des Wanderweges an.
Anforderungen: Der zu überwindende Höhenunterschied mit zum Teil steilen Anstiegen bedingt gute Kondition. Abschnitte über Granit, Wurzeln und zum Teil schmierige Böden verlangen, besonders bei Nässe, Trittsicherheit.

Tipps: 1. Folgen Sie den Ausschilderungen an der Straße weiter zum attraktiv gelegenen Campingplatz oberhalb des Trousers Point Beach. Von hier startet auch ein gemütlicher, etwa einstündiger Rundweg zwischen Trousers Point und Fotheringate Beach (Rückmarsch via Straße).
2. Klettererprobte Wanderer können auch den markierten Pfad zum Gipfel des Pillingers Peak, dem »Matterhorn« der Insel, testen; zu erreichen von der B85 via Thule Road, dann den Ausschilderungen folgen (2.30 Std. vom Beginn bzw. 1.30 Std. vom Ende des Allrad-Tracks hin und zurück).

An der **Trousers Point Road** ❶ übersteigen wir mittels einer **Treppe** einen Zaun, gehen hier ein kurzes Stück über Privatland und gelangen anschließend in den Wald, wo wir wenig später einen Bach überqueren und diesem für einige Minuten flussaufwärts nachgehen.

Die Vegetation vom Start der Wanderung bis zum Gipfel ist abwechslungsreich wie ein Kaleidoskop. Zu Beginn und später im Gipfelbereich, dann allerdings in windgedrungener Gestalt, dominieren Teebaumarten. Auf kargen Böden und sonnigen Hängen sind Bull Oaks und Oyster Bay Pines stark vertreten, während an günstigeren Standorten Eukalypten das Waldbild bestimmen. Be-

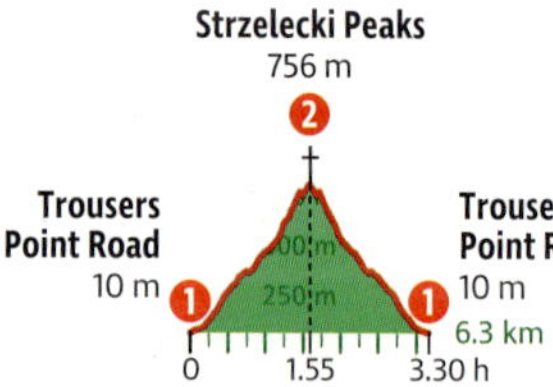

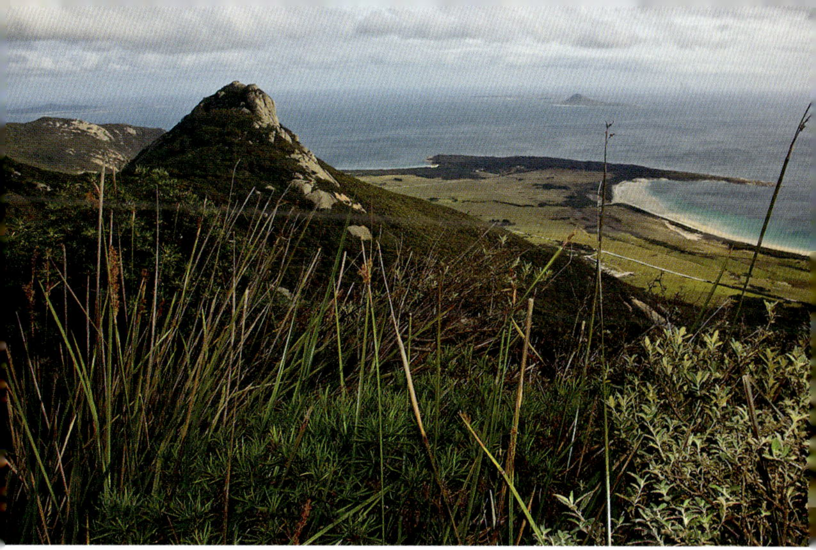

Mit Ausblick Richtung Trousers Point geht es abwärts.

sonders ab Erreichen eines zweiten Bachlaufs, der zeitweise trocken sein kann, gesellen sich auch noch viele Baumfarne zur optischen Bereicherung hinzu. Überraschenderweise können wir diese bis nahe des Gipfels am Wegesrand ausmachen, was auf größere Niederschlagsmengen schließen lässt. Daher nicht verwunderlich, finden wir in den höheren Lagen weitere feuchtigkeitsliebende Arten wie Dogwood, Musk oder das zahlenmäßig besonders stark vertretene Stinkwood, aber auch Hakeas, Cutting Grass, Mountain Pepper oder Coral Fern lassen sich identifizieren und machen die Wanderung botanisch sehr interessant.
Der deutliche Wanderpfad bereitet dabei kaum Orientierungsprobleme und etliche Aussichtspunkte und Granitformationen sorgen für zusätzliche Kurzweil entlang der Wanderstrecke. Die Wegspur leitet schließlich über einen kleinen Sattel zum höchsten Punkt der **Strzelecki Peaks** ❷, 756 m, von wo uns ein überwältigender Ausblick über die Granitkronen des Gebirges, die Inselwelt der Furneaux-Gruppe und bei klarer Sicht bis zum tasmanischen Festland empfängt.

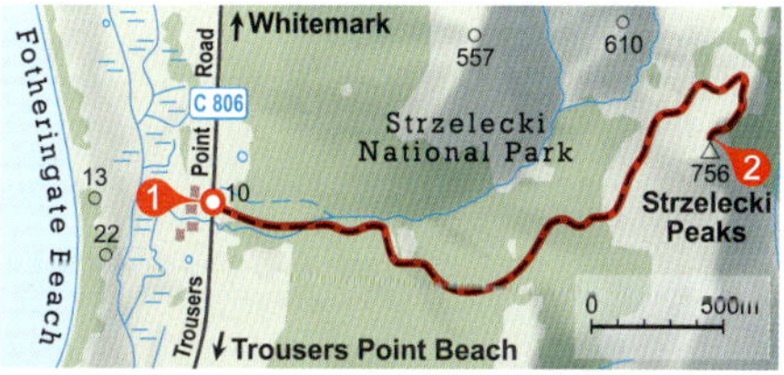

Von diesem grandiosen Aussichtsplatz folgen wir unseren Schritten vom Hinweg zurück zum Ausgangspunkt an der **Trousers Point Road** ❶.

↗ 340 m | ↘ 340 m | 6.0 km

58 Mount Leventhorpe, 501 m

2.30 h

Bergtour in der granitgekrönten Darling Range

Obwohl im Schatten der größeren Berge des Strzelecki National Park stehend, bietet die Darling Range eine ebenso spektakuläre Szenerie. Vergleichsweise bescheidene 500 Höhenmeter erreichend, wähnt man sich bei einer Wanderung in diesem Gebirge oft in wesentlich höheren Lagen. Dies liegt an den von blanken Granitfelsen dominierten Bergspitzen, meist lichter, waldfreier Vegetation und überraschend tief eingeschnittenen Tälern. Ein Ausflug hierher zählt daher zum Muss eines Flinders-Island-Besuches.

Ausgangspunkt: Whitemark, 5 m. Parkplatz am Walkers Lookout, 405 m. Wir verlassen die B85 nur wenige Kilometer nördlich der Abzweigung nach Whitemark über die C803 (Memana Road). Dieser Straße folgen wir, bis rechter Hand der deutlich ausgeschilderte Fahrweg zum Walkers Lookout startet, welchem wir bis zu einem Parkplatz an einer Sendestation nachfahren.
Anforderungen: Leichte Wanderung bis Leventhorpe Gap, ab dem Sattel wegloses Laufen durch eine spärlich bewachsene Granitlandschaft zum Gipfel. Je nach Routenwahl gibt es hier Abschnitte mit unangenehmem Gestrüpp, und einige Felsen zwingen zum Einsatz der Hände; die schwierigsten Stellen können jedoch alle umgangen werden.
Variante: Eine lohnende Erweiterung ist es, auf dem Wanderweg vom Leventhorpe Gap Richtung Haulands Gap weiterzugehen. Der Weg führt höchst attraktiv zwischen den Granitbergen entlang. Empfohlener Umkehrpunkt ist ein Hochpunkt mit freiem Blick auf Pillingers und Counsels Peak (+ 1.45 Std.) oder weiter bis Haulands Gap (+ 3 Std.; beide Zeiten für Hin- und Rückweg).
Tipps: 1. Folgen Sie der Memana Road bis zu deren Ende an einem Parkplatz am Patriarchs Inlet, von wo eine Wanderung am Inlet, dann am Strand entlang zum Red Bluff lohnt (1.30 Std. hin und zurück).
2. Die Memana Road via Lackrana Road (Fortsetzung der C803) verlassen, dann nach links auf der Lees Road zur Patriarchs Conservation Area fahren (Wildtiere hautnah, Hütte zur Übernachtung, Dusche und WC).
Karte: Babel (TD10), 1:50.000.

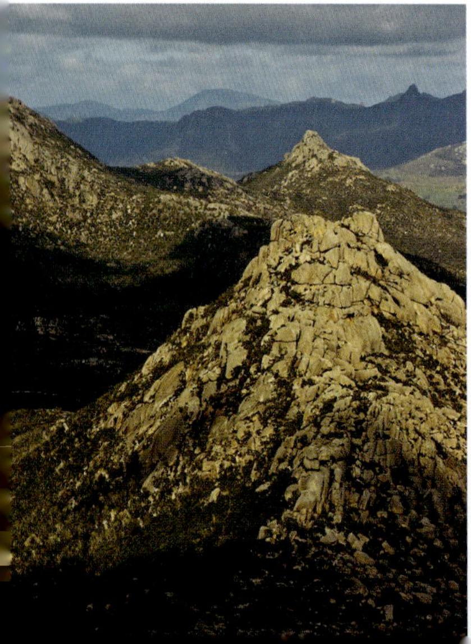

Links: Blanke Granitspitzen kennzeichnen die Darling Range.

Wir starten mit dem vielversprechenden Ausblick vom **Walkers Lookout ❶**, der nur 1 Min. vom **Parkplatz** entfernt ist, doch für eine richtige Annäherung an die Darling Range sollten wir nun unsere Füße bemühen.

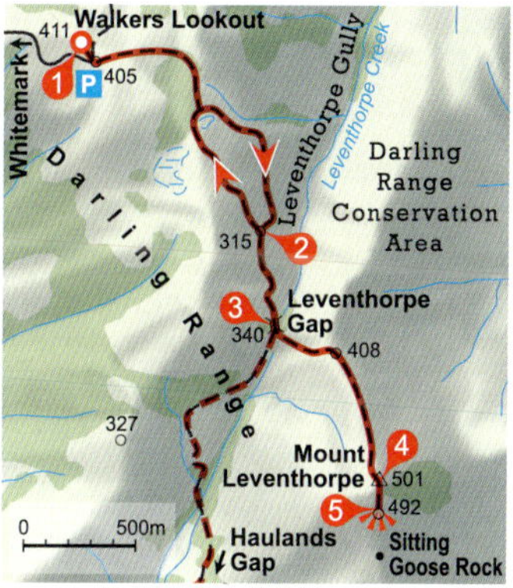

Gegenüber dem Parkplatz starten zwei unmarkierte Fahrspuren, von denen wir der rechten nachgehen. Diese wandelt sich beim Erreichen des Waldes in einen deutlicheren Jeeptrack. Weiterlaufend ignorieren wir einen nach rechts wegführenden Fahrweg (unseren späteren Rückweg), bevor unsere breite Spur an einem kleinen Wasserloch endet. Linker Hand finden wir hier den Start eines Wanderpfades. Dieser anfangs bergab führende Weg scheint nicht oft begangen und ist daher nicht immer deutlich erkennbar, bei Aufmerksamkeit aber problemlos zu folgen. Durch offenen Eukalyptuswald wandernd, fallen besonders die zum Teil groß gewachsenen Grasbäume ins Auge.

Nach dem kurzen Abstieg windet sich der Pfad wieder aufwärts und führt oberhalb des tiefen, von Granitflanken eingerahmten Leventhorpe Gully entlang. Wir passieren rechter Hand den mit Steinhaufen markierten Start der späteren **Rückmarschroute ❷**, bevor wir einen Sattel namens **Leventhorpe Gap ❸** unterhalb des sich linker Hand erhebenden Mount Leventhorpe erreichen. Den Weg nach links in Richtung unseres Wanderzieles verlassend, finden wir anfangs noch einige Steinhaufen als Markierung. Stetig ansteigend, haben wir bald das trigonometrische Kreuz des Gipfels im Blick und so bestehen auch ohne Weg kaum Orientierungsprobleme. Nach Überwindung der finalen Felsen stehen wir schließlich auf dem höchsten Punkt des **Mount Leventhorpe ❹**, 501 m. Die etwa 100 m südlich der Bergspitze aufragende **Felsgruppe ❺** gewährt dabei die fabelhaftesten Ausblicke vom Gipfel und das wohl beeindruckendste Panorama über die Darling Range mit den Strzelecki Peaks im Hintergrund.

Nach der Gipfelpause suchen wir uns eine ähnliche Route hinab zum **Sattel ❸** und laufen von dort zurück Richtung Parkplatz. Für eine Wegvariation nutzen wir jetzt die einwärts ignorierte **Wegspur ❷**, welche sich stetig aufwärtsleitend bald mit einer alten Fahrspur vereint. Dieser nachgehend, stehen wir kurz darauf an der ersten Wegteilung der Wanderung und laufen hier einfach nach links auf bekanntem Weg zurück zum Ausgangspunkt am **Parkplatz ❶**.

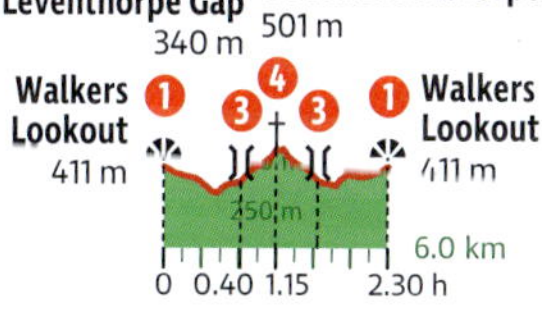

↗ 100 m | ↘ 100 m | 7.0 km

59 Castle Rock

1.45 h

Gemütliche Entdeckungstour an der Westküste von Flinders Island

Flinders Island ist gesegnet mit einer Fülle von traumhaften, meist einsamen Stränden, manche kilometerlang und von Dünen gesäumt, andere romantisch klein und von wettergeschliffenen Granitblöcken flankiert. Auf dieser Tour wechseln sich Sandabschnitte und Felspartien abwechslungsreich ab, und der Koloss des Castle Rock bietet den spannenden Zielpunkt der Wanderung.

Ausgangspunkt: Parkplatz neben der Allports Beach Road in Emita, 10 m. Aus Richtung Whitemark kommend, fahren wir entlang der B85 nach Emita und verlassen hier die Hauptstraße auf der Port Davies Road Richtung Settlement Point, bis rechts die Allports Beach Road startet. Ihr folgen wir etwa 600 m, bis ein Schild nach rechts zum Parkplatz und Startpunkt des Castle Rock Walking Track weist.

Anforderungen: Zumeist einfache Tour entlang von Sandstränden. Die felsigen Abschnitte können bei Nässe rutschig sein und erfordern besonders dann etwas Trittsicherheit.

Variante: Alternativ kann man der Allports Beach Road bis zum Ende folgen und am Allports Beach starten.

Tipp: 1. Kostenloser kleiner Campingplatz am Ende der Allports Beach Road. 2. Vom westlichen Ende des Allports Beach können wir auch einem Pfad über der sich anschließenden Felszunge nachgehen und weiterlaufend über Sand und Felsen zum reizvollen Cave Beach (40 Min. hin und zurück) gelangen. 3. Die Höhlenformationen im Südteil des Cave Beach sind am schnellsten vom Ende der Port Davies Road erreichbar.

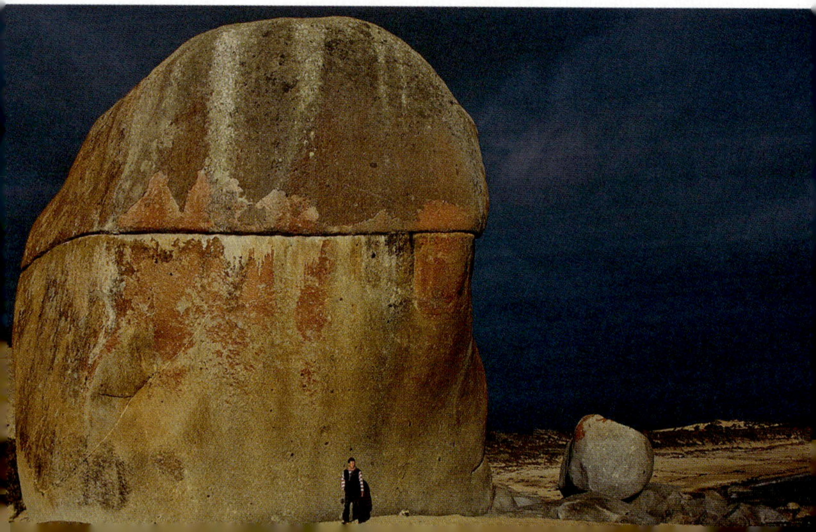

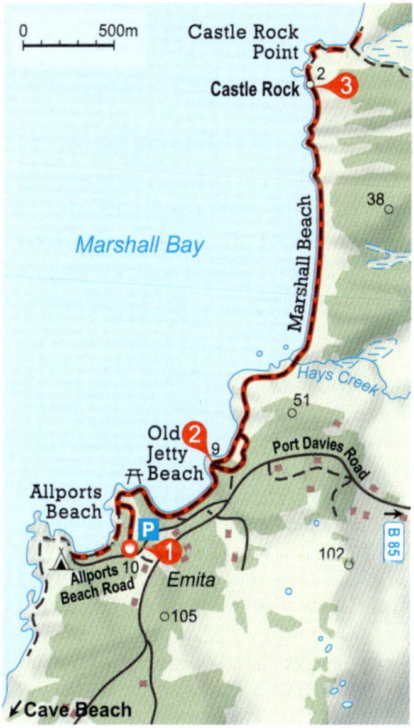

Wir starten am Parkplatz an der **Allports Beach Road** ❶, folgen hinter den Hinweisschildern einem alten Jeeptrack und stehen plötzlich oberhalb des Allports Beach mit seinem weißen Sand und eleganter Felseinrahmung. Der Weg führt ab hier nahe der Küste entlang, zuerst zu einem winzigen, mit rundlichen Steinen übersäten Strand, dann weiter durch ein Stück Buschland zu einem kleinen Picknickplatz an der Südseite des **Old Jetty Beach**. Oberhalb dieses attraktiven Strandes entlanglaufend, folgen wir nun einige Schritte einem breiten Fahrweg, bis wir über eine Treppe zum Wasser hinabsteigen können. Am anderen Ende des Old Jetty Beach gilt es, eine Landzunge zu erklimmen, entweder direkt über die Felsen steigend oder einfacher über einen sandigen Pfad rechter Hand. Nachdem wir einige Höhenmeter gewonnen haben, treffen wir auf einen alten **Jeeptrack** ❷. Nach links gehend, führt der Weg hinab zum nächsten kurzen Strand, doch bei Flut blockiert hier eine Felsnase unser Vorankommen. Zur Umgehung weisen uns die Markierungen am Kreuzungspunkt mit dem Jeeptrack daher nach rechts; zwei rechts wegführende Wegspuren ignorierend, kommen wir über diesen Weg hinter der steinernen Barriere wieder zum Meer zurück.

Je nach Stand der Gezeiten können wir die Route auf diesem Wegteil für den Hin- und Rückweg variieren. Ein kurzes Stück auf Sand, entfernen wir uns dann erneut etwas vom Wasser und überschreiten eine nächste Landzunge. Mit Blick auf unser Ziel spazieren wir anschließend entlang des Südteils des **Marshall Beach**, dessen Sand von zwei Granitbändern unterbrochen wird, bevor wir den mächtigen **Castle Rock** ❸ erreichen und uns an seinem Fuße als »David« versus »Goliath« fühlen dürfen. Über weitere Granitfelsen können wir auch weglos zum Beginn des nördlichen Teils des Marshall Beach fortsetzen (20 Min. hin und zurück).

Zurück zur **Allports Beach Road** ❶ geht es auf demselben Weg.

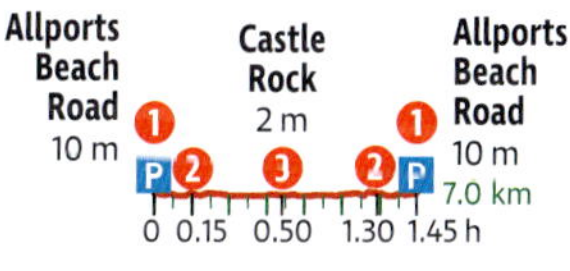

»Wenn Riesen Murmeln spielen« – Castle Rock.

↗ 110 m | ↘ 110 m | 12.2 km

60 Cape Frankland

4.15 h

Abgeschiedene Exkursion entlang einer eindrucksvollen Felsenküste

Stille wie einsame Winkel sind auf Flinders Island nicht die Ausnahme, sondern die Regel. Die Uhr tickt auf dieser Insel einfach anders; dies dürfte vor allem an der abgeschiedenen Lage sowie der dünnen Besiedlung liegen. Auch dieser »steinreiche« Streifzug zum westlichsten Punkt von Flinders Island ist eine perfekte Wanderung für all diejenigen, die Natur ungestört und in vollen Zügen genießen möchten.

Ausgangspunkt: Whitemark, 5 m. Fahrweg an der West End Road, 10 m. Von Whitemark kommend folgen wir der B85 nach Norden, bis linker Hand die ausgeschilderte West End Road Richtung Mount Tanner startet. Wir folgen dieser Straße für knapp 9 km bis zum Beginn der Umzäunung um die ehemalige »West End« Farm (Nr. 907 an der Grundstückseinfahrt), wo ein unmarkierter Fahrweg kurz vor dem Grundstück nach links abzweigt; hier parken.

Anforderungen: Da große Teile der Wanderung weglos über felsige Küstenabschnitte verlaufen, werden Trittsicherheit und besonders bei nassen Abschnitten Vorsicht und Aufmerksamkeit verlangt. Weglänge und der schneller ermüdende steinige Untergrund verlangen Kondition.

Variante: Die Tour kann vereinfacht und zeitlich verkürzt werden, wenn die vorhandenen Wegspuren auf Hin- und Rückweg genutzt werden (gut 3.45 Std. hin und zurück).

Tipps: 1. Es lohnt, der West End Road bis hinauf zum weite Ausblicke gewährenden Mount Tanner, 331 m, zu folgen.
2. Wanderung von Killiecrankie entlang der traumhaften Killiecrankie Bay zu einem kleinen Strand mit doppeltoriger Kalksteinbrücke am nördlichen Ende der Bucht (2.15 Std. hin und zurück); zu erreichen via B85 und Killiecrankie Road

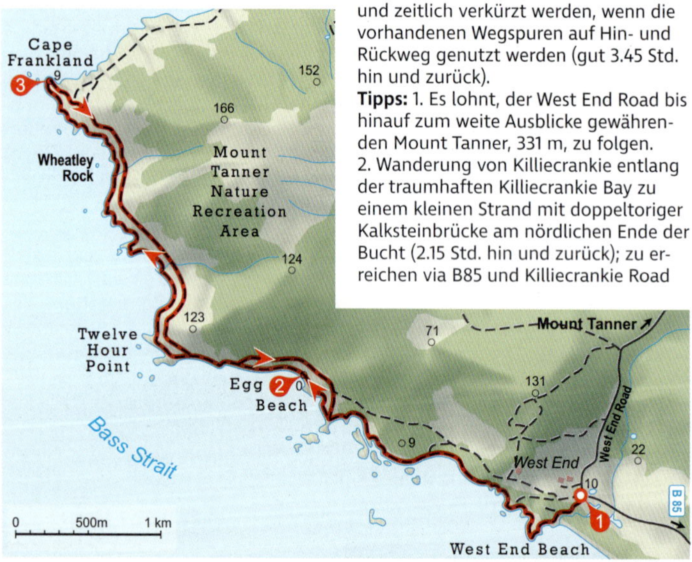

(startet gut 3 km nördlich der West End Road).
3. Sehr schön gelegener Zeltplatz an der Mündung des North East River im Nordostzipfel der Insel (Zufahrt via B85 und North East River Road).

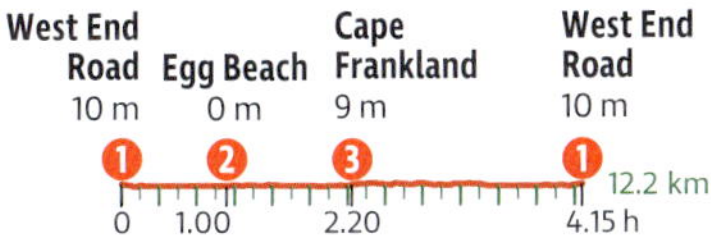

Von der **West End Road** ❶ gehen wir dem Fahrweg nach, treffen gleich auf eine Wegteilung, halten uns links und gelangen zum westlichen Ende des West End Beach. Hier wenden wir uns nach rechts und folgen nun dem Küstenverlauf. Wir passieren anfangs zwei kleine Strände sowie eine Bootsrampe, bevor mit Blick auf Roydon Island Granitfelsen die Küste dominieren. Nächster markanter Zielpunkt ist der **Egg Beach** ❷, dessen Steine wie eine Ansammlung riesiger Eier wirken. Einige Meter oberhalb verläuft hier ein Fahrweg, den wir auf dem Rückweg ein Stück nutzen können.
Weiter direkt am Meer entlang, rücken kurz vor dem Twelve Hour Point Felswände an das Wasser heran und wir bahnen uns hier den Weg zwischen großen Granitbrocken hindurch. Kurz nach dieser Passage beginnt einige Schritte landeinwärts eine Fahrspur, entlang der das Gehen deutlich einfacher ist. Für eine Variation beim Wegverlauf bleiben wir auf dem Hinweg jedoch nahe der fotogenen Uferlinie, auch lassen sich so besser Details in den Gesteinsformationen entdecken. Mit einem sehr schönen Blick entlang der Küste nach Norden und Süden bietet sich das **Cape Frankland** ❸ dann als idealer Umkehrpunkt und Platz für eine ausgiebige Aussichtspause an.
Für den Rückweg halten wir etwas landeinwärts, bis wir auf die Fahrspur treffen. Dieser folgen wir nach Süden durch Tussockgras und unterhalb der sich links erhebenden Steilhänge zurück Richtung Twelve Hour Point. Wir passieren erneut das dahinterliegende Felsensemble, finden dann eine nächste Fahrspur und bleiben auf dieser bis kurz hinter dem Egg Beach, wenn der Weg in Richtung des kleinwüchsigen Waldes schwingt.
Zur Umgehung von Privatland kehren wir hier zurück zur Küste und wandern entlang dieser zum West End Beach und von dort aus zum Ausgangspunkt an der **West End Road** ❶.

Blick vom Mount Tanner über den Norden von Flinders Island (siehe Tipps).

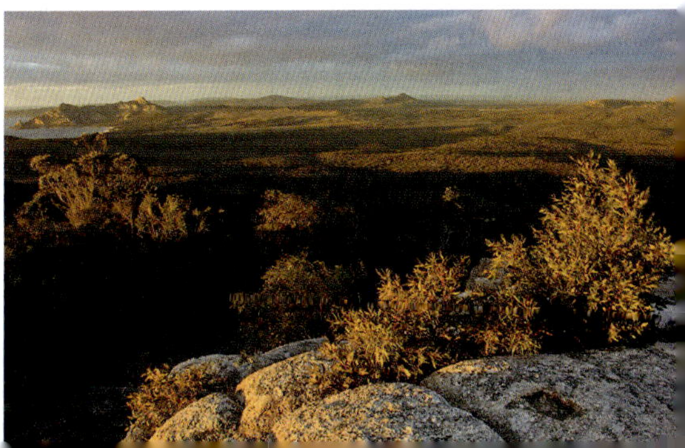

STICHWORTVERZEICHNIS

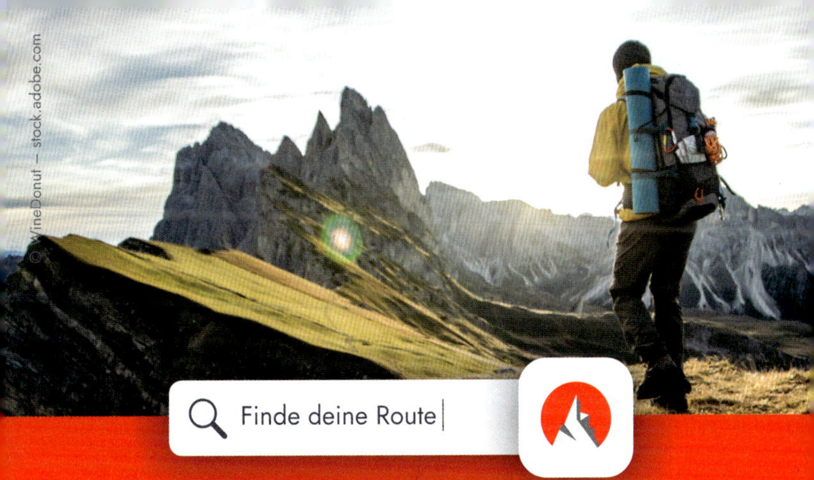
Finde deine Route